江戸遺跡研究会編

江戸文化の考古学

吉川弘文館

新板座敷勝手道具尽し（弘化４年〜嘉永５年，江戸東京博物館）

日常生活道具，とくに台所道具の種類と形態がくわしく描かれている．なかには出土資料とそっくりの物も見受けられる．

お茶道具（東京大学埋蔵文化財調査室）

茶壺・花生・茶碗など，茶の湯に使った陶磁器類である．これらは，元禄16年（1703）の火災で焼け，捨てられたものである．

土人形（東京大学埋蔵文化財調査室）

17世紀後半から，西行・大黒・蹴鞠人形など，信仰に関連するものが江戸の発掘でみつかる．18世紀中頃からは種類も多くなり，当時の流行の風俗をとりいれた，さまざまなものが制作されるようになった．

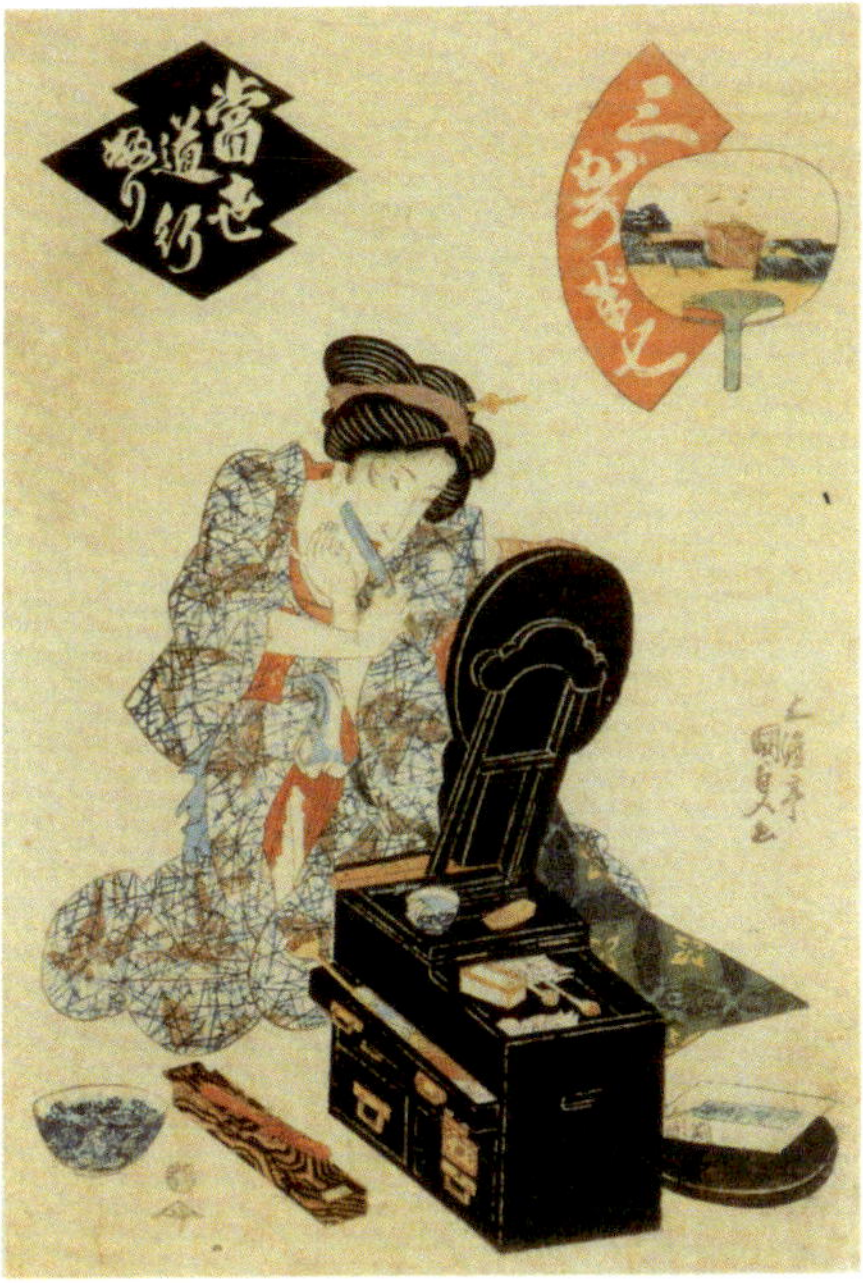

「当世道行ぶり　三かつ半七」
（文化～天保，ポーラ文化研究所所蔵）

鏡台の前で，かみそりを使って顔をそる様子が描かれている．黒漆塗りの鏡台の上には櫛，房楊枝，歯磨き粉入れ，水の入った小さな碗などがみえる．また鏡台の両脇にはうがい茶碗，かみそり箱，「美艶仙女香」の白粉包みなどがあり，当時の化粧風景を知ることができる．

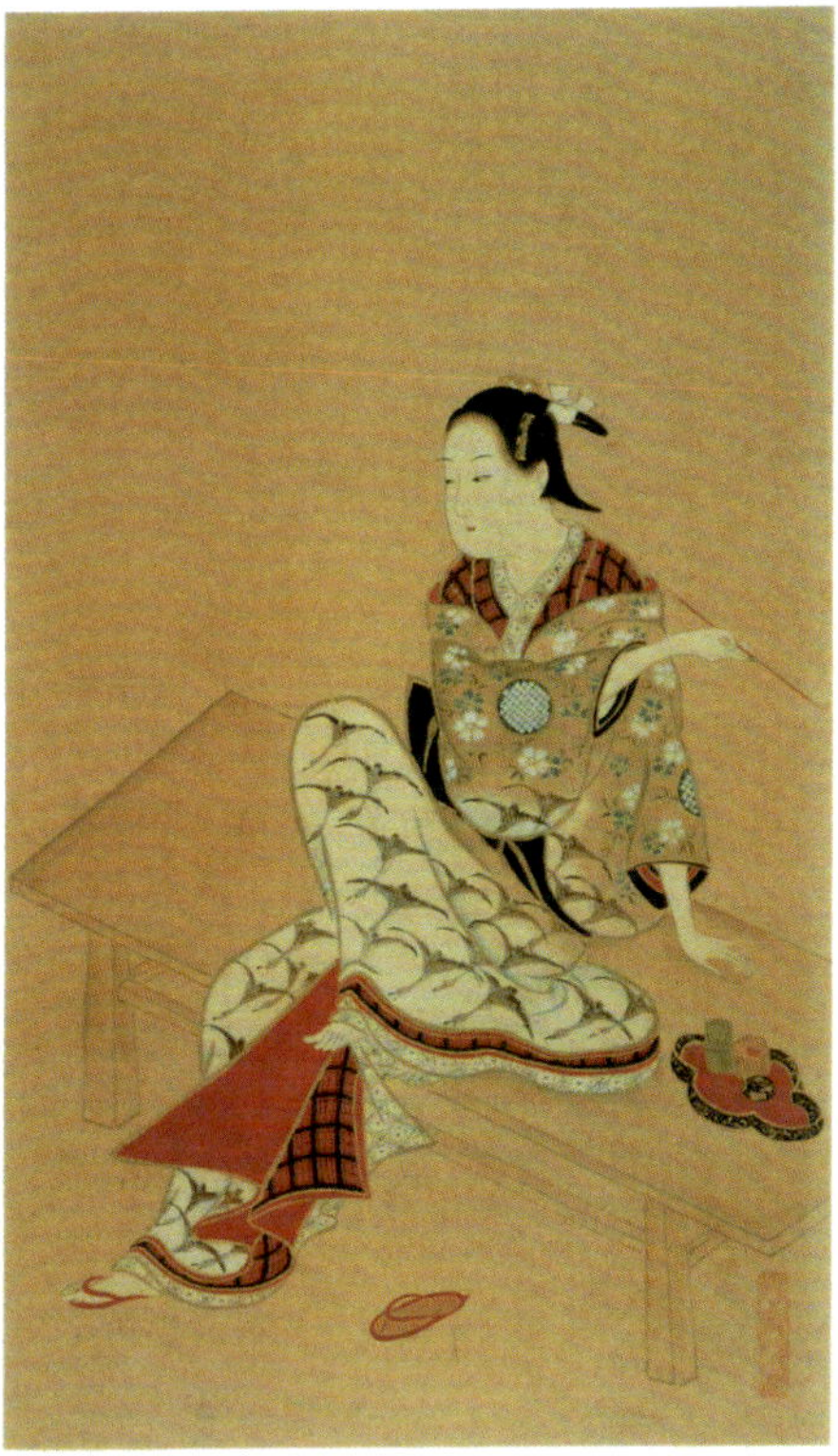

「縁台美人喫煙図」（享保～宝暦頃）
（斎藤幸助〈高木貞武〉画，たばこと塩の博物館）

たばこ盆や朱羅宇の長きせるなどは，美人画に欠かせぬ小道具として，浮世絵のなかによく描かれている．

蕪蒔絵提重（江戸東京博物館）

江戸時代中期，漆の蒔絵が施された行楽用の弁当箱である．銀製の徳利 2 本が付いている．

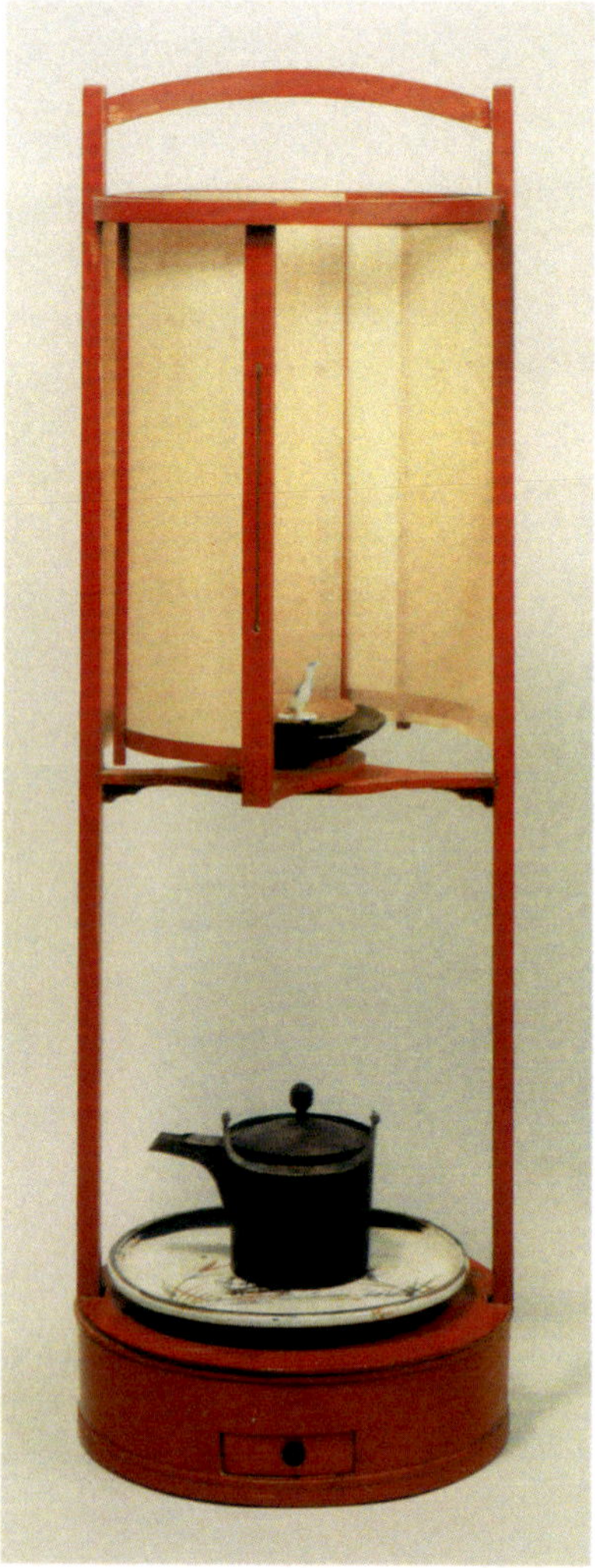

朱塗丸行灯（江戸東京博物館）

江戸時代後期と推定，朱漆を塗った丸行灯．障子の内部に灯火皿，下には陶製油皿とその上に油差が置かれている．

はしがき

本書は、江戸遺跡研究会の第五回大会『考古学と江戸文化』の成果を、その後の動向をもふまえてまとめたもので、大会成果の刊行としては、第一回大会『江戸の食文化』につづく二冊目となる。

この研究会は、江戸時代の遺跡の発掘のかずも限られていた時期に、「近世史」のなかでの埋蔵文化財の位置を模索し、またみつかる遺物についても、発掘担当者にいまだ知識の蓄積の少ないなかで、それぞれがもつ知識を交換しあいながら、より充実した江戸時代のすがたを形づくろうと発足したものであった。

発足当初は、月に一度の例会で情報交換を行なっていたが、この例会だけではカバーしきれない問題について、年に一度の大会で議論を深めることとなった。会の発足が一九八六年、第一回の大会が一九八八年、そして今年の一月には第十三回の大会を開催している。

この間に、江戸御府内の発掘については増加の一途をたどり、九〇年代の半ばには、発掘件数で四十件以上、面積にして九万平方メートルをこえる調査が行なわれ、その成果もめざましいものがあった。また、御府内だけでなく、全国で江戸時代の遺跡の発掘が意識的に行なわれるようになり、これにともなって、各地で近世遺跡の研究会がつくられた。

しかし、江戸の発掘の隆盛と併行して、日本の経済は次第に破綻に向かうことになる。これまでに経験したことのない「不景気」のなかで、埋蔵文化財もまた、きびしい見直しの風にさらされ、そのなかでも歴史の新しい近世遺跡については、発掘をすること自体の可否さえ問われる状況にたちいたっている。このなかで、これまでの江戸の発掘の到達点と、問題点をもう一度見つめ直してゆくことが必要とされているのであろう。

江戸時代の研究は、文献をはじめとして、伝世史料など多方面からすすめられている。そして、発掘で見つかるものは、多岐にわたる江戸の文化の一側面にしか過ぎないというのも、またいつわりのない現実である。本書では、江戸文化の諸相のうち、発掘調査でもみつかるものをとりあげ、これまでの諸分野の研究とどのように整合するのか、あるいはしないのか、両者のすりあわせを意識的に行なっている。この試みにより、江戸の人々のすがたを、より正確に、より具体的に示すことが可能になるのではないだろうか。

本書のもとになった第五回大会を開催したのは、一九九二年の二月で、刊行までに八年以上の歳月が流れてしまった。種々の事情があったとはいえ、ご執筆頂いたかたがたには、多大なご迷惑をお掛けすることになった。

さまざまな角度からの江戸時代研究に、発掘の成果を加味するという本書の主旨が、いささかでも読者の共感を得ることができれば、ささやかなお詫びのしるしになるのではないかと念じている次第である。

二〇〇〇年五月

江戸遺跡研究会
世話人代表　寺島孝一

目次

江戸時代の化粧

山村博美

一　化粧のもつ意味と江戸時代の美意識

顔や身体に赤や朱、白などの顔料を塗ることを広い意味での化粧と考えれば、化粧は人類の文化とともにあるといってもよいほど古い歴史をもっており、日本においても、古墳時代の埴輪の顔に朱色の顔料が彩色されている。なぜ人が化粧をするのかということについては諸説あるが、「身を飾りたい」「美しく装いたい」などの美的欲求を満たすほかに「日焼けを防ぐ」などの実用目的も考えられるだろう。また、ある民族や集団にいることを明らかにするといった社会的な目的、すなわち表示目的をもっている場合もある。

江戸時代といえば、安定してきた社会をベースに経済や流通が発達していったわけであるが、上流社会においては種々の制度や儀礼が整えられ、町人の生活も豊かになっていった。化粧は、公家の男性は例外として、おもに女性が行なっているが、このような状況のもとで、女性向けの礼儀作法も重視されるようになり、女性のたしなみとして位置づけられ、さまざまなきまりごとがもうけられた。結果として化粧が未婚・既婚、子供の有無、身分などを示したわけで、その意味で江戸時代の化粧は先に指摘した表示機能を持っていたといえる。

当時の化粧の色彩は、大きく赤、黒、白の三つの色に分けることができる。赤は紅化粧のことで、口紅、ほほ紅に使う色である。黒はお歯黒と眉化粧の色、そして白は白粉である。これら三色を組み合せた化粧が、日本におけるいわゆる伝統化粧になるわけであるが、ここでは遺跡から発掘される資料との関連から紅、お歯黒、白粉を中心に考えていきたい。なお、実際に遺跡から発掘される化粧道具は陶磁器がいちばん多いようである。

二　紅化粧

——無彩色を彩る唯一の色——

紅といえば赤、黒、白の三色のなかでは一番華やかな彩りを添える色である。江戸時代の紅の多くは紅花から抽出したものが使われていた。『和漢三才図会《わかんさんさいずえ》』（正徳二年、一七一二）によれば、産地としては奥州最上、山形が最も良く、次いで伊賀、筑後と質の序列が記されている。京都の紅花問屋の伊勢屋は、横山華山という画家に、紅花を栽培し紅餅といわれる丸い玉に加工する過程を描かせており、それは紅花図屏風として今でも山形美術館に保管されている。こうしてつくられた紅餅を京都に運んで紅を抽出したのである。京都は良い水にめぐまれ、良質の紅がつくられるといわれていた。

紅は、江戸時代の前半の『女用訓蒙図彙《おんなようきんもうずい》』（貞享四年、一六八七）には薄くつける方が良いと記されている。また、明和二年（一七六五）刊の『絵本江戸紫』にも「口紅粉の色濃は、いやしきものなり。桃の花の紅は梅のはなの紅よりも、おとれるがごとし」とある。しかし、江戸の後半になると供給や流通も進歩し、庶民の生活も余裕ができたためか、次第にたくさん使うようになった。紅を一番大量に消費したのは文化・文政頃だと考えられる。この頃には笹紅《ささべに》、笹色紅《ささいろべに》などと称して、下唇に紅を濃く塗り緑色に光らせる化粧法が流行した。実際に紅花の紅は塗り重ねると玉虫色というか、緑色に光るので、それを笹色と表現したのであろう。

文化十年（一八一三）刊の美容書『都風俗化粧伝《みやこふうぞくけわいでん》』には紅の付け方が「紅を口に染るハ下唇にハ濃くぬり、上唇にハ淡く付べし。上下ともに濃ハ賤し。」と紹介されている。当時紅の値段は「紅一匁《もんめ》金一匁」といわれるほど高価で、当然のことながら、たくさん使えない女性も多かったであろう。しかし、人間というのは使えないとなるとそれなりにいろいろ工夫を凝らすもので、紅を節約する方法も考えられた。先の美容書には、少量の紅で笹色にみせる方法として、最初に下唇に薄い墨を塗り、次に紅を薄く塗ると同様の効果があると紹介している。実験してみると、墨のかがやきが下地に残り、薄い紅でも緑色にみえる。『都風俗化粧伝』は京都で出版された本であるが、天保八年～嘉永六年（一八三七～五三）にかけて記された『守貞漫稿《もりさだまんこう》』にも、文化・文政頃は三都（大坂・京都、江戸）共に濃く、青色であったという記述があり、江戸でも同様だったことがわかる。またこの頃の浮世絵には下唇が緑色のものがみられる。

しかしこの流行も江戸時代の末期になるとすたれ、化粧自体が薄くなった。その理由は天保の改革の奢侈禁止令の影響ともいわれているが、紅も文化・文政期ほどは使われていない。

紅花の紅は、明治時代になっても相変らず使用されたが、一方で大正時代には欧米からチック状の棒口紅が入ってきて、いわゆるモダンガールが先駆けとなって使われるようになる。最初のうちは、日本人にはやはり旧来の紅が似合うなどといわれたのであるが、洋服にパーマネントなどが普及するにつれて、形勢は逆転していった。紅花から抽出した紅がいつまで使われていたかといえば、だいたい戦前を一つの目安として、和装用のメーク中心に使われていたということができるだろう。

それでは、紅化粧に使う江戸時代の紅はどのような容器に入っていたのだろうか。ここから考古資料との関連になってくる。伝世品や文献資料から考察すると、紅を入れる容器のうち磁器製で浅い茶碗状のものを紅猪口《べにちょこ》あるいは紅皿といい、厚紙製の二つ折り、あるいは金属・木・象牙製などの箱状のものを紅板《べにいた》という。特に紅板には容器の表面に花鳥風月などの蒔絵や透し彫りを施しているものも多く、いかにも女性らしい持ち物といえよう。これらの容器の内側に、絵の具を筆で塗るように液状の紅を掃いて乾かして売るわけである。現在のリップスティックのようにチック状の固形物が詰まっていたのではない。

版本や浮世絵によく登場するのは紅猪口（紅皿）で、その形は『七十一番歌合』（明暦三年、一六五七）や『女用訓蒙図彙』『和漢三才図会』などにみることができる。浮世絵では化粧の際に鏡台の上や引出しに伏せて置いた場面をよくみかける。磁器製の容器は光を通さないため、太陽光線にさらすと褪色してしまう紅を最後まで使う上で、大変合理的な容器といえるだろう。発掘資料をみても今のところ出てくるのは紅猪口が中心である。

さて、この紅猪口だが、紅が残存していればまず間違いないのだが、それは実物を見ない限りわからない。伝世品にもどうみてもただのお猪口に紅が塗られているものや、逆に大きめの器に塗られているものがみられる。紅猪口の大きさについては『容顔美艶考《ようがんびえんこう》』（文政二年版、一八一九）が参考になるであろう。女性が紅を掃いている図があるが、紅猪口の大きさはさまざまである。よく考えれば紅がなくなれば、容器を店に持っていって掃いてもらうこともできたので、ただのお猪口でも機能的には別に問題ないのである。今もそうなのだが、化粧とは基本的に人前でするものはなく、みえないところで行なうものである。表に出てくるのはあくまで美しく装った結果の部分であり、江戸時代の場合、その過程で使う陶磁器の化粧道具については、特に食器との区別に関してあいまいな面がある。

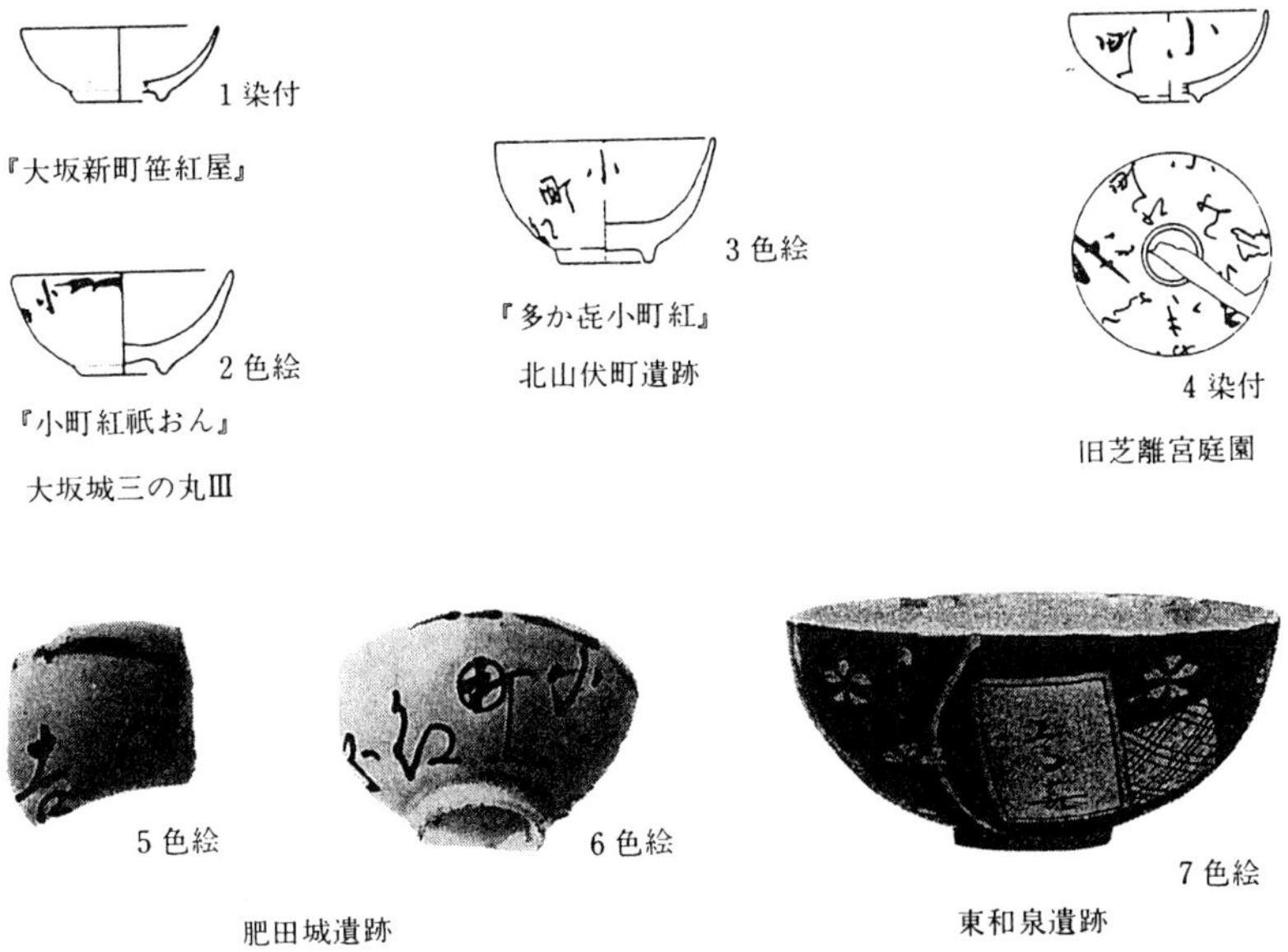

図1　考古資料・紅猪口（スケール1/4，ただし写真は不同）

とはいえ、確実と思われるものもある。さまざまな遺跡から紅に関する文字入りのものを集めてみたのが図1である。

図1に図示した資料のうち、3・4・7についていえば、同一の店のものではないかと思われ、3には「多か㐂　小町紅」、4は「名もたかき花も都の小町紅」、7は「小町紅　祇園町　高喜」と銘がはいっている。少し話はとぶが、今の化粧品に有名ブランドがあるのは良く知られている通りである。江戸時代の紅の有名ブランドといえば〝小町紅〟で、特に有名な小町紅の店として京都の紅屋平兵衛があげられ、略して〝紅平〟と呼ばれていた。同様に紅屋清兵衛は〝紅清〟と略される。この紅平の店は、文政年間に出された京都の『商人買物独案内』に「御用　小町紅　本家仕入所」と書いてあり、御所にも納める商品を作っていた有名な店であった。そして、その隣のスペースに「小町紅　祇園町　高嶋屋喜兵衛」という名前がみられ、掲載されている位置からみてもそれなりの大きさな店だったと思われる。この高嶋屋喜兵衛

を略して〝たかぎ〟といったのではないだろうか。4については、「名もたかき」と〝たかぎ〟をかけていると考えられる。同様に5の「の吉」の文字入りの紅猪口は、みのや吉郎兵衛の店とも考えられる。

京都は紅を抽出する高度な技術を持っており、多くの紅屋や紅染屋があった。今と違い商標登録システムがあるわけではなく、有名になった小町紅にあやかってたくさんの店が同名の紅を売っていたのであろう。名前の由来は小野小町の美しさにあやかってつけたのだろうが、いつから使われたのかはっきりしない。しかし『絵本江戸化粧志』(昭和三十年、一九五五)には、文化元年(一八〇四)にはあったことが記されている。

以下に、江戸時代の庶民の生活にみられる紅を川柳『誹風柳多留』から紹介しよう。川柳は江戸庶民の生活風俗がよくあらわれており、化粧についても大変参考になる。(ここで引用した各川柳の括弧内は、何篇、何丁を表す)

○おきやァがれ下女わっちにも小町べに(三七、一八)　文化四年(一八〇七)

この句は小町紅の名称が初出の川柳ではないかと思われる。下女の分際で高い小町紅が欲しいなんてとんでもない、という意味の句であろう。

○濃くはくと黒主になる小町紅(一一〇、一五)　天保元年(一八三〇)

笹色紅のことで、濃く塗ると緑色というか黒光りがしてくる様子を表している。

○小町紅深草焼へ這入てる(一二四、一〇)　天保四年(一八三三)

小野小町のところに通った深草の少将にちなんだ深草焼きにはいっているのが一番ふさわしい、という意味であろう。

○いつまでも替らで寒の小町紅(一二五、四)　天保四年寒中につくった紅は質が良く、色が変わらない上、からだによいといわれた。

三　黒の化粧

——未婚・既婚をあらわすお歯黒——

黒の化粧といえば、お歯黒と眉化粧である。このうちお歯黒は鉄漿《かね》ともいわれ、近世に入ると女子の元服、つまり成人の儀式として行なわれていた。はじめてお歯黒をするのを歯黒始め、鉄漿始めとよび、十三歳、十七歳と時代と共に年齢があがっていき、中期以降は結婚が決まるとつけるなど、既婚女性の印となった。お歯黒の黒は何物にも染まらない色であることから、「貞女二夫にまみえず」のあかしとされたのである。「……黒く染たる色は再染かへられぬなり、女のいまだ稼せざるは白色の如し、嫁宿して誰々が妻と定るときは、黒く染たる色の如く、再び外の色に染かへられぬなり、歯を染るは女の操を示して染たるものなれば、女たるものしらずんばあるべからず……」。十八世紀に成立した随筆の『南窓筆記《なんそうひっき》』には「歯黒の事」としてこうした記述がみられる。

当時の美意識を含めてもう少し言及すると、江戸時代初期、慶安三年（一六五〇）に記された『女鏡秘伝書《おんなかがみひでんしょ》』には歯を染めない時は真白がよく、染めた時はむらなく黒くするのがよいと記されている。この本は慶安三年、五年、万治二年、延宝三、六年と版を重ねたベストセラーであったようで、教養のある女性には広く使われていたものと思われる。ちなみに、貞享四年（一六八七）に刊行された『女用訓蒙図彙』も翌年の元禄二年に再版されたそうであるが、これも京、大坂、江戸の三都同時発売だったそうなので、影響力は大きかったものと思われる。この本では、お歯黒のたしなみについて、毎朝するのがよく、二日に一度は中、三日に一度は下であると記されている。既婚女性の美しさ、たしなみのよさのシンボルとしてお歯黒がとらえられていたということであろう。

また、江戸時代後期の風俗については『守貞漫稿』に、江戸の女性は二十歳未満で結婚していなくても歯を染めているものが多いこと、遊女では吉原の遊女だけが歯を染め、芸者は染めなかったと記されており、未婚でもある程度の年齢になると世間体もあってか、お歯黒を施したと推察される。

さて、実際にお歯黒はどのようなものからなり、どのようにしてつけたのだろうか。歯を黒く染めるには、ヌルデの枝にできた虫こぶ（五倍子《ふし》）を採集してすりつぶした五倍子粉《ふしのこ》という粉と、米のとぎ汁に古鉄や酒、酢などを加えてつくったお歯黒水を、交互にあるいは混ぜて歯につけた。化学的には五倍子粉に含まれるタンニンの成分と、お歯黒水の酢酸第一鉄を主成分とする溶液が混ざることで、黒インクと同じ成分をもつ、水に不溶性のタンニン第二鉄溶液という化合物ができる。これがお歯黒の黒さである。五倍子は収れん作用をもっており薬としても使われていた。また、お歯黒水には歯に含まれるリン酸カルシウムを強化する働きがあることから、お歯黒は歯を保護する働きがあった。

浮世絵でお歯黒をしている場面などからプロセスをみてみよう。よくみられるのが鏡を覗きながらお歯黒をしている浮世絵である。耳盥《みみだらい》とよばれる木製の盥にのせた渡し金《わたしがね》の上に沸かしたお歯黒水を入れた金属製の鉄漿（歯黒）次、五倍子箱などがよく置かれている。そして漟子、鉄漿碗などといわれる小さい器でお歯黒水と五倍子粉を混ぜて、歯黒筆を使って歯を染めるのである。染まったらうがい茶碗で口をゆすぎ、その水は耳盥にはきだした。

ポーラ文化研究所では昭和五十二年（一九七七）、秋田県秋田市にまだお歯黒をしているおばあさんがいるという情報を得て、取材に行った。その女性は明治十四年生まれで、昭和五十二年当時九十六歳であった。お歯黒は毎朝七時に起きて、一日おきにしていたそうである。この方の場合はきちんとした道具ではなく、自分で工夫したものを使っている。歯黒筆はつまようじの先に脱脂綿をくくりつけたもの、五倍子箱、鉄漿坏は大小の空き罐を利用していた。このように、お歯黒道具においてもそれぞれの工夫がみられ、代用品を使うこともできた。

ここでまた川柳『俳風柳多留』からお歯黒に関する句を紹介しよう。

○おはぐろのじゃまハだまってたゝかれる（七、二三）　安永元年（一七七二）

ちょっかいを出しても、お歯黒の最中はしゃべれない。だまってたたくというわけである。

○かねハたちまちゆになってくさい也（一八、一一）　天明三年（一七八三）

お歯黒水はつける前に沸かしておく。酢や米などいろいろなものを入れてねかせたお歯黒水は大変臭く、それを沸かすのだから、においはかなりきつい。そのため、朝、家人の起きないうちにすませたといわれている。

○煤《すす》に出た鋏おはぐろつぼへ入レ（七六、三一）　文政六年（一八二三）

古い釘などの鉄屑がお歯黒水をつくるのには欠かせなかった。

○ふしの粉をやく味に入レて鉄漿をつけ（一四一、二四）　天保六年（一八三五）

お歯黒水にふしの粉を混ぜる様子を描写している。

このお歯黒の風習は、十九世紀半ばに開国、通商を求めてきた外国人にとっては異様に映った。ペリーやオルコックは来日した様子を書き記しているが、そのうちイギリスの初代駐日公使であるラザフォード・オルコックは安政六年～文久二年（一八五九～六二）の間の記録として『大君《たいくん》の都』という本を出している。日本語訳では岩波書店から文庫本が出版されていた。

化粧の部分を引用すると、「歯に黒いニスのようなものをぬりなおして眉毛をすっかりむしりとってしまったときには、日本の夫人はたしかにあらゆる女性のうちで、人工的なみにくさの点では比類ないほどぬきんでている（中略）……このようにみにくくされた彼女たちの口は、まるで口を開けた墓穴のようだ……」という調子である。欧米の美容意識では、歯は白い方が美しいという観念があって、真珠のような白い歯が好まれていた。十九世紀の多くの美容書にも「歯を白くする処方」が記されているほどで、それと対極にあるお歯黒は彼らの美意識に全くそぐわなかったのであろう。明治政府もこの慣習をなくすことが文明開化の象徴と考えたのか、実際お歯黒は明治六年（一八七三）に皇后が率先してやめられたのを機会に次第に行なわれなくなる。明治三十一年（一八九八）の『江戸と東京』には、「明治以後、眉を剃、歯を染むるの風は僻習なることを知り、江戸は率先して打破したれば、今は殆ど其風滅せんとす」とお歯黒が廃れていった様子が記されている。

引用部分に「眉を剃る」という言葉がでてくる。少し補足するにとどめるが、眉も黒の化粧として欠かせないものであった。最近では若い男性も眉をカットするようになったが、人間の顔の中で眉は剃ったり描いたりすることによって、一番表情が変わってくるところである。江戸時代において、眉化粧は唯一、礼法として確立されていた。水嶋流の『化粧眉作口伝《けしようまゆつくりくでん》』（宝暦十二年、一七六二）という書には、年齢別の眉の描き方が記されている。公家や武家の女性はこうした書にしたがって、ある程度の年齢になると眉を剃り落として定められた位置に描いていた。特に武家では年齢や身分によって眉の形がきまっており、それに用いる道具やまゆずみまで決められていた。また庶民も武家の影響を受けている。江戸時代の半ば頃には結婚が決まるとお歯黒をしたのは前にも述べた通りだが、子供ができると今度は眉を剃っていた。剃るだけで新たに描かなかったのが武家との違いであった。顔を剃るには剃刀を使い、眉を描くのには眉作り道具というへらの類《たぐい》を用いたのであるが、発掘資料に関連のものがほとんどないため、道具の細かい説明はここでは省く。この習慣も明治時代になると、お歯黒と同様、次第に廃れていくが、いずれにしても黒の化粧が結婚や出産といった女性の通過儀礼に深く結びついた、表示目的を持つ日本独特の化粧であったことはまちがいない。

さて、お歯黒の話に戻るが、お歯黒道具の形式については江戸時代初期の寛永十六年（一六三九）に徳川三代将軍家光の長女である千代姫が尾州の徳川光友に輿入れした時の嫁入り道具「初音の調度」に耳盥、渡し金、鉄漿碗などがみられる。また、万治三年（一六六〇）に書かれた『女諸礼集』には「鉄漿箱、渡、御歯黒付、耳盥、ふし壺、鉄漿付筆、じゃうず」という記述がみられる。形態は不明であるが、この頃にはすでに婚礼調度と考えられていたのであろう。

『婚礼道具《こんれいどうぐ》諸器《しょき》形寸法書《かたすんぽうがき》』（寛政五年、一七九三）にはさまざまなお歯黒道具が載っている（図2）。しかし、発掘資料で確認しやすいのは数あるお歯黒道具のうち、やはり陶磁器のものである。そのひとつにお歯黒壺がある。お歯黒壺は大小の違いはあるものの、伝世品では越前焼あるいは金属製のものがみられる。遺跡からは瀬戸焼の陶器製で、なかに鉄のかたまりが入っている壺が出土している（図3）。これは、前にもふれたように、お歯黒水をつくるのに古釘などの鉄屑を入れたものがそのまま残っているのであろう。この他、染井遺跡や東京大学構内遺跡・御殿下記念館地点などからは、徳利の口を切った容器のなかに鉄のかたまりが入っているものや、容器の内側に錆がついているものが出土している。これもお歯黒壺として使われていた名残だろう。お歯黒の染まり具合を良くするためにそれぞれの家で工夫を凝らしていたのだろうが、このとき飴や飲み残した酒を入れたといわれている。徳利を利用してお歯黒水をつくるのも、それに関連があるのかも知れない。また、三栄町遺跡、東和泉遺跡からは、陶器製の器で内側に鉄錆あるいは五倍子粉の付着した、鉄漿碗と思われるものも出土している。

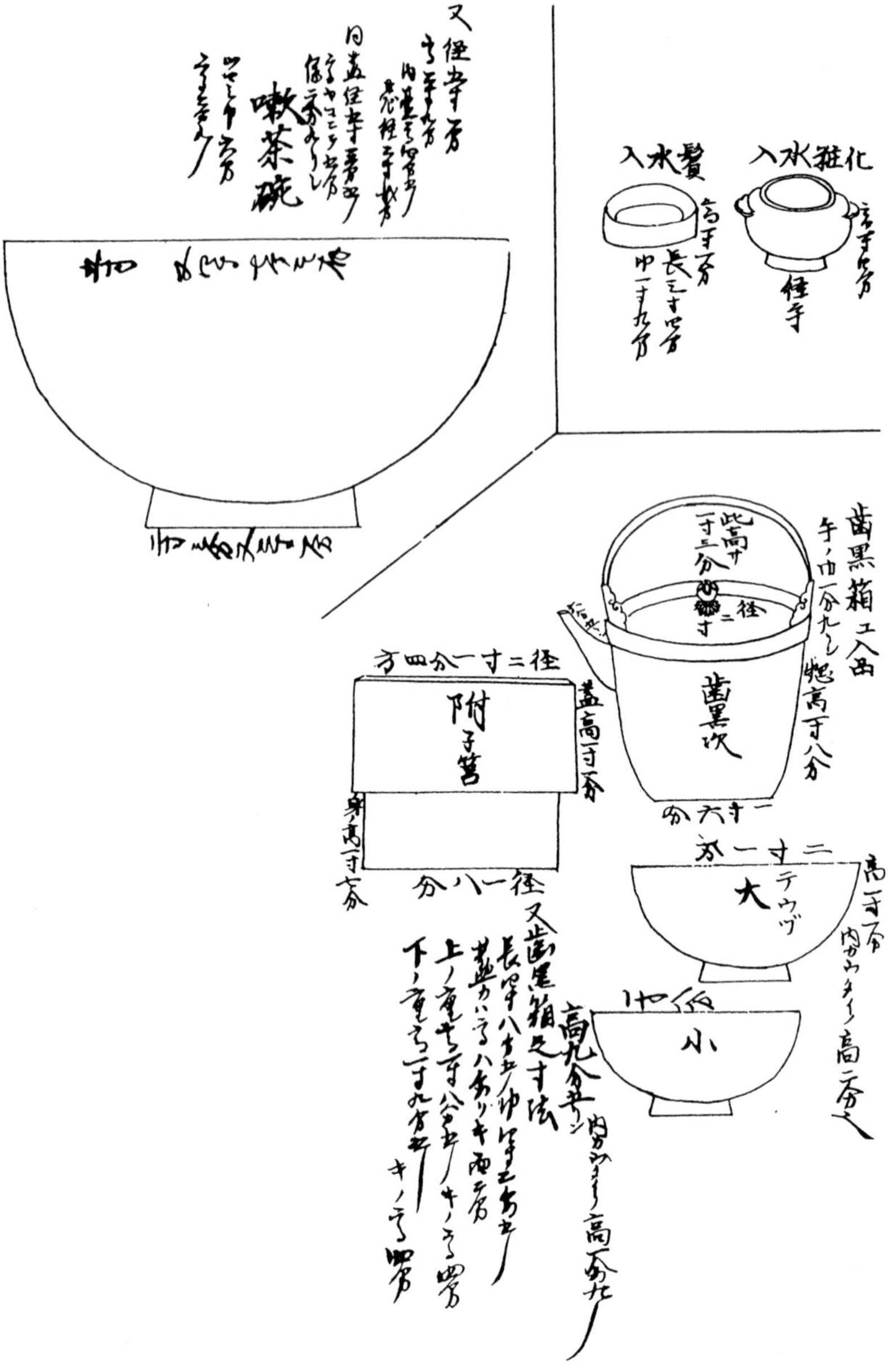

図２　『婚礼道具諸器形寸法書』(1793) より

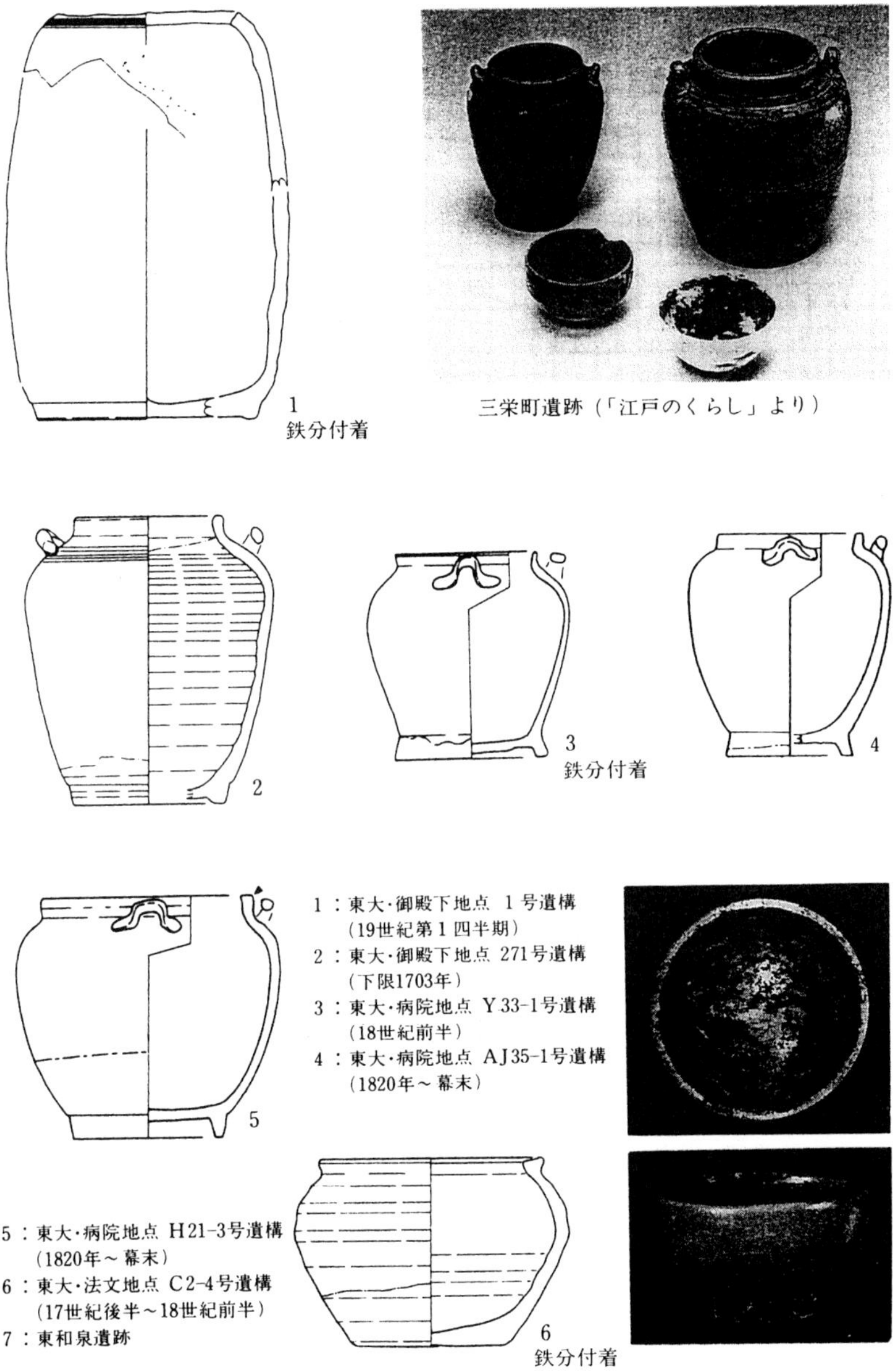

1：東大・御殿下地点　1号遺構
（19世紀第1四半期）
2：東大・御殿下地点　271号遺構
（下限1703年）
3：東大・病院地点　Y33-1号遺構
（18世紀前半）
4：東大・病院地点　AJ35-1号遺構
（1820年～幕末）
5：東大・病院地点　H21-3号遺構
（1820年～幕末）
6：東大・法文地点　C2-4号遺構
（17世紀後半～18世紀前半）
7：東和泉遺跡

図3　考古資料・お歯黒壺，鉄漿碗（スケール1/4，ただし写真は不同）

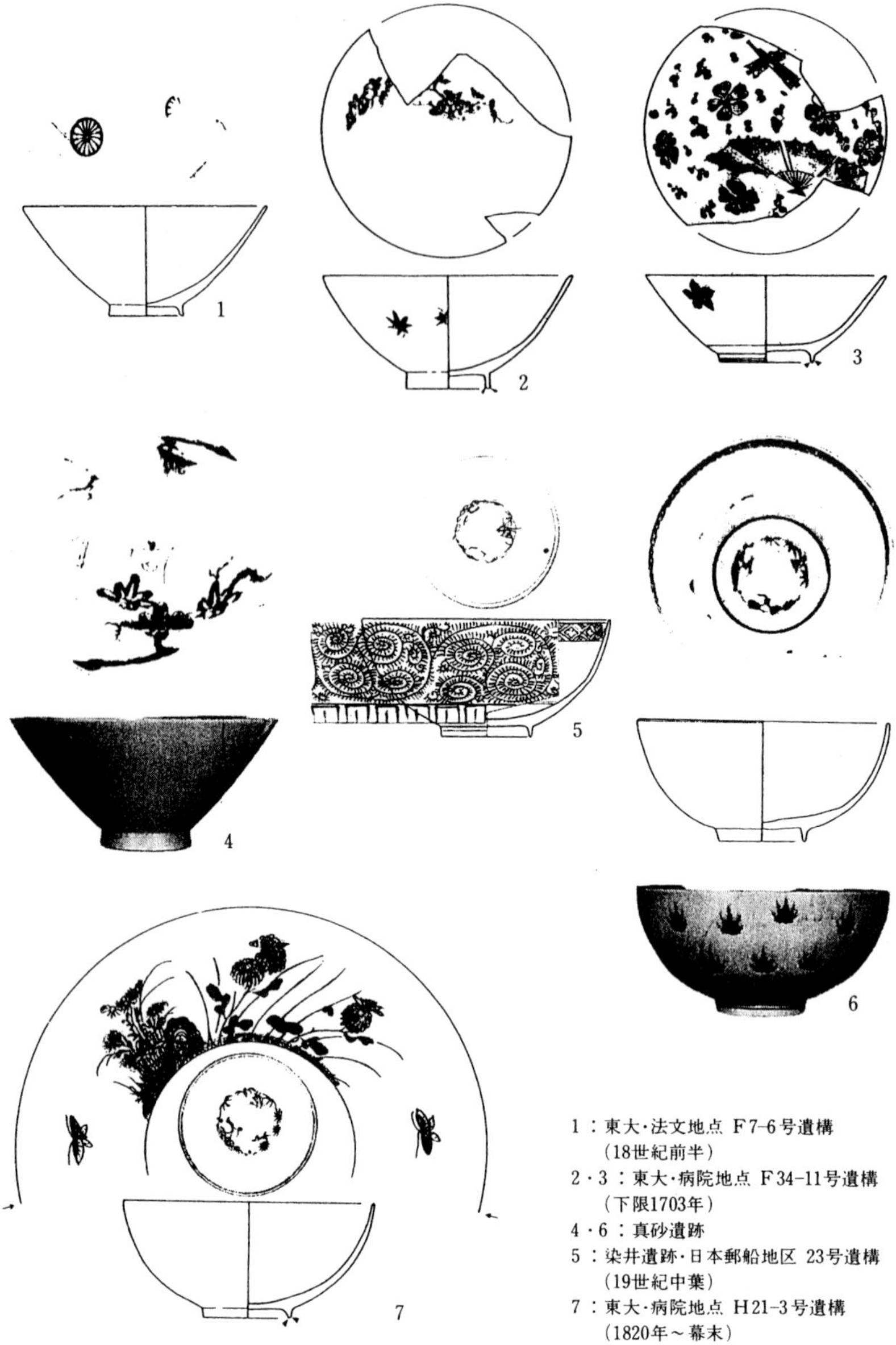

1：東大・法文地点 F7-6号遺構
（18世紀前半）
2・3：東大・病院地点 F34-11号遺構
（下限1703年）
4・6：真砂遺跡
5：染井遺跡・日本郵船地区 23号遺構
（19世紀中葉）
7：東大・病院地点 H21-3号遺構
（1820年～幕末）

図4　考古資料・うがい茶碗

お歯黒道具でもうひとつよくみつかるのがうがい茶碗である。しかし、うがい茶碗については新たな疑問が生じている。それは、うがい茶碗として残っているものと、浮世絵などに描かれているうがい茶碗では少し形が違うということである。発掘資料のうがい茶碗は図4に示しているが、伝世品は薄手であまり丸みのないすりばち状の形をしている（図5）。いいかえれば伝世品は体部が直線的に開く、図4の4のような形が多いのである。だが、浮世絵や版本にみる多くのうがい茶碗はかなり丸みを帯びている。また、伝世品の外側はいずれも無地で、内側にのみ模様がみられるが、浮世絵資料では外側に模様があるところも違う点である。ただ、図6、8に登場するうがい茶碗のうち、図8のように伝世品と同様の形も浮世絵のなかにあることから、このタイプもうがい茶碗として間違いないことがわかる。用途自体が口をゆすぐためのものであるから、形はあまり気にせず手近なものを使った可能性もある。あるいは江戸時代における茶碗の、形や模様の流行と相関して変化しているのかも知れない。

図5　うがい茶碗各種（ポーラ文化研究所蔵）

お歯黒道具のなかでも発掘資料からは金属製の渡し金、鉄漿次、鉄漿碗などはみつかりにくい。金属製品は再利用されるので残りにくいのか、または実際のお歯黒の時は婚礼調度のような形式的な道具は使わず、代用品を使ったということも考えられる。しかし、遊女などを描いた浮世絵にもこれらの道具類は登場しているので、見直してみれば該当するものが出てくるだろう。

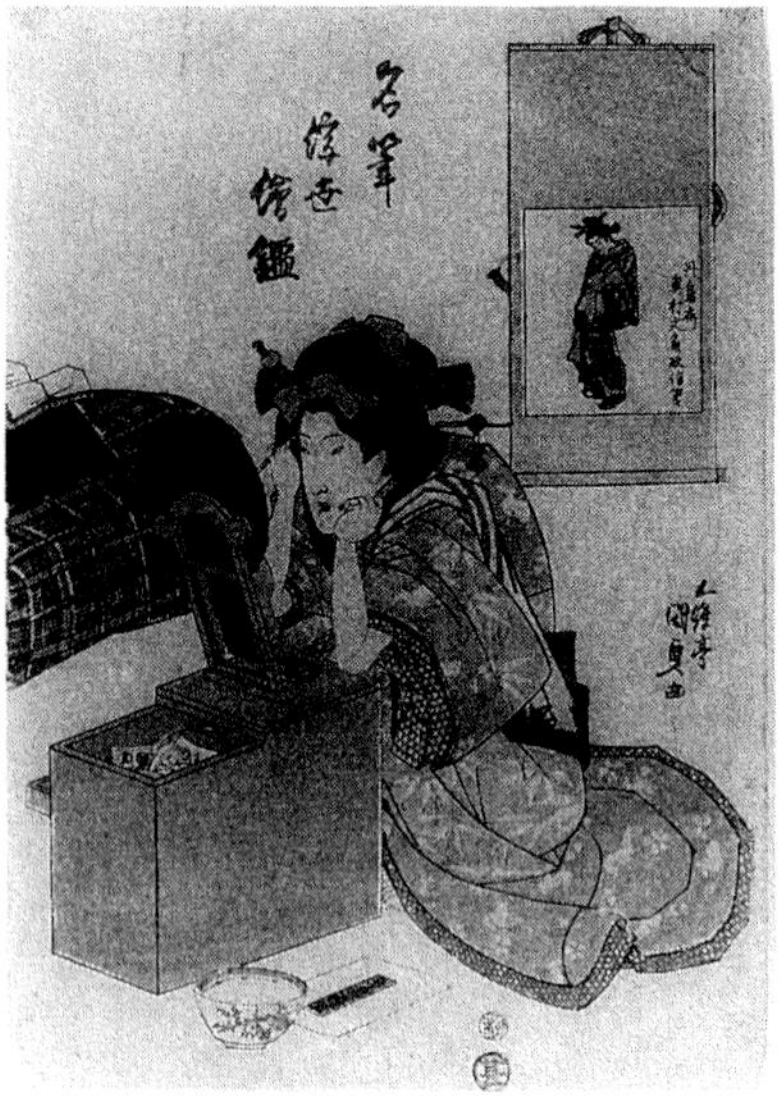

図６　名筆浮世絵鑑　五渡亭国貞
（ポーラ文化研究所蔵）

四　白の化粧

――白い肌へのあこがれ――

白い肌は今でも女性にとって一種のあこがれであるが、江戸時代におもに使われていた白粉《おしろい》は、水銀を中心とした成分の軽粉《けいふん》と鉛を材料に使った鉛白粉だった。軽粉は、日本では伊勢の丹生《にう》で産出されるものが良質として知ら

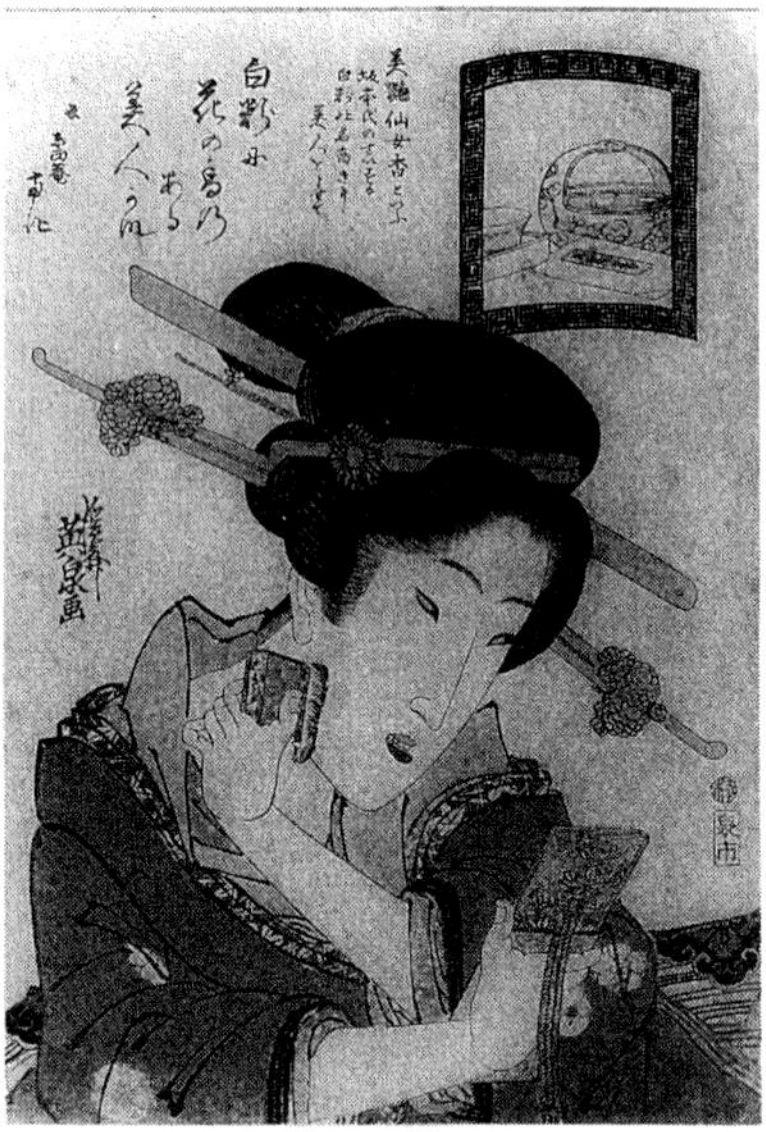

図７　美艶仙女香　渓斎英泉画
（ポーラ文化研究所蔵）

図８　古今名婦傳　豊国画
（ポーラ文化研究所蔵）

れていたため伊勢白粉などともいわれていた。また、その殺菌作用から梅毒の特効薬としても有名だったが、十六世紀頃から丹生での生産量が減り、中国から輸入して加工せざるを得なくなった。そのため値段も高く、おもに禁裏《きんり》を中心とした身分の高い女性に御所白粉などとよばれて用いられた。

一方、鉛白粉は、十六世紀初めに泉州堺で製造が盛んになり、品質の優れたものがつくられるようになった。軽粉に比べて安くできたことから一般庶民にも広まった。実際に鉛白粉をつけてみると、真白で大変なめらかで、つき、のびともによく、それでいてなかなか落ちない。安くて使用感もいいわけであるから、女性は喜んで使ったと思われる。白粉の粉は水で溶き、刷毛《はけ》で顔や首筋、胸のあたりまで塗っていた。江戸時代後期には「丁字香《ちょうじこう》」「小町白粉」「仙女香《せんじょこう》」などのさまざまな銘柄が販売されており、特に「仙女香」は浮世絵や川柳にもたびたび登場している。『誹風柳多留』を例にいくつか紹介すると、

○なんにてもよくつらを出す仙女香（一五四、一三）

○仙女香やたら顔出す本ンの端シ（一二一、三一）

などとよまれるほどだった。また、白粉をつける様子をあらわした次のような句もある。

○左右から白をたゝいてぬりたてる（一三、三一）

鉛白粉の使用について、『東京大学本郷構内の遺跡　御殿下記念館地点』に「梅之御殿」厠《かわや》跡から検出されたPb（なまり）について井上純子氏の測定結果に関する論文と、上野佳也氏・渡辺ますみ氏の発掘所見からみた厠跡の考察

が収録されている。「梅之御殿」は享和二年（一八〇二）から二十年位の間存在した、当時の加賀藩主の先々代夫人、先代夫人の隠居所ということであるが、女性の行動圏と考えられるそこの厠には、他の厠にくらべて鉛が多く蓄積していたというのである。両氏はその理由として、皮膚から吸収された鉛が排出されたと考えておられるが、これは鉛白粉の使用を示す貴重な資料といえるであろう。

江戸時代によく使われていた鉛白粉だが、ひとつ問題点があった。それは使い続けると中毒になり、手足が震えるといった症状がでることである。明治十年頃から毒性が問題になるのだが、その後も使われ続けた。大きな問題になったのは鹿鳴館時代、天覧歌舞伎の際に義経役の中村福助の足が震えて止まらなくなり、それが慢性鉛中毒と診断されてからである。そのうち無鉛白粉も発売されたが、明治三十年頃をすぎると、白ではなくていわゆる肌色のものが「肉色のおしろい」などと称され、雑誌でも紹介されるようになる。水白粉などとよばれた瓶入りもつくられるようになり、従来の日本的な化粧から西洋式へと変化する過程で、用いられる化粧品や道具の形も変わっていった。

さて、白粉に使う化粧道具は限られており、磁器製の白粉解《おしろいとき》や白粉三段重《おしろいさんだんがさね》の他、刷毛、白粉包みなどがあげられる程度である。江戸時代前期では『女諸礼集』に白粉箱、白粉解という記述がみられるが、形はわかっていない。また、『女重宝記』（元禄五年、一六九二）には白粉皿という記述がみられる。さらに、『婚礼道具諸器形寸法書』にも径二寸三分、高一寸六分の白粉箱が記されている。しかし、伝世品の白粉三段重は浮世絵その他の版画にはあまり出てこない形である（図9）。三段のうち、一段には白粉を入れ、一番下の深い段には水を入れ、残りの一段で混ぜ合わせたといわれているが、浮世絵でも重なった状態はなかなかみられない。三段を広げているのか、最初から一段の白粉入れなのかがわからない場合が多いのだが、『容顔美艶考』には、懐中袋物や鏡台、紅猪口、うがい茶碗、刷毛などとともに、この形の、重なった白粉の容器が置かれている（図10）。また、『都風俗化粧伝』に、もろ肌脱いで白粉をつけている女性の絵があるが、手に持った碗から白粉を塗っているようであり、碗状の容器も用いたことがわかる（図11）。

総体的にみて、実際の発掘資料も白粉に関するものは少ない。その理由として、珍味入れや碗のような食器の類と区別がつきにくいこと、実際に食器としても使えるものを代用した可能性があること、あるいは三段の一部が散逸してしまったことなどが考えられる。『江戸のやきもの』中の動坂遺跡の資料、または白鷗遺跡出土の磁器段重のなかに白粉三段重または白粉解らしい一部をみることができる（図12）。発掘資料は一段のものがほとんどで、たまに、そろいの蓋がついたものが存在する。しかしこれが化粧道具なのか、食器なのかの判別が難しい。同様に、図11のように白粉を塗るのに碗を使っている図もしばしばみかけるが、この形状の碗を発掘資料から抽出するには、やはり食器

図9　白粉三段重各種（ポーラ文化研究所蔵）

図10　『容顔美艶考』（1819）より

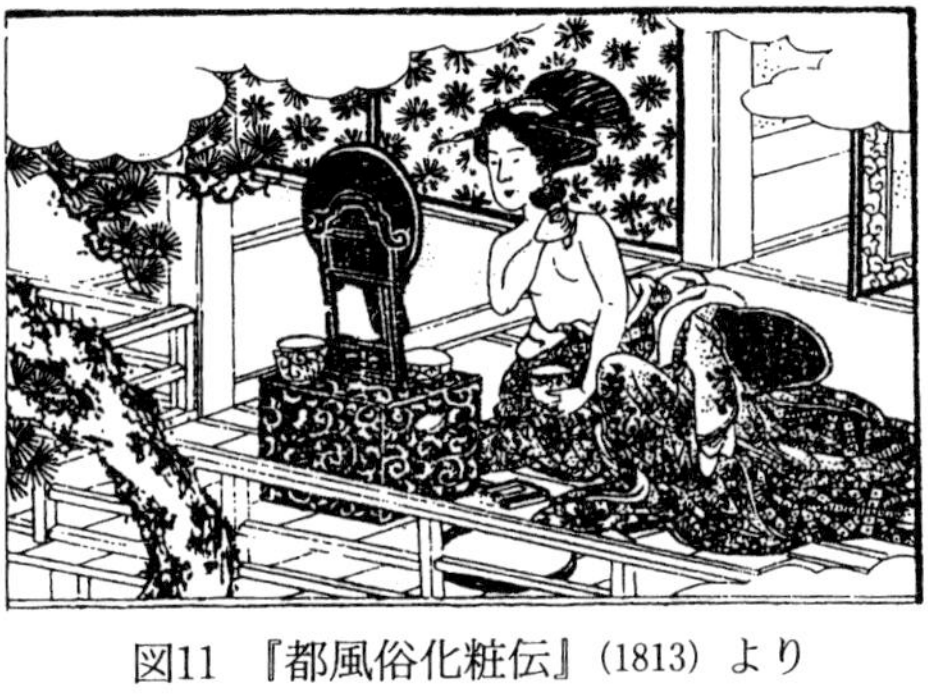
図11　『都風俗化粧伝』（1813）より

との区別がつかないという問題点がでてくる。

五　鬢水入れなどその他の化粧道具

さて、紅、白粉、お歯黒とひととおり説明してきたが、今までにふれてきた化粧関連の道具以外について少し補足しておきたい。結髪に関わる陶磁器の化粧道具として鬢水《びんみず》入《い》れや油壺などが発掘されているが、ここでは鬢水入れと鬢盥《びんだらい》の名称の混同についてコメントしたい。

考古関連の資料で、図13にみられるような容器を鬢盥とよぶことがあるが、化粧史の分野ではこの伝世品を鬢水入れと称している。この容器は、鬢水という髪をなでつけるのに使う水性の整髪料を入れたものである（図14・15）。江戸時代後期に書かれた『甲子夜話』には「鬢水入れに水を入れ、五味子《さねかずら》の茎を刻んで浸し、そこに櫛を浸して髪を梳る」とあり、同じく後期の『婚礼道具諸器形寸法書』には鬢水入れが図解されている（図2）。さらに『宝暦現来集《ほうりやくげんらいしゅう》』（天保二年、一八三一）には「鬢水入、明和年中迄は女の櫛箱

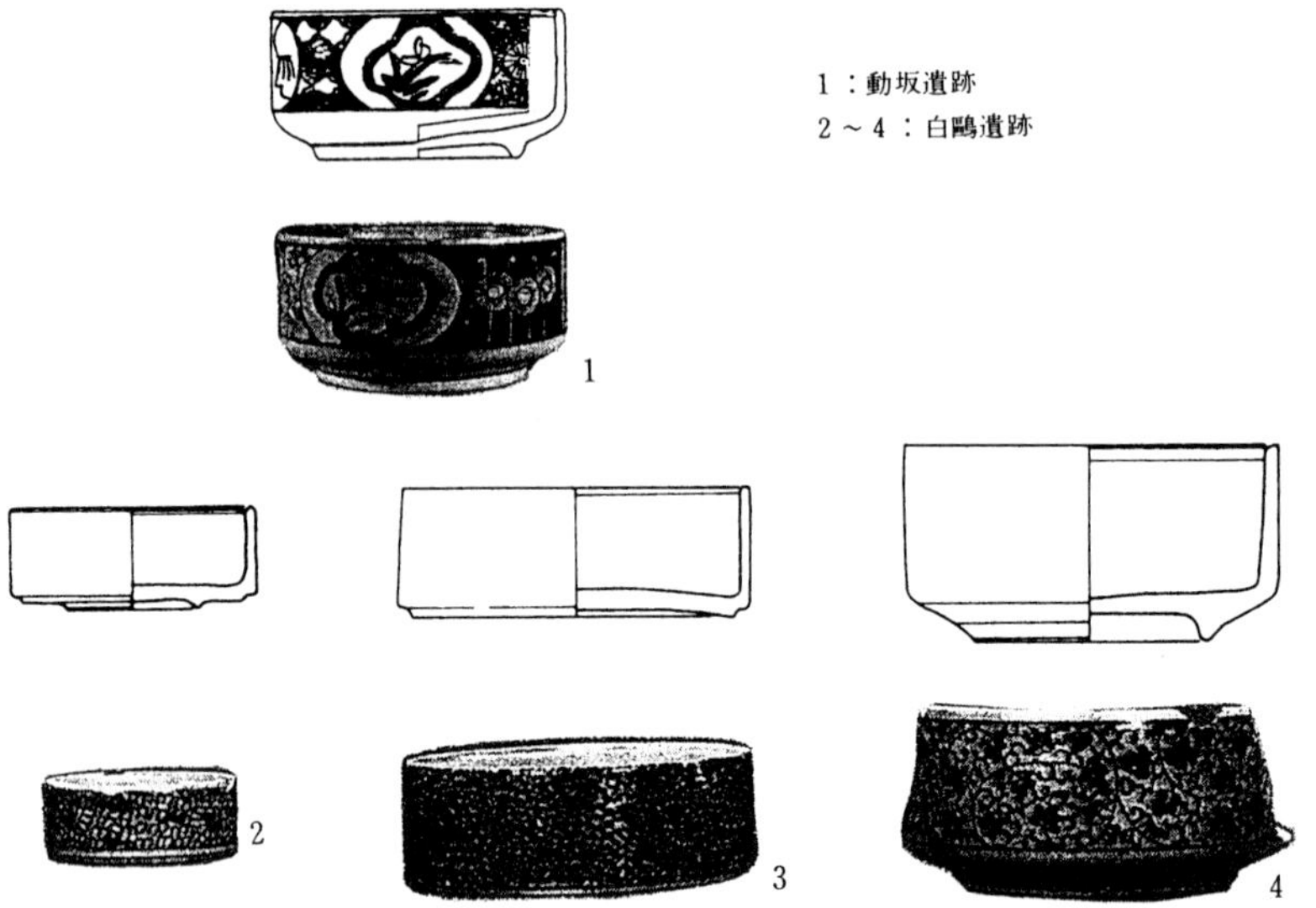

図12　考古資料・白粉の容器（スケール1/4，ただし写真は不同）

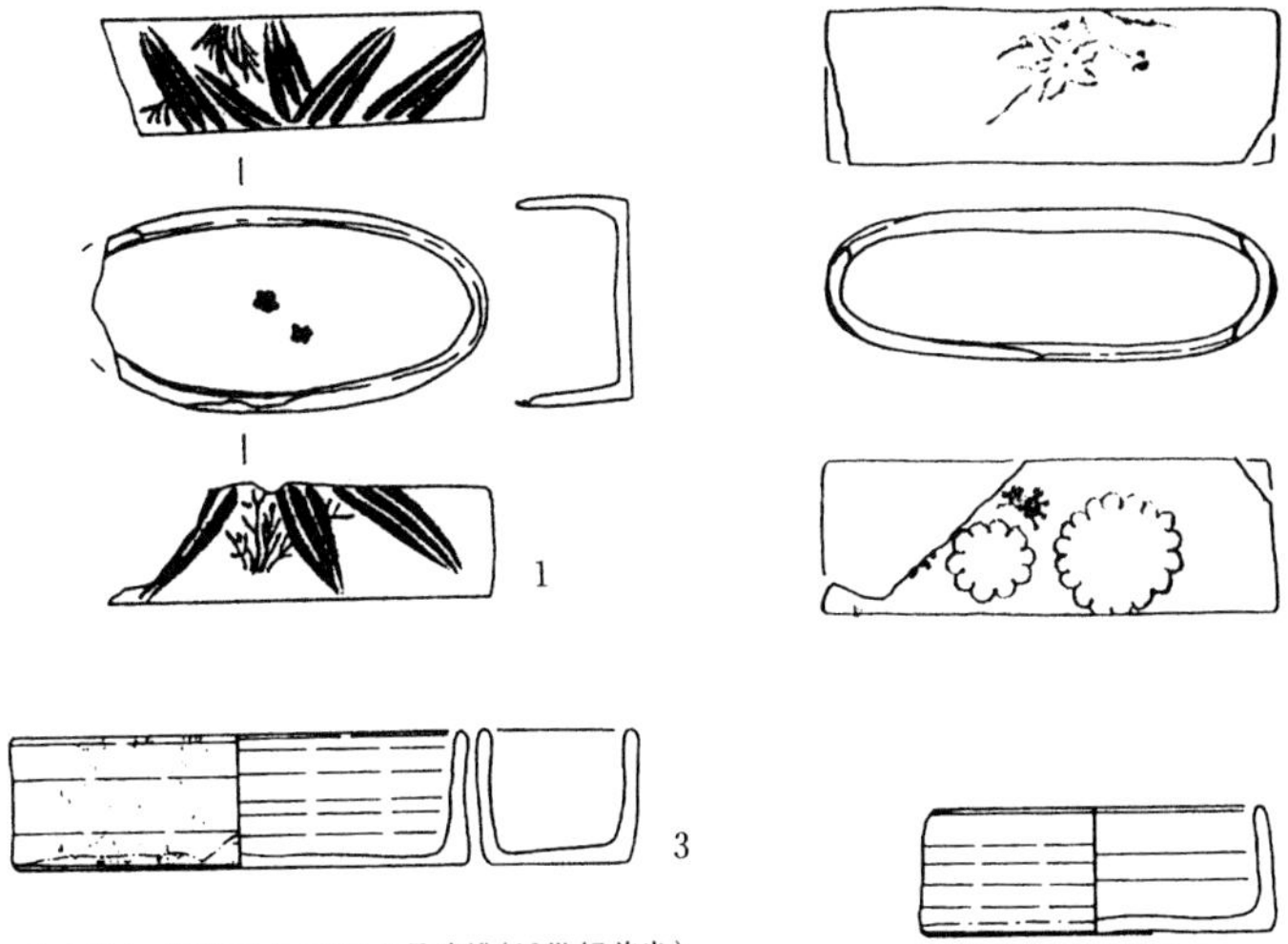

1：東大・病院地点 D32-1号遺構（18世紀前半）
2：東大・病院地点 F34-11号遺構（下限1703年）
3：名古屋城三の丸Ⅱ SK130（18世紀前半）
4：名古屋城三の丸Ⅱ SX101（19世紀中葉）

図13　考古資料・鬢水入れ（スケール1/4）

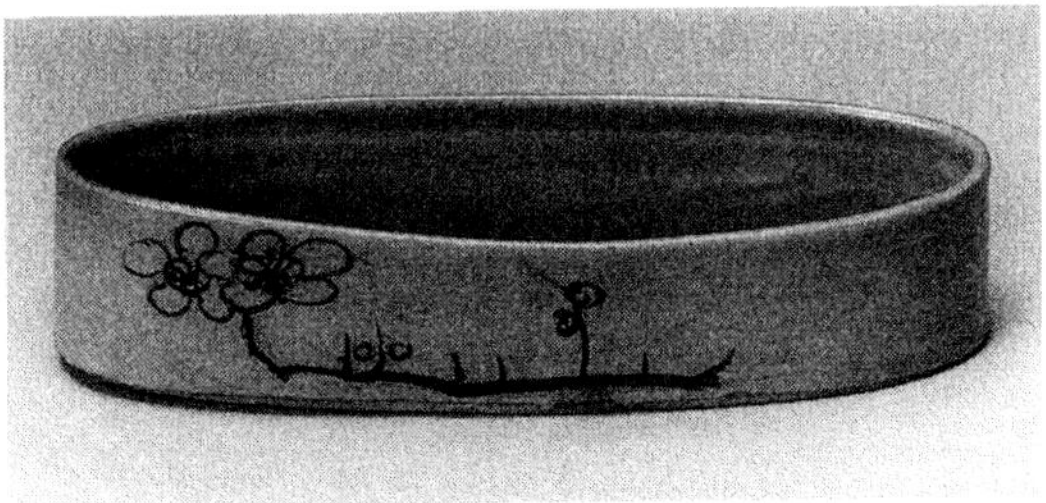

図14　鬢水入れ（ポーラ文化研究所蔵）

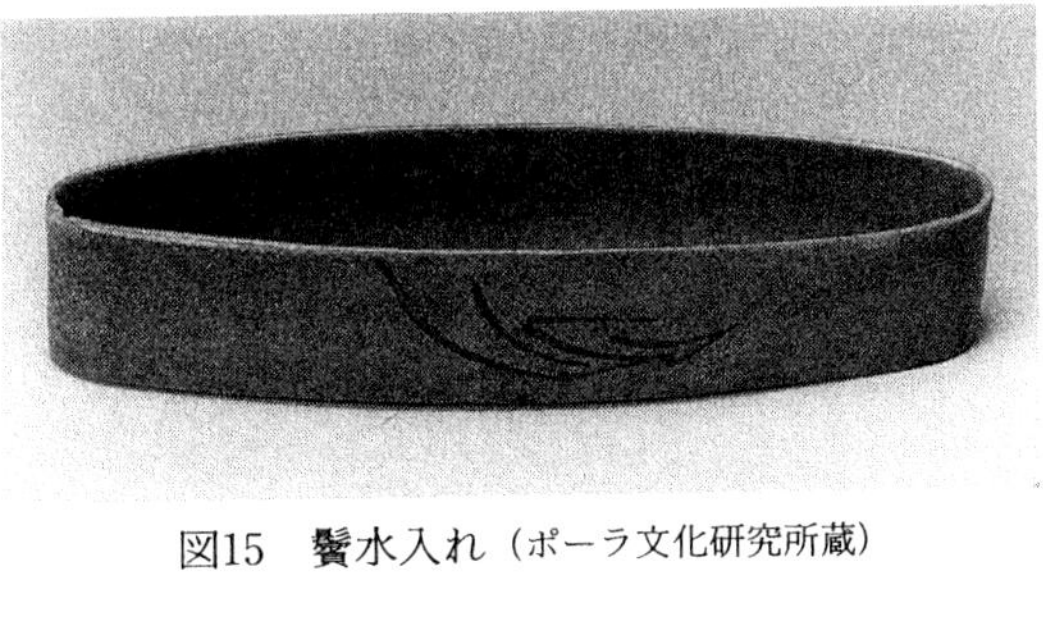

図15　鬢水入れ（ポーラ文化研究所蔵）

入置也、形は瀬戸物にて、長さ四五寸巾一二寸深さ同断」という記述もあり、鬢水入れと呼ばれていたのは確かだといえる。一方で江戸時代前期の『女鏡秘伝書』のなかに「げんぶくの事…つぎにかみはやしの事、びんだらひにかみのだうぐを入もちいて候とき、かみをゆひ…」とあることから、髪の道具を入れるのが鬢盥である

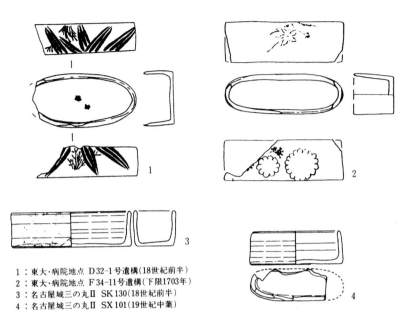

ことが推察される。言葉としての「びんだらい」は、元亀二年（一五七一）の『運《うん》歩色葉集《ぼしきようしゆう》』にまでさかのぼることができ、「鬢與」という漢字があてられている。形状は不明なのでここからは想像だが、盥から小型化する過程で鬢水入れという言葉が発生したのかもしれない。

鬢水入れをなぜ鬢盥と混同してしまったのかについては、いくつかの可能性が考えられる。まず、その形状のものを鬢盥となんらかの文献資料に定義してあったこと、あるいは、江戸の前期と中期以降で呼び方が変化した可能性もあるだろう。国語辞典のなかにも鬢盥を「鬢水を入れる小さい盥」と定義したものがある。

鬢水入れは都立一橋高校地点遺跡、旧芝離宮庭園遺跡、東京大学構内遺跡・医学部附属病院地点、同遺跡法学部四号館・文学部三号館建設地遺跡、真砂遺跡をはじめ、たくさんの遺跡から発掘されている。

図16　橘唐草紋散蒔絵鬢水入れと梳櫛
（ポーラ文化研究所蔵）

一方、油壺もこれらの遺跡をはじめとしてみつかっている。いずれも特徴のある形状から判別しやすいせいもあり、化粧道具のなかでは比較的資料が多いといえるだろう。また、遺跡にみられる鬢水入れは陶器のものが多いが、伝世品には漆塗りの木製容器もある。漆塗りのものは陶器より幅広い楕円形で、ポーラ文化研究所のコレクションにも大名婚礼化粧道具の一部として、あるいは結髪に関する小道具を置く櫛台とセットになった鬢水れがある。これらには内側が朱塗り、外側が金蒔絵の見事な意匠が施されている（図16）。

さて、化粧関連の道具についてざっと紹介してきたが、考古資料との関連というアプローチは少なくまだまだ疑問点も多い。これからも考古資料と文献資料を積み重ねて研究していく必要があると考える。現時点ではとりわけ食器との分類が難しく、明快にこれは化粧道具であると形からいいきれないものが多々あるのが残念である。今回テーマとしなかった眉化粧に使うへら類についても、裁縫道具に分類されている可能性も否めない。本稿が本になるまでにかなりタイムラグがあったが、櫛やかんざし、笄《こうがい》、櫛掃《くしはらい》、鏡など、化粧や結髪に関する発掘資料は確実に増えている。今後の発掘資料で、今回中心に述べた陶磁器の道具類だけでなく、鉄漿次、渡し金などの金属製品、耳盥などの木製品、武家や公家の眉化粧用のへら類、そして紅板などが出てくることがあれば、また新たな発見があるのではないかと考えている。

最後に、この寄稿に際して、考古プロパーとしてついてくださった鈴木裕子氏には考古関連の資料収集から陶磁器の時代区分や製作元などに至るまで、専門知識に基づく大変貴重なアドバイスをいただいた。また、平井尚志氏にも紅猪口についての資料をいただいている。そうしたさまざまな方のアドバイスなしでは本稿はできなかったといっても過言ではない。この場を借りてお礼を申し上げたい。

〈参考文献〉

山下忠平　一九七四『油壺集め』光芸出版

落合　茂　一九八四『洗う風俗史』未来社

東京大学遺跡調査室　一九九〇『医学部附属病院地点』

都立一橋高校内発掘調査団　一九八五『江戸・都立一橋高校地点発掘調査報告書』

新宿歴史博物館　一九九〇『江戸のくらし――近世考古学の世界――』

五島美術館　一九八四『江戸のやきもの』

花咲一男編　一九五五『絵本江戸化粧志』近世風俗研究会

西川祐信　一七四八『絵本十寸鏡』
江馬　努　一九八八『江馬努著作集第四巻　装身と化粧』中央公論社
大手前女子大学・大手前女性大学私学研研究　一九八二『大阪城三の丸跡III』
田中ちた子・田中初夫編　一九七〇『家政学文献集成　女用訓蒙図彙』渡辺書店
小泉和子　一九七九『家具と室内意匠の文化史』法政大学出版局
新宿区北山伏町遺跡調査会　一九八九『北山伏町遺跡――新宿区特別養護老人ホーム建設に伴う緊急発掘調査報告書』
旧浜離宮庭園調査団　一九八八『旧芝離宮庭園――浜松町駅高架式歩行者道架設工事に伴う発掘調査報告書』
喜多村信節　一九七九『嬉遊笑覧』日本随筆大成別巻　吉川弘文館
沢田　章　一九六九『近世紅花問屋の研究』大学堂書店
久下　司　一九七五『化粧』法政大学出版局
村沢博人・津田紀代編　一九七九『化粧史文献資料年表』ポーラ文化研究所
復刻日本古典全集　一九七八『婚礼道具諸器形寸法書』現代思潮社
駒込六丁目遺跡（日本郵船地区）調査会　一九九〇『染井I　東京都豊島区・染井遺跡（日本郵船地区）の発掘調査』
染井遺跡（丹羽家地区）調査会　一九九一『染井II　東京都豊島区・染井遺跡（丹羽家地区）の発掘調査』
染井遺跡（加賀美家地区）調査会　一九九一『染井III　東京都豊島区・染井遺跡（加賀美家地区）の発掘調査』
染井遺跡（霊園事務所地区）調査会　一九九一『染井IV　東京都豊島区・染井遺跡（霊園事務所地区）の発掘調査』
ポーラ文化研究所　一九八九『日本の化粧――道具と心模様――』
小松大秀編　一九八九『日本の美術』二七五「化粧道具」至文堂
灰野昭郎編　一九八九『日本の美術』二七七「婚礼道具」至文堂
岡田　譲編　一九六六『日本の美術』三「調度」至文堂
岡田　校注　一九七六〜七八『俳風柳多留全集』三省堂
徳川美術館　一九八五『初音の調度』

滋賀県教育委員会　一九八九『肥田城遺跡』
澤田亀之助編　伊勢半　一九五九『紅一伊勢半一七〇年史』
小田急遺跡調査会　一九九一『弁財天池・狛江駅北・東和泉遺跡』
東京大学遺跡調査室　一九九〇『法学部四号館・文学部三号館建設地遺跡』
兵庫県立歴史博物館　一九八五『掘り出された城下町・姫路』
真砂遺跡調査会　一九八七『真砂遺跡』
津田紀代・村田孝子編　一九八五『眉の文化史』ポーラ文化研究所
佐山半七丸　一八一三『都風俗化粧伝』
高橋雅夫校正注　東洋文庫四一四　一九八二『都風俗化粧伝』平凡社
津田紀代・村田孝子編　一九八六『モダン化粧史』ポーラ文化研究所
今田信一　一九七二『最上紅花史の研究』飛鳥書房
東京大学埋蔵文化財調査室　一九九〇『山上会館・御殿下記念館地点』
並木正三遺稿　浅野高造補著　一八一九『容顔美艶考』
ポーラ文化研究所・たばこと塩の博物館　一九九一『粧いの文化史――江戸の女たちの流行通信――』
『類聚近世風俗志』（『守貞漫稿』の活字本）一九七〇　魚住書店

江戸時代の下駄

市田京子

はじめに

はきものからみると、江戸時代は「下駄の時代」ともいわれる。しかし「履き捨てる」という言葉もあるように、はきものというのは昔からどこの世界からも見捨てられているようで、民俗資料としてもあまり記録が残されていない。江戸時代になると、記録や伝世品が一応増えてはいるが、系統だった記述ではなかったり、ただ形が残っているだけで、ほとんどわからない状態といえる。

伝世品では、たとえば一般に台が非常に細く、太く長い鼻緒をもつ下駄が江戸時代後期から末期のものだといわれるが、相反するような例が紹介されていることもあり、伝世品の方から時期を判断することはほとんど不可能のように思われる。したがって、出土資料によって時期を明確にすることができるようになるのではないかと期待している。

一　下駄の呼び名と履き方

下駄は、前緒と横緒をつけたり、端棒《はなぼう》と呼ばれる棒を一本立てた、木製ないし竹製の鼻緒はきもののひとつである。木は加工しやすく、熱や冷気や湿気を伝えにくいことから、湿地用のはきものに使われている。したがって下駄も、もともとは雨天の場合や、洗濯、水汲みなどの水仕事で足を汚さないためのはきものという形で使われてきている。それが江戸時代になってから服飾品として商品化されるようになった結果、形や装飾にいろいろなものが見られるようになり、日常のはきもののなかでは大きな比重を占めるようになる。そしてこれに伴って、この頃から呼び名も変わっているようである。

すなわち、古くは「足駄」と言われており、平安時代には『枕草子』などの物語にも「足駄」「平足駄」という言葉が出てくる。またいつ頃から使われていたのかはっきりしないが、「足駄」のほかに「木履《ぼくり》」という言い方もある。

木履は室町時代からともいわれているが、室町時代の『七十一番歌合』には「足駄」と記されており、そこには「連歯《れんし》」と「差歯《さしば》」の両方のものが描かれていると思われ、異論もあろうが、この時点では連歯も差歯もともに「足駄」と呼ばれていたのではなかろうか。

十七世紀の中頃になると「塗木履」「馬下駄」などという形で「木履」や「下駄」という言葉が出てくる。「塗木履」というのは漆が塗ってあるということがわかるだけで形は不明であるが、「馬下駄」というのは台が逆凹字形で、歯が独立しないタイプのものであり、こういうものに「下駄」の言葉が使われていたわけである。

これが十八世紀以降になると「堂島下駄」「草履下駄」「吾妻下駄」のように下駄のつく呼称が非常に増えてくる。

そして「足駄」は差歯の高下駄だけに使うとされている。そしてこの頃「日和下駄」という言葉もよく見られるが、『守貞漫稿』などでは、天気の良い日にも履く下駄ということで、さまざまな下駄全体をさしているようである。

すでに述べたように、下駄というのは古代から江戸中期まで湿地用のはきものであり、江戸時代にも「はきものは草履を本とす、雪駄を次にす。晴天に下駄足駄は用いず」といわれている。民俗例として各地に見られる「御免下駄」は、特定の形態をさすのではなく、普通であれば草履をはかなくてはならないところを、天候や気候のために下駄を履くことが特別に許されたということを意味している。たとえば日光の参拝用の下駄にもこうした呼び方があったが、これなどは下駄の履き方を示している例ではないかと思う。

下駄は江戸の町人文化のもとで花開いたといわれ、町人の経済力の発達で服飾品として用いられるようになり、天候にかかわらず町歩きの外出用に用いられるようになる。それで、それまでの「足駄」という言葉のもつ性格に対して「下駄」という言葉が使われたのではないかと思われる。このように衣服として履かれるようになると、いわゆる流行品となり、流行を作っていくために形や装飾にいろいろな工夫が凝らされて、さまざまに形が変わる。そしてそれぞれに呼び名がついてくるために、名称が変化していっている面もある。

たとえば先の「馬下駄」は江戸時代に「駒下駄」という言い方もされ、現在では「庭下駄」や「露地下駄」と言われている。「駒下駄」という言葉は、いつからとはわからないが、現在では関東地方で連歯の二枚歯下駄を呼ぶ言葉になっている。

一方「堂島下駄」も、いまではいつのまにか「神戸下駄」と呼ばれるようになっているが、地方によっては「堂島下駄」の名前をそのまま残している所もあり、「ぼくり」という古い言葉が長く使われてきている地方もあるなど、個々にさまざまな形と呼称がある。しかし、それらに標準名的な名前をつけるのは非常に難しく、一方で民俗資料として整理されているものはその変遷のなかで混乱を来してしまっている。

二　下駄の形態と分類

図1は江戸時代からそれ以降にかけて存在したと思われる下駄の形態分類である。

下駄は、古墳時代には出土例があり、以来使われてきているわけであるが、中世以前の下駄はすべてIの連歯下駄類1―Aの二枚歯のタイプであった。それが中世になってから差歯下駄が出現する。すなわち十三世紀には「露卯《ろぼう》下駄」と「陰卯《いんぼう》下駄」の二つのタイプの差歯下駄がほとんど同時に出現するのである。「露卯下駄」は歯に削り出した枘《ほぞ》があり、これを台にあけた枘穴に差し込んで接続するタイプである。「陰卯下駄」は枘がなく、溝だけに歯を接続するものである。この「陰卯下駄」のなかに、IIIの差歯下駄類2―Cがあるが、これは「蟻差《ありさし》」という差し込み部を斜めに削り、接続強固にしてあるものである。これも十六世紀には福井県の一乗谷朝倉氏遺跡で出土している。一方、Iの連歯下駄類5―A、前述の「馬下駄」であるが、これも中世、十四世紀には出土している。またIIの無歯下駄類とした板状のものも中世の遺跡で出土している。

江戸以降になって出てくる変化で目につくのは、連歯下駄類と無歯下駄類の、いわゆる一木作りの下駄である。これは二枚歯の連歯下駄や差歯下駄がきわめて実用的な側面をもっているのに対して、服飾品としての変化が大きく現われていることを示すものと思われる。

江戸時代の中期以降になると、Iの連歯下駄類5―Aの「馬下駄」は、5―Bや5―Cのように前が斜めに削られるようになる。これは「のめり」と呼ばれ、歩くときに爪先で蹴って歩けるので、歩行しやすい形である。特に5―

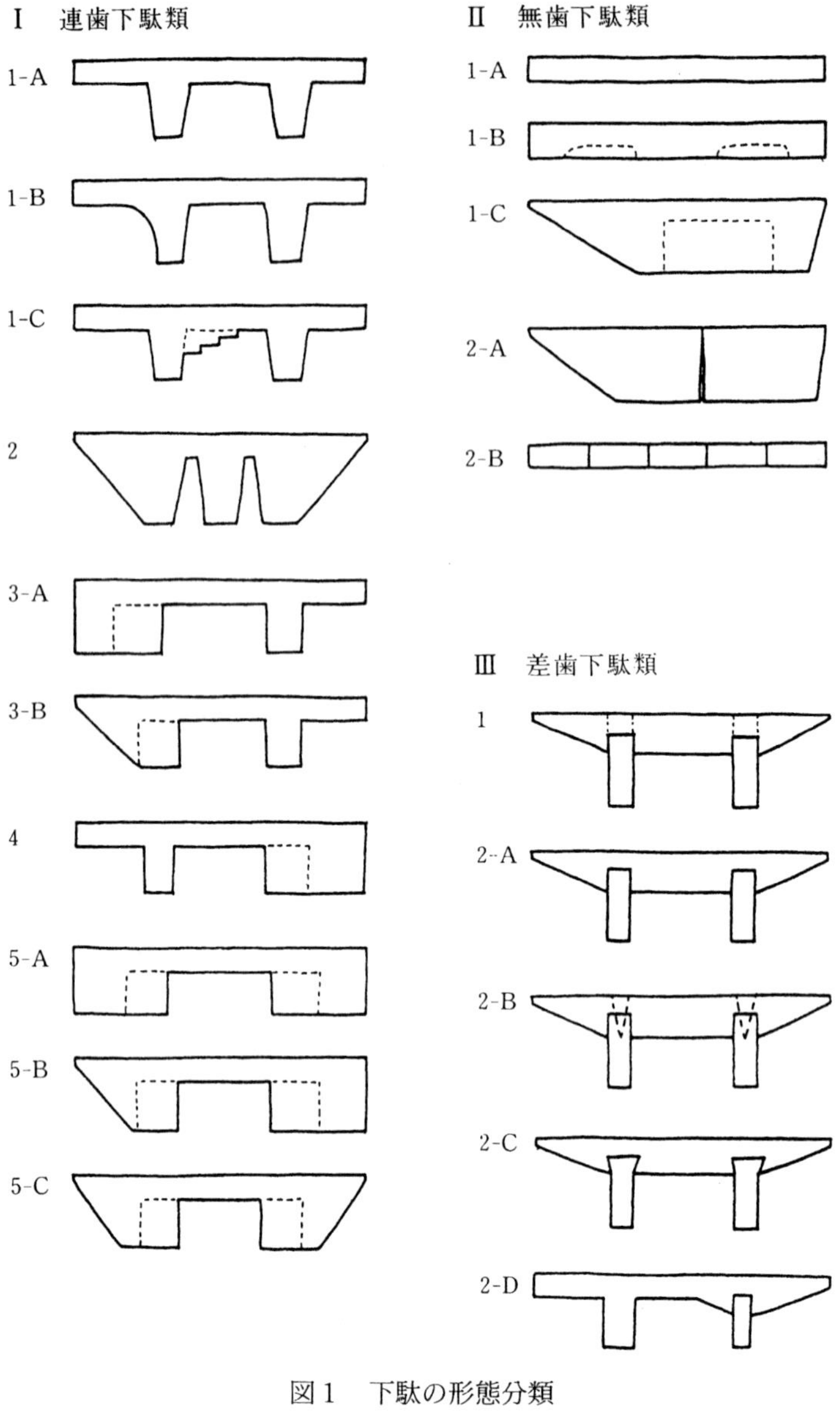
I　連歯下駄類
1-A
1-B
1-C
2
3-A
3-B
4
5-A
5-B
5-C
II　無歯下駄類
1-A
1-B
1-C
2-A
2-B
III　差歯下駄類
1
2-A
2-B
2-C
2-D

図1　下駄の形態分類

Cのタイプの前も後ろも斜めに削ったものは江戸時代の伝世品のなかに多く見られ、また浮世絵などにもきわめて多く描かれている。図中に点線で示したように台の裏から内側が削り込んであるが、ここを斜めに削ることによって、土離れや雪離れがよくなり、悪天候にもふさわしいといわれている。

「草履下駄」という名前がよく出てくるように、無歯下駄類というのはどちらかというと、はきものの本流であった草履に近づける意図があって作られたのではないかとも思われる。江戸の遺跡から出ている1―Cと2―Aのタイプは、高さのない薄いものが多いが、これは無歯下駄類とは異なり、どちらかというと5―Aのタイプに近いものかもしれない。また2―Bは、江戸時代の遺跡からは出ておらず、明治以降になって出てくる木製のものである。民俗例では「八つ割れ」と呼ばれ、草履に分類されている。

三　伝世資料

図2は連歯の二枚歯の下駄である。歯の付け根が丸く刳ってあるのは「両繰り」と呼ばれ、歯が非常に太くなっている。緒穴があけられていないのは、鼻緒付きの表を付けて用いているためであろう。

図3は両繰り下駄でも「表つき」といわれるものであるが、この表は竹皮を編んだもので、鉄の鋲で留められている。鼻緒の結び目がなく、緒穴をあけずに表だけにつけ、表と一緒に鉄鋲で台に留めてある。

図4は「馬下駄」にのめりをつけたタイプのもので、表は稲藁製であるが、これもやはり鉄鋲で留められ、革緒がついている。半円形に抜けている部分があるが、これは桐の樹芯が抜けた所である。桐下駄の場合によく見られる、桐の丸太を半裁し、それで一足の下駄を作っていることを示すと思われる。

図5は図4によく似ているが、江戸時代の伝世品に非常にたくさん残っているタイプである。側面の刳抜きの幅が狭くなっており、中が刳られている。この刳りは斜めになっていて、中に土や雪が溜まらないようになっている。鼻緒はビロード製である。

図6も同じようなタイプであるが、刳りの幅が非常に大きく斜めになっていて、実際に雪下駄風に使われたのではないかと思われる。非常に簡単な鼻緒で、中に藁芯を入れて木綿の布をかぶせて結んである。漆が塗ってあるが、漆塗りのものには指の跡を残すものも多くなっている。

図7もほとんど同じタイプであるが、何かの印の彫り込みが入れてある。江戸時代というより中世の段階でこういう下駄も出土しているようである。鼻緒は麻縄を芯にして竹皮を巻いたもので、「ばら緒」と呼ばれるタイプである。

図8が「堂島」というタイプである。前が斜めに切ってあり、独立した後歯が削りだされている。表はついていない。桐製の下駄であるが、歯が減らないように穴をあけて「目棒」という堅い樫の木などの短い棒を埋めこんである。この鼻緒の場合は、麻縄を芯に綿でくるみ、その上をさらに革でくるんで、麻芯だけを結んである。

図9は京都文化博物館所蔵の「草履下駄」である。江戸時代中期のものといわれ、鼻緒の位置によるものと思われるが、はっきりした根拠は明らかではない。『守貞漫稿』などの絵図にはよく描かれており、図10のように鼻緒の結び目が擦り切れないように削り込んであり、前緒は表と一緒に留めてある。松の木で作られているようで、やや重い下駄である。

図11も「草履下駄」であるが「船底下駄」という名前でも呼ばれている。籐でつくった表（籐表）は江戸末期に出現するといわれているが、本例は中期のものとされている。鼻緒はビロードで三本用いてある。本数に応じて一石《いっこく》、二石、三石のような呼び方をするが、これは三石の鼻緒が使われていることになる。台裏に図12のような刳り込みが

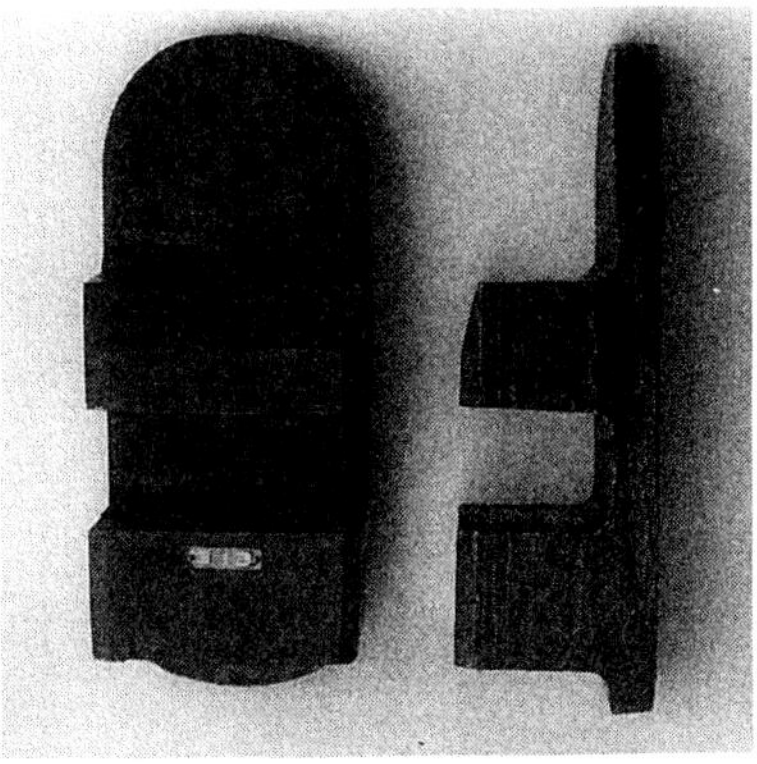
図2　Ⅰ-1-A「両繰り下駄」

図4　Ⅰ-5-B「駒下駄」

図6　Ⅰ-5-C「漆塗り中刳り下駄」

図3　Ⅰ-1-A「黒漆塗り下駄」

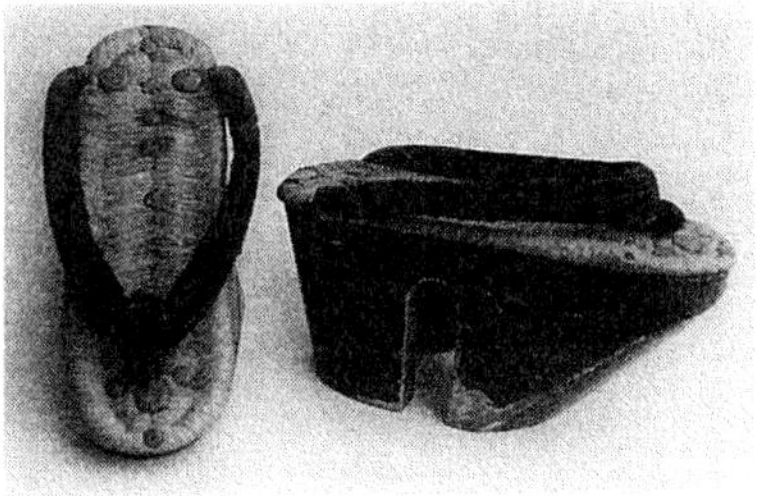
図5　Ⅰ-5-B「中刳り下駄」

図7　Ⅰ-5-C「中刳り下駄」

あり、その意味がはっきりしないが、下がぬかるんだとき履くかどうかは別にして、一般には隙間を作って土離れをよくするのだといわれている。また大きな「目棒」が入れられていたようである。

図13は「中折れ下駄」である。非常に台厚の薄いものが富山県桜町遺跡で出土している。鼻緒の長さから中期のものといわれている。しなって歩きやすいように、台の中央を切り放して上面に皮を当てて釘留めにし、動くようにしてある。これにも台裏の刳り込みがあり、長円形の埋め木が入れてある（図13）。類例は他にないが、おそらくこのなかに鼻緒の結び目があり、それを隠すために一旦刳りぬいたものを戻すような形にしているのではないかと思われる。明治以降になると「前金」という前緒の結びを保護する金属製のものが使われ、見た目をよくするようになってくる。

図14は漆の塗られた差歯の高下駄である。このタイプの台は発掘資料のなかにも多数含まれている。

図15も差歯下駄である。他に類例がないが、それぞれ三・三センチ、一・一センチと歯の厚さが前後で全く違うものが差し込まれており、前緒の結び目をカバーするための削り込みがある。江戸時代後期になってからのものだと思われる。

図16は表つきの差歯高下駄である。安政五年生まれの大坂の薬問屋の主婦が履いたもので、使用者のわかっている唯一の例である。表は「縁取り表」という、畳表にビロードで縁をとったものであるが、「縁取り表」には、畳表を中心部だけ残してあと全体をビロードなどでカバーしたものもあり、江戸時代の特徴的な表である。鼻緒には白い紙が巻かれているが、これはおそらく最後に神事に関係したことに使われたものと思われる。江戸時代末期の特徴として述べたように、台は細く、鼻緒は太く長いものが付いている。歯が非常に広がっているが、台が細いので、安定をよくするために、歯にはどうしても広がりが必要になってくるという面もあろう。図17は裏面である。前緒の結び目

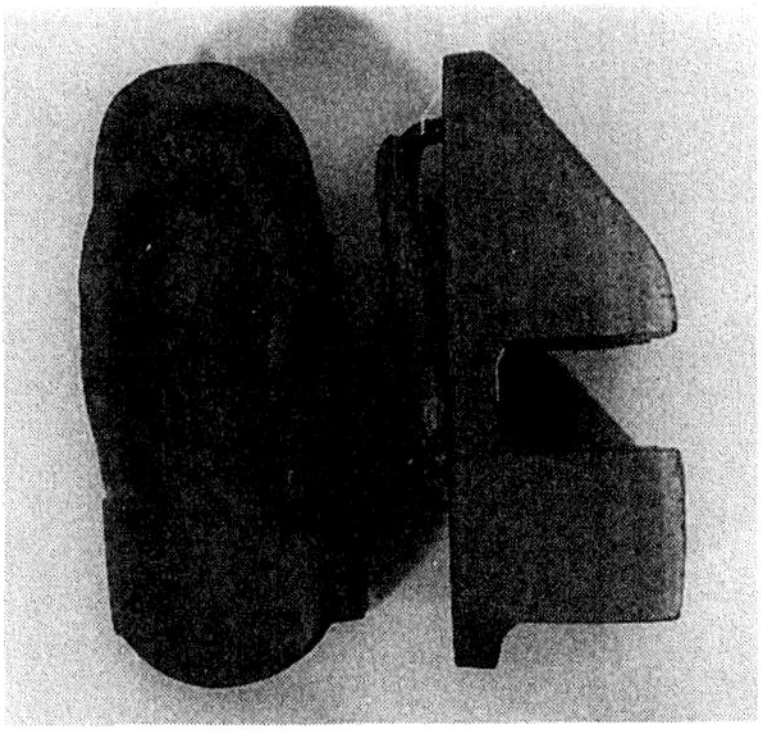

図８　Ｉ－３－Ｂ「堂島下駄」（京都府立総合資料館蔵〈京都府京都文化博物館管理〉）

図13　Ⅲ－２－Ａ「中折れ下駄」

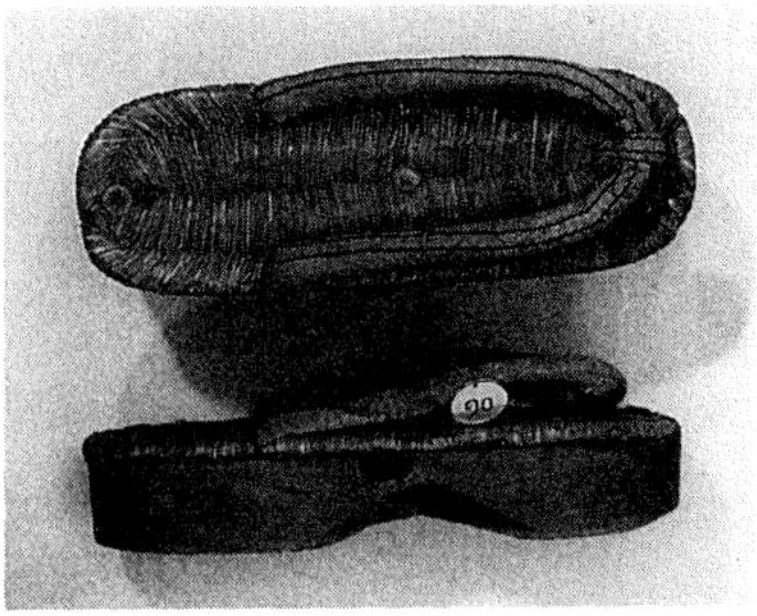

図９　Ⅱ－１－Ａ「草履下駄」（京都府立総合資料館蔵〈京都府京都文化博物館管理〉）

図10　Ⅱ－１－Ａ「草履下駄」（京都府立総合資料館蔵〈京都府京都文化博物館管理〉）

図11　Ⅱ－１－Ａ「船底下駄」（京都府立総合資料館蔵〈京都府京都文化博物館管理〉）

図12　Ⅱ－１－Ａ「船底下駄」（京都府立総合資料館蔵〈京都府京都文化博物館管理〉）

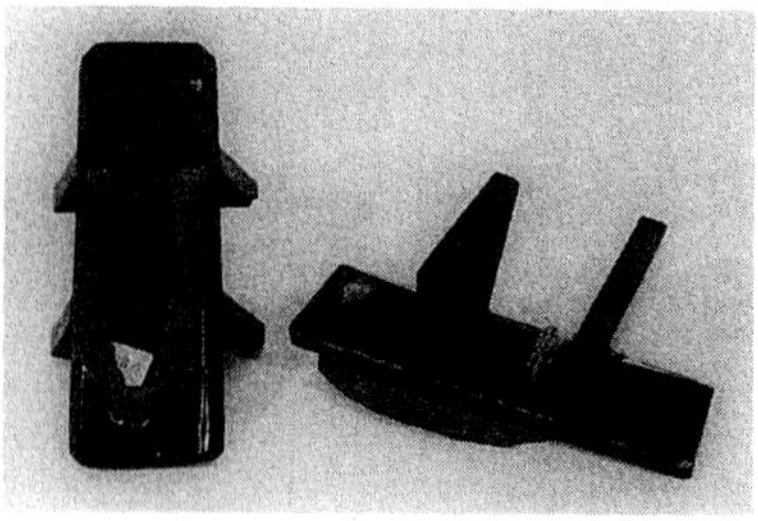

図14　黒漆塗り高下駄（京都府立総合資料館蔵〈京都府京都文化博物館管理〉）

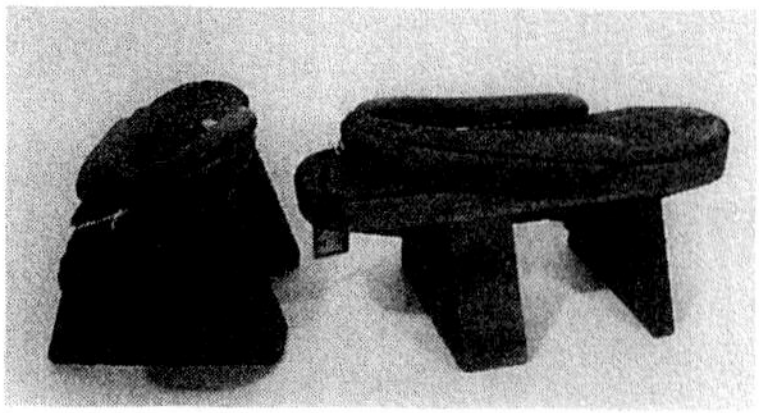

図15　表付き高下駄（京都府立総合資料館蔵〈京都府京都文化博物館管理〉）

図16　縁取り表付き高下駄

図17　縁取り表付き高下駄

図18　漆塗り高下駄

は出ているが、横緒の結び目はない。表と一緒に留めていると思われるが、刳り込みもある。元来横緒を結ぶときのために彫り込みを入れるようになったと思われるが、本例ではそれが形式的なものとして残されたようである。

図18は歯の上端部がカーブする「瓦燈歯」といわれるタイプである。出土例としては福井県一乗谷遺跡にある。歯がさきほどのように広がっていくタイプを「京差し」、外反する形で曲線をもって広がっていくものを「銀杏歯」というが、この「瓦燈歯」は最も新しいタイプである。緒穴も台のかなり後ろの方につくもので、出土資料にみられる「後穴式」とは若干異なるようである。理由は不明であるが、外に見える部分には漆が塗られていない。これは明治以降の資料にも見られる。

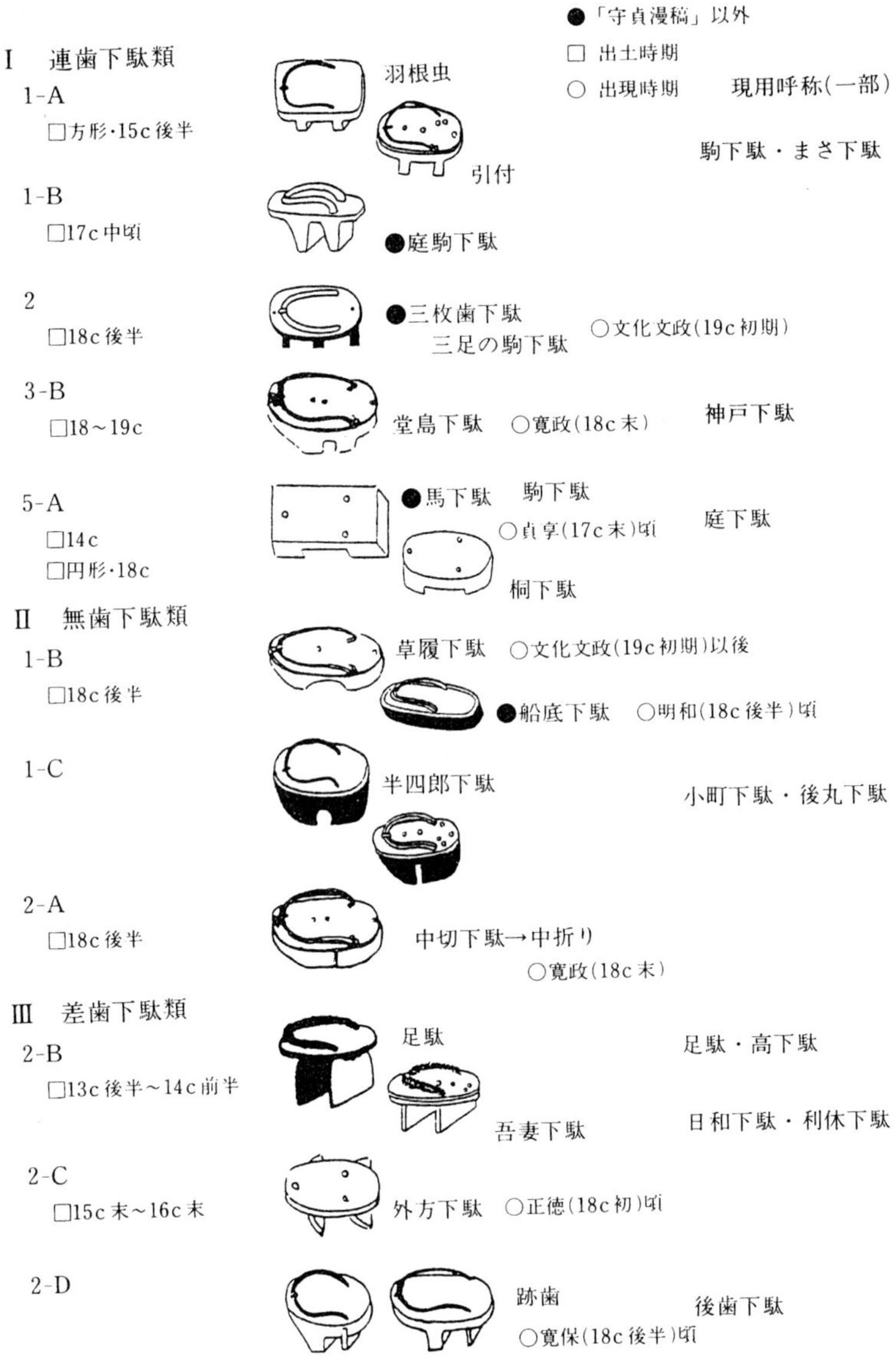

図19 文献資料記載の下駄とその呼称

四　絵画資料

図20は『江戸名所図会』の「神田下駄新町」で、下駄屋が描かれている。左端には緒穴を錐状の工具であけている様子が描かれており、図21の「七十一番歌合」と比べると大きく変化しているのがわかる。大量に出荷している光景と、一般の人が買いにきている光景が描かれており、漆を塗っている状態も描かれている。

図20は右端に下駄を作っている状況が描かれているが、一つの丸太を半分に切り、それぞれで片方を作る形である。図2の「連歯下駄」と同様の木取りである。広い方が歯になるため、板目の木表が台表になるタイプの木取りである。このほか、この時代には「足取」といって丸太をそのまま使って片方を作るという作り方も存在したようである。いまでは大きな木を四角に切り出して作るが、そのように四角に切ったものは「枕」と呼ばれている。

図20　『江戸名所図会』（文政12年〈1829〉）より

図21　あしたつく里（足駄作り）「七十一番歌合」（土佐光信，群書類従本）

以下は浮世絵からとったもので、図22は「馬下駄」と同じタイプの漆塗りのものである。

図23は漆を塗らないタイプの差歯高下駄だと思われる。これではあまりはっきりしないが、前緒の穴が台の前端寄りにあけられており、指で台をかむようにして履いている姿がよく描かれている。

図24は前歯の前部が斜めに削りだされた二枚歯の下駄である。江戸時代にしか見られないもので、東京の江戸遺跡からは多数出土例があるが、関西では京都で一例出ているのみである。

図25は先の「馬下駄」の後歯を独立させたもので、漆が塗られている。図26も先の「馬下駄」のタイプである。これが一番よく描かれている。

図27は洗濯をしている場面を描いたものであるが、実際の洗濯で漆塗りの下駄を履いていたかは疑問である。

図28はいわゆる「庭下駄」としての「馬下駄」である。

図29は洗濯をするときに用いられている、連歯の漆を塗らないタイプの二枚歯下駄である。腰掛けにしているのは差歯の高下駄である。「下駄」という語は橋の「桁」と同じく水平に物を支える台のことで、それが下駄になったという説もあるが、これを暗示するような使用法である。

図30は雨降りの光景で、差歯高下駄を履いていると思われる。図31の「差歯高下駄」は、雪道で用いている光景で、漆を塗ったものと塗らないものがある。

図32も差歯のように思われるが、他の例と比較するとあまり高さがないように見え、江戸時代になって現れてくる「差歯低下駄」かもしれない。

図33右は三枚歯の下駄ではないかと思われる。

図33左は先にふれた「草履下駄」「船底下駄」といわれるもののようである。

図25　「縁先美人」

図22　「水辺納涼」(鈴木春信)

図26　「笠森お仙」
(鈴木春信)

図24　「立ち美人」
(渓斎英泉)

図23　「三囲渡頭の雪景」
(桜松亭国次)

図27　「梅雨明け」（鈴木春信）

図28　「縁先鏡持ち美人」
（享保頃）

図29　「婦人手業操鏡，洗濯」
（喜多川歌磨）

図30　「時雨西行」（古山師胤）

図34は茶屋の風景に描かれた三枚歯の下駄である。江戸末期から現在も使われている三枚歯の下駄は非常に高さがあるが、文献などによると、江戸時代に初めてこの三枚歯の下駄が出てきたときに流行して競って履かれたのは、こ

図31 「雪月花東風流三囲」(鈴木春信)

図32 「柿もぎ」(鈴木春信)

図33 「中州八景川岸の晴嵐」
(葛飾北斎)

図34 「三ヶ津涼十景高輪」
(鳥居清長)

図35　「雛形若葉の初模様あふぎや内たり川」（鳥居清長）

のようにあまり高くないものだったようである。

図35は花魁道中を描いたもので、やはり三枚歯の下駄が履かれている。あまり高さのあるものではない。

浮世絵などに描いてある姿というのは、あまり生活感のないものが多い。また、伝世品として残っているものには十分なデータがなく、しかも記念に残すという要素もあって、日常的なものがあまり見られないという点がある。こうしたなかで図36では、主婦らしき人が買い物に行く時に履いている下駄（上図）や、豆腐屋のように水仕事をする場所で履かれている下駄（下図）が描かれている。

五　出土資料との比較

以上のような資料（伝世資料と絵画資料）と出土資料との比較にはかなり難しい点があるが、出土資料によれば、近世の下駄は長方形の台のものが出てくること、幅が狭くなるというのが大きな特徴のように思われる。こうしたものは室町時代後半から出てくるようになり、広島県の草戸千軒町遺跡でも室町時代後半になると、こうした近世的なものと、それ以前の中世的なものとが一緒に出てくるようになる。

その後十七世紀の初期頃までには、大坂城三の丸跡や堺環濠都市遺跡では漆を塗ったものが、また島根県富田川遺

図36　「江戸商売図絵」（今古草紙合〈上〉，近世職人絵詞〈下〉，三谷一馬）

跡では緒穴をあけないで表をつけたものが、宮城県仙台城三の丸跡では前緒の結び目を隠す彫り込みを持ったものが出土するようになる。これらは中世といわれる段階では今の所まだ出土していない。

それ以降になると形の種類が非常に増えてくる。たとえば図37の出土割合では、大坂城三の丸跡から仙台城の三の丸跡までの間というのはまださほど種類が増えていない。ただそのなかでも富田川遺跡や（仙台城）三の丸跡において、連歯下駄に比べて差歯下駄の割合が非常に大きくなっているのは、やはり気候が関係しているものと思われる。一橋高校の時期になると、一木作りでいろいろな形に変化するものの割合が増えてくるが、さらに大きな変化は後穴式のものが出てくることである。

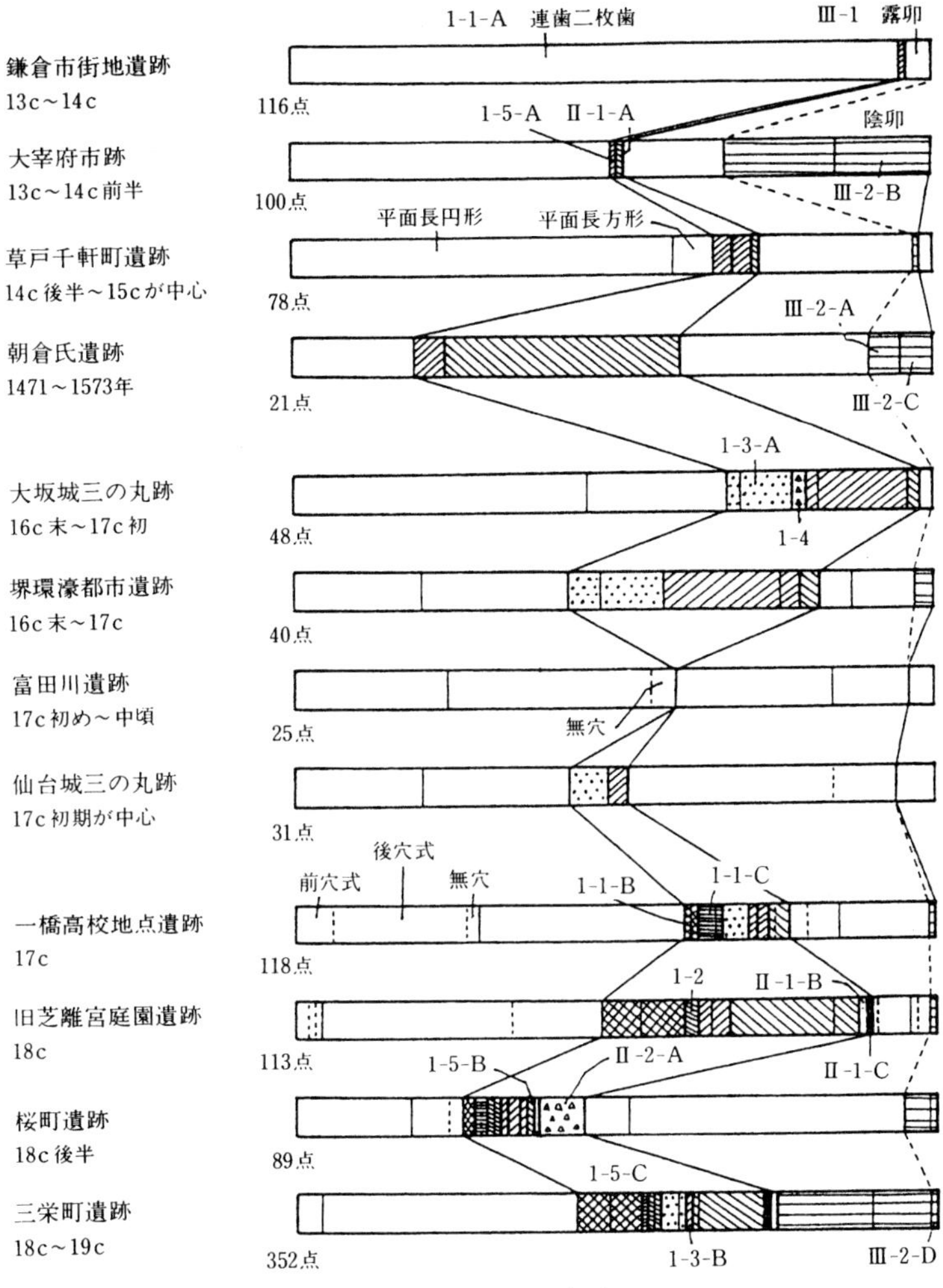
1-1-A
連歯二枚歯
Ⅲ-1
露卯
鎌倉市街地遺跡
13c～14c
116点
1-5-A
Ⅱ-1-A
陰卯
大宰府市跡
13c～14c前半
100点
Ⅲ-2-B
平面長円形
平面長方形
草戸千軒町遺跡
14c後半～15cが中心
78点
Ⅲ-2-A
朝倉氏遺跡
1471～1573年
21点
Ⅲ-2-C
1-3-A
大坂城三の丸跡
16c末～17c初
48点
1-4
堺環濠都市遺跡
16c末～17c
40点
富田川遺跡
17c初め～中頃
25点
無穴
仙台城三の丸跡
17c初期が中心
31点
後穴式
前穴式
無穴
1-1-B
1-1-C
一橋高校地点遺跡
17c
118点
1-2
Ⅱ-1-B
旧芝離宮庭園遺跡
18c
113点
Ⅱ-1-C
1-5-B
Ⅱ-2-A
桜町遺跡
18c後半
89点
1-5-C
三栄町遺跡
18c～19c
352点
1-3-B
Ⅲ-2-D

図37　形態別出土割合

下駄の変化のなかでのポイントは、台の形と緒穴の位置の変化である。前緒の位置についていえば、古墳時代には左右の別をつけた片寄りが見られるが、平安時代の中頃、九世紀の前半頃になると中央になり、それ以降はもう変わらない。これに対し横緒穴の位置は、江戸時代になるまでほとんど変わらずに後歯の前にあけられている前穴式であったが、一橋高校の時期になって後歯の後ろにあけられる後穴式が出てくるようになるのである。後穴式にすると鼻緒が長くなるので、その分、足にしっかりと固定して歩きやすいものになるといわれている。一橋高校の地点からこういう後穴式のものが出土し、以降の江戸の遺跡ではかなりの量が見られるようになる。また大坂城の三の丸跡の頃から、長方形の台と長円形の台とが揃って出るようになってくる。

江戸時代の下駄は服飾品になったと述べたが、はきものとして主に使われたのは草履で、下駄は普段履きとしての需要が高かったと思われる。十七世紀初頭の一橋高校以降の遺跡で形の種類が増えていくのは、そうした意味であると思われる。

一橋高校のものでは連歯下駄、連歯二枚歯のタイプが非常に多く、次に差歯下駄が多くなっている。芝離宮庭園は時期が少し異なるが、連歯下駄の割合が減り、いわゆる一木作りの多様な形態のものが非常に増加している。これは町屋の遺跡である一橋高校と、大名屋敷である芝離宮庭園という遺跡の性格の違いを反映したものと思われる。武士は特に下駄を履くことは少なく、草履を履くことの方が多かったという生活様式の違いと、庭での使い方の問題などから、こういう割合を示していると思われる。

また富山県小矢部市にある桜町遺跡では差歯下駄が非常に多くなっている。図40上段の実測図にみられるように、側面形から見て台の裏側が非常に尖った形で削りだされている。この形は先ほど述べた雪離れや土離れをよくするものと思われ、報告書でも指摘されているように気候の差異がこの差歯下駄の量の多さに反映しているものと思われる。

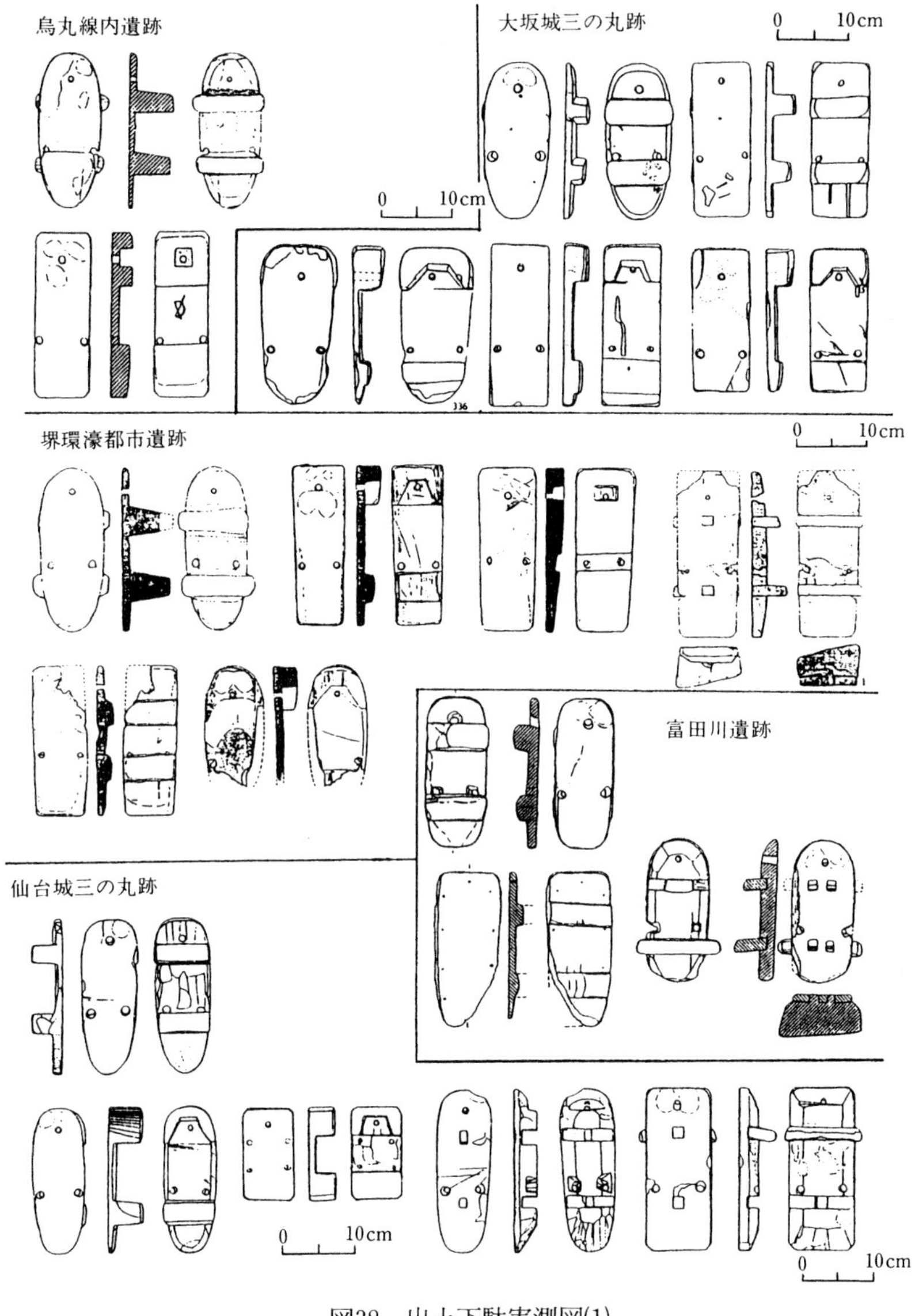

図38　出土下駄実測図(1)

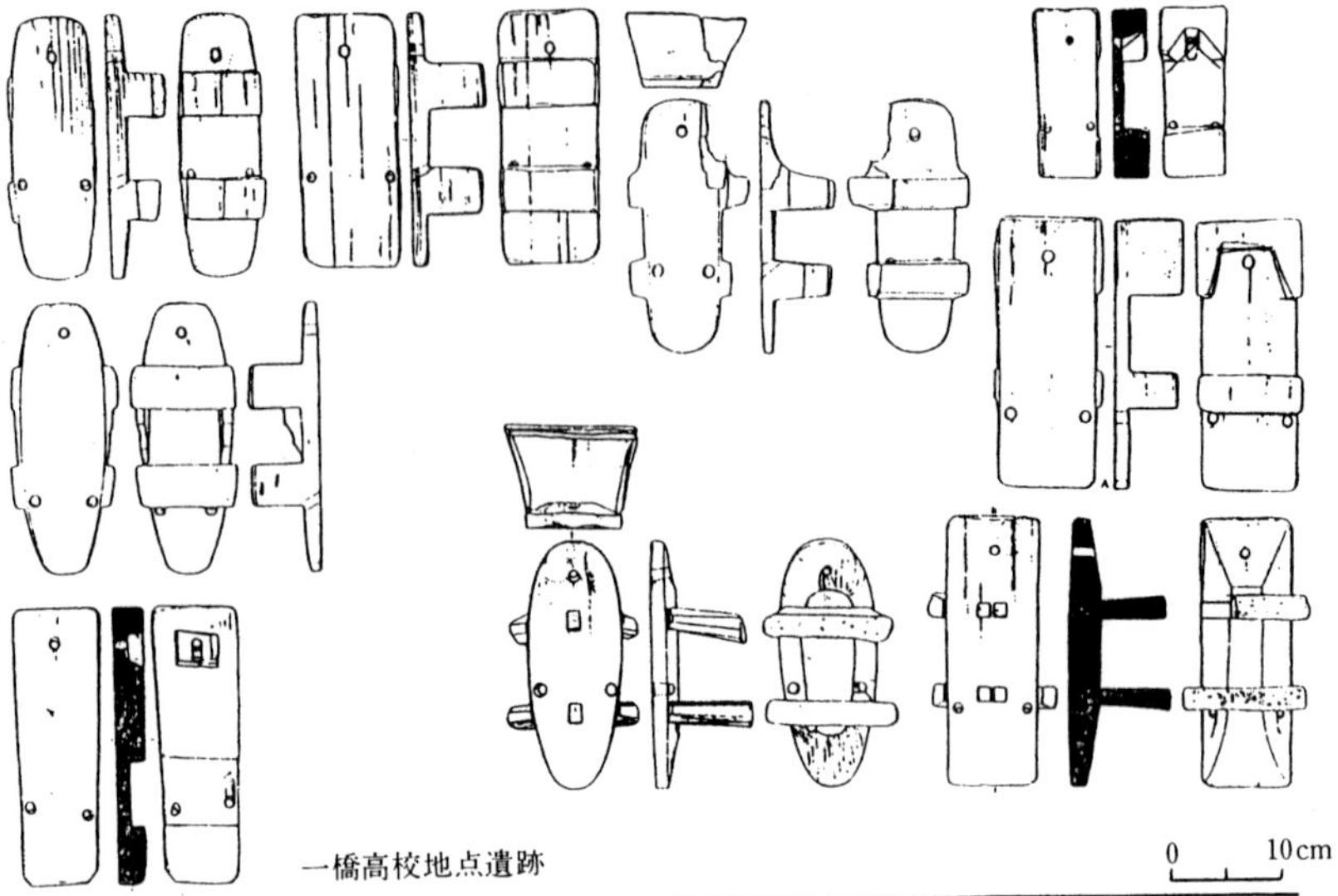

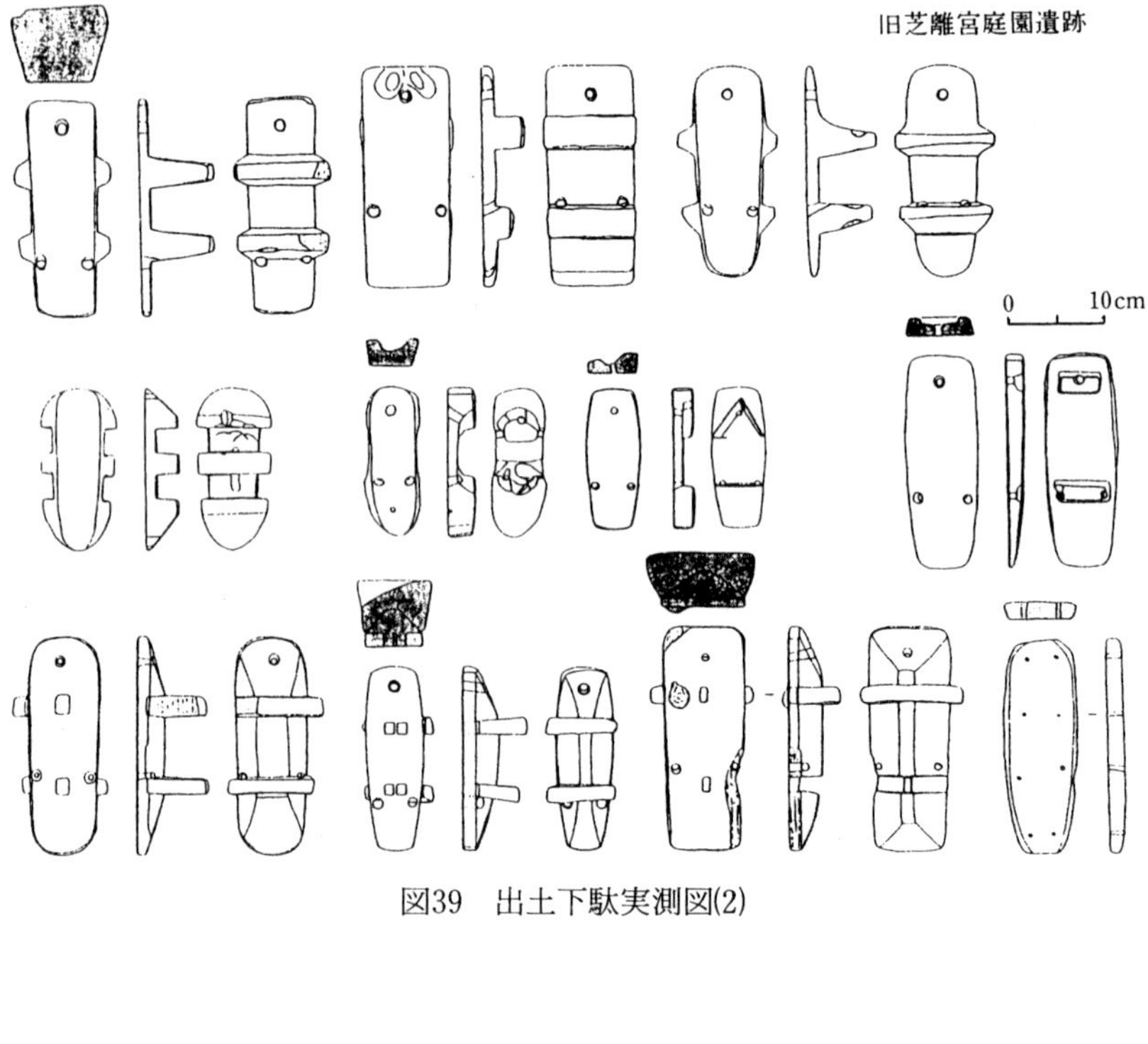

図39　出土下駄実測図(2)

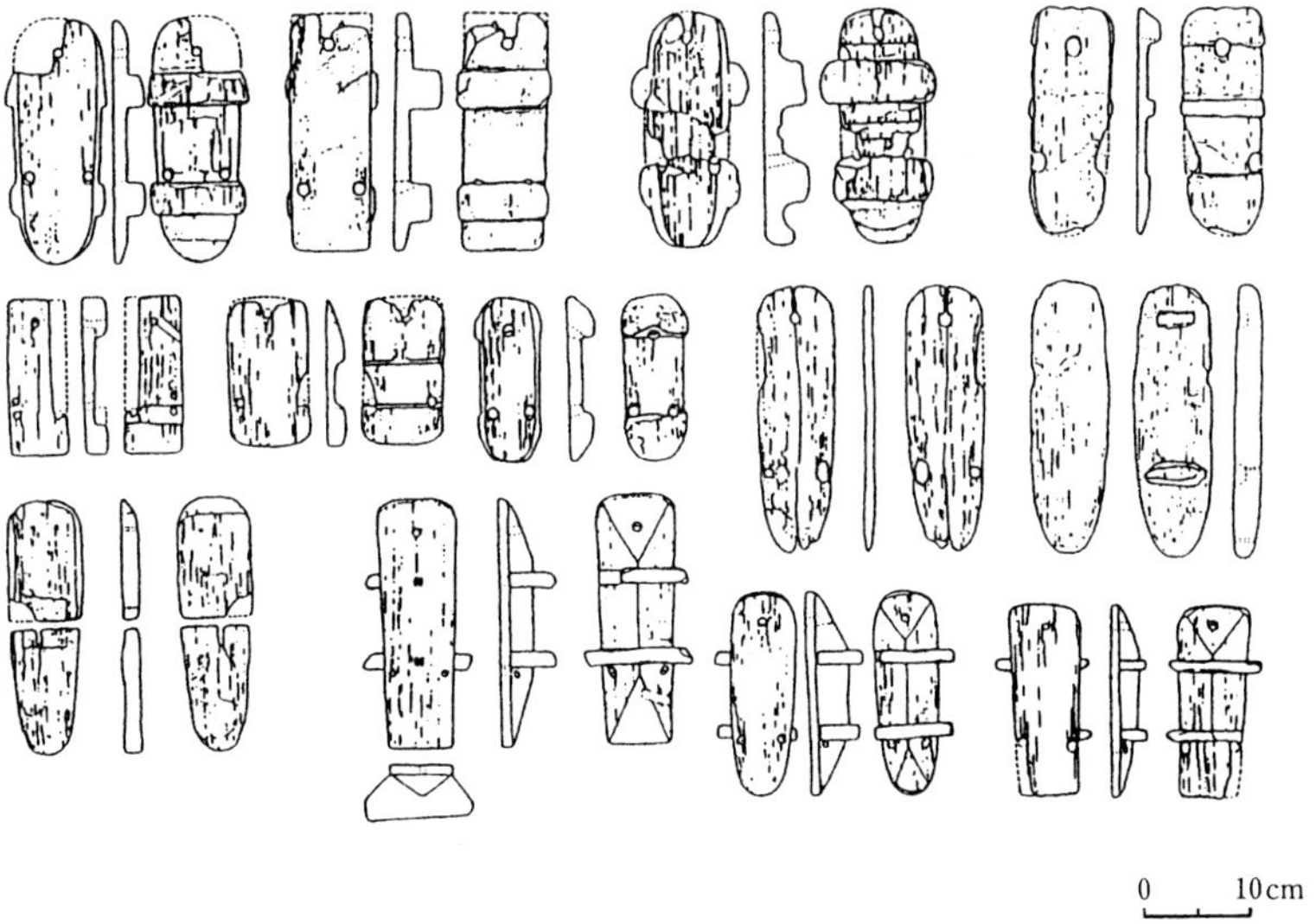

桜町遺跡

三栄町遺跡

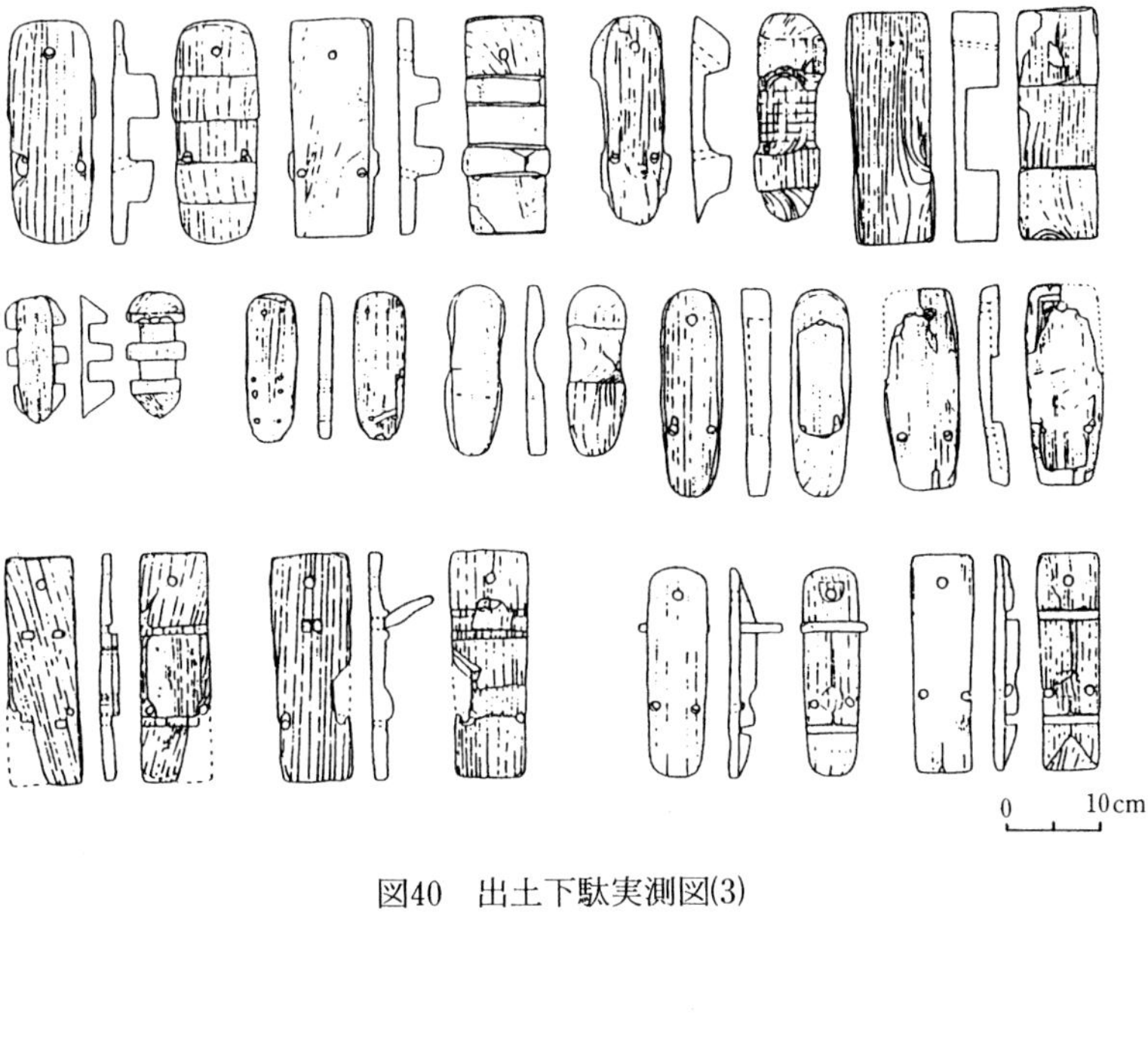

図40　出土下駄実測図(3)

その後新宿区三栄町遺跡の時期になると、また割合に変化が見られ、連歯下駄ないし一木作りの他の下駄と、差歯下駄の割合が非常に接近してくる。そしてこの時期にはじめて「陰卯下駄」が非常に多くなってきている。明治以降の資料には「露卯下駄」というのがほとんどなく、差歯下駄はほとんど「陰卯」になるが、三栄町の時期になって晴れた日には連歯下駄を使い、雨の日には差歯下駄を使う、という現在まで続いてきた下駄の使い方が固定したのではないかと思われる。

この陰卯の差歯下駄というのは、十三世紀の後半に大宰府や九州の遺跡を中心に出土している。大宰府では歯をただ差し込むだけのものと、台のおもてから楔を打ち込んで固定を補助しているものとの二種類が出ている。また草戸千軒町遺跡でも一点だけであるが出土している。一九九〇年に日本はきもの博物館で特別展を開催した際、こうした出土下駄の復元製作を試みたが、露卯の差歯下駄は製作が非常に難しく、かなり神経を使って実測図から復元図、復元製作図を作ってみたが、それでも微妙な違いで枘《ほぞ》がなかなか入らなかなった。そういう意味からいうと「陰卯下駄」の方が作りやすいわけであるが、十三世紀の段階ですでに出ているにもかかわらず、一向に量が増えない。その理由は明らかではないが、三栄町遺跡の時点になってようやく「陰卯下駄」の割合が非常に増えてくるのである。

コメントと質疑応答

古泉弘　私は以前、一橋高校の二百点あまりの出土下駄について書きました。当時の発掘ですのでかなりラフなところがあり、完全に編年をするのは難しいところがありましたが、ある程度層位的にとらえました。そこでは、一橋高校の場合は十八世紀中葉以降というのはほとんどありませんので、江戸時代初期の方に比較的差歯下駄が多く、差歯下駄の内でも出ているのは全て「露卯下駄」であり、一点だけの「陰卯下駄」は層位的には不明であるという結果が出ております。

「連歯下駄」はもちろんずっと出ており、その変遷についても触れました。それ以前にも、もちろん潮田（鉄雄）さんや宮本馨太郎先生など民俗の方の先駆的な研究がありましたが、出土資料によれば年代観が若干違っているということを指摘させていただきました。その時点では変遷の根拠になっていたのは『守貞漫稿』だったのですが、その記載が違うのではないかと書きましたら、潮田さんに怒られたことがあります。ただ、いろいろな本にあたったり、下駄以外のいろいろな出土資料をみましても、やはり『守貞漫稿』の扱い方について疑問を持ちました。「守貞」当時のことについてはかなり正確ですが、それ以前の古い時代になりますと、やはり喜田川守貞自体も私たちと同じように古い文献を使って研究をしているということで、それが全て正しいと言ってしまったらいけないのではないか、というようなやりとりがありました。

今回市田先生がおまとめになられました、図37の編年ですが、近世に入ってからきれいに変遷していくことがうかがえ、興味深く拝聴させていただきました。市田先生も指摘されておられましたように、やはり江戸と地方とで、編年、変遷の年代観が変わってくるということが当然ありますし、また同じ江戸のなかでも町屋や武家屋敷といった違い、さらに同じ町屋、あるいは武家屋敷のなかでもたとえば井戸端ですとか、あるいは茶庭（露地）では細部によって扱い方が変わってくるということがあると思います。下駄の種類もまた変わってくることがあるので、発掘資料を扱う点で十分注意していかなければいけないと思っております。

質問ですが、ずいぶん漆塗りの下駄が出てまいりましたけれども、江戸時代に「奢侈禁止令」で塗り下駄を禁止するようなお触れが出ておりますが、実際どの程度禁令が守られていたのでしょうか。

また図41下段中央、港区No.19遺跡の下駄は、古いところからも出るかもしれませんが、私の知る限りで江戸の周辺

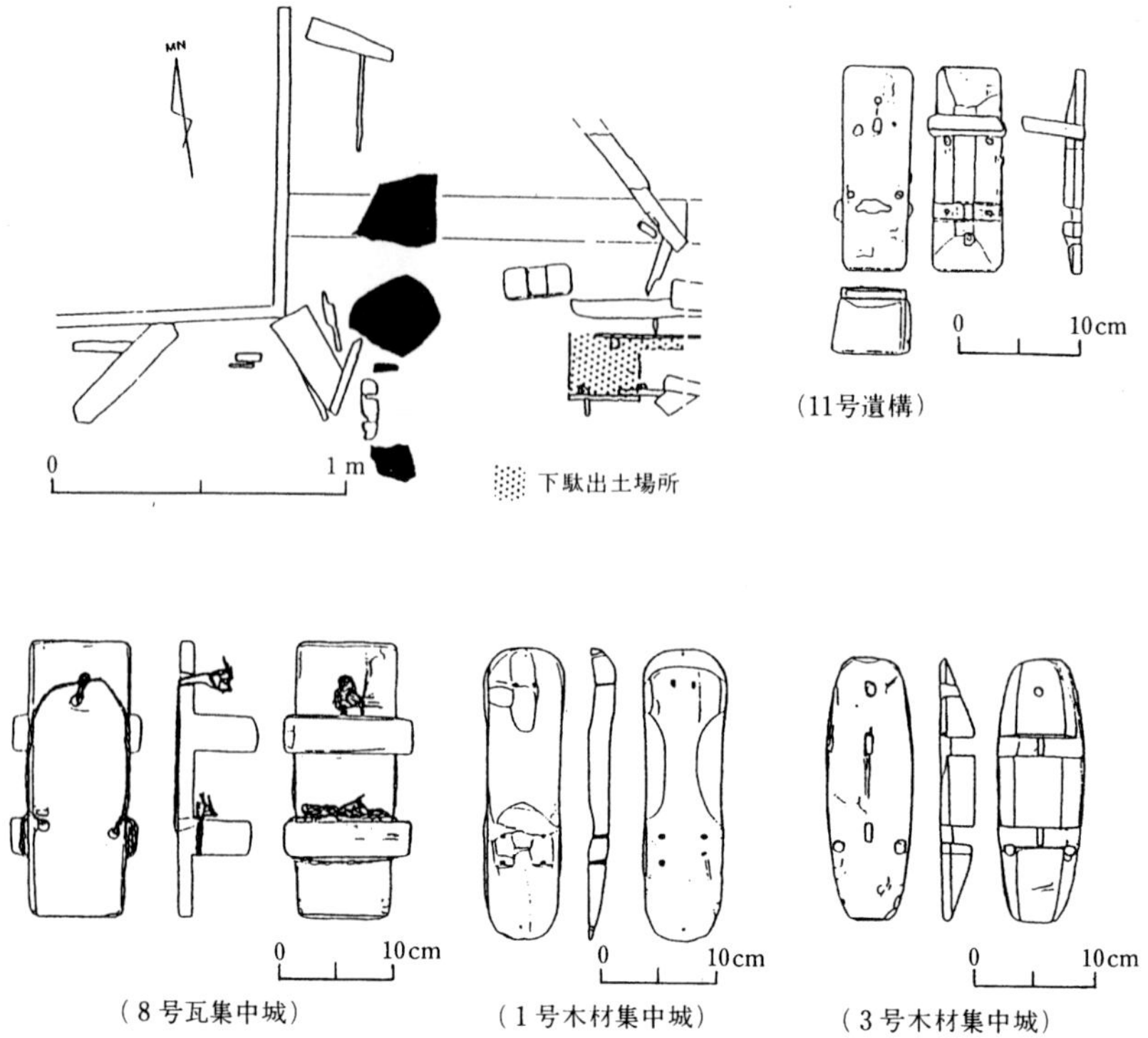

図41　港区№19遺跡出土下駄

で十九世紀位からも出てくるようです。台の裏に十字形の鉄のようなものが後ろから打ち込んであるということなんでしょうか。裏に穴が開いていますが、これは裏から打ち込んでいるということになるのでしょうか。そして裏と表と両方に貫通しているんでしょうか。これがどのようなタイプの下駄なのか、実際の復元された姿がどうなのか、教えていただきたいと思います。

さらに、先ほど下駄の復元の時に、差歯下駄の製作がかなり難しいというお話がありましたが、実は私も一橋の「露卯下駄」の実測を一生懸命自分でやっていたのですが、歯が入る溝の方が平らです。そこで、それに差し込む歯の方はやはり当然溝と密着しなきゃいけないのだろうということで、考えて書いたものですから、この図のように、枘《ほぞ》が出ている面が水平になっていますが、実際にはもうちょっと怒り肩になっていたと思います。理論的におかしいと思って、見た目より水平にしたきらいがあるのですが、そうしますと完全に台と歯が密着しないのです。その方がかえって強固になったのかも知れませんが、この点お教えください。

市田　漆の下駄の禁止令について、はっきり出された禁止令は一例知っていますが、出ても無視されたということです。それは他の服飾品も同じで、たとえば日傘を使ってはいけないという話もあるのですが、最初の内こそじっとしていても、じきに頭をもたげてくるという感じで、禁止されてもだめだったようです。ヨーロッパにも靴などの流行の際に、教会がいくら止めてもきかれなかったという例があります。

図41の真ん中はいわゆる「草履下駄」といわれるタイプではないかと思います。私は鉄ではなく刳り込みがつけてあるのだと思っていますが、これは「表」なり、鼻緒なりをとめるものではないでしょうか。貫通していますね。実際の物を見ていませんが、この遺跡に限らず、どこの例でも実際の物を釘が残った状態ではっきり見たことがないのでわかりませんが、当たり前でいえば表から打たなくてはならないわけです。ただ、裏から何かを打ちつける場合には、さきほどの目棒のような、補強的なものにする場合と何か他のものをあてたという場合も考えられますが、はっきりとはわかりません。たとえば中世の遺跡から出土する下駄で、鼻緒の止めに楔を打ち込んでいるものがあります。鼻緒は履いて上に引っ張り上げるものですから、補強するには裏から差し込んで補強しなくてはいけないのではないかと思われますが、どこの遺跡から出るのを見ても表から差し込んであります。上から差し込むというのはおかしくても、繊維が残った上に差し込まれていて、理解に苦しむ出土例もあったりします。残念ながらよくわかりません。

最後の露卯の枘の問題ですが、私も草戸千軒で実測をしていました時に、表から測るとこうなるべきなのに、歯が抜けたりするのもあるわけで、歯でやってみますと合わないのです。それでこれは私の測り間違いだろうとやり直してもやはり合わないというのもあったり、柄が傷むくらい斜めになったりしていたのもありましたし、やはり私が作ったときにきちんと真っ直ぐな形で復元してしまって、これはまあ、柄がこの位置にあるということがわかればいいという形で、真っ直ぐに復元して作ってしまってもなおかつ難しかったくらいで、たとえば草戸千軒の場合ですけど楔を打ち込んで接続を補強しているものもあります。ですからむりやり入れてしまえば抜けなかったのかもしれませんが、本当に作るのは難しかったのではないかと思います。

〔追記〕露卯差歯下駄と漆塗りの下駄について少し付け加えたい。

この発表の後、一九九二年の秋に、岩手県平泉町の柳之御所跡から、十二世紀後半のものになる露卯差歯下駄が出土していたことを知った。また、一九九三年秋には、やはり同じ時期になる漆塗りの、これも露卯差歯の下駄が出土したことを教示された。発表で述べた時期より、漆塗りの下駄に関してはかなり遡ることになった。ただ、絵巻物などに黒く色を付けた下駄が描かれていて、これはそれを裏付けることになるともいえるのであろう。

はきものでは、古代から用いられていた沓に、革に漆を塗ったものなどもあることから、下駄に漆を塗るという発想が生まれることに不思議はないと考えられる。柳之御所は、地域性からも、下駄は便利で必要なはきものだったと考えられるし、使用者は限定されるであろうが、それだけに漆を塗るという発想は生まれやすかったとも思われる。

中世の遺跡からは、差歯下駄は僅かな割合でしか出土せず、漆塗りの下駄は出土していない。中世の出土状況からは、使用者層の広がりが考えられるように思え、そのことが「高級品」より「実用品」を指向させたのではないかとも思える。初出の時期は遡っても、明らかな出土状況の変化が出てくるのはやはり近世になってからといえ、これは、使用者層や使用状況の大きな変化によるともいえるものであろうと思われる。

（一九九四年二月十日）

江戸時代の料理と器具

島崎とみ子

はじめに

筆者は一九八九～九一年に「東海道三十三次饗応の旅　天和二年（一六八二）朝鮮親善信使の記録から」と題して、雑誌『専門料理』に朝鮮通信使の饗応食について寄稿した経緯がある。また、その天和二年という年代は、比較資料として取り上げたい東京大学構内遺跡の火災資料などと合致しており、今大会の趣旨である考古資料との対比といった視点からも、さまざまな側面からの成果が期待できうると考えている。

本稿では朝鮮通信使の概略について説明した後、通信使の接待の献立を抽出し、文献に出てきた献立、器具などについて論を進めていきたい。

一　朝鮮通信使

徳川政権誕生後、家康は、文禄・慶長の豊臣秀吉の外征によって壊れた朝鮮との関係改善を指向し、通商、情報入手という側面からもそれは焦眉の急であったと推定される。朝鮮通信使は国交回復後、将軍の代替わり、世継ぎ誕生の際に両国修好のため来日した使節であり、その規模はだいたい三〇〇人から五〇〇人に近い人数で、江戸時代を通じて計一二回にも及んでいる（表1）。また、使節は室町時代にも八回ほど来朝しているが、規模は江戸期のものより小規模であったようである。来朝の準備は、その二〜三年前より行ない、滞在は半年から七、八カ月、長いときは一年近くにもおよんでいる。行程は通常江戸までであるが、入府の後、三回日光へも足を延ばしたりもしている。最後の通信使となった文化八年（一八一一）の時には財政難から対馬での接待に終っている。

図1は文化八年に歌麿が描いた「朝鮮人来朝行列記」である。これを見ると先頭と後尾、側面の護衛を対馬藩の侍がつとめる行列が表情豊かに描写されている。こうしたものは各地で絵や屛風などにも現存している。

二　饗応の献立

図2は「包丁の四家というは野口　七五三の家、熊田、石原、福田　以上三家は五五三の家と。これは包丁の四家といえり、朝鮮人来朝のときもこの四人料理のことを司るなり。」と四家で手分けして作ったと考えられるが、これは『当流料理献立抄』と題された本の挿絵である。また、図3は正徳四年（一七一四）に刊行された『当流節用料理

大全』と題された料理書であるが、年代が近接しており、饗応の流儀、道具など知る手がかりが多く含まれている。
右の料理書などから想定できる饗応の流れを概観してみたい。

表１　朝鮮通信使来朝一覧

回	年　　代		将軍	人員	日程(釜山発着)	備　　考
1	慶長12 丁未	1607	秀忠	504	3. 1～ 7. 4	回答兼刷還使 和好を修める 国交再開
2	元和３ 丁巳	1617	秀忠	428	7. 4～10.18	回答兼刷還使 大坂平定日本統一の賀 伏見交聘
3	寛永元 甲子	1624	家光	300	9.28～ 3. 5	回答兼刷還使 家光襲職の賀
4	寛永13 丙子	1636	家光	475	10. 6～ 2.25	以後朝鮮通信使という 泰平の賀 日光山参詣
5	寛永20 癸未	1643	家光	462	4.24～10.29	鎖国体制の成立 家綱誕生の賀 日光山参詣
6	明暦元 乙未	1655	家綱	488	6. 9～ 2.10	家綱襲職の賀 日光山参詣
7	天和２ 壬戌	1682	綱吉	473	6.18～10.30	綱吉襲職の賀
8	正徳元 辛卯	1711	家宣	494	7. 5～ 2.25	家宣襲職の賀 新井白石通信諸式を改変
9	享保４ 己亥	1719	吉宗	475	6.20～ 1. 6	吉宗襲職の賀 吉宗，白石の改変を複旧
10	延享５ 戊辰	1748	家重	478 (112)	2.16～ 8. ?	家重襲職の賀
11	明和元 甲申	1764	家治	472	前年 10. 6～ 6.22	家治襲職の賀
12	文化８ 辛未	1811	家斉	336	3.12～ ? 対馬着3.29	家斉襲職の賀

注　資料により人員，月日に多少の違いがある．

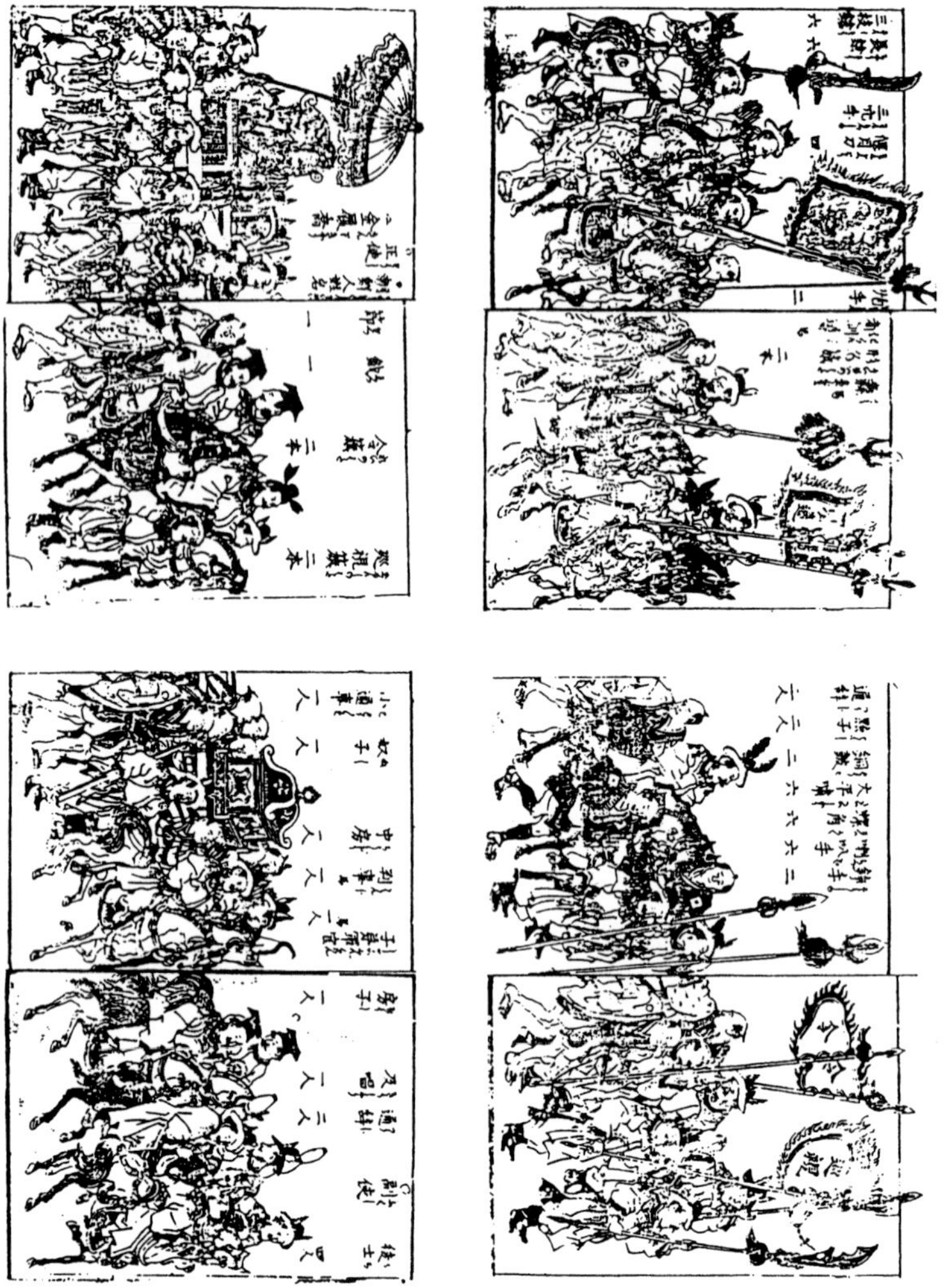

図1『朝鮮人来朝行列記』（歌麿画／文政8年）より（国立国会図書館所蔵）

着座後、まず三方[1]に載った熨斗が出され（図3―1）、ついで御引渡の膳（図3―2）、御雑煮の膳（図3―3）、御吸物の膳（図3―4）が供される。御引渡の膳には三方に箸をのせた耳土器《みみかわらけ》、三つ重ねた土器《かわらけ》の盃、熨斗、搗栗[2]、昆布がのせられている。雑煮の膳は今回の朝鮮通信使の場合には出されなかったようである。御吸物の膳は土器に盛られ、図では鯛のひれと小海老、削物するめ松笠盛[3]がある。もう一度松笠盛をともなった御吸物の膳（図3―5）が出された後、七五三の膳（図3―6～8）となる。

七五三の膳は本膳（一の膳）に七品、二の膳に五品、三の膳に三品のものを盛る膳形態である。やはり土器にのっており、本膳では「あへまぜ」[4]「かうの物」「ふくめ」[5]「杉盛」、二の膳では「かさめ」[6]「唐墨」[7]、三の膳では「海老舟盛」などとあるが、実際にこうしたものが食されたかは疑問である。ついで引替膳として、また本膳、二の膳、三の膳の饗応があり、これは食せる料理が供されている。

三　饗応記録――八月二十日、神奈川

本稿で使用する天和二年の通信使饗応記録は慶應義塾大学図書館所蔵の『宗家記録』で、これには大坂から江戸までの三三カ所の饗応記録が記載されている。この天和度のものは一二回来朝したうちの七回目、徳川綱吉襲職の祝賀の目的であった。

行程は漢陽[8]から約一月で釜山に至り、ここから船で海の状

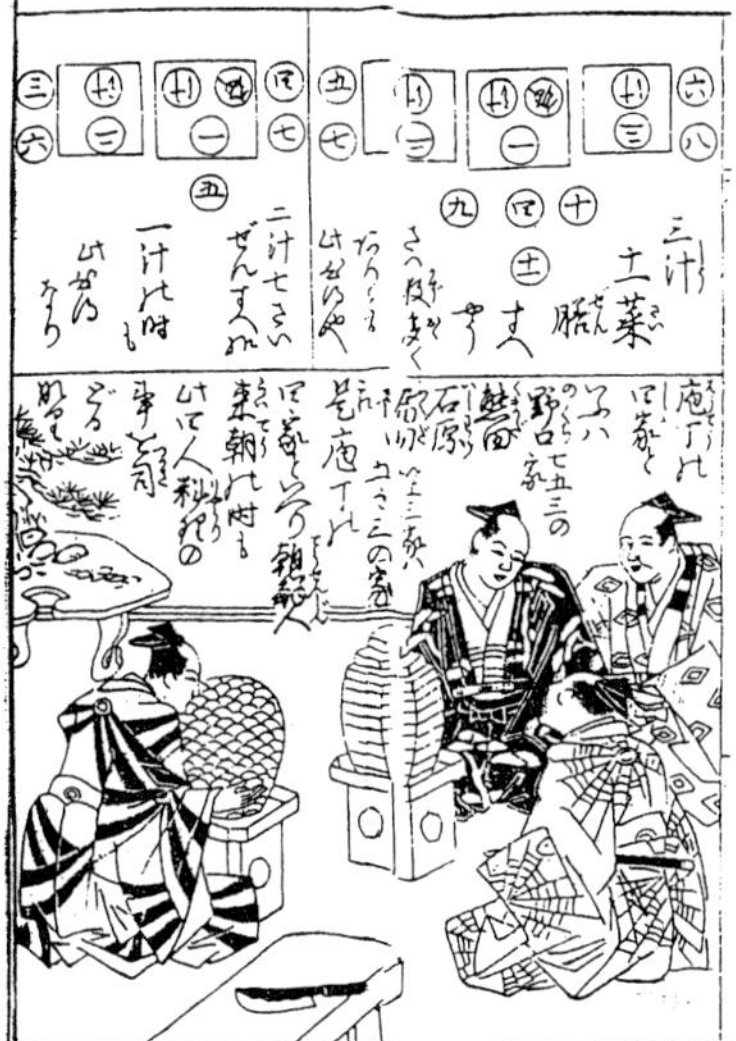

図2　『当流料理献立抄』（臨川書店版，刊行年不明）より

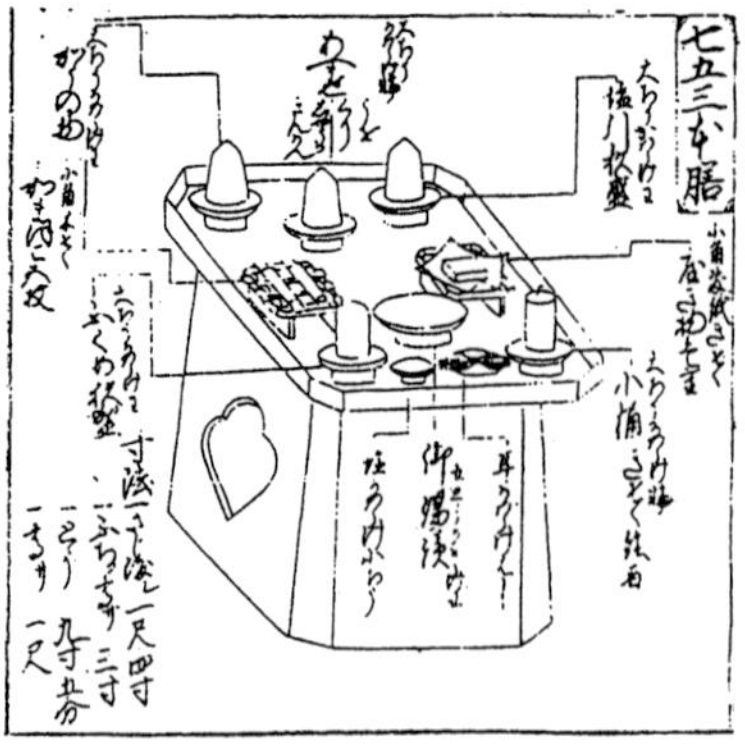

6

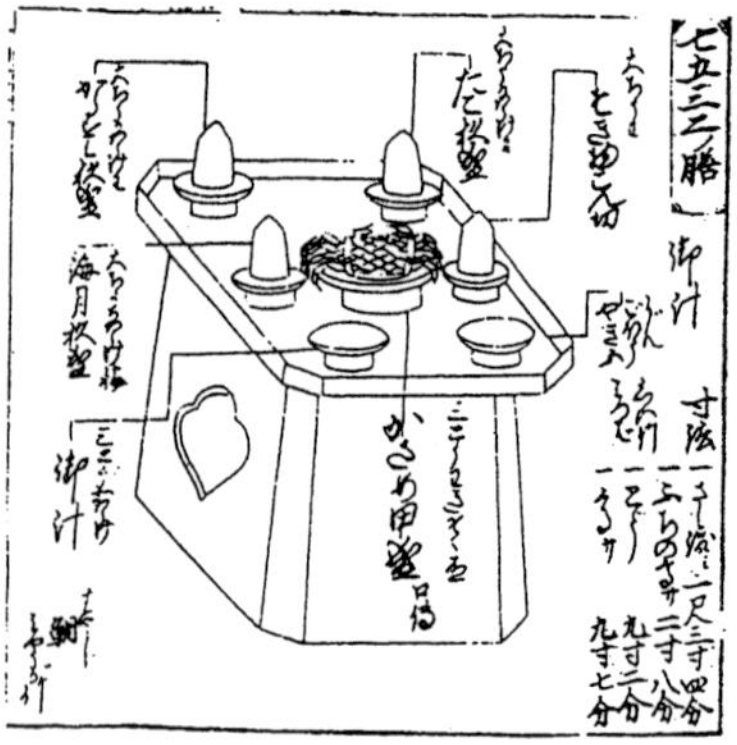

7

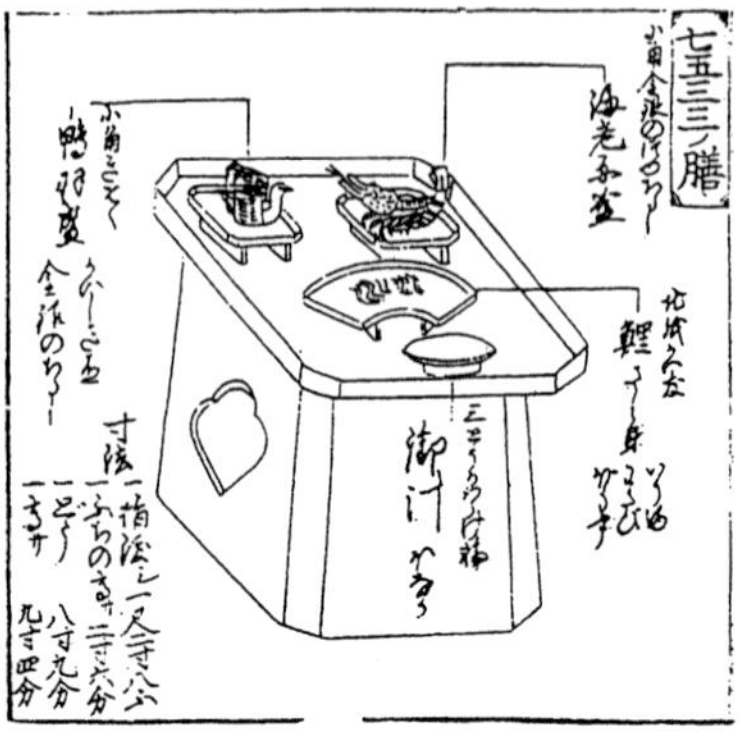

8

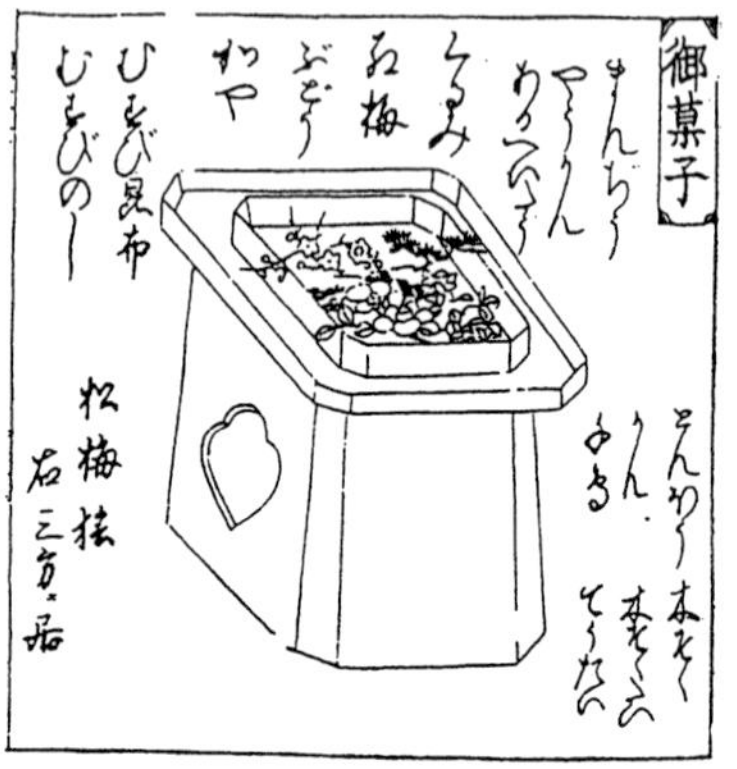

9

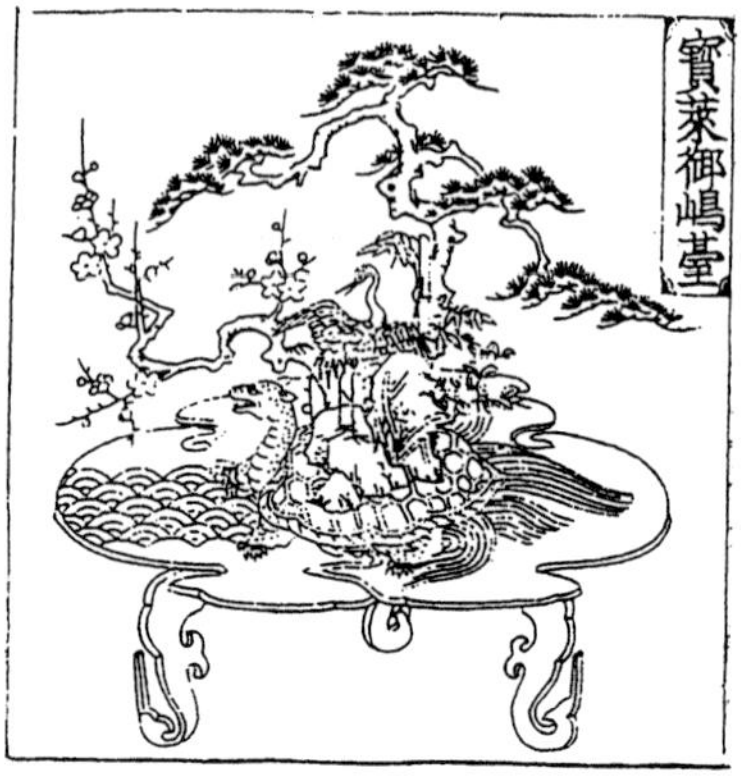

10

書店版，正徳 4 年）より

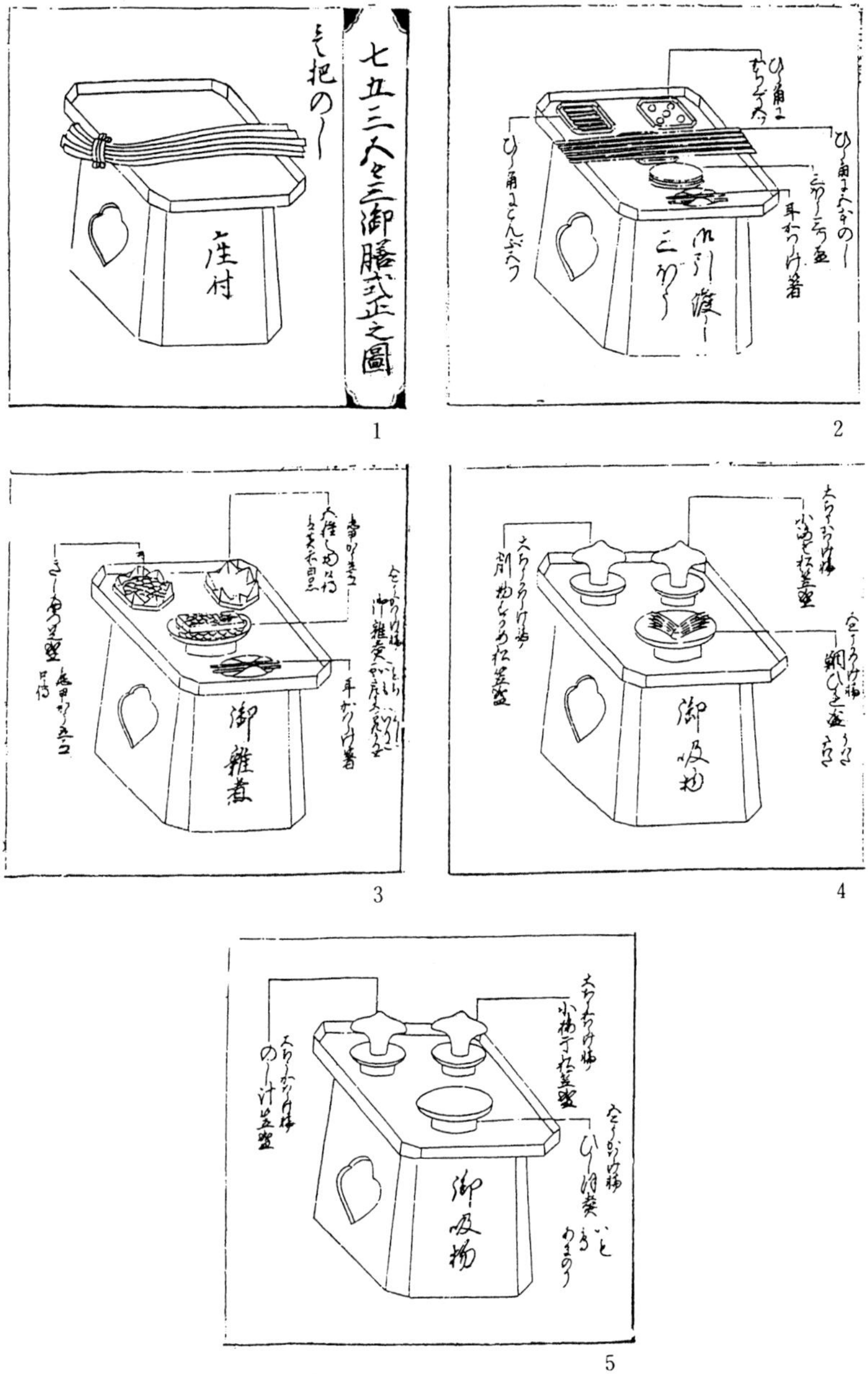

図3　『当流節用料理大全』（臨川

況とを見ながら鰐浦、勝本、藍島、下蒲刈、鞆浦、室津、大坂からは陸路で東海道を下り、二五日間かかって、八月二十一日に江戸本誓寺に到着している（図4）。この間、道々の饗応は石高が一〇万石以上の大名の領内では自前で、それ以下では幕府が援助している。

朝鮮通信使の饗応では七五三の膳は信使、上々官、以下上官は五五三の膳、中・下官は二汁五菜など品数、内容が身分によって格差をつけていたことが窺える。以下、八月二十日、神奈川における信使・上々官の夕食の献立を概観したい。（図5）。形式は七五三の献立である。最初は引渡膳、ついで本膳、二の膳、三の膳まで供されている。ここまでおそらく食されていないか、または少し箸をつけた程度と考えられる。「七五三薄膳小道具金銀」とは白木の薄い膳で、土器《かわらけ》などの小道具は金銀箔であるという意味である。

引渡膳は、三方に「熨斗」「搗栗」「昆布」がある。つぎに本膳で、先の『当流節用料理大全』とほぼ同様の献立である。「和交《あえまぜ》」「香物」「塩引」(9)「蒲鉾」「焼物」「湯漬」などが配される。蒲鉾をのせる「小角金亀足金銀」は小さな角の膳様のものであり、かまぼこは現在のものよりかなり小さい小板蒲鉾であると考えられる。湯漬はご飯に汁や熱い湯をかけただけのものであるが、これはこの時代普通に食べられていたようで、このような正式な場にも使われる。ついで二の膳で「たり」(10)「唐墨」「水母《くらげ》」「御汁」などである。三の膳は、「羽盛」(11)「舟盛」(12)が供される。にし（巻き貝）、「間のかわらけ」を使った「御汁」が二つ。御菓子は「八寸縁高金糸花亀足金銀」。このような飾り付けのところに、ここでは「まんちう（饅頭）」「やうかん（羊羹）」「くるみ」「うち栗」「かき」「昆布」「らくかん」が図3―9のようにのっている。羊羹は現在のものとは異なり、小豆煮で砂糖を入れたのち粉を入れて蒸した羊羹である。御菓子は甘い物とは限らないようである。ここまでは儀式的に出されるものであり、あるいは持ち帰りといったことであったかもしれない。

大坂	7/26	泊
枚方	7/晦	昼
淀	7/晦	泊
京都	8/3・6	泊
大津	8/7	昼
守山	8/7	泊
近江八幡	8/8	昼
彦根	8/8	泊
今須	8/9	昼
大垣	8/9	泊
州股	8/10	昼
名護屋	8/10	泊
鳴海	8/11	昼
岡崎	8/11	泊
赤坂	8/12	昼
吉田	8/12	泊
新居	8/13	昼
浜松	8/13	泊
見附	8/14	昼
掛川	8/14	泊
金谷	8/15	昼
藤枝	8/15	泊
府中	8/16	昼
江尻	8/16	泊
吉原	8/17	昼
三島	8/17	泊
箱根	8/18	昼
小田原	8/18	泊
大磯	8/19	昼
藤沢	8/19	泊
神奈川	8/20	泊
品川	8/21	昼
江戸	8/21	泊

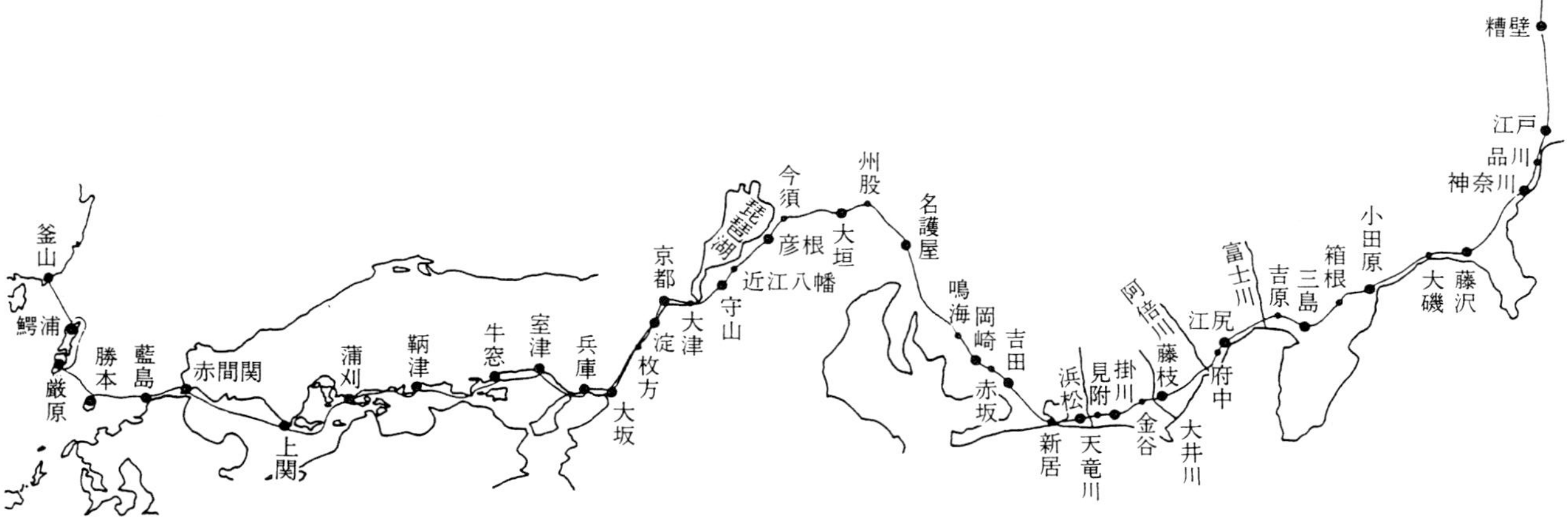

図4　天和度朝鮮通信使行程

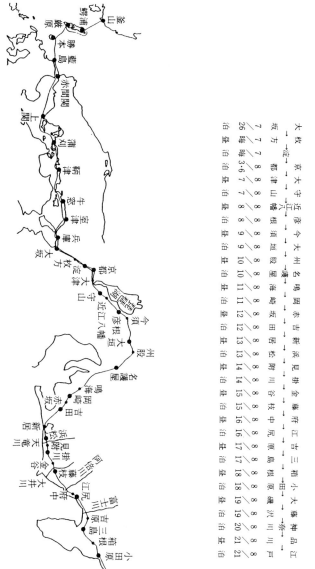

同廿日武州神奈川ヱ参着泊御馳走人
伊藤出雲守殿植村右衛門佐殿御賄伊奈
判十郎殿
信使
上々官　七五三薄膳小道具金銀
引渡
三方（註2）熨斗　搗栗　昆布
本膳　晩
（註9）塩引　大重輪共金
焼物　鯛　亀足金銀小角金
福目　大重輪金
和交　鱠　こん切　大重輪金
湯漬　相ノ土器輪金
耳土器金　手塩金
香物　大重輪金
蒲鉾　小角金亀足金銀
小桶（海鼠桶）　大重輪金
二ノ膳
唐墨　小重輪金
巻鯣　同
御汁　相土器輪金　大こん　いも　豆腐　串鮑　いりこ
貝盛　亀足輪金
（註10）たり　同
水母　同
御汁　鯛　ひれの物　相土器輪金
三ノ膳
（註11）羽盛　小角金
御汁　鴈　椎茸　相土器
辛螺
麩　牛房
（註12）舟盛　同
御汁　鯉子持　相土器
吸物　鮒　相ノ土器輪金三方載

奈良臺　御盃かわらけ金銀　糸花人形さいしき
押
御菓子　八寸縁高金糸花亀足金銀
かや　やうかん　まんちう　うち栗　かき　こんぶ　らくかん
御引替膳　木地薄盤
焼物　生鮭　掛塩　木地染付皿
桜煮　たこ　ゆ　坪皿
御汁　鴈　初茸　大こん　いてう　牛房
鱠　鯛　赤かい　海月　くりせうか　きんかん　染付菱成
煮物　いりこ　玉子　平皿
浸物　ほうれん草　にんしん　くるみ　腰高
御食
二膳
一焼浸　平鮒　染付皿
和物　大ちよく　かんひやう　白あへ
御汁　すすき　塩に　ゆ（註13）
一杉焼　丸　あらび　はらふと　くわへ
三
盛こほし　地紙足有　車海老　きす生干　ゆてあわひ　つへた　かはやき
御汁　庭鳥　ねぶか

（註14）引而
□□は唐草染付皿ちよく
一指味　鯉　煎酒　わさひ　三方ニ乗ル
一大板蒲鉾　焼鳥鶉　腰高　同
一すしふな（註16）　腰高　同
一酢貝　わさひす　同（註15）
三方ニ乗　御吸物　小海老　めうが　ゆす（註17）
御肴
一にしめ麩　坪皿　三方
一坪煎　腰高　辛螺　三方
一もみのし　手塩
一ふわふわ　鍋三方ニ乗さし（註18）
御菓子　縁高三方ニ乗テ
一かき　一みとり（註20）
一雪餅（註19）　一ふとう
一あるへい　一小りん
一砂糖大豆　一やうし
同翌朝
本二三共　薄膳　木地
（註21）煎酒物　染付皿　鯛　くるみ　よりかつを　きんかん　わさび
蒲鉾　腰高
御汁　こい　わかめ　摺山升
香物　手塩皿　奈良漬　干ふり　なすび漬
煮物　平皿　とこふし　山のいも　上ヶ豆腐　漬わらび
酢貝　手塩皿
御食
二
焼物　染付皿　さわら　くすせうゆ　せうか
御汁　塩煮鯛　ゆす

図5－1　饗応食の献立一例（神奈川）

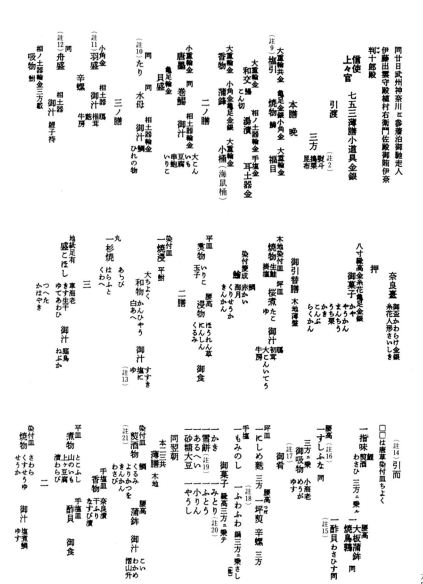

ちよく 干塩
腰高 和物 牛房 こま味噌
三
折地紙 指味 鯨白身 むき身 にんにく ねき　御汁 庭鳥 大こん ねぎ
ちよく すみそ
大皿三方 向詰 小鯛 掛汁
引而
大ちよく三方ニ乗 一蚕煎 辛螺　敷紙三方ニ乗ル 一焼鳥 鴫
敷紙三方ニ乗 一かはやき　腰高三方 一ゆてたこ
一浸物 焼松茸 にんしん くるみ
御吸物 ししみ椀三方
御肴
一焼蛤 三方ニ乗　一焼海老 三方敷紙
一あふり若和布（註22） 同　一酒麩（註23） 坪皿三方
御菓子 縁高三方ニ乗面々
一鶉焼　一ふとう
一梨子　一ほうろ（註24）
一小らくかん　一やうし
上官 晩
五々三大足打 小道具共 亀足金銀
大重輪共銀 多利　小角銀亀足 焼鳥 三切盛　椀 御汁 大こん 牛房 里いも

大重同断 鱠 鯛 くらけ くりしやうか ゆす　手塩 かわらけ銀 耳ヒはし同（箸） 豆腐 串こ 串蚫
大重同断 香物　小角同断 蒲鉾 五盛　椀 御食
二
小重輪共銀 蛸　小重同断 福目
小重同断 海月　小重同断 小桶　亀足銀輪共 辛螺　御汁 鯛 塩に ゆす
三
小角銀 羽盛
足打地紙銀 指味 こい 煎酒 わさひ　御汁 花かつを めうか のり たて くりせうか
小角銀 舟盛
引而
足打敷紙 一庭鳥 焼テ　鉢ニ入足打 一すしふな
平皿足打ニ乗 一羹染 漬竹の子 いりこ つへた　重箱ニ入テ足打ニ乗 一ゆてたこ
椀足打 吸物
肴
鉢ニ入足打 一酢貝　敷紙足打 一干鱈 焼テ　重箱入テ足打 一にしめ豆腐
作り花亀足 縁高足打 菓子 らくかん まんちう 巻せんへい やうかん　やうし銀

同翌朝 かや くるみ かき
染付皿 本ニ足打 平目 鱠 赤かい 蕪大根 くりせうか ゆす　汁 こち 冬瓜 なすひ
坪皿 羹物 上ヶ豆腐 こま味噌　食
二
染付皿 焼物 せいこ 掛汁　汁 庭鳥 ねき こほう
ちよく 和物 こんにやく 白あへ
引而
鉢足打ニ乗 一香物 なら漬 干ふり なすひ　敷紙足打 一大海老
右同 一酢たこ　平皿足打 一牛房大羹 くす せうか ゆ けし
右同 一すし
吸物 めうか くしら
肴
重箱ニ入足打ニ乗 一ゆで貝　敷紙足打 一焼油上ヶ昆布
敷紙足打 一焼海老

図5－2　饗応食の献立一例（神奈川）

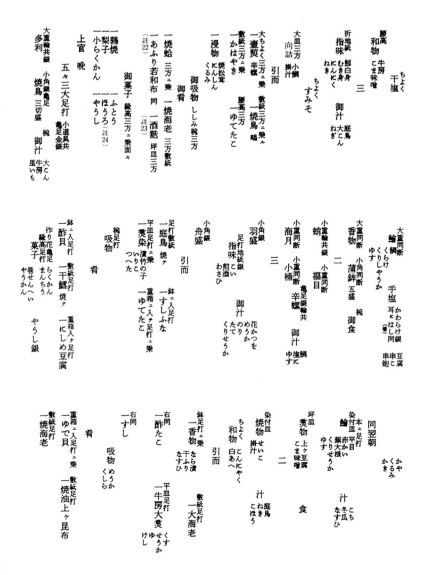

御菓子 ほうろ 大りん かき さんき餅 みとり　やうし
中官 晩
平皿 焼石かれい　汁 干たら なすひ 里いも
染付皿 鱠 はらふと 赤かい 大こん くり せうか ゆす
坪皿 羮物 串蚫 牛房
二　食
染付皿 せん葉羮芝物色々
ちよく 和物 こんにやく 白あへ　汁 一塩鯛 すまし ゆ
引而
一鉢 一香物 なら漬 干ふり なすひ　一庭鳥焼ヶ　一鉢 一すし あちか
吸物 しじみ
肴
一鉢 一酢貝ヵ　足打 一干鱈
菓子 さんき餅 かき まきせんへい
同翌朝 木具足打
皿 羮物 海老 あし きす　汁 こち なすひ 冬瓜

坪皿 羮物 赤貝 牛房
二 大へき(片木) 食
かいしき 指味 ふり むきみ みる からしす　汁 庭鳥 牛房 ねき
ちよく 塩辛
引而
一鉢 一香物 奈良漬 干ふり なすひ　敷紙足打 一焼物 さわら
重箱 一和物 牛房 こま さんせう
肴
一鉢 一酢たこ　敷紙 一焼若和布
菓子 ふしのみ 大りん
下官 晩 本膳斗平折敷
平皿 焼物 大あち　汁 あさりむきみ なこまこま
皿 鱠 このしろ 蕪大根 ゆす せうか
坪皿 羮物 たこ 牛房　食
引而
一香物 干ふり なすひ　一せん葉羮 ふり ゆ　一ツ鉢 一車海老
菓子 さんき餅 足打

同翌朝
平皿 羮物芝物色々　汁 干たら なすひ
註35 坪皿 こくせう 赤かい たうふ ねき
食
引而
七ツ鉢 一香物 干ふり なすひ　一ツ鉢 一伊勢海老
長老 伴僧共 木具足打 晩
但長老ハ三方ヵ又木具足打ニ而
伴僧本膳ヵぬり膳ヵ
れん 染付皿 註36 酢和 大こん とさか さくら こんにやく 椎茸 青豆 くり せうか ゆ　註37 集 汁 なすひ 冬瓜 たうふ いも しいたけ
香物 奈良漬 干ふり なすひ
二
平皿 豆腐 葛せうゆ すりせうか　汁 へたのいも 初茸 とんふ
腰高 和物 かんひやう 白あへ
引而
敷紙足打 一上ヶ昆布 吸物 のり とうふ　腰高 一牛房大羮 伴僧へハ重箱ニ而 引へし
肴
重箱足打 一にしめわらひ　へき足打 一柚へし

図5－3　饗応食の献立一例（神奈川）

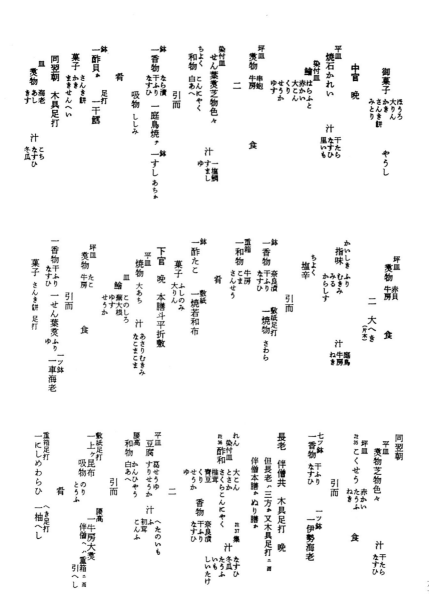

菓子　柿　さとうかや　ふとう　らくかん　みとり
長老へハ三方か　伴僧へ足打
同翌朝
蓮花
染付皿　葉にんしん　さき松茸
煮酒　ゆ
汁　あつき　いものくき
（上図）
鷹ノ羽手塩皿
香物　奈良漬　干ふり　なすひ
坪皿
煮物　あけふ　こせうの子
二　食
二疋龍絵
中皿
しゅんかん　わらひ　漬竹の子　山のいも　しいたけ　梅ほし
汁　氷こんにゃく　ふ　うは　初茸　めうか
腰高
和物　なすひ　岩茸　白あへ
引而
一香物　奈良漬　干ふり　なすひ　伴僧重箱か　鉢か
一にしめ麩　かんひやう　ふりけし
平皿
一ふとに　はす　くるみ　葛せうゆ　伴僧ハ重箱ニ而引へし
吸物　いも巻つくいも　ゆ
肴
一にしめ川茸
敷紙足打
一焼のり

三方
菓子　さとう大豆　さんき餅　なし　巻せんへい
本
通詞　晩　ぬり折敷
染付皿
鱠　はらふと　赤かい　大こん　くり　せうか
汁　塩鯛　こな　里いも　なすひ
坪皿
煮物　串鮑　牛房
二　大へき　食
平皿
せんは煮　かつを　ゆ
汁　芝肴《ざこ》色々　ゆ
引而
一鉢
一香物　奈良漬　干ふり　なすひ
皿
一焼物　石かれい
肴
一鉢
一酢かい
一干鱈　足打
菓子　かき　さんき餅　足打
同翌朝
平皿
焼物　さわら
汁　とち　冬瓜
坪皿
たこ桜煮
食
引而
一香物　奈良漬　干ふり　なすひ
一車海老
一鉢
一和物　こんにゃく　白あへ

肴
一鉢
一すし　あち　たて
菓子　巻せんへい　足打
長老
通詞　下々　晩
但長老侍分へハ菜壱ツ多く可レ仕候哉か
本斗《ほんばかり》
平皿
鱠　いなた　ささかし大こん　せうか　ゆ
汁　なすひ　とうくり　干たら
坪皿
煮物　赤貝　干たこ　あらめ
食
引而
鉢
一香物　干ふり　なすひ
皿
一煎物一芝物一焼物　せいこ
肴
同翌朝
本計（ほんばかり）
平皿
こさんに塩ふり
香物　干ふり　なすひ
汁　なさくさく　とうふ　こまこま
坪皿
こくせう　牛房　むき身　赤かい
食
引而
石鉢
一車海老
石鉢

図５－４　饗応食の献立一例（神奈川）

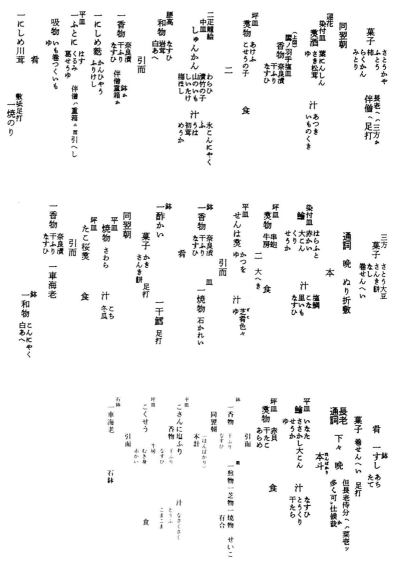

引渡の三方から始まる儀式的な膳の後に出される引替の本、二、三の膳で始めて食可能な料理が配された膳が出されたと思われる。

御引替膳は木地の膳を使用している。食器は染付皿、平皿などが使われる。二の膳では鮒の「焼浸」、「和物」としてかんぴょうの白和、あわびとはらぶと（ぼら）の「杉焼」、「御汁」はすずきの塩煮、ゆ[13]、である。器具は焼浸は染付皿、和物は猪口。杉焼という料理は杉の箱に材料を入れ、少し濃い味噌汁のような汁で煮たものである。この杉の箱を直接火にかけ、その香りを一緒に楽しみながら食する料理である。ここで「丸」と記載があるのは角箱が一般に使用されることが多かったからであろう。この同じ料理を器で出すものを「こくしょう」と呼び、身分の低いものに材料を変えるなどして供されている。また、おなじ杉焼と呼ばれている料理に、新鮮な魚を薄く切り、これを杉板にのせ、部屋で杉の焼く香りとともに食べる料理もある。三の膳は「盛こほし」と「汁」である。盛こぼしというのは、盛り切れずに器の外に溢れ落ちた料理の意味があり、器には盛らずに杉の板などに盛られる。車海老、きすの生干し、ゆであわび・つべた（貝の一種）・かばやきが膳に紙を敷いて、出されたようである。汁には庭鳥、ねぶか（ねぎ）である。

その途中に出されるのが、「引而」[14]であり、ここでは刺身やすしが出ている。「指身」「大板蒲鉾」「焼鳥鶉」「酢貝」[15]「すしふな」[16]、小海老やみょうがの「御吸物」[17]などで、さらに酒の肴として「にしめ麩」「もみのし（のし）」「ふわふわ」[18]「壺煎」が出される。にしめ麩は酒と醤油だけで煮ているものと思われる。時代が下がると仕上がりに少し砂糖をまぶすということも書いてあるが、当時は料理に砂糖は使われていない。砂糖はお菓子は別として料理書には砂糖の使用例はみられない。最後に「御菓子」として「かき」「雪餅」「あるへい」[19]「砂糖大豆」「みどり」[20]「ぶどう」「小りん」などが出され、「ようじ（楊子）」が添えられている。

表2　天和度の朝鮮通信使の饗応献立にみる魚介類について

魚介類およびその加工品	調理法・料理名・献立名	三上々使官	上官	中官	下官
あじ	焼物　鱠　煎物	○	○	○	◎
しおあじ	焼物				○
あじすし	すし			○	○
あまだい	焼物	○	○	○	
なまほしあまだい	焼物		○	○	
あら	汁物				○
かれい（いしかれい）	鱠　焼物　蒸かれい	○		○	○
いしもち	焼物				○
うなぎ	蒲焼　煮物　肴	◎	○	○	○
かばやき		○	○	○	
しらす（うなぎ稚魚）	さしみ　吸物	○	○		
えい	濃漿　汁物　煮物			○	○
えそ	焼物				○
かつお	さしみ　船場煮　酒あえ	○	○	○	
ひとしおかつお	さしみ			○	
ひらかつお・ひらそうだ	煮物　蒸し物	○	○	○	
しおかつお	酒浸て			○	
はなかつお	汁物　水あえ	○	○		
よりかつお	酒浸て　煎酒物	○	○	○	
かます	焼物			○	○
ほしかます	焼物		○		
きす	焼物　煎物　色付	○	○	○	
きすなまほし	盛りこぼし	○			
くまひき（干ししいら）	水あえ	○	○		
こち	汁物　煮物　色付	○	○	○	○
このしろ	鱠				○
さけ	焼物　煎物	○	○		
あいきょう（鮭の子籠）	取肴	○	○		
しおびき	焼物　酒浸て	●	○		
すじこ	小桶	○	○		
はららこ	小桶　煎物	○	○		
すずき	さしみ　鱠　汁物	●	●	◎	○
しおすずき	汁物　酒浸て　酒あえ			○	
（せいご）	焼物　鱠　当座すし	○	○	○	○
たい	汁物　鱠　杉焼　すし　かき鯛	●	●	◎	○
しおたい	汁物　酒浸て　和えまぜ	○	○	○	○
（こたい）	汁物　焼物	◎	◎	○	○
こたいみそつけ	煎物	○			
ふくめたい	ふくめ	●	○		
たたみいわし	肴	○		○	○
たつくり	鱠　和えまぜ				○

（表2つづき）

魚介類およびその加工品	調理法・料理名・献立名	三上々使官	上官	中官	下官
めざし	肴	○	○	○	
たり（さめの干したもの）	肴	◎	○	○	
はぜ	煎物	○			
はも	肴　蒲焼　水あえ	○	○	○	○
ごんぎり（ほしはも）	水あえ　肴　付焼	○	○	○	○
ひたら	和えまぜ		○		
ほしたら	汁物　焼物　肴		○	○	○
ひらめ	鱠		○	○	○
ぶり	さしみ　焼物　船場煮	○	○	○	○
いなだ（ぶり幼魚）	鱠　焼物　汁物	○		○	○
はまち（ぶり幼魚）	鱠			○	
ぼら	汁物　鱠　さしみ	○	○	○	○
しおぼら	汁物			○	○
はらぶと（ぼらの異名）	鱠　さしみ　杉焼	○	○	○	○
	鱠			○	○
しおなよし	汁物				○
すばしり（ぼらの幼魚）	鱠				○
からすみ	酒浸て　肴	●	◎	○	○
まながつお	さしみ　焼物　蒸し物	○	○	○	
あめのうお	焼物　煎物	○	○		
あゆ	焼物　鱠　煮浸し	◎	◎	○	○
	肴	◎	◎	◎	
こもちあゆ	焼物	○		○	
しおあゆ	焼物				○
うるか（あゆ子塩漬）	小桶	○	○	○	
こい	鱠　さしみ　汁物	●	◎	○	○
どじょう	汁物　吸物			○	○
はえ	汁物　吸物　肴	○			
はす	煎酒物		○		
はすすし					○
ふな	鱠　吸物　焼浸し	●	◎	○	○
（こふな）	吸物	○	○	○	
ふなずし		○	○	○	○
（おおふな）	焼物（白焼き）	○			
ます	焼物　盛りこぼし	○	○		
わたか	煎物				○
あかかい	濃漿　煮物　鱠	○	○	○	○
あさり	吸物　汁物			○	○
あわび	杉焼き　水貝　煮物	●	●	◎	○
かい	貝盛　蒸貝　酢貝	●	●	○	

魚介類およびその加工品	調理法・料理名・献立名	三使 上々官	上官	中官	下官
しおあわび	酒浸て　酒あえ　かき和え	○		○	○
しおかい	酒浸て　水あえ　貝盛	○	○		
くしあわび	煮物　汁物　和え物	○		◎	○
くしかい	煮物　汁物　大煮物	○		○	○
のし	水あえ　和え物	●	○	○	
（おおのし）		○			
かき	吸物	○			
さざえ	和え物　煮物（にしめ）　肴	◎	◎	○	○
（こさざえ）	肴	○			
しじみ	吸物　汁物　和え物	○	○	○	
たいらぎ	肴　煮物　貝焼	◎	○		
つべた	煮物(にしめ)　盛りこぼし	○	○		
とこぶし	吸い物　盛りこぼし　煮物	○			
にし	肴　貝盛	●	◎	○	
（おおにし）		○			
はまぐり	吸物　煮物　汁物	○	○	○	○
（こはまぐり）	吸物　のり盛り	○	○		
まて	煮物　のり盛り　酢まて	○			
みるくい	さしみ　煮物　星物	○		○	
いせえび	船盛　割海老	●	●	◎	○
（えび）	煎物　肴　吸物		○	○	
（おおえび）		○	○		
（しまえび）	汁物　吸物	○	○	○	○
くるまえび	肴　盛りこぼし	◎	○	○	○
かわえび	煎物　吸物　鱠	○			
こえび	吸物　汁物　肴	○			
いか	肴　吸物　和え物	◎	◎	◎	○
するめ	水あえ　和えまぜ　鱠	○	○	○	○
まきするめ	肴	●	○	○	
たこ	酢たこ　煮物	●	●	○	○
ほしたこ	煮物　和え物			○	○
なまこ	汁物	○			
いりこ（煎海鼠）	煮物　汁物　煮物(にしめ)	◎	○	○	
くしこ（串海鼠）	煮物　汁物　和え物	◎	◎	○	○
このわた		○			
かまぼこ	肴	●	●	○	
（おおいた）	肴	○	○	○	
（おおかまぼこ）	肴	○	○	○	
（きりかまぼこ）		○	○	○	

（表2つづき）

魚介類およびその加工品	調理法・料理名・献立名	三使上々官	上官	中官	下官
（こいた）	盛りこぼし	○	○		
（はもかまぼこ）		○			
（ほそかまぼこ）	筍羹	○			
つみいれ	汁物	◎	○	○	○
（おおつみいれ）	汁物	○			
はんぺん	汁物	○		○	
ぼんぼり	吸物	○			

注　参向献立．使用頻度　○10未満，◎10～20未満，●20以上．食品名はかな表記にした．

翌朝も信使・上々官の形式は五五三で本膳、二の膳、三の膳、引而、御肴、御菓子が出されている（図5）。本膳は「煎《いり》酒物」[21]「香物」「蒲鉾」「煮物」「酢貝」「御汁」「御食《めし》」、二の膳ではさわらの「焼物」「和物」「干塩」「御汁」、三の膳では鯨白身の「指身」をすみそで、鯛の「向詰」、庭鳥の「御汁」、引而は三方にのせて辛螺《にし》の「壺煎」、鴫の「焼鳥」「かはやき」「ゆてたこ」「浸物」「御吸物」、御肴は「焼蛤」「焼海老」「あふり若和布」[22]「酒麩」[23]、これらはいずれも三方にのせて供され、御菓子は「鶉焼」「梨子」「小らくかん」「ふとう」「ほうろ」[24]に「やうし（楊子）」まで朝から大変なご馳走である。

表2は味の素食の文化センターでの助成研究で報告したものであるが、出された料理を数量化したものである（島崎・高正一九九二）。信使・上々官では二〇回以上使われた食品は鮭、鱸、鯛、鯉、鮒、あわび、辛螺《にし》、伊勢海老、蛸、蒲鉾などである。これに対して下官などで頻度が多いものは、あじ、えい、かます、あさりなどで、身分の高い階級で頻度が高い鮭、鯛、かまぼこなどはこの階級には非常に少ない。出された魚介類からも身分に応じた接待がなされていたことが窺えるのである。

四　饗応の作法

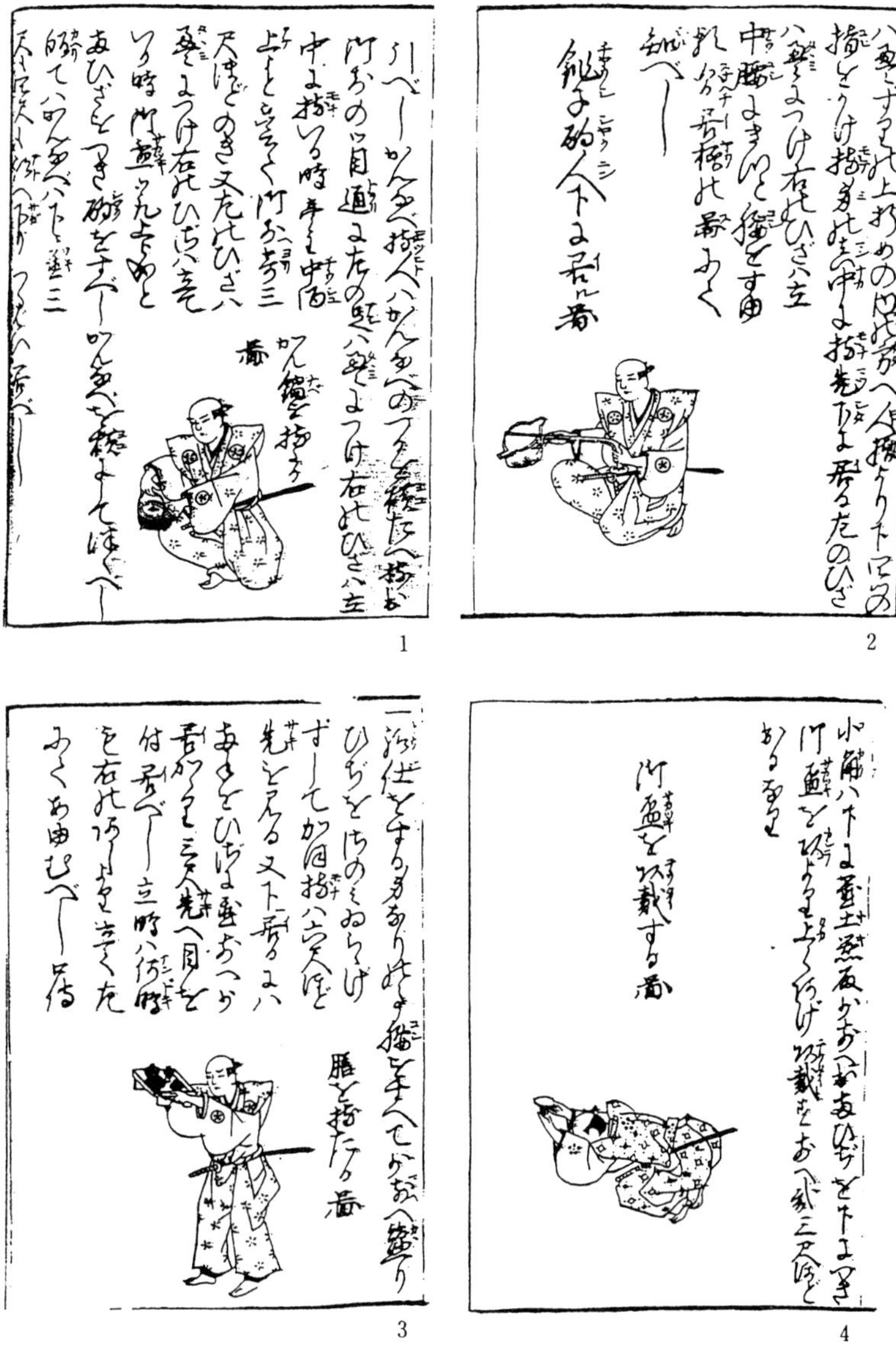

1　2　3　4

図６　『茶の湯献立指南』（臨川書店版，元禄９年）より

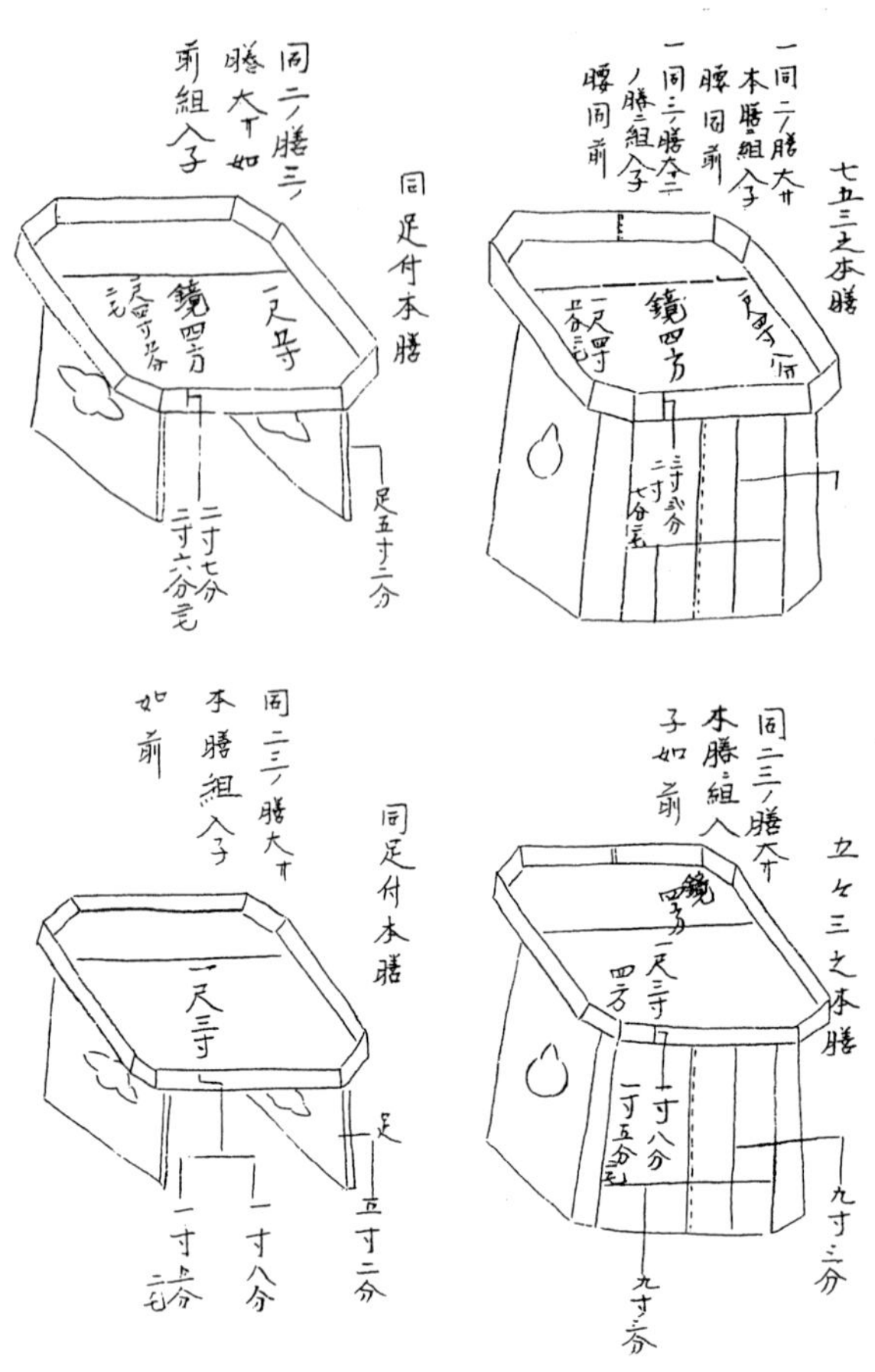

図７　本膳の寸法（『木具寸法之書』より，東北大学附属図書館蔵）

朝鮮側の記録のなかには、饗応、給仕などが隙の無い作法であり、また、若き美少年が接待したとの記録が多く見られる。使節対応には礼儀作法を身につけた大名の子弟が行なったようである。『茶の湯献立指南』三巻（図６）には、作法のことが書かれており、たとえば給仕では「膳をもたる図」（図６—３）のように、「腰を据えて少し前へかかり、肘をさのみいらげずして顔もちは六尺ほど先を見る。また下にいるには両手をひざに置き、前へ少し居かかり、三尺先へ目をつけべし」と視線の方向などまで細かく決められていることがわかる。さらに、「かんなべをもつ絵」（図６—１）では銚子とひさげの出し方、膝の位置や膝のつき方、酒器の持ち方、注ぐ位置取り、また、「盃を頂戴する図」（図６—４）では、肘をつけてうつむくような飲み方は畜生飲みといっておおいにきらうこととなり。と書かれており、飲み方まで作法が必要であった。また、こうした料理の内容や作法などもさることながら一連の接待のなかで、朝鮮通信使の人々の嗜

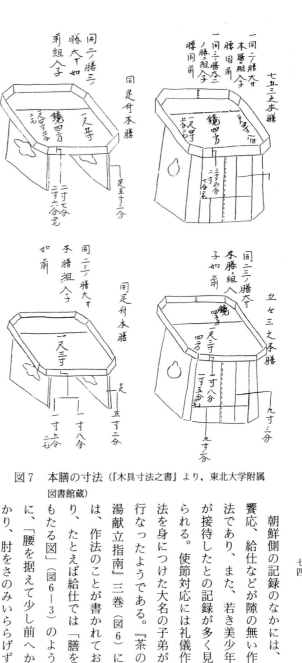

好性や国忌日に合わせて精進料理を準備することなどの細かい配慮がなされている。
これらのことからも使節団への饗応食が持つ重要性が窺える。

五 使用された器具

図7の『木具寸法之書』には、七五三の本膳が寸法一尺四寸八分、足付本膳一尺五寸、五五三の本膳一尺三寸、足付本膳一尺三寸と、それぞれ寸法が決められているが、流派によって少しずつ寸法が異なるようである。また、土器の寸法も流儀によって少しずつ違うようで、文政十一年（一八二八）の口伝書である『当流献方土器之巻』[25]では四斗から手塩、耳土器まで、大きさ、輪の高さなど耳土器は狭い口の寸法まで記載されている。また、『料理諸品寸法』も同様の書であるが、両書の寸法を並記すると流派による差異が理解できよう（表3）。

次に、江戸の宿泊所である本誓寺で用意された道具について概観したい（図8）。料理を盛る器類では今里（伊万里）の「大皿」「中皿」「小皿」「天目大小」[26]「猪口」、そして「箸」などが見られる。調理に関係する道具では、「椀膳（小道具湯次飯次共三九人前）」、「まな板大小」、包丁が「出刃五枚」「薄刃三枚」「骨打三枚」「大小刀四」「味噌こし」「すいのう」「あぶ

表3 かわらけ寸法表

	当流献方土器之巻(寛延4年) 木具寸法之書(年不記)	料理諸品寸法(年不記)
9斗土器	径 9寸5分	――――
7斗土器	7寸5分	――――
5斗土器	5寸5分（16.5cm）	5寸3分（15.9cm）
間之土器	4寸9分（14.7cm）	4寸8分（14.4cm）
3斗土器	4寸5分（13.5cm）	4寸3分（12.9cm）
大重土器	3寸7分（11.1cm）	4寸 （12.0cm）
小重土器	3寸2分（ 9.6cm）	3寸5分（10.5cm）
手塩土器	2寸8分（ 8.4cm）	3寸1分（ 9.3cm）
耳土器 (箸台土器)	1寸8分（ 5.4cm）	2寸5分（ 7.5cm）
捨かわらけ	――――	3寸1分（ 9.3cm）

注 1寸を3センチとして計算.

於本誓寺三使其外朝鮮人入用之器此通
御用意候様与ニ信使江戸参着以前ニ御
賄方之平田直右清衛門方ゟ申遣候覚《おぼえ》

一茵　換様遠不申之様ニ縁金入 中可半緞子　六内三客用
一臺子　小道具共　三飾
一臺天目　八通内五通客用
一燭臺大小　ほんぼりしん切しん入共　九
一手燭　ほんぼりとも　六
一塗木行燈　三
一金行燈　三
一銅盥《かなだらい》　湯次共　三通
一手拭掛　手拭共　三
一多葉粉《たばこ》道具　烟器《きせる》二本宛銀か　五通内二通客用
一塵籠　三
一塗炭取　三
一釜すけ　三
一行水盥　三
一同湯桶　三
一貝木　三本
一手水桶　三
一同柄杓　三本
一今里《伊万里》大皿　拾
一同中皿　弐拾
一同小皿　十
一同天目大小　弐拾
一同猪口　弐拾

一白箸　五十膳入　六袋
一徳利か手樽か　五宛
一わさびおろし　壱宛
右者《は》三使之用
一臺子　小道具共　二飾
一薄茶の碗　十五
一燭臺　ほんぼりしん切しん入共　五本
一手燭　ほんぼり共　三
一金行燈　五
一多葉粉道具　烟器五本宛　六通
一炭取　弐
一手水桶　弐
一手盥　五
一行水盥　壱
一貝木　五本
一臺じうのう　壱
一箒《ほうき》　八本
一鳥羽箒　五本
一塵取　二
一糊板　へらともに　二
一たち板　ちゃう木共　壱枚
一椀膳　小道具湯次飯次共ニ　三十九人前
一まな板大小　内四枚精進まな板　十枚
一庖丁　出刃五枚薄刃三枚内骨打 三枚大小刀四　十五枚
一飯櫃　弐
一味噌こし　三
一すいのう　三

一すり鉢　れん木共　三
一薬鑵《やかん》大小　五
一渡しかね　五本つなき　三
一大あふりこ　三
一金火箸　五膳
一七入子鉢　五組
一かな杓子　廿本
一箸五十膳入　□袋
一わさびおろし　壱
一焼物片口　二
一砥　二
一燈心
一付木
右者上官三十九人内次官七人本堂へ罷有
候間本堂之庫裏《くり》へ可被差置候三使上官
次官入用ニ遣可申候

図８－１　饗応に用意された諸道具類

信使ゟ先達而御馬ニ相附罷登候朝鮮人
上中下官三人へ江戸追廻於雲光院塔頭
清光院賄之器物御賄方へ平田直右衛門
ゟ申遣候

覚

一椀膳　小道具共　三人前高下有之
一今里焼皿　七
一同奈良茶々碗　七
一同猪口　七
一薄茶々碗　七
一脊《ママ》鉢　大小　二
一雷(擂)盆　れん木共　壱
一焼物片口　壱
一まな板　弐面
一包丁　骨打壱出刃壱薄刃壱 大小刃壱　四枚
一金杓子　三
一飯釜　二升たき　壱
一鍋大小　三
一中薬鑵　壱
一小薬鑵　壱
一白砂糖　三斤
一輪餅　二斤
一らくかん　二斤
一あるへいと　二斤
一やうかん　五棹
一鰹節　三十
一蠟燭《ろうそく》　八十

一利儀挽茶　是ハ一日二匁五分宛 束々ニ入請取可申候　二十目
右者十四日之晩ゟ廿一日之昼迄日数八
日分　但シ十四日ニ御渡可成候
一雁　壱羽
一雞　十羽
一雉子　六羽
一卵　百
一鯛　壱尺四五寸　五枚
一鱸　同　三本
一塩小鯛　五寸　廿枚
一蛸　五盃
一海老　弐十
一蚫　渡り五寸　弐十
一里芋　壱
一大根　五本
一ねき　壱尺縄にして　壱把
一牛房　十本結　二把
一茄子　弐十
一小菜　少し
一葉しやうか　三本
一薯蕷　三本
一豆腐　二丁
一こんにやく　□丁(不明四カ)
一麩　□ノ壱分麩
一奈良漬瓜　壱盃
一真桑瓜　二十
一西瓜　二

右之分参着之晩朝鮮人三人対馬守方ゟ
指添候　通嗣二人己上五人之賄用
一しやうが　五合
一けし　五合
一からし　五合
一ごま　壱舛
一炭取　壱
一五徳　三
一しゆろ箒　壱本
一羽箒　壱本
一手樽　壱升入　五　酢醤油酒塩 たまりなと入り
一多葉粉道具　烟器二本宛　三通　上中下
一油徳利　一升入　壱
一鑞徳利(錫徳利)　二升入　壱
一燭臺　ほんぼりしん入しん切共　壱
一手燭　同　壱
一かな行燈　壱
一渡しかね　五本つなぎ　壱
一あふりこ　壱
一わさひおろし　壱
一火はし　壱膳
一味噌こし　壱
一すいのう　壱
一七入子鉢　壱組
一米かし桶　二
一水桶　壱
一水荷桶　壱荷

図8－2　饗応に用意された諸道具類

一手水盥　壱
一手水桶　柄杓共　壱
一大柄杓　壱本
一貝木　壱本
一竹柄杓　壱本
一置いろり　壱
一火かき　壱
一付木
一とうしん
一白はし五十膳入　十六袋
一砥　壱

覚

一雉子　二羽
一卵　十
一鯛　壱尺五寸ニても三寸ニても　壱枚
一蚫　渡り五寸　五
一鎌倉海老　三
一塩小鯛　但五寸　五
一烏賊　三十盃
一鯵　五寸　五十
一こち　壱尺四五寸　十
一塩かます　六寸　五十
一薯蕷　廿本
一里芋　五舛
一大根　五十本
一菜　壱尺縄にして　十把
一ねき　同　十把
一葉しやうか　五十本
一みうかのこ　百
一牛房　十本結にして　十五把
一茄子　百
一豆腐　十五丁
一こんにやく　五十丁
一麩　壱分麩にして　百
一奈良漬瓜　十盃
一炭　一日ニ六貫目宛　七俵
一薪　一日ニ十五貫目宛七日分　百五貫目

右者十五日之朝より廿一日之昼迄朝鮮
人三人通詞二人入用如此御渡可被成候
請取候
品者其前夜ことに書付差出可申候

三使以外の食糧の用意については、以下のような記述がある。

上官壱人
一白米　弐舛
一酒　壱舛五合
一味噌　五合
一醤油　二合五勺
一酢　二合
一塩　二合
一油　二合

中官壱人
一白米　壱舛五合
一酒　壱舛
一味噌　四合
一醤油　一合五勺
一酢　一合
一塩　二合
一油　一合五勺

下官壱人
一白米　壱舛五合
一酒　壱舛
一味噌　三合
一醤　壱合
一酢　五勺
一塩　壱合

通詞弐人
一白米　七合五勺宛
一酒　三合
一味噌　三合宛
一醤油　宛合宛
一酢　壱合宛
一塩　壱合宛
一油　六勺宛

右者十五日之朝ゟ《より》廿日迄壱人前一日分
如此十四日之晩ゟ廿一日の昼迄両日共
ニ半日宛之入用ニ候間両日合一日分之
諸色御渡被成以上日数七日之積ニ此品
々御渡可被成候

図8－3　饗応に用意された諸道具類

一御馬七疋飼口壱疋ニ付
　一白米　二舛
　一大豆　三舛
　一塩　二合
一生葛葉ニても青大豆葉ニても五尺
　縄にし弐束宛
　一生ちかや五尺縄にて弐束宛
一鉄行燈　油土器共ニ　壱　中間粗屋用
一掛行燈　ぼんぼり油土器共　壱　釜所之用
一木燈籠行燈　二　御馬屋之前二ケ所
一水荷桶　棒共ニ　壱荷
一油徳利　壱　油四合宛毎夜
一蠟燭　五丁
一薪入用次第
一箱挑灯　壱

御鷹粗屋之用
一行燈　五　壱番
一御鷹飼壱居ニ雀　十弐羽宛
一燭臺　ぼんぼり志ん切志ん入共　五
一手燭　同　四
一油徳利　毎夜五合宛　壱
一蠟燭　毎夜ハ入申間敷候間　無之時分ハ又申断可申請候　十五丁
一箱挑灯　壱
一水桶　二
一しゅろ箒　二本
一大柄杓　二本
一小水桶　貝木共　二
一水荷桶　棒共　三荷
一大半切桶　壱
一鷹水桶　壱尺五寸深三寸五分　十
一鉄大行燈　油土器共　壱
一大盥　壱

以上

平田直右衛門

南条近左衛門様
近山与左衛門様
設楽太郎兵衛様
守屋助次郎　様

図8－4　饗応に用意された諸道具類

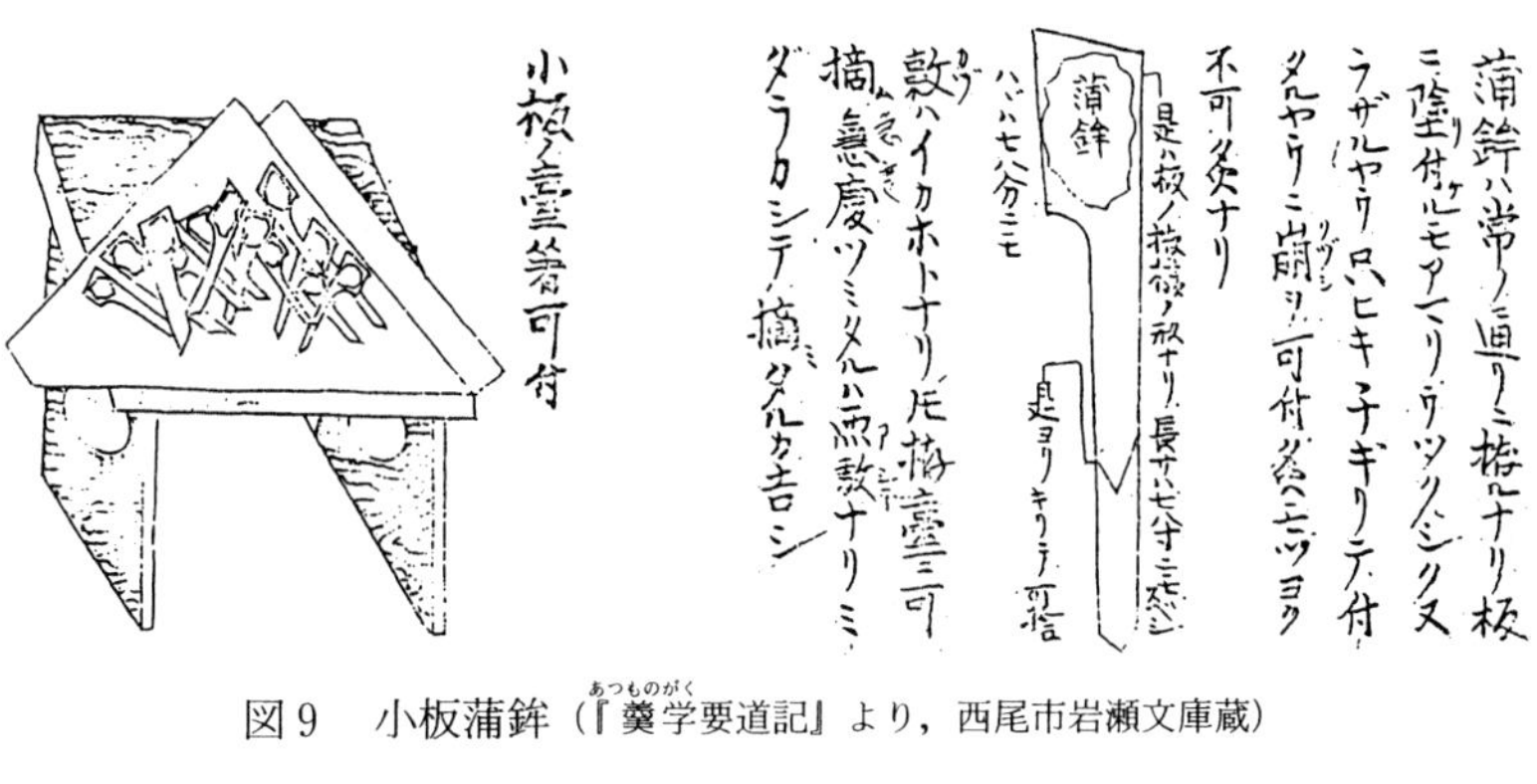

図9　小板蒲鉾（『羹学《あつものがく》要道記』より，西尾市岩瀬文庫蔵）

りこ」(27)「焼物片口」「砥石」「徳利か手樽か」「わさびおろし」「すり鉢」などがみられる。包丁は全部で一五本用意されており、本誓寺に宿泊した三〇～四〇人のまかないに使われていたことになる。味噌濾し、すいのうは漉されていない味噌であるため必要であるし、擂鉢(28)は蒲鉾や和物や汁などで使用された道具である。調理法として、たとえば「ふくめ」のように、ものを細かく摺ったりする調理操作が非常に多く、また、味噌汁にも必ず味噌を摺るのに使用された必須の道具であった。

おわりに

膳、箸、土器《かわらけ》、耳土器《みみかわらけ》、皿や擂鉢などの陶磁器類、小板蒲鉾(29)の板など、これまで述べた献立や器具の史料から窺える器や調度類のなかには、遺跡の発掘調査から出土した遺物に見られるものも少なくない。特に東京大学構内遺跡から出土している寛永六年（一六二九）徳川家光、秀忠御成の際の出土資料、天和二年（一六八二）の火災資料は性格的、年代的に近似し、良好な比較資料となろう。この詳細は実際に調査を担当した方に任せるとして、朝鮮通信使の饗応献立の分析を行なった今回の発表を契機に、江戸期の式正料理に使用された器具類の解明の一助になればと考えている。

註

（1）　図には「座付」とあるが、眼象《けんしょう》と呼ばれる穴が側面の三方に開いているためにつけられた呼称。

（2）　かちぐりは、干した栗の実を臼で軽くついて殻から実をとったもの。搗《かち》は勝と音が通じているので、出陣、勝利の祝、正月などの祝儀に用いられた。
(3) これは松笠盛、杉盛などがあるが、松笠や杉状に盛りつけるものである。
(4) あえまぜ。『山内料理書』(一四九七)からみられる料理。江戸時代の料理書にも数多い記述があるが、材料調味料作り方に変遷がみられる。
(5) 魚料理の一種。干した鯛、かます、鮫などの肉をあぶり、細くむしってすりつぶしたもの。『料理物語』(一六四三)に「ふくめの仕様 干鯛をあぶり板の上にてそとたたきむしりすり候てよし かます 鮫 塩引 きすご 何にてもいたし候」。『料理献立集』(一六七二)には「肴 ふくめと云ひたらか きすこをよくむしりさてぬのにつつみたたきてぼんぼりのことくになるをすいのうにてこしおきあわせ」。この他にも『当流節用料理大全』(一七一四)、『料理早指南』四編(一八二二)にも出ている。いずれもほぼ同じ説明、作り方。ただ『料理早指南』では材料を「かます さめ しほびき又はきすご えび」をあげている。ふくめは現在の田麩の原形といえるもの。薄塩の白身魚(鯛、鱸など)を蒸してほぐして煎り、綿状繊維状にしたもの。塩味。『食用服用の巻』(一五〇四)にもあって室町時代には型打成形して式正料理になった。ここでのふくめはこれだったかもしれない。江戸時代には「ぼんぼり」の名が多く、明治には「でんぶ」といわれるようになり、砂糖も入れられた。
(6) がざみの意と解釈する。「おおかた伊勢海老と同じ」と『江戸料理集』(二)(一六七四)には出ていて、伊勢海老より格が落ちるとしている。同書には「下也 賞くわんによろしからず」とある。しかし、料理法はいくつかあげている。そのなかには「塩いり(塩煮) こくせう(身ばかり)すし 酢さしみ 吸物」がある。
(7) ボラの卵巣から作る塩乾品。形が唐墨に似ていることからこの名がある。室町時代から現代にいたるまで伝わる古い食べ物。
(8) 現在のソウル。
(9) 塩蔵魚類。主としてサケに用い、昔は楚割(すわり、すはやり)、または魚条ともいった。寒中には乾燥したものを寒塩引といい、最も上味している。『江戸料理集』(一六七四)「塩引 四月にかきるべきか 有次第賞くわんたるべし」とあり、上手に保存するのは難しかったのかもしれない。『料理早指南』三篇(一八〇二)には、塩引鮭を使ったいろいろな料理が約十種類ほど出ている。地方によっては塩引にさば(山形県)、鱒(宮城県、新潟県)などもあるが、ここでは鮭であろう。
(10) 多利とも書く。鮫肉を乾燥したもので削り物とした。江戸以前にはみられないようであるが、寛永十三年(一六三六)の朝鮮人初参向献立から記録に残っている。一七七五年頃までは記録にあるがその後にはみられなくなっている。
(11) 鶉や鴫などを焼いて、翼、頭、脚を飛ぶ時の形に整えて器に盛ったもの。
(12) 式正料理に用いられた飾料理の一つ。伊勢海老の殻を舟に見たてそれを容器として料理を盛り込む。文禄三年（一五九四）四月加賀之中納言殿江御成之事で「ゑびふなもり」がある。これより古くは『四条流庖丁書』（一四八九）、『宗五大草紙』（一五二八）に見られるという。江戸時代に入ってからは茶の湯の料理や料理屋料理にも供されることもあった。
(13) 柚子のこと。
(14) ひいてと読む。初めから膳にのせず、後で給司人によって客に供すること。
(15) あわびに塩と酢をかけたもの。
(16) おそらく近江の鮒すし。
(17) 宴会の途中で出される吸物は味噌汁ではなく、お酒のためのもので澄まし仕立である。
(18) 卵ふわふわという料理であると思われる。だしと卵とよく混ぜ合わせて、さっと煮たもの。
(19) ポルトガル語の砂糖で作ったお菓子の意。一六〇〇年頃ヨーロッパから伝わった砂糖菓子の一つ、砂糖に飴を加えて煮つめたもの。引きのばして白くしたり、色素で色をつけたりする。棒状のもののほか、いろいろな形に細工して祝い物や供物の飾り菓子とする。
(20) 松のみどり。小麦粉に砂糖を混ぜてこねあわせ、うどん状にのばし、長さ三〜四センチに切って焼き、砂糖がけしたお菓子だという。
(21) 煎酒は室町時代から江戸化政期くらいまで、盛んに使われていた日本の代表的な調味料で、酒、梅干、鰹節を加え半分くらい煮つめたものである。年代が近い『料理物語』には酒二升に梅干し一五〜二〇、鰹節を加え、半分位に煮つめるという風に記されているが、時代が下るとこれも変化している。主に刺身などのつけ汁や酢物、あえ物などに常用される酸味のきいた醤油のような調味料である。
(22) 乾燥したワカメをあぶったもの。
(23) さかふはもみふ（生麩に小麦粉を加えてねったもの）を酒で煮て調味したもので柔らかくて味のよいものが上等品とされる。

『江戸料理集』（一六七四）、『早見献立帳』（一八三四）にも記されている。

(24) ポルトガル語から。小麦粉に卵を入れてかるく焼いた小さな丸い菓子。

(25) 『当流献方土器之巻』は口伝書であり、体裁が成立した年代は文化十一年であるが、寸法を記したくだりの最後に延宝三の年号が記されている。

(26) 朝顔形の碗で、もとは抹茶茶碗であるが、ここでは飯茶碗にも天目という言葉が使われた。

(27) こたつ様の形状で上にのせて乾かす道具で、当時多用された。海苔などをあぶったもの。

(28) 寺島良安『和漢三才図会』には、備前のものが一番良くて、その他のものは土が柔らかくて擂目がすぐつぶれる意の記載がある。

(29) 『羹《あつもの》学要道記《がくようどうき》』の記述には第9図のような形の杉板に、よく摺った鯛のすり身などに卵白をつなぎにして、やや広い部分へのせて囲炉裏の周囲の灰に差し込み焼く。出すときには柄を切ると書かれている。

〈参考文献〉

島崎とみ子・高正晴子　一九九一「近世における朝鮮通信使の饗応記録に関する研究（第一報）」『財団法人　味の素食の文化センター　助成研究の報告―』

島崎とみ子・山下光雄　一九八九～九一「東海道三十三次饗応の旅　天和二年（一六八二）朝鮮親善信使の記録から」一～二十四『月刊　専門料理』柴田書店

著者不明『当流料理献立抄』刊年不明　吉井始子編『翻刻　江戸時代料理本集成』第六巻　一九七八　臨川書店

四条家高嶋撰『当流節用料理大全』正徳四年　吉井始子編『翻刻　江戸時代料理本集成』第三巻　一九七八　臨川書店

『宗家記録　天和信使記録』天和二年

遠藤元閑『茶の湯献立指南』元禄九年　吉井始子編『翻刻　江戸時代料理本集成』第三巻　一九七八　臨川書店

『木具寸法之書』

『当流献方土器之巻』延宝三年

著者不明『料理物語』寛永二十年　吉井始子編『翻刻　江戸時代料理本集成』第一巻　一九七八　臨川書店

著者不明『料理献立集』寛文年代　吉井始子編『翻刻　江戸時代料理本集成』第一巻　一九七八　臨川書店
醍醐山人『料理早指南』享和元～文政五年　吉井始子編『翻刻　江戸時代料理本集成』第六巻　一九七八　臨川書店
著者不明『江戸料理集』延宝二年『日本料理大鑑』第一巻・第二巻料理古典研究会　一九五八
池田東籬亭『早見献立帳』天保五年　吉井始子編『翻刻　江戸時代料理本集成』第九巻　一九七八　臨川書店
寺島良安『和漢三才図会』正徳二年
島崎とみ子「江戸時代の料理の変遷――あえまぜについて――」『女子栄養大学紀要』28　一九九七

木製品についてのコメント

坂口　先ほど器具のことでお話がございましたので、木製品について簡単に説明したいと思います。三方とか、薄膳、足うちとかいろいろ出てきたようですが、今の常識ですと、三方にしても、あのようなお膳や、器具の類、みな桧だと思うんです。しかし実は当時は杉も使われておりまして、むしろ、将軍の場合には杉の器具を使い、家来達の方は桧だということのようです。先ほどの料理の方のお話で杉焼きというのが出てまいりまして、その杉の香りを楽しむというお話がございましたけれども、私、料理の事は全然知りません。先生からお話をうかがって、そこまでかと思ったんですが、日本人は非常に杉が好きでして、縄文時代から杉というのはいろいろな用途に使われております。桧の事は「まき」といっておりまして、魚でも「まな」という風に、本当のおかず、お菜が「まな」で、本当の木が「まき」ということで、桧の方がそういう意味ではやはり上位にあるらしいのですけれども、使われているのは圧倒的に杉が多いのです。たとえば日本酒ですが、昔は杉の桶、樽で作っており、酒を入れてたんですが、明治までは杉の赤みという、赤い芯材のところのかなりきつい匂いをお酒に移してたんです。だんだん日本人の好みが変わってきまして、白い材で使うということになってきています。長い間杉というものは日本人の生活にとって非常に縁が深かったという風に考えております。

考古資料から見た江戸時代の料理と器具

堀内秀樹

はじめに

「江戸時代の料理と器具」といったテーマについて考古資料のみで語らせるには、その資料自体が有する性格からも困難であるといわざるを得ない。器具については、陶磁器をはじめとする豊富な出土資料から饗膳具を中心に語ることはできようが、ではいったいこの皿にどのような料理がのっていたのだろうという疑問についての回答はほとんどできないだろう。そこでこういった用途などに関するテーマでは、民俗学、文献史学、美術史など他分野との関わり合いのなかから解答を探るといった手法がより成果が期待できる。この「江戸時代の料理と器具」というテーマはそれが持つ時代性、地域性、階層性、日常性などを考えた場合、非常に広範で、とても限られた時間や紙面のなかで議論できるものではないだろう。そこで島崎先生には、ご研究のテーマの一つである「式正料理」について、朝鮮通信使の饗応記録からその献立の分析と使用している器具を中心にお話をいただくことにした。特に天和度の朝鮮通信使の饗応記録は日時、場所、身分が明確で、さらに献立内容、使用している器具まで詳細に記載されている史料であり、この様なテーマで議論するにあたっては良好な題材であろう。

本稿は実際に発掘調査で出土した資料のなかで、饗応記録との共通性が窺えるものを取り上げ、その比較を通して推定される考古資料の評価とその記録に見える器具がどのようなものかを推定するものである。

一 饗応記録

(1) 料理について
記録されている献立数は六〇〇〇を越えている。食材は魚介類、鳥獣類、野菜類、果実類、殻類など多岐にわたるが、このうち腐らずに残っているという面で考古資料と対比が可能なものは魚介類、鳥獣類である。魚介類は、六〇種類以上みられ、全食材の三割以上にものぼる。最も多いのはアワビで、タイ、タコ、アユ、エビ、フナの順になっている。これを身分別にみるともっとも身分の高い信使・上々官では多い順にアワビ、タイ、フナ、エビ、タコであるのに対して、下官ではアユ、アジ、タコ、エビ、アワビ、サワラ、タイとなっており、使用している食材にはかなりの違いがある。また、鳥獣類では信使・上々官がシギ、カモ、ガン、ニワトリ、ウズラ、ヒバリ、下官はニワトリ、シカ、キジ、クジラでやはり食材の違いが認められる。

(2) 器具について
献立記録にみられる器具は、饗膳具が中心であり、三方、木地膳、塗膳、重箱、足折(足高折敷の略)、丸膳、腰高などの膳類、平皿、坪皿、土器(かわらけ)、皿、桶、猪口、鉢、手塩などの食器類、燗鍋、銚子、湯次、箸、匙、楊子などが記載されている。これも身分別にみると使っているものにかなりの違いがみられる。たとえば、三方は信使・上々官は一九三の膳の数に対して三二八回、上官は一〇三の膳に対して四回、中官・下官は一三六の膳に対して一回も使われてはいない。また、木地膳は信使・上々官では多用されているが、下官ではほとんど使用されておらず、代わって塗膳の使用頻度が高い。土器はごく少ない例外を除けば信使・上々官が金箔土器、中官以下はなく、箔が施されていない土器についても下官はわずか七例のみである。ただ、土器類の多くは引替膳以前の本膳、二の膳、三の膳に使用されており、食したと考えられている引替膳以降では椀、坪皿、平皿、染付皿、猪口、鉢など木製、陶製の器具で盛られ、土器は儀礼的な膳に用いられるものであったといえる。饗膳具以外でも江戸本誓寺で揃えられた器具類は調理具、暖房具、灯火具など多岐にわたっている。

二　出土資料

(1)郵政省飯倉分館構内遺跡　南区一号土坑

郵政省飯倉分館構内遺跡は豊後臼杵藩稲葉家、出羽米沢上杉家の下屋敷が存在した場所である。南区一号土坑は稲葉家のエリアに存在する。遺構はゴミ穴と推定され、中から陶磁器、土器、金属製品、石製品、貝や魚骨などが大量に廃棄されていた。また、覆土には宝永の富士山噴火（一七〇七）の火山灰が含まれており、遺物も十八世紀初頭のものが出土している。陶磁器類は火災などで被熱された跡や複数個体での廃棄、質的な特異性はみられず、出土物は日常的な廃棄の結果であろうと推定される。ただ、「煮方」「御臺所」と墨で書かれた陶器が出土していることから御殿の台所のゴミが廃棄されていたと推測される。貝や魚骨はハマグリ、マダイ（五五）、カツオ（一二）、マサバ（一四）、サケ（一五）、アジ（三七）、イワシ（五〇）、マダラ（八）の比率が高く、他にニワトリ（一二）、マガモ（九）が確認されている。これを分析した桜井氏は宴会が頻繁に行なわれ、その酒肴がマダイであり、また、骨の切断痕の観察から二枚あるいは三枚におろして刺身として料理されることが多いとの指摘もされている（桜井一九八七、一九九二）。アジやイワシについては「日常の飲食の際に残されたものであり、屋敷内の藩主やその家族、家老など他にさまざまな階層の人々が暮らしていたことを考えると大衆魚が出土したのもうなずける」と階層性の指摘を行なっている。さらに一号土坑では火鉢および季節の魚骨の廃棄状況から、それらが出土している層位の堆積が四年から五年でなされたと見解を示されている。そのうちタイが多く出土している8、8'、10層はそれぞれ夏秋を挟んで寒い季節に該当しており、廃棄されたのが数年間におよんでいることがわかる。

(2)東京大学本郷構内の遺跡　医学部附属病院地点　池（図1）

東京大学本郷構内の遺跡医学部附属病院地点は加賀前田藩の支藩である大聖寺藩の上屋敷があった場所である。ただ大聖寺藩が加賀藩から藩邸のエリアを貸与されるのは寛永十六年（一六三九）以降になるので、池が廃絶したと推定される後述の年代は加賀藩邸であった。池は江戸時代最下面に自然地形を利用して構築された遺構で、なかから土器、白木の折敷、箸などが大量に出土した。土器は六〇〇以上確認され、白い胎土を用いて手づくねで作られている。手づくねの技法は、中世以降京都を中心とした地域で作られており、おそらくは搬入品であろうと考えている。このなかには、金箔が施された例も確認され、土器の多くが箔が施されていた可能性が高い。折敷は大中小と規格がみられ、大型のものは一尺から一尺二寸で一一〇膳以上、中型のものは七から八寸で二四膳、小型のものは三寸半が一七膳、四寸半が五膳それぞれ出土した。また、箸は三〇〇〇本以上出土している。池からはこれらのものとともにその性格を推定できる墨書の木札が確認された。木札には「寛永六年三月十九日」、「七千六百五拾弐ノ内五百　九貫目あゆハた……」、「高岡ニ有之……かん拾弐入」、「富山ニ有之……雁九ツ入」、「ます十五入」などあゆ、ます、雁、ま

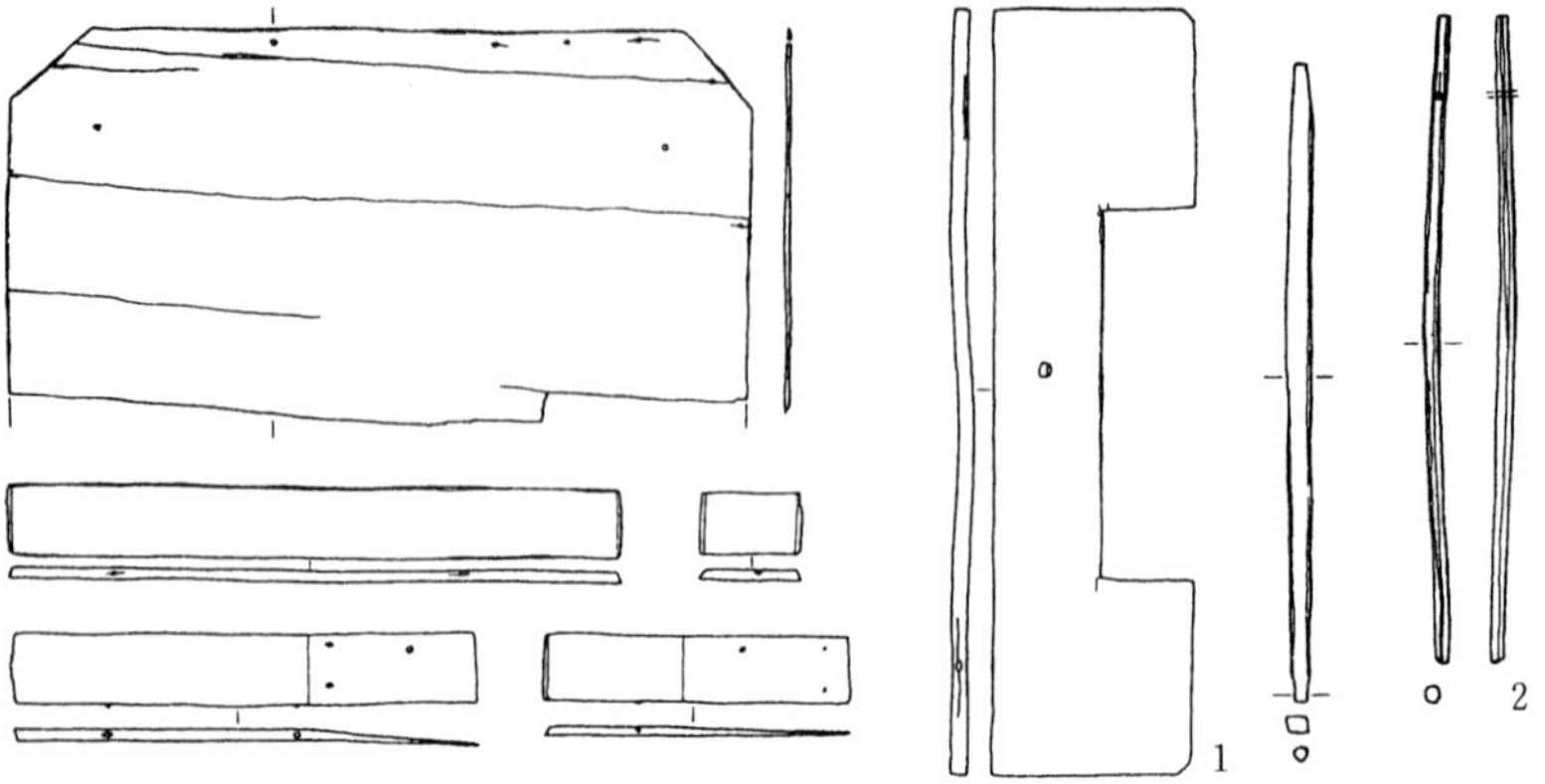

析敷・箸（S=1/6）

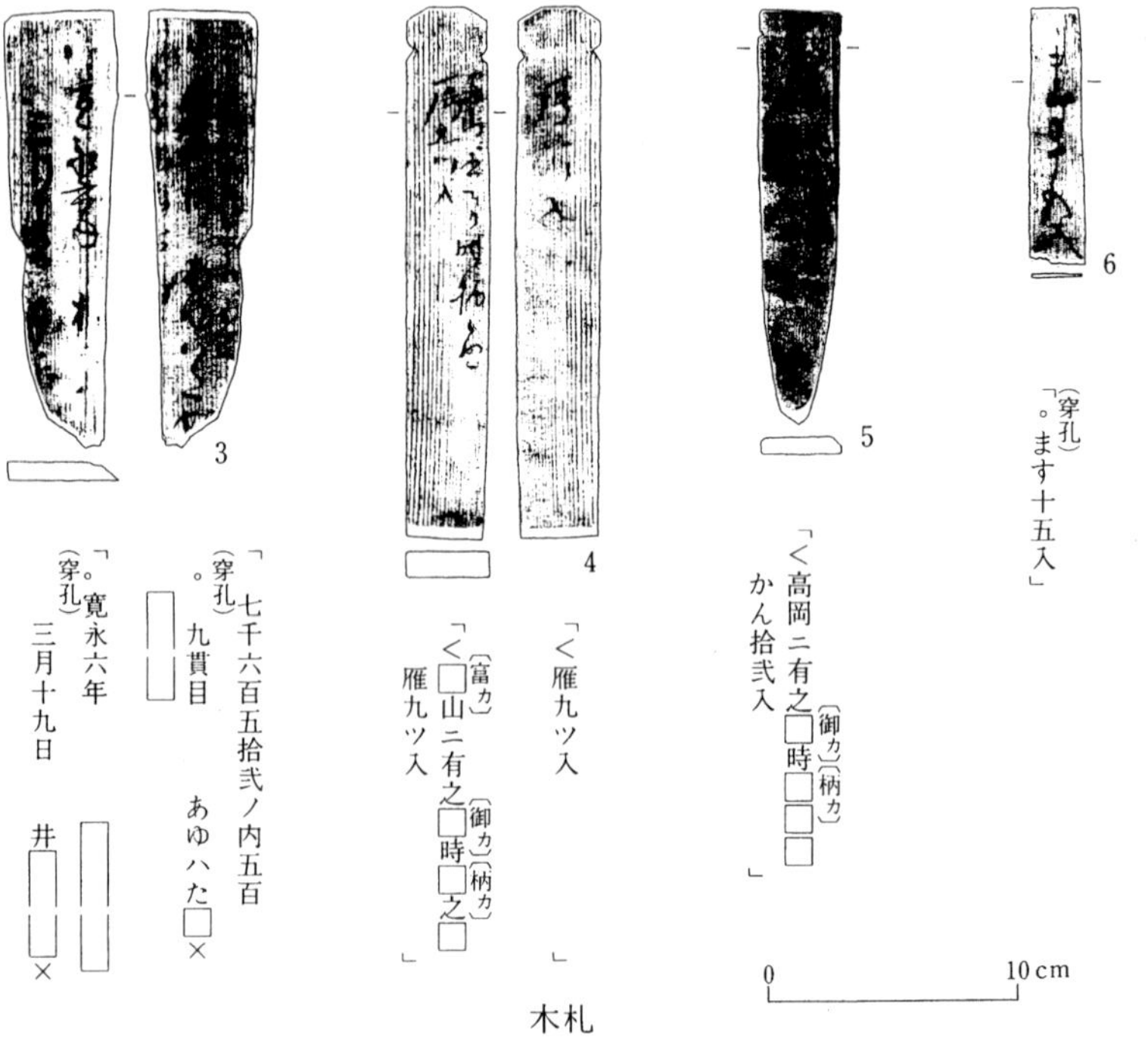

木札

図1　池出土遺物(1)

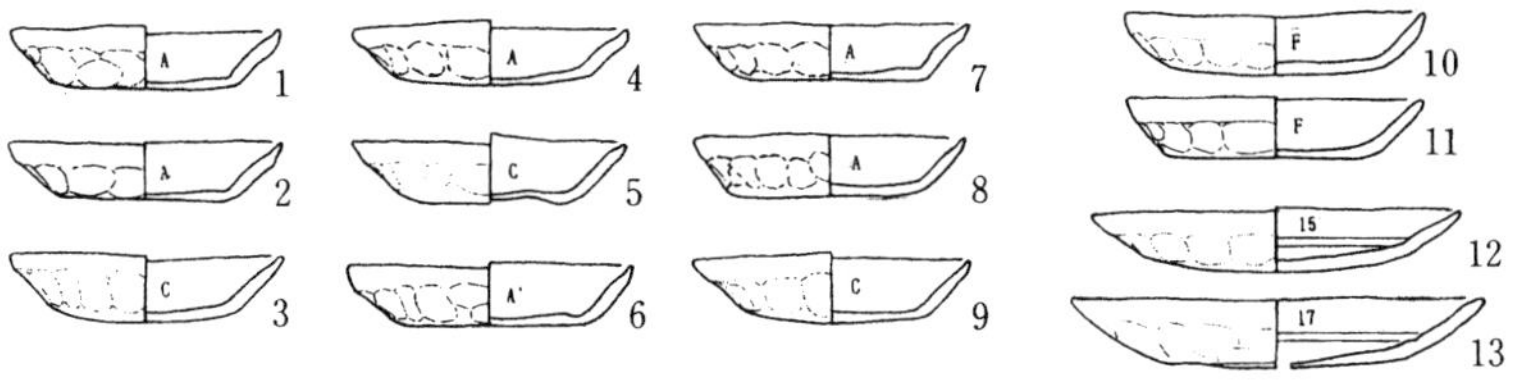

土器（S=1/6）

池出土遺物（2）

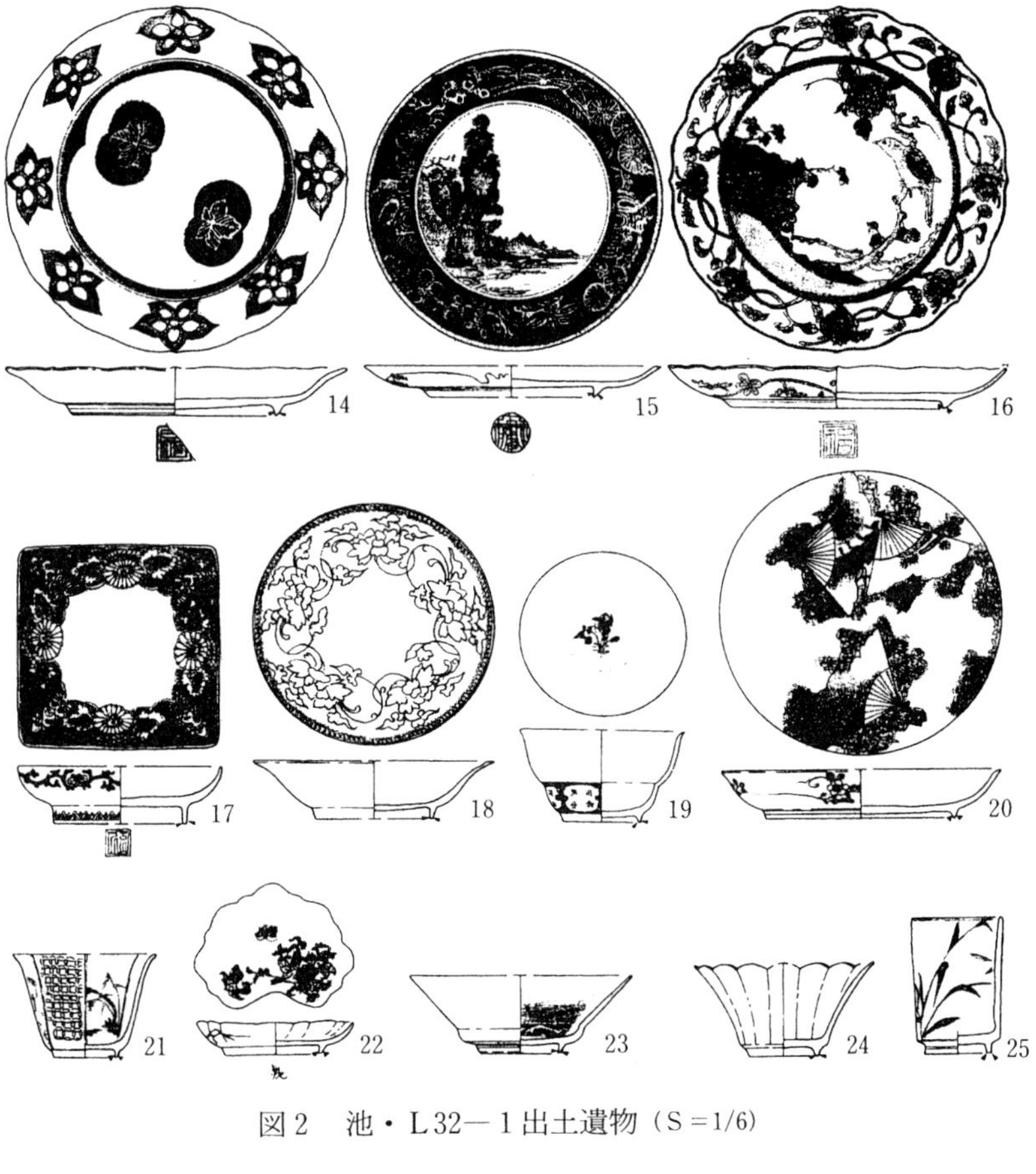

図2　池・L32－1出土遺物（S＝1/6）

た、高岡、富山など日時、食材、国元の地名がみられる。

(3)東京大学本郷構内の遺跡　医学部附属病院地点　L三二―一（図2）

L三二―一は大聖寺藩邸内にある地下室である。全体の四分の三以上が近代以降の攪乱で壊されていた。このなかから遺構を充塡するように陶磁器類の破片が詰まっており、中国、肥前の磁器製品を中心にその数は数万点を超える。出土した陶磁器類はすべて被熱を受け、その多くは複数の組物で確認された。セットは多いもので七〇組以上にものぼっている。このことからこれらの遺物群は火災の後片づけの時の廃棄を想定できる。本郷邸の火災記録は大きなもので天和二年（一六八二）、元禄十六年（一七〇三）、享保十五年（一七三〇）、明治元年（一八六八）、の四回あるが、このうち遺物群の年代から天和二年のいわゆる「八百屋お七の火災」のものと推定される。遺物は皿が大部分を占め、中国景徳鎮窯、漳州窯、肥前有田の長吉谷窯、柿右衛門窯など当時の高級磁器製品が多く含まれていた。

三　饗応記録からみた出土資料の位置づけ

朝鮮通信使の饗応記録に対し、麻布台例では食材、池例では器具、L三二―一例では年代の類似例をあげ、発掘調査での事例と対比した。麻布台例では他の江戸遺跡出土資料と比較しても飛躍的にタイの割合が高く、しかも刺身様におろされた切断痕が観察されていることから、先に挙げた朝鮮通信使の饗応記録と比較しても宴会などのイベントを想定させる。しかし、伊達家、稲葉家などの食事に関する史料（宮腰一九六八、江後一九九七）などの事例から、大名はタイなどの高級魚を日常でも食しており、こうした可能性も否定できない。

池例では、白木の折敷、箸、土器などが出土し、式正にのった食事が想定できる。さらに木札に記された日時、量、国元からの輸送などから寛永六年四月二十六日、二十九日に行なわれた徳川家光、秀忠の御成に関係するものであろう。朝鮮通信使の記録からも土器を使用した白木の膳が饗されているのは信使、上々官のクラスであり、御成でも最上層の階層が使用したものであるとすると、池で出土している土器の量も大きな齟齬は感じられない。ただ、朝鮮通信使饗応では必ず三方を使用するのに対し、池で出土しているのは折敷であることは注意しなければならないであろう。

朝鮮通信使饗応で神奈川において使用した器具のなかに「染付皿」「唐草染付皿」「蓮花染付皿」「三足竜絵中皿」、江戸本誓寺で調達した器具の一覧にも「今里（伊万里）焼皿」「同奈良茶々碗」「同猪口」など伊万里、染付などが多く登場している。実際どのようなものが使用されたかは不明であるが、このような場で使用する製品は当然当時の最上手の製品であることは容易に考えられよう。先述したL三二―一出土遺物はこの通信使が来朝した天和二年と一致しており、また、高級磁器のみで構成されることからこれであるとはいえないが、おおよそこういったものを使用しているのだろうといったことは推定できる。ただ、最近の研究ではL三二―一の遺物群の多くは寛文年間（一六六一～七二）を中心に焼成されていることがわかっており、天和二年とはタイムラグがある。天和年間（一六八一～八四）には有田の柿右衛門窯などを中心としてすでに柿右衛門様式の製品が生産されていたと考えられており、これが使われた可能性が強いと思われる。その後、東大構内の医学部附属病院病棟地点からは、柿右衛門様式の製品で構成される天和二年の火災の廃棄資料が出土したので参照されたい（図3上段）。

四　饗応記録にみえる器具

本誓寺で用意された器具のうち出土資料と対比できそうな器種は杓子、おろし、土器類、片口鉢、擂鉢などがある。

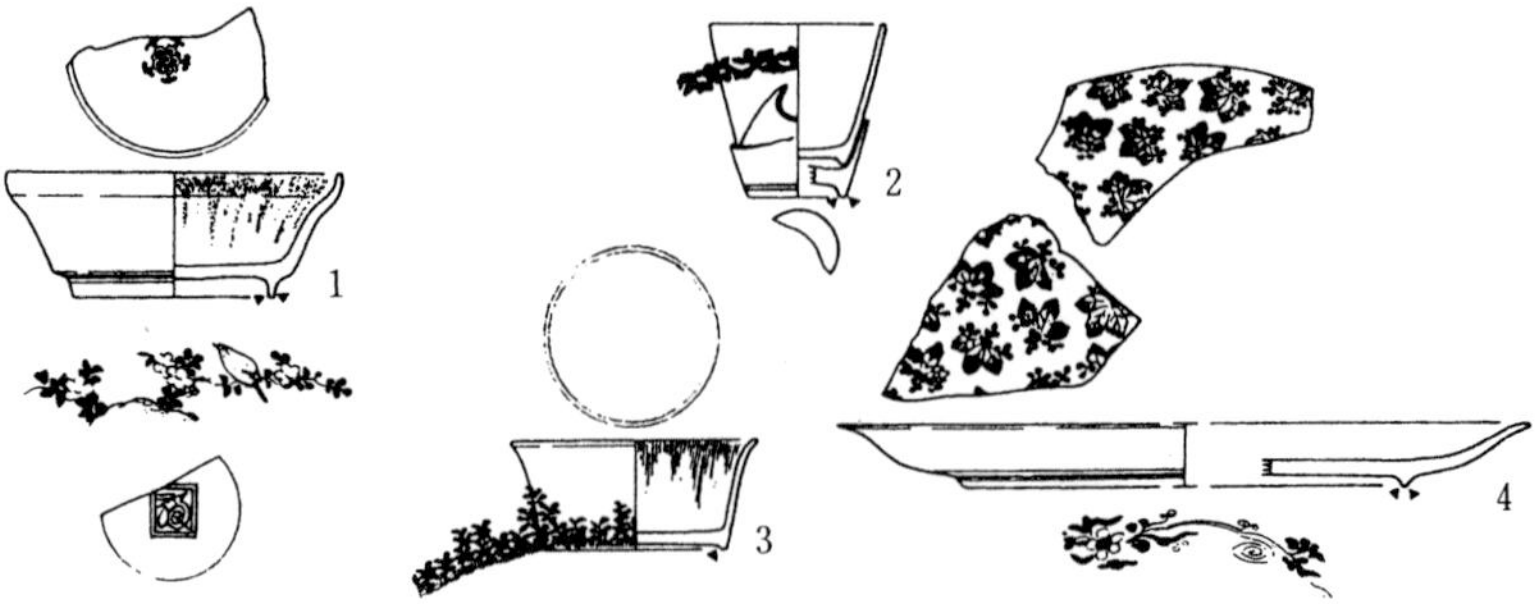

病棟地点出土遺物（S=1/6）

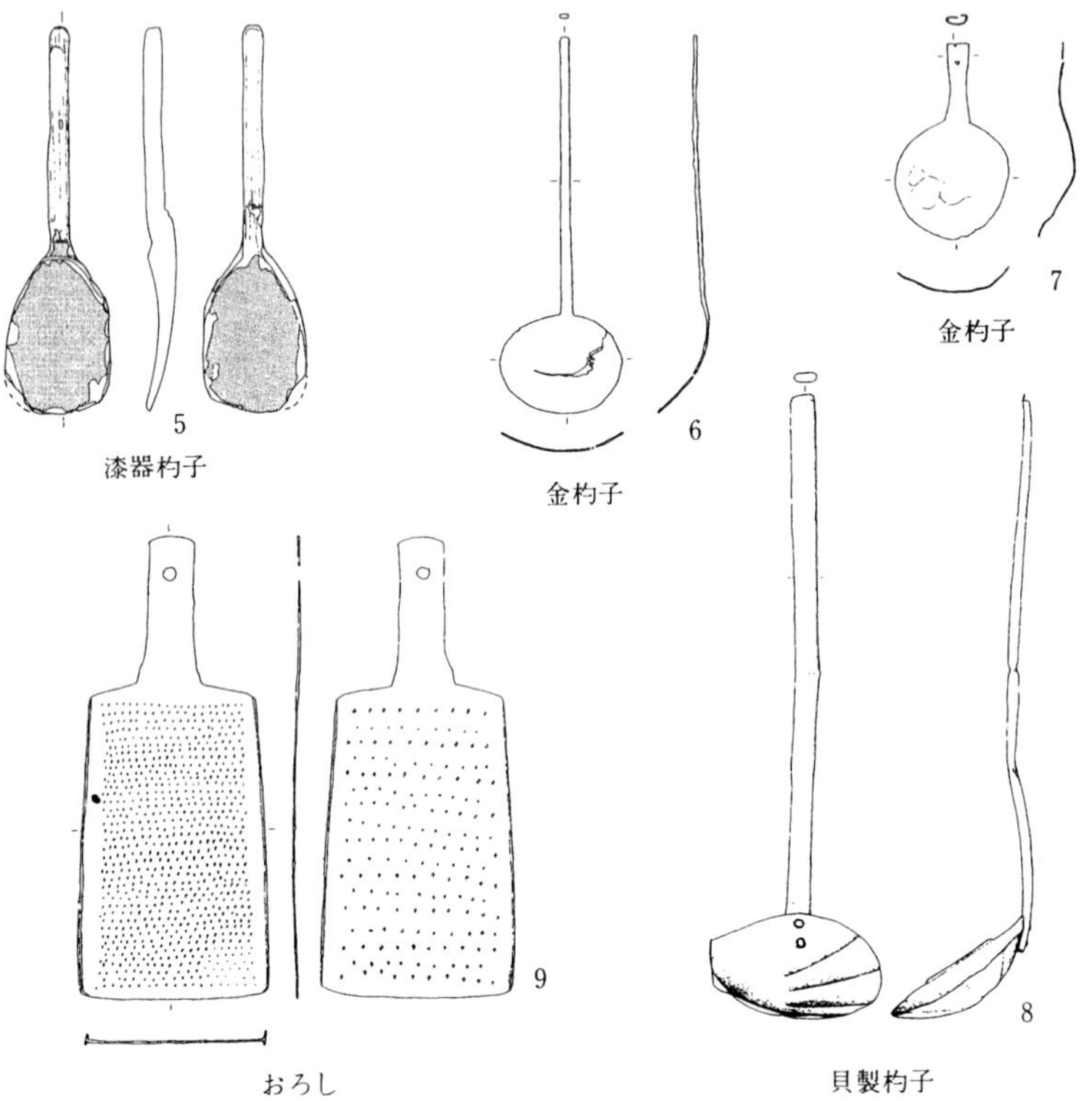

図３　病棟地点　江戸遺跡出土遺物(1)（S＝1/6）

杓　子　杓子は木製、金属製、貝製があるが、木製のものは腐食してしまっていると思われ、金属性、貝製が多く出土している。木製のものは白木のもの、漆を施したものがあり、形、大きさにバリエーションがある。饗応記録には「金杓子」と書かれているので、これは金属製であろう。金属性は銅製が多く、木製の柄が取り付けられるような形態のものと柄も金属で作られているものとがある。しゃく部は円形を呈するものが多い。貝製のものはイタヤガイを用いて頂部を上にみて左側に四カ所孔を穿ち、竹の柄を取り付けている（図3中・下段）。

おろし　江戸遺跡から出土しているおろしは、陶製のおろし皿も散見できるがほとんどが金属製である。形、大きさはほぼ一定している。羽子板形をしていて、柄の先端部に孔が空けられている。おろし目は両面につくものと片面につくものとがあり、棒のような工具で斜めから突き刺して連続した凹凸がつけられている。おろし目は両面につくタイプでは細かい目が密につけられている面と大きな目が粗につけられている面があり、それぞれ生麦やわさびなどが細かい面、大根などが荒い面など用途によって使い分けられていたと考えられる。また、おろし面の側縁は金属板を断面「H」状に折り曲げ、すり下ろしたものが横に流れないような工夫がなされている（図3下段）。

土　器　土器は大きさによって「…度土器」「間之土器」「大重土器」「小重土器」などと書かれていたものである。これらの土器の寸法は島崎先生の稿を参照されたいが、出土遺物もさまざまな大きさの土器が出土している。ただ、これらの土器の用途が宴会などに使われたものかどうかは断定できない。他に「耳土器」「みかき土器」は出土遺物から類似したものが出土している。耳土器は轆轤成形後に口縁の端を摘み上げて変形させ、開いた部分に箸をおくものである。みがき土器はいくつかの種類がある。やや厚手で両面丁寧に磨かれ、底面糸切り状の渦巻がめぐるもの、また、底部の平滑なもの。全体に薄づくりで、底には二から三カ所の黒斑がつくもの。見込みに「壽」などの文字がレリーフされているものなのである。このうち饗応で使用されたものがどのようなものであるかは断定できない（図

4上段）。

片口鉢　片口鉢は口縁部にそそぎ口を持つ鉢で、液体などの移し替えの道具であろうと考えているものである。全て陶器製で、天和二年当時では瀬戸・美濃焼のものと、唐津焼のものとがある。両者の違いは瀬戸・美濃の製品はそそぎ口が口唇部を切断するように取り付けられているのに対し、唐津のものは口唇部を切断せずにトンネル状に孔が開けられるように取り付けられている。江戸で出土する唐津の製品の多くは刷毛目で装飾されたものである。十八世紀初頭を境に深手のものから、浅手の見込み蛇ノ目釉剝ぎのものに変化し、十八世紀中葉頃を最後に出土しなくなる。瀬戸・美濃の製品は十七世紀後半を境に筒形のものからから碗形に変化し、十八世紀末頃からこぼれないためにつけられる口唇部内側の張り出しが顕著になる（図4中段）。

擂　鉢　擂鉢は江戸期を通じて多く出土する器種の一つである。天和二年当時では十八世紀以降出土量の過半をしめる堺の製品はまだ確認されない。鉄釉が掛かり、ややもろい瀬戸・美濃、石が混じる胎土で薄作り無釉の丹波、厚く焼締められる備前が出土するが、最も多いのは丹波である。丹波の擂鉢は十七世紀末、備前産は十八世紀初頭以降にみられなくなる。饗応記録で見える擂鉢の生産地は不明であるが、「和漢三才図会」の記載から類推すると備前であったかもしれない（図4下段）。

おわりに

これまで朝鮮通信使饗応記録、および出土遺物との比較を通して推定される考古資料の評価と記録に見える器具がどのようなものかについて概観した。このような式正にのった献立や、使用される器具についてのイメージは持って

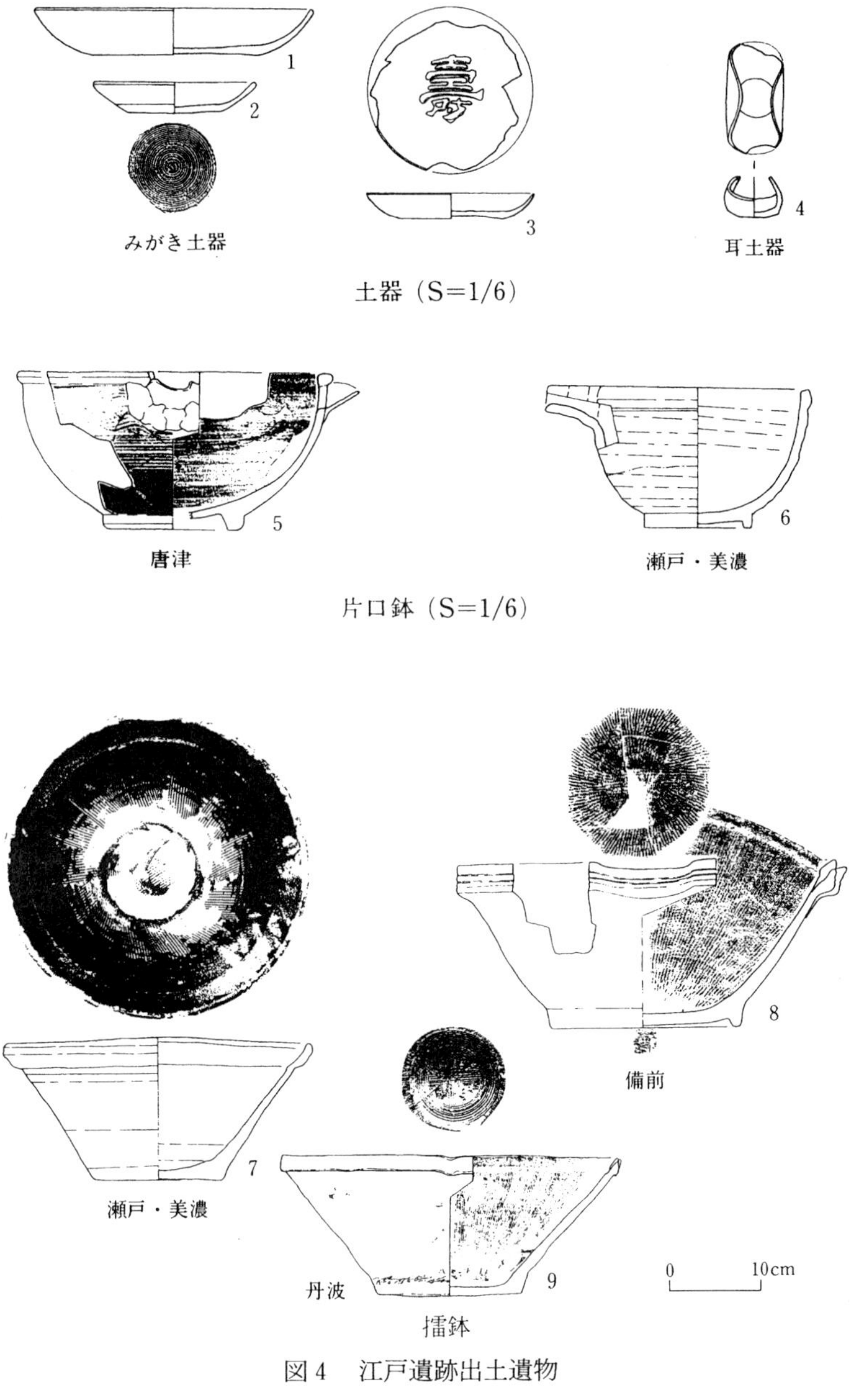

図4　江戸遺跡出土遺物

いただけたと考えているが、一方、考古資料では日常の生活による廃棄による遺物群の方がはるかに多く、今後、地域、階級、日常性などさまざまな側面にスポットを当てた議論も必要になってこよう。

本稿を草するにあたり、女子栄養大学島崎とみ子先生には多大なご指導を賜った。また、平成五年度に同校を卒業された荒木文代・伊藤直子両氏が島崎先生の指導で行なった天和度朝鮮通信使饗応食についての卒業研究を参考にさせていただいた。心から感謝いたします。

〈参考文献〉

荒木文代・伊藤直子　一九九四『江戸時代の饗応食について（天和度）』

江後迪子　一九九七「武家の江戸屋敷の生活——臼杵藩稲葉家祐筆日記から——」『港区立港郷土資料館　研究紀要』四

島崎とみ子・山下光雄　一九八九〜九一「東海道三十三次饗応の旅　天和二年（一六八二）朝鮮親善信使の記録から」一〜二十四『月刊　専門料理』柴田書店

桜井準也　一九九二「遺跡出土の動物遺体からみた大名屋敷の食生活——動物遺体分析の成果と問題点——」『江戸の食文化』江戸遺跡研究会編　吉川弘文館

寺島良安　一七一三『和漢三才図会』

東京大学遺跡調査室　一九九〇『医学部附属病院地点』

成瀬晃司　一九九六『第六回　九州近世陶磁学会「肥前陶磁の変遷」　年代の確かな資料をもとに』資料

藤本　強　一九九〇『埋もれた江戸』平凡社

港区麻布台一丁目遺跡調査会　一九八六『麻布台一丁目　郵政省飯倉分館構内遺跡』

宮腰松子　一九六八「江戸後期武家の食事について」『神戸女学院大学論集』

日常茶飯事のこと

——近世における喫茶習慣素描の試み——

長佐古真也

一　遺跡から出土する天目は茶碗か否か

そもそも「茶」に対する造詣などまったくないに等しい筆者がここに一文を掲げることになった経緯は、陶磁器碗の研究過程で類推された「茶」の姿が、従前のイメージにそぐわなかったことに端を発する。

一例をあげよう。江戸遺跡の十七世紀代の遺構から数多く出土する陶磁碗（すなわち、江戸市中に数多く流通していた量産碗）は、法量が大振り（口径おおむね一一～一二センチ程度）のものが主体を占める。しかも、その意匠は肥前産の各種碗（図1—2・6参照）の多くが高麗茶碗の模倣ととれるように、「茶の湯」の碗との間に相応の類似性が認められるのである。こうした特徴をふまえれば、これらの多くは喫茶碗であったとの推測も成り立とう。そして、その代表格は、瀬戸美濃を中心に生産された「天目」（図1—4参照）である。

この天目、じつは、都心部の遺跡のみならず都下の村落遺跡からも多く出土するのである。十七世紀前半代に限れ

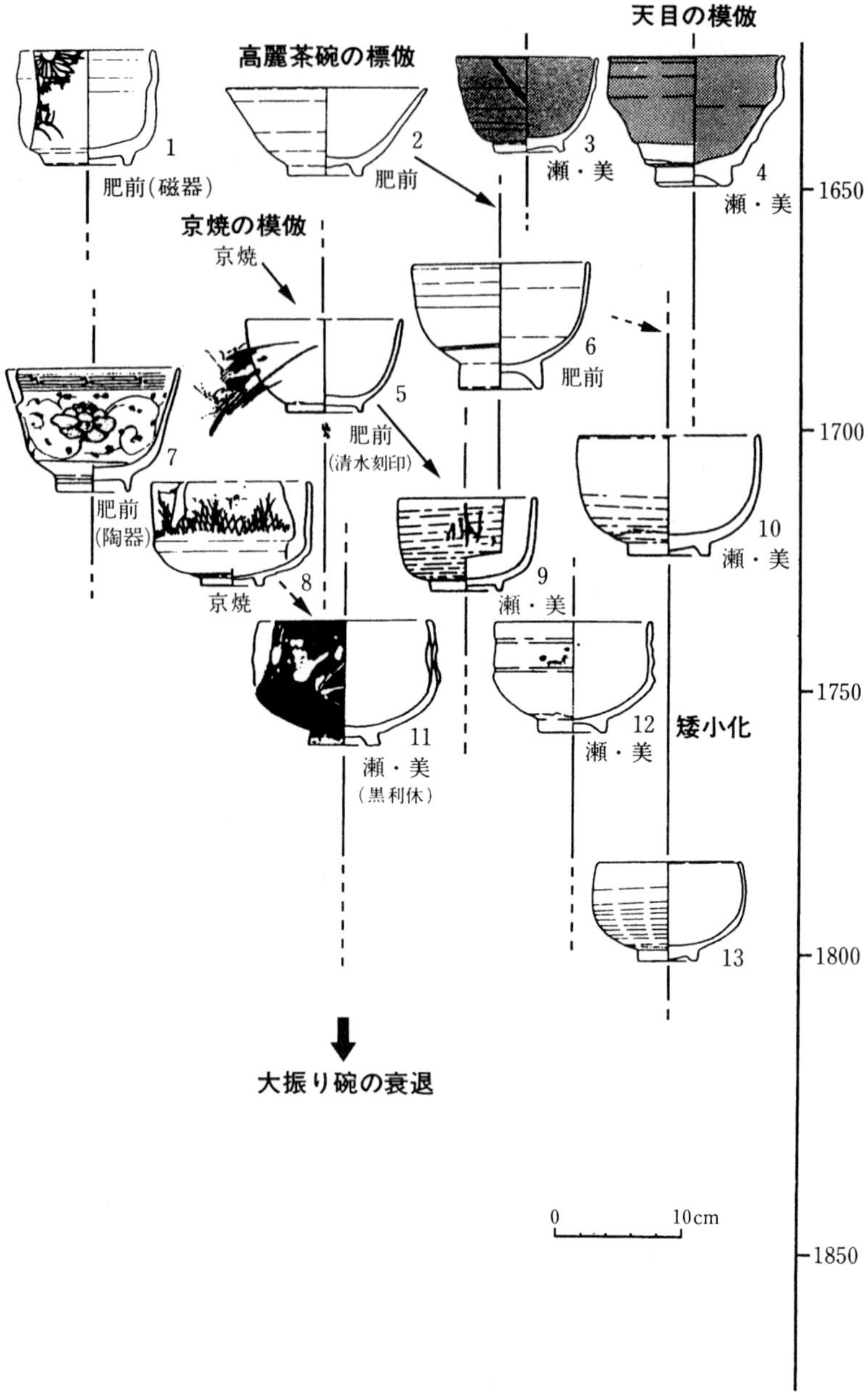

図１　江戸遺跡出土の大振り量産碗の変遷概念図（長佐古1994を改変）

ば、出土遺跡のなかでもっとも出土頻度の高い陶器碗の一つであろう。加えて、その見込み（＝内面）には何かを攪拌したかのような夥しい擦痕が認められるものも多く認められる。天目のなかで何かを攪拌する所作。素直に連想すれば、それはやはり茶を点てる姿ではないか。したがって、その出土傾向からは、「江戸市中から周辺の農民層に至るまで、既に近世初期から茶が浸透していた。」との解釈が導びかれる。なにしろ、耕作の痕跡しか認められないような遺跡（すなわち畑地）からの出土事例も少なくない。農事の合間にでも一服したのであろうか。

さて、ここで何か違和感を感じた読者も多いのではないか。ちなみに、筆者が実際にこうした解釈を披露する度に投げかけられた疑義と反論は、おおむね以下のように要約できる。碗のなかで攪拌する茶ということは、すなわち抹茶のことであろう。とすれば、当然、茶の湯とも深く結びついているはずである。しかし、遺跡出土の天目にこの茶の湯のイメージを重ねると、「町人・農民までもがこぞって居ずまいを正し、神妙な面持ちで茶を点てている。」そんな光景が浮かび上がってきてしまう。決して蔑視の意はなくとも、また当該地域の有力農民が多く後北条や武田などの家臣が帰農した輩であるとしても、一部階層のものであったはずの精神文化が遍く普及していたかのイメージに対しては、「見当違い」のレッテルを貼らざるをえない。第一、大名藩邸の遺跡でさえ、碗以外に茶道具と思しきものがほとんど出土しないとなれば、「江戸市中」、すなわち武家階層への普及ですら否定的にならざるを得ないではないか。むしろ、十七世紀前半といえば、近世期において広く食具に用いられたと考えられている肥前磁器がまだあまり浸透していない段階である。「これらは飯碗である」という対案が生まれるのも当然であろう。しかし、筆者は漆器の存在や中世からの陶磁器の変遷を根拠に、陶磁器製の飯器は近世期を通じて再び発達していったものと考えている。この点については稿を改める予定があるので重複を避けるが、中世以前の様相を踏まえれば、少なくともアプリオリに陶磁器製の飯器を認めることには問題があろう。一歩譲って、実際上飯器として用いられた可能性を認めるとしても、「茶碗」の体裁を成している以上、本来これが喫茶具（飲用器）として造られ、また受け入れられていた可能性についても留意する必要があるのではないか。しかし、ここでネックとなるのが先に感じた違和感である。あの「神妙に茶を点てる」というイメージを払拭しないことには、我が茶碗説も説得力を持たない。

もし、「茶筅で点てる茶」＝「茶の湯」という論法に問題があるとすればどうだろう。従来の茶の考察を振り返ると、その多くが茶の湯・煎茶道などにおける茶の精神的側面を中心に記述されてきた。(1) したがって、普段の茶についても作法の茶から垂下させて理解しようとするのは当然の成り行きであろうが、我々の視点は、高みに気を配りすぎるあまり、その広がりに充分光を当てなかったきらいがあるのではないか。

じつは、わずかな文献や民俗例にあたるだけでも、近世の茶の広がりのなかに我々のイメージとは大きく異なる茶の存在が浮かび上がってくる。そして、このもうひとつの茶を視野に収めた時、先の「茶筅で点てる茶」＝「抹茶」の部分に問題があることも判るのである。

こうなると、単に碗の用途の問題だけでは済まなくなる。我々は未だ茶にまつわる江戸文化を正しく理解していないことになるではないか。茶の広がりについては、改めて捉え直さなければなるまい。とりあえず現状においては、この忘れられた茶の存在に目を向け、考古学の立場から茶の裾野にアプローチする糸口をつかんでおく必要がある。前置きから冗長となったが、これが本論の意図するところである。

二 「日常の茶」はどのように捉えられてきたか

茶は、今日も身近な嗜好品として生活に深く浸透している一方で、さまざまなバリエーションにも富み、人によりその認識にも幅が認められる。まず、その平均的なイメージについて整理しておこう。

世界各地にはさまざまな茶ないし茶様飲料があるが、日本人の親しんでいる茶のなかには、まず抹茶・日本茶・中国茶・紅茶（最近では薬草茶などももてはやされてはいるが）という括りがあって、さらに日本茶のなかには、玉露に代表される高級緑茶から茎茶・玄米茶などさまざまな種類がある。これらは、また総じて煎茶とよばれるが、安い茶、または転じて焙じ茶などを番茶と呼ぶこともある。煎茶は、茶葉を急須（土瓶）に入れ、湯を注いで淹れる（淹《えん》茶法）。抹茶は「茶の湯」の茶として「特別な茶」「ハイソな茶」というイメージがあり、対して煎茶は日常のさまざまなシチュエーションで親しまれている茶である。

細部には異論もあろうが、(2) こういったところがおおむね一般的な日本のお茶像ではないだろうか。実際、缶・ペットボトルの茶系飲料が大量に消費される一方で、急須のない家庭も増えている昨今、我々の茶に対する認識は急速に扁平化しているようである。特にここで問題になるのが、「煎茶は急須で淹れる」という認識である。おそらく、現代における煎茶がそうであり、また器具こそ違え、紅茶・中国茶なども同様に淹れることにもよるのであろう。しかし筆者のかすかな記憶のなかにも、沸騰した薬罐に茶葉を投じた（烹茶法）光景が残っているし、古くは読んで字のごとく茶釜で煎じた煎茶があったことも知られている。喫茶習慣の普及を考える場合、煎茶の普及をもってそれと見なす見解が圧倒的に多いことから、その様態の認識には特に慎重を期する必要があるはずであるが、茶があまりにも身近な存在であるがゆえに、ともすれば現代的イメージを安易に引いてしまう危険性を孕んでいることを、まず確認しておく。

では実際に、茶の広範な普及の過程はどのように記述されてきたのであろうか。煎茶道の研究を参照すると、煎茶の普及は、おおむね隠元、売茶翁、永谷宗円等のキーワードで語られている。すなわち、十七世紀に黄檗禅僧に伴って伝わった煎茶法が、十八世紀前半の茶葉改良などによって広まり、幕末に至っては、すでに俗人も多く楽しむようになったとする説で、煎茶書の記載に拠って煎茶法なども視野においた解説がなされている（高取一九七六等）。しかし、こうした観点からは、さまざまな階層における日常の喫茶の様子は研究の対象となりにくかったようである。

しかし、茶の裾野に目を配った総合研究がなかった訳ではない。古くは柳田国男も振り茶の習俗に触れているし、千葉徳爾はこの振り茶という視点から常民の茶について考察している。なかでも特筆されるのは、国立民族学博物館で開催されたシンポジウム『茶の文化　その総合的研究』（梅棹・守屋一九八一）に端を発した守屋毅の研究である。

守屋は、このなかで常民社会における茶の記述が欠落していることを指摘、断片的な文献を総合して近世常民社会への浸透を明らかにしようと試みており、近世常民社会に普及した茶を捉える場合「煮出す茶」「泡立てる茶」に注意を払うべきであるとするなど、優れた見解を示している（守屋一九八一）。すなわち、本論と同様の主旨がすでに示されていた訳であるが、じつは筆者は、恥ずべきことに『考古学と江戸文化』大会報告時にこの優れた先行研究を見落としていた。むろん、論の出発点が異なる訳であるが、視点のプライオリティが守屋にあることは、ここに明示しておかなければならない。

ただし、守屋自身、断片的であることを認めているように、その様態の時系列上の展開は必ずしも明らかになっていない。たとえば、十七世紀代には多くの階層の生活に茶が浸透していることを認めた上で、これが「常用」と言える段階になるのは十八世紀代まで下がるとの見解を示しているが、(3)その根拠は後に触れる「慶安の御触書」で依然奢侈なものとの意識が認められることのみであり、具体的な普及の様態を明らかにし得た訳ではない。むろん、守屋自身はさらに研究を発展させる所存であったのであろうが、氏が早逝されたこともあり、この優れた視点は残念ながらあまり継承されなかった。併行して独自の研究を展開されていた中村羊一郎の近業（中村一九九二、一九九八）などに同様の論調を認めることはできるが、最近盛んになった民具研究では、一般への茶の浸透を逆に近代期前後まで下げる見解が大勢を占めている。いくつかの事例を挙げよう。

小泉和子（小泉一九九四、二六一～三六七頁）は、江戸時代（十七世紀中頃）に中国から伝わった新しい喫茶法が「茶の葉を熱湯に投じてエキス分を浸出」する（すなわち、淹茶法の）煎茶であるとした上で、その道具である急須がこの頃から普及、茶碗も「抹茶用の大型のものから、小型の湯呑茶碗に」変化し、抹茶にかわって煎茶が主流の座についたとしている。しかし、民間への普及は、幕末の禁令を引いて明治中期以降とし、民間への普及を契機に土瓶が発達したと解説、戦後の魔法瓶等の普及により再び急須が取り入れられたと述べている。

近藤雅樹（近藤一九九四、一〇五～一〇七頁）は、土瓶は急須に注ぐ湯を沸かすための道具と位置づけている点で小泉の解釈とやや異なるが、煎茶が淹茶法で入ることを前提としていることに変りはない。

神崎宣武（神崎一九九六、二〇九～二二〇頁）は、室町期に民間に喫茶習慣があるとし、大衆化していた茶が番茶であることを指摘、江戸中期には茶の消費量が増加すること、これに伴い番茶の消費量も増加していることを認めている。しかし、なお近世期における普及は都市部の一部階層中心で、より大衆化したのは幕末～明治期としている。また、土瓶については施釉の陶磁器製品が「火にかけるわけにゆかない」ことを根拠に、これらの出現をもって番茶等をたてる茶道具として分化したと位置づけているが、これも淹茶法で淹れられることが前提となっている。

このように、民具から見た茶の普及時期が下がる傾向にあるのは、いずれの場合も煎茶が「当初から淹茶法で淹れられた」という前提を採ることに拠るようである。

むしろ最近では、博物館等の企画展などにおいて優れた考察が試みられている。たとえば、狭山茶の産地入間市博物館（アリット）の企画展「お茶と浮世絵」（入間市博物館一九九七）では、絵画史料に民俗・文献の知見を総合することにより、近世期における民間茶の具体像をある程度浮き彫りにすることに成功している。これによれば、近世期の煎茶の道具立てには、茶釜・薬缶、土瓶、薬缶・鉄瓶＋土瓶、急須などのバリエーションが存在することが指摘されている。また、樋口政則も企画展図録（板橋区郷土資料館、一一六〜一二三頁）において、江戸の茶店という観点から煎茶の広がりの把握を試みている。

考古学においては、独自の視点から理解を試みた例に乏しく、既知の知見を用いた出土遺物の解釈が試みられている（新宿区歴史博物館一九九三、五八頁等）。なかでは、藤本史子が大坂城三の丸跡出土の天目茶碗について茶の湯以外の「献茶」にも用いられた可能性を指摘している（大手前女子大学史学研究所一九八八、一二四〜一二五頁）ことが注目されるが、ここでも具体的根拠を伴わないまま、「本格的に庶民にまで喫茶の風習が定着するのは、江戸時代も中期から」との解説が付け加えられている。

じつは、かつて筆者も「茶」に言及する機会があった（東京都教育委員会一九九一、五六〜五七頁）。これは、考古資料の様相から市井における茶の嗜好の変化を窺う内容であったが、茶そのものの知見に関しては「点てる茶」を「抹茶」と同一視する程度のお粗末なものでしかなかった。翌年、埼玉県立博物館の特別展図録解説（埼玉県立博物館一九九二、三二〜三四頁）を経て、普段の茶についての問題を提起したのが本論の底稿（拙稿一九九二b、七五〜八七頁）である。

三　史料にみえる「もうひとつの茶」

前述の通り、日常への茶の浸透は、先学によってすでに一部示されているが、筆者なりにもう一度まとめ直してみよう。東京国立博物館蔵の『高雄観楓図』（伝狩野秀頼作）に見えるように、古くは桃山の遊山の場にも茶を商うもの

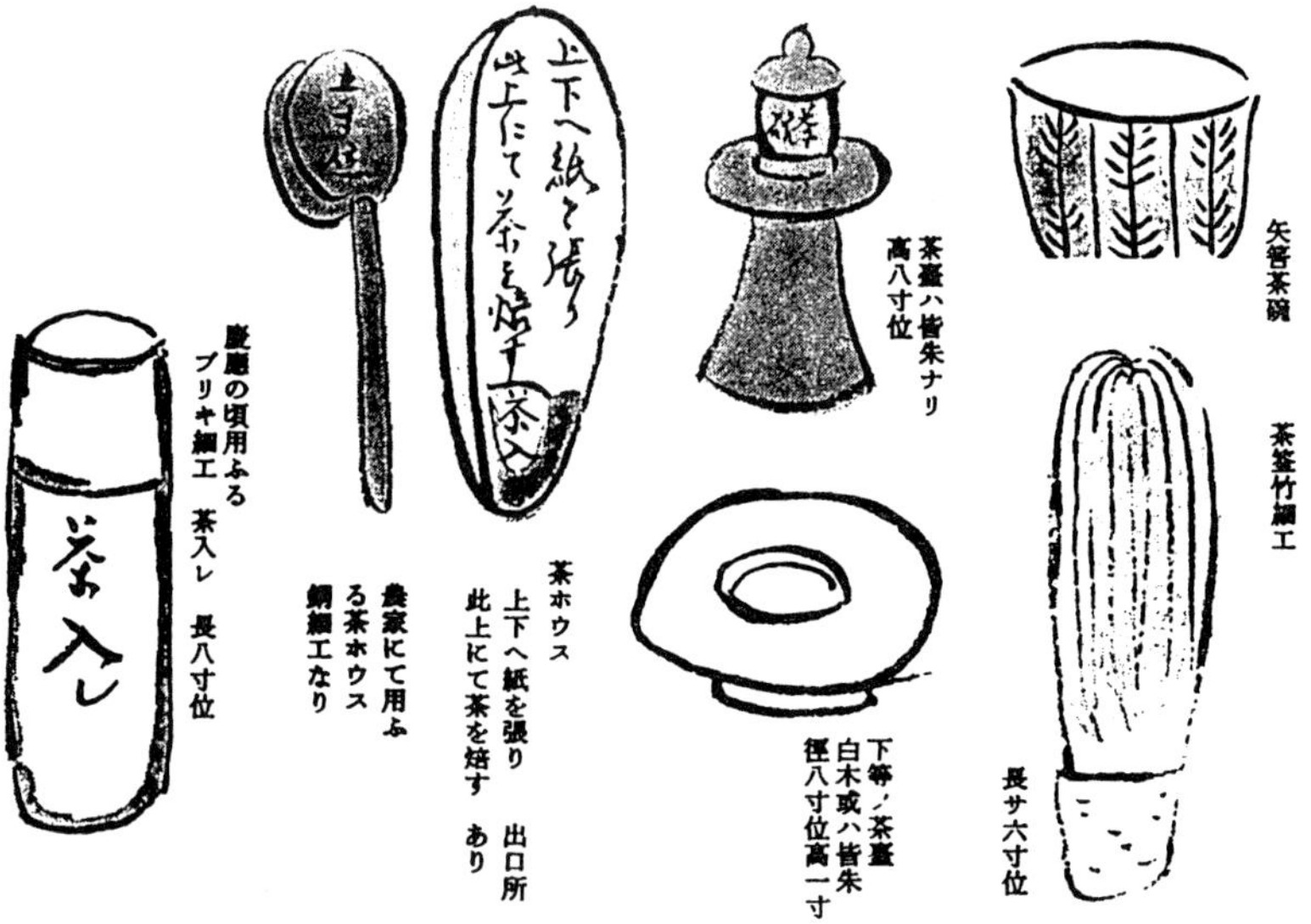

図２　『弘藩明治一統誌月令雑報摘要抄』にみる喫茶道具（谷川他1971より抜粋）

の姿を見いだすことができるが、町触れを集成した『正宝事録』によれば、万治二年（一六五九）の江戸市中にも、すでに百人以上の「煎茶」の振売りがいたという。「諸国郷村江被仰出」（慶安二年、一六四九）、石井編一九五七、一六〇頁）の、農民に対して大茶を飲み物まいり・遊山のすぎる女房は離縁すべきことという一項も、奢侈なものとして茶を規制しようとしている様子を伝えることから、多く引き合いに出されている。この文書の成立期や「大茶」の解釈については異論もあろうが（前掲樋口論文一一七頁）、少なくともこの時点における茶の一般性を物語っていることは疑いなく、江戸前後段階には「茶」が嗜好品として一定の地位を確立していたことは認めておくべきであろう。

むしろ問題は、ここに見える茶がどのようなものであったかである。時代は一気に下がるが、維新後、弘前藩の下級藩士内藤官八郎が江戸後期の四民の暮らしぶりを描いて旧藩主津軽家に献上した『弘藩明治一統誌月令雑報摘要抄』（明治三十年頃編、谷川健一他著一九七一、二九〇～二九一頁）に重要なヒントが含まれている。全文の引用は冗長となることから、以下にポイントとなる内容を要約する（図2）。

1　飯後は、茶を点てる。

2　文政の頃は、中家以下農家まで、矢筈の茶碗を用い、初霞という茶葉を赤茶鑵にて煎じる。茶筅に塩を少しつけて茶を点じ、泡ごとたべるのが時風である。初霞は現在（＝明治中頃・筆者註）の番茶にあたる。仏前や来客にも供する。これらは、老婆の役目である。茶ホウスで茶を焙じる。農家では赤銅でこれを作る。嘉永の頃には、上記の茶はまったく廃止し、薄茶が普及する。

3　国老以下の中等官吏・医者・坊主寺院・社家は薄茶を用いる。日本橋山本六郎兵衛専売のものを山本茶といい、現在の中等茶にあたる。これは、土瓶で煎じ出す。嘉永の末年にキビテウ（奥花瓶）・涼炉が発明・流行し（茶会の頃には天保の末から文久に至り、徐々に俗家に流行したとある）、現在の茶点に変遷する。ただし、当初のキビテウは水一合余入る大きいものであった。薄茶には、玉椿・嘉撰・老楽・宇治・老松・山本山・鷹の爪抔などがある。

4　茶会は寺院・富商紳士の輩は会席を立て、利休の余流を学び大いに興行したが、天保の凶荒以降絶えた。藩士功にも広く茶の役が設けられ、昔からの掟で近習士・御茶道方・坊主茶会生花師などを置き、稽古を怠らなかったが、やはり天保の凶荒より、多くは絶えた。

以上より、幕末の地方においても、平素から茶が広く嗜まれていたことがわかる。もっとも、「茶会」などを催す「作法の茶」は一部上流階層中心で、それも十九世紀の中頃をもって衰退したようであるし、その作法の「レベル」もどれほどのものか疑わしい。いずれにせよ、ここに語られている茶は、日常の嗜好品としての性格を強く表われていると言えよう。

なかでも最も注目すべき記述は、第二項に見える自ら「焙じた」茶葉を「赤薬鑵で煎じ」、これを長さ二〇センチ弱もある茶筅（図2参照）で「点じて」飲むという喫茶法であろう。これは、我々が日々親しんでいる茶と大きく異なるものであるが、絶える以前は「中家以下農家まで」、すなわち庶民の茶としてむしろ広く受け入れられていたものらしい。たしかに、煎じた茶を何故点てる必要があるのか、現代の感覚では容易に想像できるものではない。おそらくは、現在もなお全国各地にわずかながら散見される振茶がその遺習であろうから、「茶筅で点てる」(4)理由については民俗学などからのアプローチに期待するとして、ここでは、ひとまずこうした茶が普及していたという事実を認めることが肝要である。

ちなみに、ここで言う「薄茶」は、茶の湯などにいう薄茶とは異なり、土瓶で煎じる「中等茶」を指している。当然、赤薬鑵で煮出し茶筅で点てた「初霞」等の「番茶」は「濃茶」と呼ばれていたことが予想されるが、『近世農民生活史』に引用されている農民の歌にも「濃茶煮出した、婆様ござれ、嫁の悪口いうて飲もに」（児玉一九五七、二六八頁）という表現を見いだすことができる。

したがって、煎じる茶（淹茶法による煎茶との混乱を避けるために、以下では煎じ茶と呼ぶ）における濃淡は、茶葉の質の相違とおそらくそれに伴う色調・味覚の差にあると推測されるが(5)、一方これは茶の入れ方や器具の相違にも表出するようである。すなわち、「薄茶」の器具として「土瓶」が挙げられていることは、考古遺物から「薄茶」の普及を考察する上でも重要な観点となる。逆に、「濃茶」には急須・土瓶は必要ないという点にも注意を払う必要があるだろう。さらに、この「濃茶」は茶筅（しかもかなり大きい）で点てる訳であるから、当然、そこで用いられる碗も大振りであるほうが都合が良いはずである。

こうした「濃茶」の事例は他にもいくつか拾うことができ、決してこの時期、この土地に限ったものではないことがわかる。安政四年（一八五七）頃刊の『幾利茂久佐』には、化政期における信州地方の商家の様子がつぎのように描かれている（竹内他編一九六九、七一七頁）。

茶は番茶を茶釜に入て、朝より晩までごとゝゝ煮出し、姥嬶《ばばかか》の來れば五郎八といへる径四寸もある大茶碗へ茶袋を柄杓にてつゝきつゝき六分目も汲、塩を入、咄し仕えながら茶筅にて泡のたつ迄たてゝは出し、呑み終れば又たてゝは出し、浅漬大根ひしほ味噌など口とりにて尻のくさる締長話しせし事也。

十返舎一九の依頼により鈴木牧之が文政十一年（一八二八）に秋山郷に赴いて著した『信州境秋山紀行』には、辺境の地にあってなお多くの喫茶風景が描かれており、往時の茶の普及度合いをよく示している。その清水川原の項（竹内他編一九六九、三九五頁）に、「さりながら、其妻半斤ばかりも入りし茶袋を出して、鍋缺の耳の處を持て俄に茶を煎、大なる白木の垢附たる盆に、茶碗二つ并べて出しけるに、其妻茶筌にて大なる茶碗に茶を立るを……」とある。

ここに見える茶は、茶葉を鍋・釜にて煮出す点（しかも『幾利茂久佐』例は一日中）で、前出の「初霞」と異なる。

安永〜天明所年頃の風俗を写したとされる『仙臺風』（竹内他編一九六九、一八七頁）にも、「去年からの茶かす上へ茶を入て、柄杪（杓）でつゝきつゝき、（中略）前の姉様、となりのばん様、茶がよがいすからござらしやいとよべば、よばれて近所の女共、五郎八ぢゃわんにさゝらのやうな茶せんを持添来るも有。」とある。また、『北斎漫画』三編（文化十四年、一八一七）刊、永田編一九八六、一三一頁、図3参照）には、店（?）で寛ぎながら「点てた茶」を飲む様子が描かれているが、ここには鉄（?）瓶の他は、茶入れ・茶杓などの茶道具が一切みえず、これも煎じ茶の可能性が高い。

江戸については、『宝暦現来集』（森他監修一九八二、二四六頁）に「安永天明の比迄は、老人朝茶を汲て、茶筌にて立る時は茶泡立ける、是を好みて呑みたる者也、いま（＝天保頃・筆者註）はなきか」という記事がある。また、上田秋

図３　『北斎漫画』にみえる喫茶風景（永田監修1986より抜粋）

左上の女性が客相手に茶を点てている．描かれている碗は扁平で，うす茶（図6-2）に近い形態に思われるが，この時期の考古資料には，これに類似した碗は少ない．茶入れ・茶杓などが見あたらないことから，やはり左端の大鉄瓶から煎じ茶を汲み出しているものと思われる．

成が著した有名な煎茶書『清風瑣言』（寛政六年、一七九四）刊、日本随筆大成編輯部編一九七四、一七九頁）にも「今も辺土の風俗に、茶葉を春に搗、或は揉砕きなどし、烹て茶筅を用て点服す。是を泡茶ともふり茶とも呼は、上世の遺風なるべし」との記載がみえることから、江戸・京都等の大都市では、この手の茶が早くに廃れていたことが判る。

この他にも、近世期における点てる煎じ茶の事例は、数多く紹介されている[6]。どうやら、ある時期〝茶筅で点てる煎じ茶〟が下等の日常茶として、かなり広範に普及していたことは疑いなさそうである。そして、そこに用いられた碗は、想像通り大振りの碗である。

では、こうした茶、どこまで遡るのであろう。大阪の医師寺島良安によって編まれた『和漢三才図会』（正徳三年、一七一三）刊、和漢三図会刊行会一九七〇、三八四頁）には、「煎茶」の茶筅が解説されており、茶筅で点てる煎じ茶の存在を認めることができる。しかも、その茶筅は、『弘藩明治一統誌月雑報摘要抄』例同様、抹茶のものよ

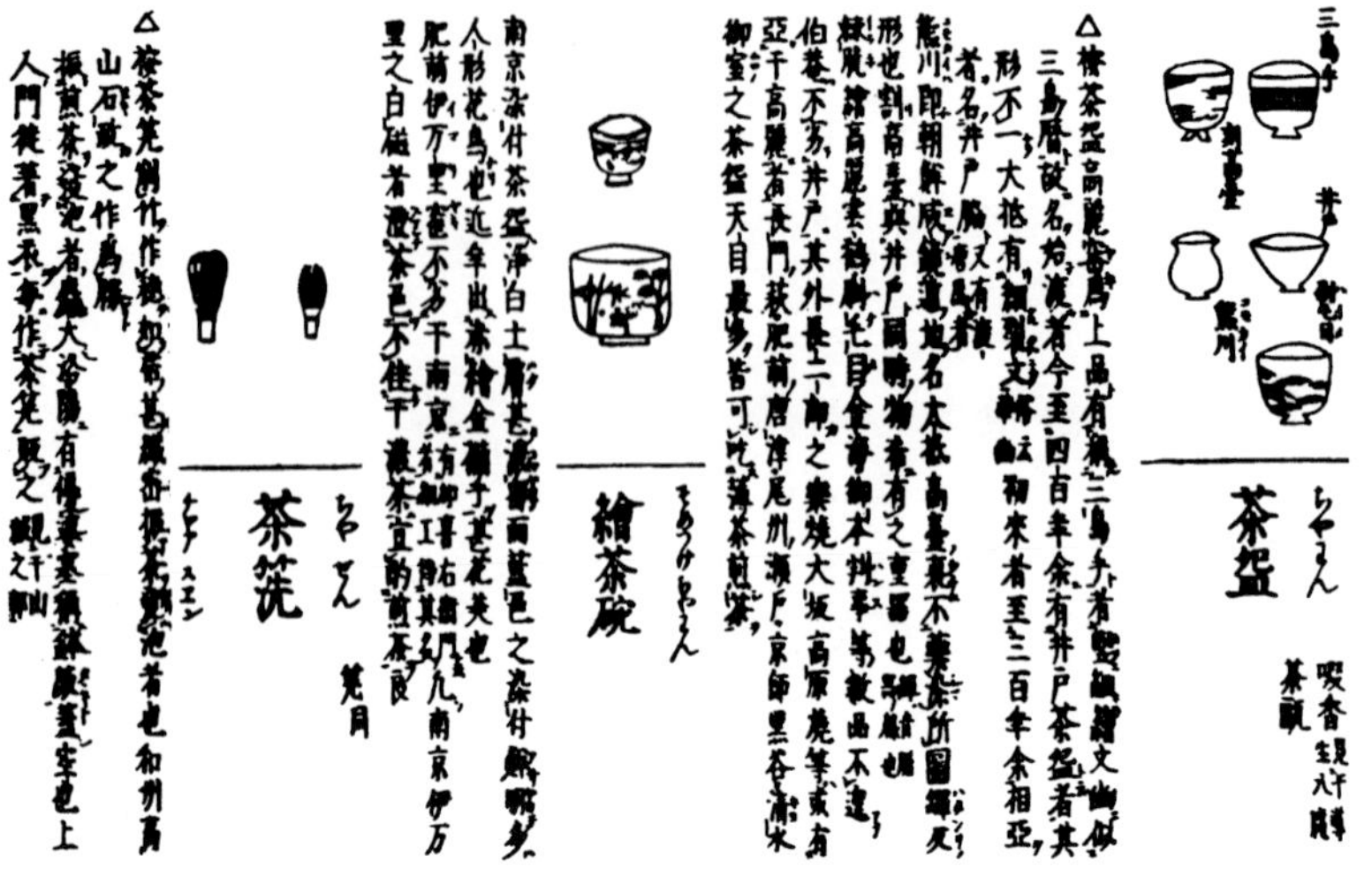

図４　『和漢三才図会』にみる茶碗・茶筅（和漢三才図会刊行会1970より抜粋）

り大きかったとある。また、同書の茶碗の項では、特に高麗茶碗が中心に紹介されているが、近年よく見るのは「萩、肥前の唐津、尾州瀬戸、京都黒、谷、清水、御室」の茶碗天目であるとした上で、これを用いて嗜むのはもっぱら「薄茶」（この場合は抹茶であろう）・「煎シ茶」であること、また、「繪茶碗（そめつけちゃわん）」は、「濃茶」（これも抹茶であろう）には向かないが「煎シ茶」にはよいことが記されている（図４）。抹茶・煎じ茶が並記され、茶種による茶碗の区別が法量ではなく色調を中心とした意匠で語られているという点に着目すれば、これを抹茶同様に点てることの傍証と見做すこともできよう。さらにここで興味深いのは、時期が上がる本史料においては、茶筅で点てる煎じ茶に、前述随筆群でみたような下等の茶という表現が認められないこと、すなわち煎じ茶の一般的なあり方との印象を受ける点である。[7] おそらくは、『正保事録』などにみえるさらに以前の「煎茶」についても、茶筅で点てるものが主体であった可能性は大きいのではないだろうか。しかし、残念ながら管見に触れた断片的な記録のみでは、その様態をあからさまにすることまでは適わない。

まとめよう。少なくとも江戸期には、現代の我々がイメージするような淹茶法の煎茶とは異なり、茶葉からさまざまな方法で煮出す煎じ茶が広く嗜まれていた。さらに煎じ茶に、ある時期「薄茶・濃茶」と呼ばれた区別があって、「濃茶」は大振りの碗・茶筅を用いて点てて飲むのが流儀であった。この点てる流儀の煎じ茶は江戸前期には広く親しまれていたと推測されるが、おそらくは茶葉の改良などによる新たな喫茶法の普及に伴って江戸中期以降徐々に衰退し、やがて幕末を迎えるころにはその多くは廃れていた。

したがって、点てる煎じ茶の碗を探すには、現代の感覚で云うところの煎茶碗や湯呑ではなく、むしろ抹茶碗様のものを探す必要がある。すなわち、これこそが江戸前・中期を中心に出土する大振り陶器碗の主たる用途と認められるではないか。碗の内面に多く認められる擦痕も、大きな（おそらくは粗製の）茶筅なら、なるほど合点がいく。そこには抹茶を挽く茶臼や専用の「茶道具」が種々伴わなくても良い訳だし、なにより、これで「四民こぞって居住まいを正し、神妙に茶を戴いている」といった珍妙な想像は切り捨てて、むしろ日常茶として生活の中に深く根ざしていた様を思い描けばよいのである。

四　参考資料にみる喫茶碗と茶の変遷

やきものの碗のなかに多くの喫茶碗を認める蓋然性は高まった。そして、考古資料のなかに喫茶碗を見出す上で、「点てる茶」か否かという点が大きなポイントであることも抽出できた。そこで、本書の趣旨に従い、考古資料を時系列上に概観し、今後の研究の糸口を探っておく。

江戸時代前期における陶器碗の様相については冒頭でも触れた（図1）。当初は瀬戸美濃産の各種天目、鉄釉碗が多く、やや時期が下がっていわゆる呉器手碗（図1―6）など高麗写しの各種碗が用いられるように、喫茶碗の規範は古い時代の作法の碗に求められていた。さらに元禄期前後になると、刷毛目、陶胎染付（図1—7）、掛け分け（腰錆、図6—3参照）など多彩な意匠が認められるようになる。掛け分けなどは京焼を意識したと考えられ、喫茶碗の意匠に「和物」の影響が色濃くなる。そして、これらの碗は、内面に擦痕が認められる頻度が他の形態・意匠の碗より高いのが特徴である。これにより、十七世紀段階には、「点てる茶」が広く普及していた可能性を指摘できるのである。この「点てる茶」には一部抹茶も含まれるであろうが、多くは「煎じ茶」と推測されることは、すでに述べた通りである。

しかし、この種の碗は、十八世紀以降徐々にバリエーションに乏しくなり、かつ一部は矮小化し、寛政期前後（十八世紀末頃）には後述する小振りの碗と完全に同化してしまう。したがって、大振りの碗がまだ散見される一七八〇年代前後が江戸における点てる日常茶の終末期とみることができる。これは、前掲『宝暦現来集』の記載ともまったく一致する。(8)

この頃は、陶器土瓶の出土量が増加する（拙稿一九九〇）時期でもある。この土瓶は、多くの個体が火に掛かっている（底部が煤けている）ことから、これが煮沸具であることは疑う余地がない。しかも、その注口の付け根には「漉し穴」が穿たれており、何らかの煎汁を濾しとることを意図していることも明白である。さらに、『弘藩明治一統誌月雑報摘要抄』などの記述を勘案すれば、これが主に茶の道具として用いられた可能性は高く、江戸における「点てる煎じ茶」の衰退の大きな要因に「点てない煎じ茶」の普及があった可能性も充分に認めうる。

ただし、「点てない煎じ茶」の茶碗と考えられる小法量（口径おおむね八～一〇センチ程度）の陶器碗は、遅くとも十七世紀末までには出現しており、「点てない煎じ茶」の出現と展開についてはさらに約一世紀ほど遡る可能性が高い（図5）。すなわち、二つの日常茶は、江戸中期を中心とした段階では共存していた訳である。

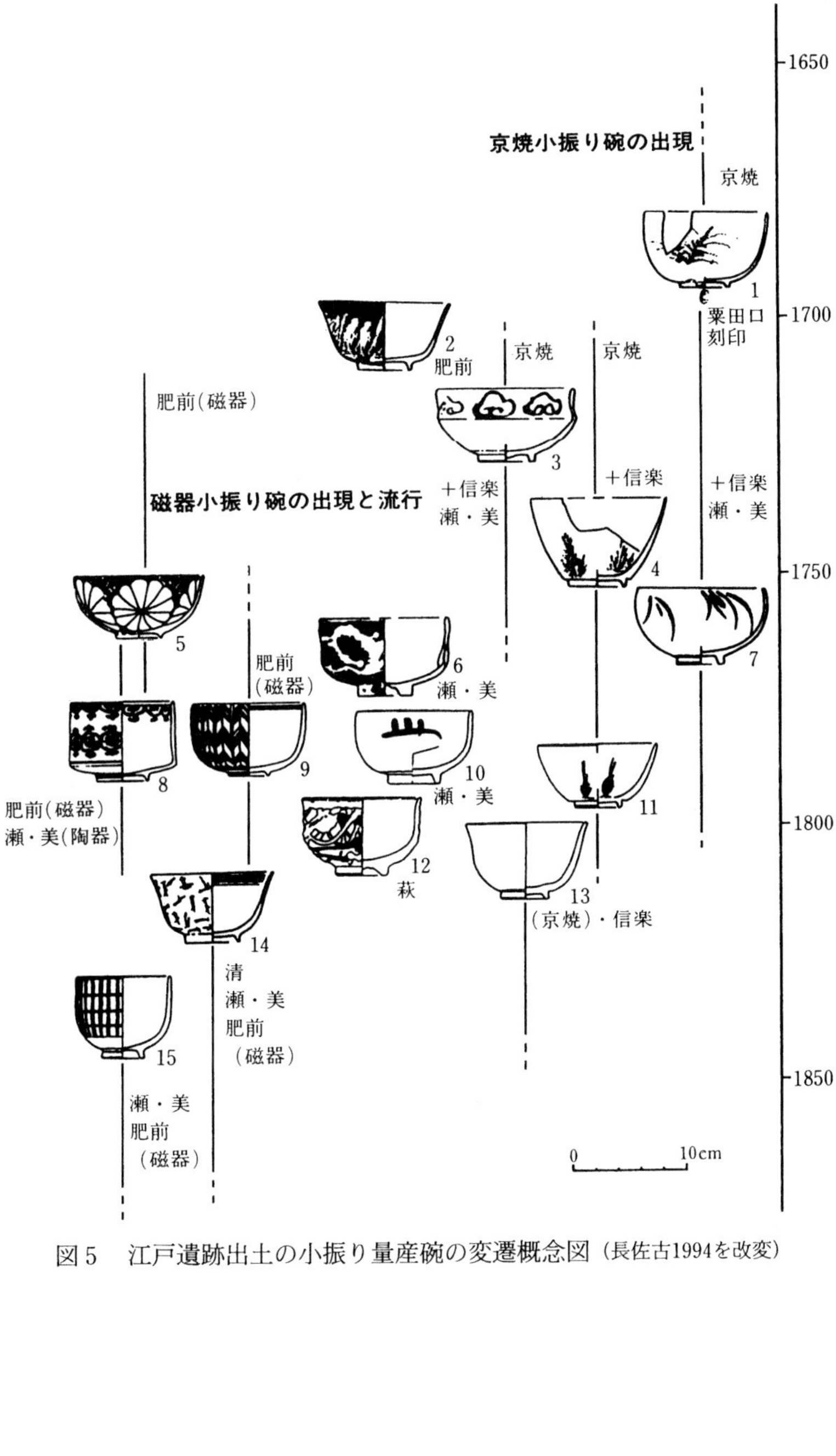

図５　江戸遺跡出土の小振り量産碗の変遷概念図（長佐古1994を改変）

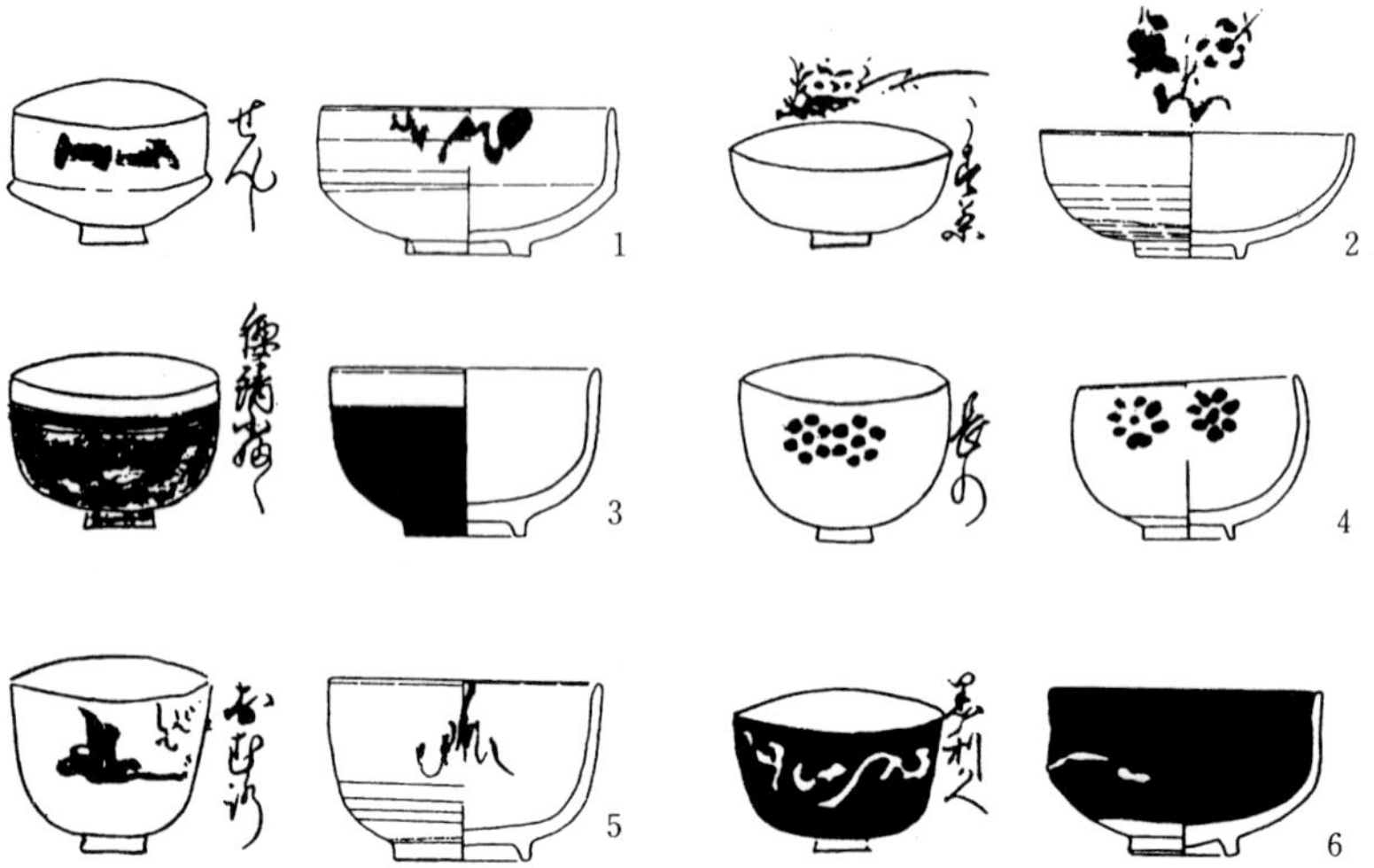

図6　『瀬戸史料全』にみえる陶器小形碗と考古資料の対比

史料にみえる幾つかの碗に瀬戸美濃産と推定される考古資料を対比させた．興味深いのはその名称で，1の「せんし（煎じ）」，2の「う素茶（薄茶）」は碗の主たる用途を想起させる．3の「腰錆」はその意匠からの名称であるが，「小婦く（小服）」はその小容量タイプの意．「長の」は京焼の窯株を有していた信楽内の字名か．信楽では，この種の半球碗を盛んに生産していた．また，「をむ路（御室＝仁清窯）」「黒利休」は，その祖形が京焼に求められることを示唆し，かつ茶における上方指向も読みとることができる．ちなみに，1・2・4は当初から小形の碗形で，3・5・6は大振りの碗から小形化したものである．（史料は中野1990より抜粋）

初期段階の小形碗には、京焼と推定される[9]精緻な銹絵・色絵を施した半球形の陶器碗（図5—1）と、やや大振りではあるが[10]精緻な銹絵で山水文が描かれた肥前産の陶器箱形碗（いわゆる京焼写し、図1—5）がある。いずれも、出土遺跡が大名藩邸跡などに偏在する[11]ことから、これを用いた茶が主に一部階層が嗜む高級茶であったことを示唆している。この時期は、黄檗宗僧が中国から煎茶の技術をもたらしたと伝えられる寛文元年（一六六一）からやや下がった頃にあたる。中国式の喫茶法が、それ以前にどの程度伝わっていたかについてはまだ議論の余地があるが、こうしたイベントが契機となって新しい喫茶法が武家などに広まった可能性は充分考えられよう。ただし、この段階では陶製茶瓶（急須）・土瓶や涼炉がほとんど伴わないことから、実際には、茶釜等を用いて煎じるようなもののものが多く含まれている可能性にも重ねて留意しておく必要がある。

十八世紀前葉頃になると、先の半球碗に加えて京焼に「せんじ」（図5―3、図6―1）や「小杉」（図5―4）などの形態が出現、十八世紀中葉（おそらくは一七三〇〜五〇年代）に至って、これを模した信楽・瀬戸美濃製品の出土量が急増し（藩邸遺跡等で陶器土瓶が散見できるようになるのもこの時期である）、この段階で「点てない煎じ茶」がある程度広範に普及したことが窺える。また、この時期の藩邸遺跡の廃棄土坑のなかに、この種の碗がまとまって出土する事例も散見されるようになる。(12)

こうした動向が、京都で永谷宗円が蒸し製煎茶を開発し、後に江戸の山本嘉兵衛に販売を依頼したとされる元文三年（一七三八）(13)の前後に位置づけられることは興味深い。後の史書にある通り、この時期の新たな技術的展開がもたらした茶の浸透期を多く十八世紀代に求めていたことも、あるいはこの「点てない煎じ茶」の普及等により、より一段と茶の常用化が進んだ様子を見ていた可能性がある。ただし、この段階でも土瓶がさほどの普及をみなかったことについては、さらに考察を要する部分である。

そして、現在行なわれているような淹し茶が江戸市中において一般化したのは、考古遺物から見る限り、幕末頃とするのが妥当であろう。十九世紀前半、文政・天保頃の廃棄遺物のなかには急須が稀にしか含まれない(14)が、紀尾井町遺跡SR10、SR22（千代田区教育委員会一九八八）のような明治初頭の廃棄遺物には横手の急須がすでに数多く含まれており、現状では実態が充分把握できていない十九世紀第3四半期頃にひとつの画期が存在するものと思われる。これが明治期を通じて全国各地に拡散したのであろう。民具からみた「茶の普及」も、おそらくこの現象を捉えているものと思われる。

さて、大雑把ではあるが、江戸の量産喫茶碗と土瓶・急須の変遷を把握できたところで、ここから読み取れる普段の茶碗の特色のひとつ、碗の意匠の問題について改めて触れておきたい。

複数の生産地の間で同じ意匠が共有されるという様相は、それ自体で、これらの碗が同一の用途を指向している蓋然性を高めていることはすでに述べた。実態としては、茶が嗜好品として受け入れられていく様子を伝えている量産碗ではあるが、大小いずれの場合も、希少碗すなわち作法の碗の器形・意匠を模していることをふまえると、(ひとつには「ランクの低い」作法の碗として用いられたのかもしれないが、それ以上に)普段の茶碗にもある種の付加価値を求める市場の意識を示しているのであろう。そして、その祖形にたびたび京焼の名が登場するのも大いに注目すべき点である。先の肥前産山本文碗には、「清水」等の刻印が捺されており、露骨な模倣品であることはよく知られているが、瀬戸・美濃産の「御室」[15]や掛け分け(腰錆)碗の古手の一部にも「清」印を認めることができる。他の意匠の碗も、なんらかの形で京焼を意識したと推測される根拠を拾い出すことができるものが多い(図6―6など)。すなわち、「作法」の形を取り込むことで、その時々の日常の喫茶にも、一定のスタイルが形成されていったようなのである。その起源はともかく、近世初期において、点てる煎じ茶が作法の茶に「やつされて」普及した可能性も視野に入れておくべきであろう。

ただ作法の形を強く意識はしていたものの、一面でまたおおらかな市井の感覚は、かならずしもその当時の作法の有様をビビットに追っているわけでもない。たとえば、量産碗は、いつも作法の碗の変化から一呼吸遅く意匠を受け入れているが、このタイムラグこそ、作法のもつ価値観が正しく伴っていなかったことを示唆しているのではないか。この〝～風〟を表面的に喜ぶ傾向には、市場というシステムの中で個人の嗜好に一定のモードが形成される、現代になぞらえて言えば、服飾等のブランド感覚にも対比すべき消費意識の存在を想起することができる。したがって、実態としては、市場の嗜好を満たした器物が選択・消費されることによって、喫茶のスタイルが成立したことを、この動向は物語っているのである。茶碗の意匠が元の生産地の枠を超えて広く共通していたのも、他の窯業地が、市場の動向に呼応する形で後発的に碗の生産を始めるときの条件のひとつと考えれば、容易に理解ができよう。

こうした観点から、近世初期に陶器碗が広く普及していたという事実を考えると、感覚のより深いところでは、「茶ワン」には（木質ではなく）やきもの（特に陶器）を用いることが、まず第一に重要だったということも窺える。したがって、腰の張る器形が多い初期伊万里の碗（図1—1）や十七世紀末前後に流行する肥前産陶胎染付（同図7）も、これが茶碗を指向している可能性について吟味しておく必要があるだろう。また、近世初期を境に、施釉陶磁器の生産がいわゆる供膳形態を中心に活性化したこと自体、茶の普及の影響を無視できないことになる。このように、量産碗の意匠を解釈することは、すなわち、茶という習俗の市井での受け止められ方を計ると同時に、陶磁器の生産・流通を司っていたバイアスの考察においても大きく資することとなろう。

同様の視点で把握しておくべき事象として、十八世紀後葉の磁器における清朝風意匠への指向があげられる。すなわち、肥前磁器に清朝風の染付が施されるようになると同時に、清朝磁器そのものも散見される（堀内・坂野一九九六）動向である。さらに、やや遅れた文化年間頃に瀬戸・美濃で磁器焼造に成功すると、清朝風の磁器小形碗は大流行し（拙稿一九九五、一三〇頁）、他の陶器碗を駆逐するかのように、磁器碗が寡占的なシエアを占めるようになる。これはすでに指摘されるように（大手前女子大学一九八七、一四二頁）、煎茶道に認められる清朝趣味が、磁器の意匠に強く影響したと考えることができる。すなわち、日常の喫茶碗のなかに京都の文人達の趣味を見いだすのも、あながち的外れな想像ではあるまい。また、碗の容量が一段小さくなることは、清朝の煎茶碗の影響とともに、土瓶の普及と関連するような茶の質の違いを反映している可能性もある。再考を要する。

しかし、この清朝風（唐物風）という価値観も、広く浸透するにはいくらか時間がかかったようで、十八世紀後葉段階では陶器碗により高いステータスがあったことを示したことがある（拙稿一九九〇、九九頁）。したがって、点てない煎じ茶の普及は、スタイルとしてはたしかに京都の文人趣味の拡散と捉え得るものの、実態としては、よりインスタントな茶の淹れ方が都市の生活様式に受け入れられた側面も強く持ち合わせているのであろう。

以上概観したように、茶は近世期前期を含めて、広く日常にも浸透していた可能性が高い。ただその様態は、茶葉の開発やその普及の程度、生産量の推移、生活様式や道具を生産する窯業地などの動向が複雑に作用して、目まぐるしく流転し、かつ地域的な差異も大きいようである。したがって、正確な茶の来歴を把握するには、もう少し時間をかけながら、作法の茶も含めた多角的視点から再度位置づけを試みる必要があるだろう。たとえば、一口に「普及」といっても、口にしたことがあるといった程度の極めて嗜好的性格の強い段階はさておき、比較的高価なものをおして常用するものから自家製をふんだんに用いるものまでさまざまなステージが考えられる。こうした詳細な質的評価を行う上には、考古資料の量的把握も欠かせない。また、今回重要なポイントとなった「点てる煎じ茶」については、特にその普及開始の時期などにほとんど言及できなかった。これも、今後に残された大きな課題である。

五　歴史事象の把握における考古学の位相

最近の歴史学諸分野の動向をみると、他分野との協業と、それに伴う新たな視点の展開が特色のひとつとしてあげられる。近世遺跡の発掘調査においても、文献史料からの考察が必須の作業とさえ見做されている。たしかに、これは立体的な歴史像を窺うという意味では良い傾向といえよう。ただ、こうしたなかでひとつ残念なのは、他分野の知見を援用するあまり、出土品に対する考古学考証を欠いてしまっている事例が少なからず見受けられることである。

物言わぬ考古資料に多くの限界を感じるのも確かである。しかし、文献資料には偶然資料ゆえの断片性があり、また（狭義の）民具・民俗資料には時代的遡及性などに足かせがあって、いずれの分野にとっても単独で歴史的文脈を完成することが如何にむずかしいかは、本論でもご覧いただけたかと思う。むしろ、この史料や民具の間隙を補える位相にあることは、考古学が近世を極める上での大きな動機と捉えるべきである。したがって、文献の援用を近世考古学の優位的手法とまで説くいくつかの近業（森本一九九八等）に対しては、否定はしないものの、ある種の違和感を感じる。ポストプロセス考古学いうところの多音声の分析は当然としても、考古研究者は、まず従前より培った考古学独自の方法論に基づいた資料操作を行った上で、こうした作業に赴くべきではないか。

考古学的な基盤さえ確固としていれば、現代に近いという近世の歴史的位置も、決して安直な解釈や誤解を導くだけの欠点ではない。なにより、歴史的知見を現代の我々自身が持つ文脈に照射する上で、近世という時代が大きな意味を持つであろうことは、すでに先学の多くを指摘するところである。逆に、いくつかの誤解を招く原因になった「現代の常識」も、充分に吟味した上で用いれば、むしろ大きなアドバンテージになるはずである。冒頭に掲げた農村の茶碗に対する違和感も、たしかに（悪く言えば）我々の思い込みが作用していた訳だが、それ以上に、眼前の考古資料の分析がおろそかになっていたことに最も大きな問題がある。すなわち、碗の法量分化の問題、陶器量産碗と作法の茶碗との類似性、意匠の生産地間での共有傾向（プロトタイプとコピー）、さらにはその時期的変遷がどのような文脈上に解釈できるのかを問うことがまず先に重視されるべきであった。今後、本試論に対しても多くの分野から御批判を加えて頂ければ幸いであるが、願わくば、本論に掲げた史的事実に対しても明快に解説できる対案を示していただければと思う。そうして互いの知見に整合性を有した文脈を共有した時、初めて学際的協業が成り立ったと言えるのであろう。

終章は、研究のあり方に紙面を借り、本書の趣旨からやや外れたことをお詫びしておきたい。しかし、本書の目的が、考古資料を開いて近世の物質文化研究に新たな地平を築いていくことにあるならば、これも踏まえるべき要点のはずである。なお、本論は、大会発表要旨にコメントとして紙上発表したものが骨子となっている。しかし、発表後時間も経過したことから、その後得た知見や解釈を加えて、新たに書き下ろした。特に、三章については、拙稿一九九四に多くを拠っている。

本論を著す上で多くの方の御助言・御助力を賜った。末筆ながら、深い謝意を表するものである。また、すべての方を掲げる余裕が無いため、以下に芳名の漏れた方も多い。非礼をお許しいただきたい。（敬称略）
赤沼多佳　荒川正明　砂澤祐子　伊東嘉章　稲垣正宏　岩淵令治　小野正敏　小川望　古泉弘　小林克　坂野貞子
関根達人　長佐古美奈子　長谷川祥子　原祐一　堀内秀樹　仲野泰裕　成瀬晃司　松井かおる　吉岡康暢

註

（1）もちろん、考古学の立場からは、こうした視点からの考古学研究もあまり進んでいないのが現状である。江戸遺跡研究会第五回大会「考古学と江戸文化」（一九九二）における赤沼多佳先生の講演も、江戸期の茶の湯を考察する上で欠かせない武家茶道に対する注意を喚起して戴いたものである。

（2）煎茶の定義があいまいであることは、すでに中村羊一郎（中村一九九二）らが指摘しているところであり、読者各人のもつお茶像とのズレがあるかもしれない。このこと自体、茶の多様性を示す好例であるが、ここでは一般的な認識の程度を窺ったということで御理解戴きたい。

（3）石毛直道もこれを受けて日常の飲み物として庶民の日常生活に定着した時期を十八世紀以降としている（石毛一九八五、一七七頁）ように、これが民俗学において一定の見解として認められているようである。

（4）民俗例では、茶の攪拌を「振る」と表現することが多く、また後述の『和漢三才図会』などにも「振ル」という表現が認められているが、ここでは『弘藩明治一統誌月雑報摘要抄』に従って、「点てる」を採用しておく。これは、単に混乱を避けるためであり、「振る」という用語を否定している訳ではない。

(5) 時期により茶葉のバリエーションと質によるランク付けは変化するであろうから、この種の茶も常に「中等」であるとは限らないことには充分注意する必要がある。なお、こうした点に留意した上で、『弘藩明治一統誌月雑報摘要抄』段階における「中等茶」が「蒸し製煎茶」か「釜炒り煎茶」であるかは、製茶技術を考える上で重要かつ興味深い問題であろう。

(6) 前掲中村、守屋文献以外にも、漆間元三　一九八二『振茶の習俗』などが、振茶に関する事例を紹介している。

(7) 『本朝食鑑』（元禄八年、一六九五）刊には、「このころ江東（＝江戸・筆者註）の俗常に茶を煎ず、朝飯の前まず数碗を飲む、よんで朝茶と称す、婦女最も之をなす」とあり、一方である種の煎じ茶が普段の茶として流布していたこともまちがいない。

(8) 前掲『弘藩明治一統誌月雑報摘要抄』などを参照すれば、江戸で「点てる茶」が衰退した後も、地方においては同種の茶が遺存していたことは確かである。こうした茶にどのような碗が用いられたかについては、さらに考察する必要がある。ブクブク茶の残る出雲の在地窯である布志名焼などには遅くまで大形碗の生産が続いたようであるし（中村一九九八、七八頁）相馬など地方窯の製品に江戸遺跡と同意匠でありながらやや大きめの碗が含まれるのも、江戸よりも遅い段階まで「点てる」需要があったためかもしれない。

(9) 現在のところ、京焼の生産地に関する考古学的情報は非常に乏しく、現状では消費地遺跡における個々の特徴（器形・胎土・刻印）から推定している。ただし、肥前の模倣碗に「清水」の刻印が認められること、単純に京焼とすることには若干の問題が残ること、京都内にあっても複数の生産地が知られていることなどから、京都のやきものについては今後さらなる考察を要する。

(10) この種の碗は、他の矮小化傾向より一足早く、享保初期段階（十八世紀第1四半期後半）には小形化している。したがって、当初から高級煎じ茶を嗜む碗として用いられていた可能性が考えられよう。とすれば、十七世紀代においては、高級な煎じ茶でも点てて飲むものがあった可能性がある。

(11) 東京大学本郷構内の遺跡付属病院地点F34―11（元禄頃廃棄、東京大学遺跡調査室一九九〇）や丸ノ内三丁目遺跡の元禄十一年の火災以前の廃棄遺物（東京都埋蔵文化財センター一九九四）のなかに初期京焼の代表的な出土例を認めることができる。

(12) 代表的な事例としては、真砂遺跡109号土坑（文京区真砂遺跡調査会一九八七）、尾張藩麹町邸SK109（紀尾井町6―18遺跡調査会一九九四)、尾張藩上屋敷跡67―3S―1(東京都埋蔵文化財センター一九九八)などがあげられる。

(13) 中村羊一郎は若原英式の説を引いて「宗円以前に蒸し製煎茶の作り方は、すでにほぼ開発されていた」ことを指摘している。

(14) 代表的な事例には伯太藩上屋敷跡1号遺構(文政六年の火災による廃棄、千代田区教育委員会一九九四)や東京大学本郷構内の遺跡外来病院地点SK81(江戸陶磁土器研究グループ一九九六)などが挙げられる。また、ごくわずかであるが、十八世紀以前に廃棄されたと考えられる資料にも急須が認められる事例もある。もちろん、十八世紀末の煎茶書や絵画史料には、すでに横手の急須などが多く描かれている訳であるから、急須自体がそれ以前に成立していることは疑いない。

(15) これも京焼山水文碗の模倣と考えられるが、場合によっては「肥前産京焼写し碗」の写しである可能性も考慮すべきであろう。

〈参考文献〉

石毛直道　一九八五「民衆と食事」『家と女性』日本民俗学大系一〇　小学館
梅棹忠夫監修・守屋毅編　一九八一『茶の文化　その総合的研究　第一部』淡交社
梅棹忠夫監修・守屋毅編　一九八一『茶の文化　その総合的研究　第二部』淡交社
江戸陶磁器・土器研究グループ　一九九二『江戸出土陶磁器・土器の諸問題Ⅰ』発表要旨
江戸陶磁器・土器研究グループ　一九九六『江戸出土陶磁器・土器の諸問題Ⅱ』発表要旨
板橋区郷土資料館　一九九六『長崎唐人貿易と煎茶道』
入間市博物館　一九九六『浮世絵に描かれたお茶』
入間市博物館　一九九七『お茶と日本人』
神崎宣武　一九九六『うつわを食らう』日本放送出版教会
小泉和子　一九九四『台所いまむかし』平凡社
児玉幸多　一九五七『日本農民生活史』吉川弘文館
近藤雅樹　一九九四「ドメスティック・ジャパン　嗜好品の道具」『民具の世相史』岩井宏實編　河出書房新社
埼玉県立博物館編　一九九二『喫茶の考古学』埼玉県立博物館

新宿区歴史博物館　一九九三『新宿内藤町遺跡にみる江戸のやきものと暮らし』
高取友仙窟　一九七六「煎茶の歴史」『続煎茶全書』主婦の友社
東京都教育委員会編　一九九一『お江戸八百八町地下探検　東京の遺跡展』
中野泰裕　一九九〇「江戸出土の瀬戸美濃陶磁」『江戸の陶磁器』江戸遺跡研究会第三回大会発表要旨　江戸遺跡研究会
中村羊一郎　一九九二『茶の民俗学』名著出版
中村羊一郎　一九九八『番茶と日本人』吉川弘文館
長佐古真也　一九九〇「消費遺跡における陶磁器組成研究の視点と一例」『江戸の陶磁器』江戸遺跡研究会第三回大会発表要旨　江戸遺跡研究
長佐古真也　一九九二a「考古遺物からみた江戸の喫茶」『特別展　喫茶の考古学―茶の湯　再発見―』埼玉県立博物館
長佐古真也　一九九二b「茶の湯と喫茶の間で―近世考古学の現状と課題―」『考古学と江戸文化』江戸遺跡研究会第五回大会発表要旨　江戸遺跡研究会
長佐古真也　一九九四「江戸の茶碗　考古資料に見る市井の茶」『歴史手帖』第22巻8号　名著出版
長佐古真也　一九九五「8号遺構出土一括資料からみる19世紀初めの陶磁器の様相」『和田倉遺跡』千代田区教育委員会
古島敏雄　一九九六『台所道具の近代史』有斐閣
堀内秀樹・坂野貞子　一九九六「江戸遺跡出土18・19世紀の輸入磁器」『東京考古』14　東京考古同人会
宮本常一　一九九三『めし・みそ・はし・わん』岩崎美術社
森本伊知郎　一九九七「ポストプロセス考古学と近世考古学」『民俗考古』特別号　慶應大学民族学考古学研究室内『民族考古』編集委員会
守屋　毅　一九八一「近世常民社会と茶の文化」『茶の文化―その総合的研究　第二部』淡交社
守屋　毅　一九九二『喫茶の文明史』淡交社

〈史料・報告書〉
石井良助編　一九五九『徳川禁令考』前集第5
大手前女子学園有岡城跡調査委員会　一九八七『有岡城跡・伊丹郷町　I』
大手前女子大学史学研究所　一九八八『大坂城三の丸跡の調査　III』大手前女子学園
紀尾井町6—18遺跡調査会　一九九四『尾張藩麹町邸跡』
島田勇雄註　一九七七『本朝食鑑　2』東洋文庫三一二
竹内利美・森嘉兵衛・宮本常一編　一九六九『日本庶民生活史料集成　第三巻　探検・紀行・地志　東国篇』三一書房
竹内利美・原田伴彦・平山敏治郎編　一九六九『日本庶民生活史料集成　第九巻　風俗』三一書房
谷川健一他編　一九七一『日本庶民生活史料集成　第十二巻　世相二』三一書房
千代田区教育委員会　一九八八『紀尾井町遺跡』
帝都高速度交通営団・地下鉄7号線溜池・駒込間遺跡調査会　一九九四『和泉伯太藩上屋敷跡』
東京埋蔵文化財センター　一九九四『丸ノ内三丁目遺跡』
東京埋蔵文化財センター　一九九六『尾張藩上屋敷跡遺跡　I』
東京埋蔵文化財センター　一九九八『尾張藩上屋敷跡遺跡　III』
永田生慈監修　一九八六『北斎漫画　一』岩崎美術社
日本随筆大成編輯部　一九七四『日本随筆大成〈第二期〉6』
森銑三・北川博邦監修　一九八二『続日本随筆大成別巻近世風俗見聞録6』
真砂遺跡調査会　一九八七『真砂遺跡』
和漢三才図会刊行会　一九七〇『和漢三才図会』

江戸の酒

菅間誠之助

はじめに

天正十八年（一五九〇）、徳川家康が入城し、町造りが始まってから、慶応三年（一八六七）の大政奉還までの二七八年間に、江戸でどんな酒が、どのような人々の手によって流通し、どのようにして飲まれたかについて考察するまえに、江戸という人口百万を超える大都市のおかれた特殊な環境、幕藩制度維持のためにとられた酒造行政について触れておく必要があろう。

「大猷院殿御実紀巻二十六」（吉川弘文館、昭和三十九年刊『国史大系　徳川実記』第二篇）によれば、寛永十八年（一六四一）八月四日、徳川家光は譜代大名にその妻子を年末までに江戸に移住するよう命令した。外様大名もこれに従ったことはいうまでもない。大名の妻子に従って国元から江戸に移住するものは多く、その様子は「邸内に大藩は数千人、小藩も数百人住居する事となり、江戸の繁盛頗る著しくなれり。町奉行の時々の調査に拠れば、江戸の人口は凡そ五六十万なり。されども武家邸をこれに加ふれば蓋し百数十万の多きに上るべし」という三上参次著『江戸時代史』

（冨山房、昭和十九年刊）の記述からも窺える。すなわち江戸はその人口の過半数を武士で占められた一大消費都市であった。柚木学著『日本酒の歴史』（雄山閣、昭和五十年刊）によれば、江戸へ運ばれた灘・伊丹などからの下り酒の年間数量が最高を記録したのは江戸文化の爛熟期にあたる文政四年（一八二一）のことで、その量は七万七〇〇〇キロリットルであるから、江戸の人口をかりに一二八万人（十八世紀末―天明期）として一人当たり年間六〇・二リットル飲んでいたことになる。醸造産業新聞社刊の『一九九四年版日本酒類産業の現況』によれば、平成四年現在、東京都民一人当たり一〇六・一リットルの酒を飲んでいるが、その七四パーセントはビールであるから、これをすべてアルコール分一四・六度の清酒に換算すると七一リットル位となり、当時の江戸は現在の東京に近い一大清酒消費地であったといえよう。当然、飲酒人口のなかにおける単身赴任の武士やその従者達の占める比重はかなり大きかったものと思われる。

幕藩体制を維持するための主要な収入源であった米を原料とする酒造業は、米価調整の役割を果たすものとして重要視された。寛永期末の米価高騰の経験から幕府は万治三年（一六六〇）御触書を下し、酒造家に対し明暦二年（一六五六）まで遡り、毎年仕込みに使った酒造米の数量を申告させた。米価調整を目的とした酒造統制のための基礎調査である。これに基づき各酒造家の酒造米高と酒造家の住所・氏名を明記した酒造株札が営業鑑札として交付され、記載数量以上の米を酒に仕込むことを禁止した。この鑑札に記載された酒造米高は明暦の酒造株と呼ばれ「その何分の一造り」といった酒造制限が行なわれた。なお酒造株は実情に応じて何回か見直しが行なわれている。

図1にみられるように、江戸時代を通じて、大坂相場にみる米価は寛永期の石当たり銀二〇匁強を最低として最高は安政期の銀一七〇匁強と大きな幅で変動しており、米の凶作は農村では一揆をひきおこし、米価の高騰は都市騒擾の引き金となっている。これに対処して幕府は寛永十一年から慶応三年までの二三四年間に約六一回もの酒造制限令

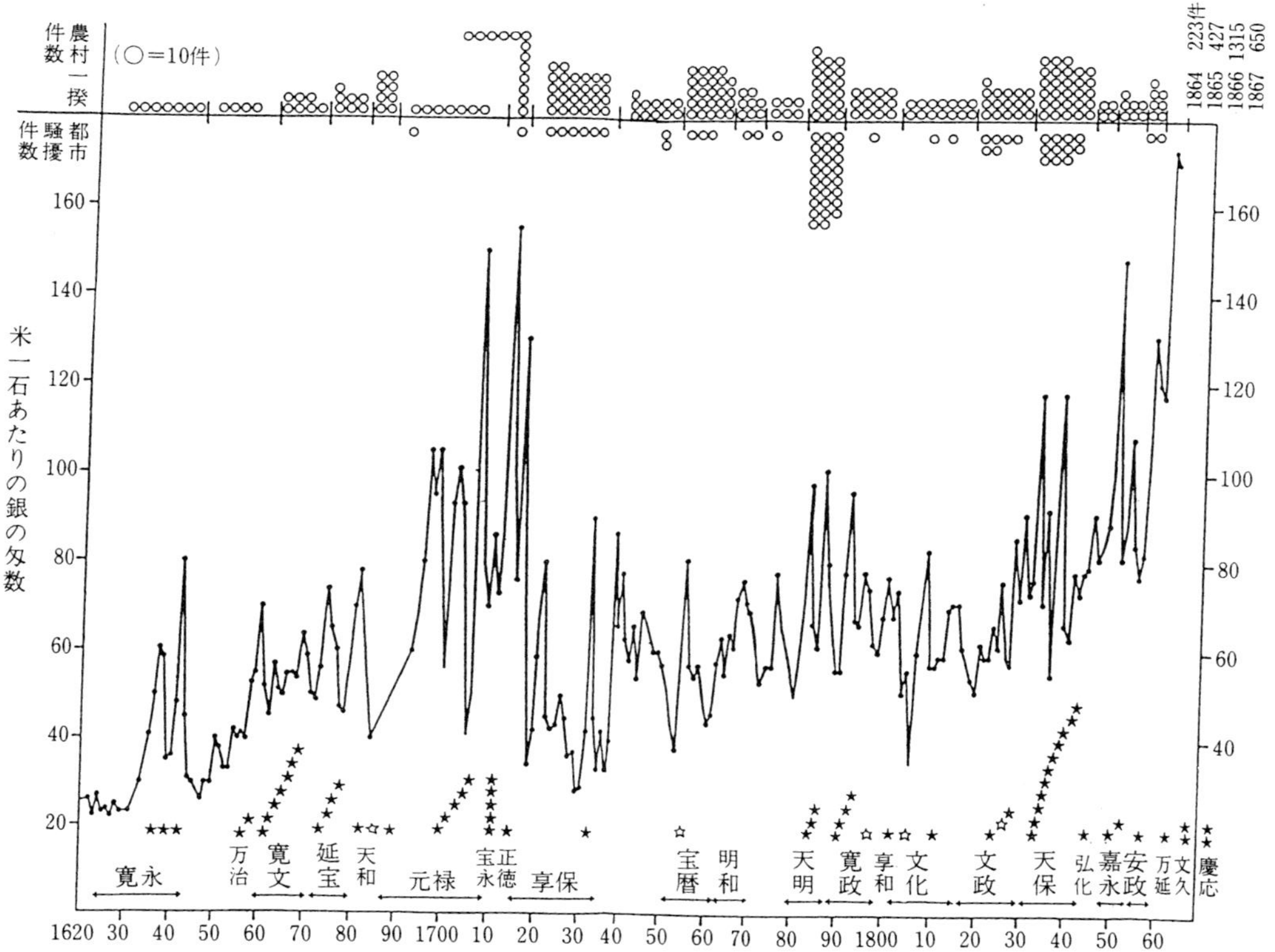

図1　江戸時代における大坂市場米価の変遷と酒造制限（★は酒造制限令，☆は解除令．髙木和男著『食からみた日本史　下巻』芽ばえ社〈1987〉，柚木学著『日本酒の歴史』雄山閣出版〈1975〉により作図）

を出しているが、制限解除令は僅か五回に過ぎない（柚木前掲書）。

一　江戸で飲まれた酒の変遷

(1)　生　産　地

わが国の酒造りの歴史からみれば、江戸時代の幕開けは、荘園からあがる豊かな米と僧侶という知識労働力に恵まれた寺院で、現在の酒造法の基礎がほぼ完成された室町時代中期から織豊時代の後を受け、商人による酒造りが始まろうとしていた時期でもあった。

南都諸白　十七世紀前半頃までは未だ奈良の菩提山正暦寺でつくられた《南都諸白》の銘酒としての評判が高かったようで、御三家の尾張家や紀伊家などからの将軍家光への献上物として奈良酒、南都新酒の樽が使われていたことが『徳川実記』「大猷院殿御実紀」に記されている。ここに《諸白》とは酒の原料米（麹米・掛け米）すべて現在の飯米程度の精白米（精米歩合九二パーセント前後）を使ってつくった酒のことで、従来の掛米だけ精白米を使い、麹米は粗白米を使った《片白》の酒に対して付けられた酒の呼び名である。

鴻池酒　粗末な酒しか口に入らなかった江戸市井で、慶長四年（一五九九）頃から、伊丹（現在の大阪府）の隣郷鴻池村の山中勝庵が木炭で酒の酸味を中和、清澄させてつくった一升二〇〇文の《生諸白》が江戸の大名家の間で評判になってきた。そのため酒が間に合わず、これまで酒二斗入りの桶二つを一荷として東海道を肩に担いで江戸に運んでいたものを、四斗樽二つを一駄として馬の背に振り分け、一回に数十駄ずつ運ぶようにしたという（『守貞漫稿』一八三七〜五三）。

池田酒　現在の大阪府池田市産の酒も伊丹鴻池の酒と十七世紀の江戸市場を争っていた。池田史談会編『池田酒史』によれば、池田の衆が『大坂御陣之節　闇峠　御陣中へ池田名酒奉差上候』とあり、兵糧や軍資金も届けていたようで、その見返りとして慶長十九年（一六一四）十月、江戸へ酒を運んだときの上納金免除の特権をあたえた御朱印状が池田へ下付されている。それ以来『摂津名所図会』（一七九四～九八）に「朝の市　暮の市とて商家の賑わい

菱垣廻船　元和5年（1619）泉州堺の商人，紀州の250石積廻船を借受け，大坂より木綿，油，酒，酢，醬油などを江戸に送ったのが始まり．寛政年間（1624—43）池田満願寺屋，駄馬を菱垣廻船にかえ酒を江戸に送る．

樽廻船　正保期（1644—47）大坂廻船問屋が伝法船で酒荷だけを江戸に送ったのが樽廻船の始め．寛文年間（1661—72）200～400石積の船で伊丹酒を江戸に送る．船足早く「小早」と呼ばれた．

図2　下り酒を江戸に運んだ船（『江戸東京問屋史料　諸問屋沿革史』東京都公文書館蔵）

特に酒造りの家多くありて　猪名川の流水を汲て造る味ひ美にして官家の調進とす　これを世俗池田酒と賞して名産とす」とあるほどまでに発展した。寛永年間（一六二四〜四三）になると、池田の満願寺屋はこれまで馬で運んでいた酒樽を菱垣廻船（図2）に積んで江戸に運び、大量輸送の道を開いた。貞享五年（一六八八）井原西鶴は『日本永代蔵』で、大和龍田の酒造家が親戚の反対を押し切り、百両の金を元手に江戸呉服町で造り酒屋を開いたが「鴻の池　伊丹　池田　南都　根づよき大木の杉のかおりに及びがたく」四斗樽の菰を被って故郷へ逃げ帰った話を採り上げているところからみても、当時の江戸でこの四産地の酒がいかにもてはやされていたかがわかる。元禄十年（一六九七）初版の『本朝食鑑』にも「和（大和）の南都および摂（摂州）の伊丹池田鴻池豊田等の処　諸白を造り難波（大坂）江都（江戸）に運転す　最も極上品也」とある。

伊丹酒　池田の南、西摂平野の中央に位置する伊丹は幕府年貢米の蔵所であった関係で、原料面、輸送面で酒造に有利な環境にあった。寛文元年（一六六一）五摂家の一つである近衛家の領地に替わってから、幕府の度重なる酒の減産令にもかかわらず、近衛家の計らいで他所より有利な生産高を確保できた。『日本山海名産図会』（一七九九）では秋の彼岸前後に仕込まれる新酒が伊丹の名物と紹介されているが、十七世紀後半ころから伊丹では大きな仕込桶を使って寒の前後九〇日間に集中的に量産する態勢に変わっている。こうして正徳年間（一七一一〜一五）伊丹酒の生産量は池田酒を抜き、元文五年（一七四〇）伊丹阪上氏の《劔菱》が将軍吉宗の御膳酒に選ばれた。その後、安永三年（一七七四）池田酒の旧勢力満願寺屋と新勢力大和屋との争いのもととなっていた御朱印状が幕府に没収され、以後池田酒は衰退していった。

江戸向けの伊丹の酒は、先ず神崎（現在の尼崎市）または広芝まで馬で駄送し、つぎに天道船で伝法（現在の大阪市此花区）の船問屋まで運ばれ、一〇人乗り以上の大型船（伝法《でんぽう》船、のちに樽廻船といわれた。図2）に積み込まれて江戸に運

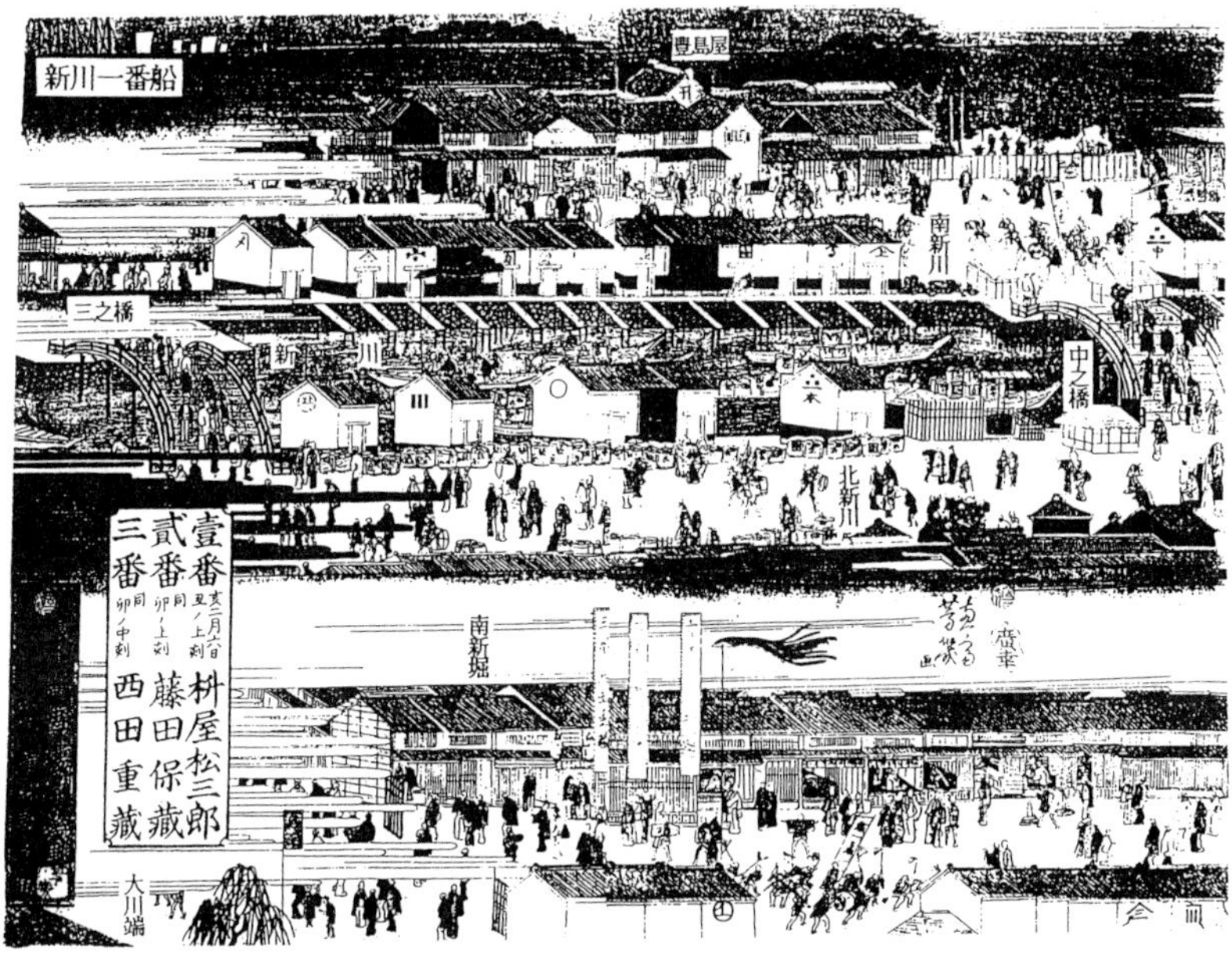

図3　新酒番船からの伝馬船の新川到着風景
(芳幾作「新酒番船入津繁栄図」文久3年〈1863〉)

ばれた。『伊丹酒造業と小西家』（一九九三）所載の石川道子著「史料にみる近世伊丹酒造業」によると伊丹の新酒を上方から江戸へ運ぶとき樽廻船による海上レースが行なわれていた。これに参加する船を新酒番船と呼び、はじめは大坂安治川口と西宮湊から出航していたが、文化二年（一八〇五）からは全船が西宮湊から出航するようになった。江戸までの所要日数は早いもので三、四日、天候によっては一〇～二〇日かかる場合もあった。廻船は品川沖に到着するや伝馬船を下ろし、ゴールである大川端まで力走した。番船すべてが到着したところで酒問屋衆や関係者がキキ酒し、立値段が決められた。新酒番船の出航時期は安永期（一七七二～八〇）には十月から十一月であったが、伊丹が寒造りへ変わった文政期（一八一八～三〇）には十二月から翌年二月にかけて行なわれるようになった（図3）。

灘酒　十七世紀はじめまで、灘は稲と綿を輪作する農村地帯であったが、商売をはじめた兼業農民の成功者は地主となり、さらに酒株を譲りうけて酒造りはじめた。十八世紀の灘の酒造家名簿に米屋、木綿屋などの屋号が散見されるのはその名残であろう。これまでの酒米は碓屋と呼ばれた人達が蹴板に体重をかけて杵を揚げ、蹴板から飛び下りて杵を下ろして臼の米を搗く足踏み精米法（図４）で搗いていたので、せいぜい八分搗き（精米歩合九二パーセント―現在の飯米程度）の白さであった。十八世紀後半、灘では六甲山から流れ下る急流に水車を仕掛け、この動力で杵を上下させる水車精米法（図４）を開発し、天明八年（一七八八）には、すでに六五輛もの米搗き水車が稼働していた。『続灘酒沿革誌』（一九〇七）によれば一臼一斗（一五キログラム）の玄米を、夜通し約二日かかって一割八分（精米歩合八二パーセント）まで搗いたという。酒米は白く搗けば搗くほど酒の香味はきれいになることから、八分搗きの伊丹諸白と一割八分搗きの灘酒との品質の差は明白であったろう。

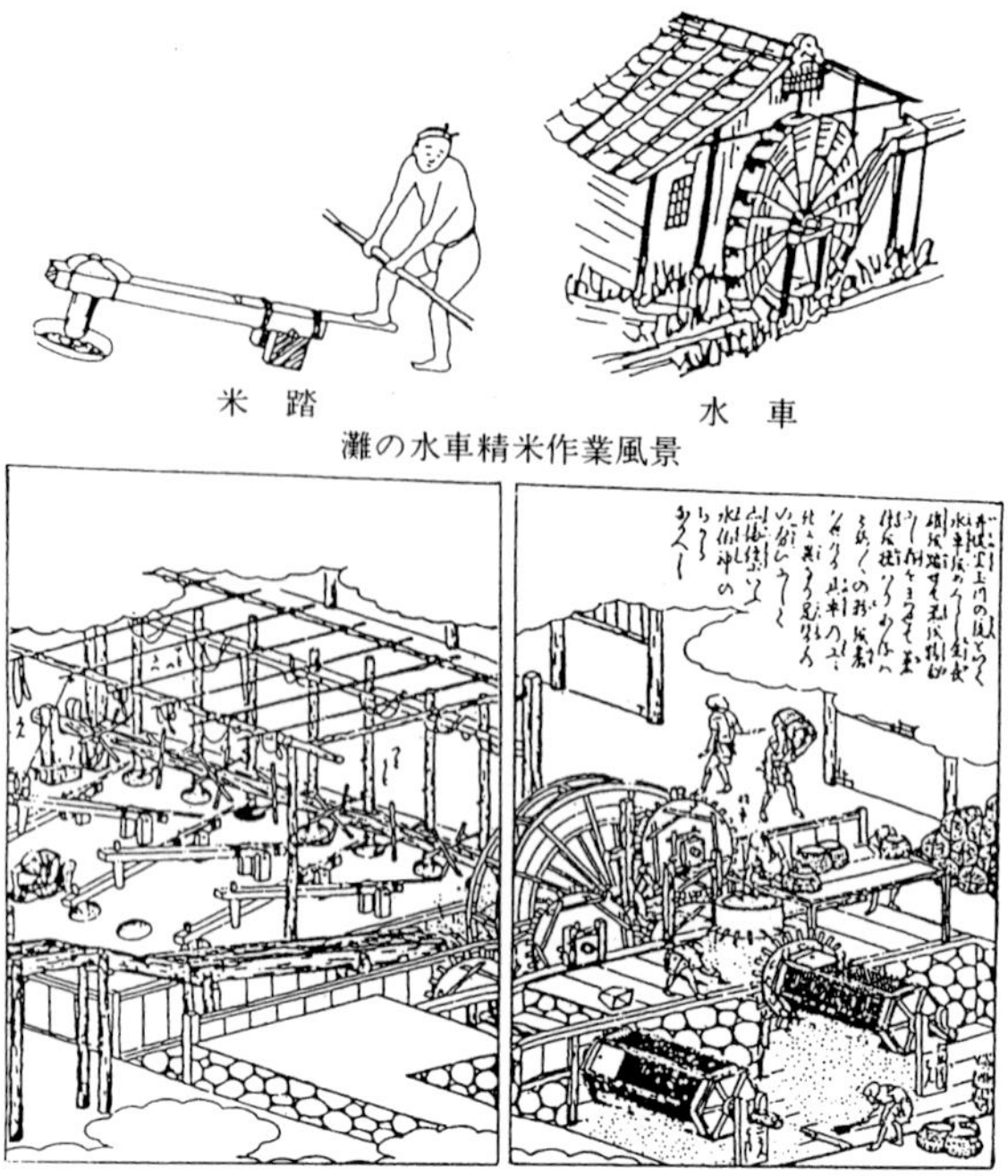

図４　足踏み精米と水車精米（『灘の酒用語集』灘酒研究会刊〈1979〉〈上〉，『拾遺都名所図会』天明７年刊〈下〉より）

『白嘉納家文書』によると、天明五年（一七八五）江戸入津樽数七七万四六九七樽のうち四一・二パーセントが灘目、一四・五パーセントが伊丹、九・六パーセントが西宮、尾張・三河・美濃等が一七・五パーセントであった（表１）。

表1　江戸入津酒樽数の変遷

年＼産地	摂泉12郷 今津	灘目	西宮	伊丹	その他	他国	総計
元禄10(1697)							*640,000
11(1698)							580,000
12(1699)							420,000
13(1700)							220,000
天明4(1784)	36,296	269,182	68,249	85,153	73,554	88,302	675,668
5(1785)	41,634	318,903	74,154	112,660	89,349	135,997	774,697
6(1786)	36,745	321,126	58,635	119,562	101,368	143,369	780,805
8(1788)	25,396	178,498	79,988	63,082	79,199	176,697	602,860
寛政元(1789)	26,254	181,303	85,466	68,554	80,502	175,026	617,105
2(1790)	34,024	202,801	78,738	77,551	92,650	234,965	720,529
享和3(1803)	45,734	403,287	104,371	182,148	121,540	100,855	957,935
文化2(1805)	51,345	417,541	102,243	220,224	91,157	80,462	962,972
14(1817)	23,507	517,149	69,026	182,804	124,914	97,567	1,014,967
文政4(1821)	38,984	681,103	80,601	194,551	140,835	88,409	1,224,483
11(1828)	48,349	613,466	86,380	196,508	167,972	—	—

注　表中数字は樽数（1樽の容量3斗5升＝63 *l*）.
　＊うち池田郷が56,476樽（28,238駄，うち満願寺屋2,939駄，大和屋2,870駄）.

一樽が三斗六升として二七万八八九一石の酒を、戸数約二一万戸、人口約一二八万人の江戸で一年間に消費したわけであるから、一人当たり一〇日に六合の下り酒を飲んでいたことになる。くだって『守貞漫稿』によれば天保期（一八三〇～四四）以前には下り酒の樽数はおよそ八、九〇万樽であったが、天保期に入ると官許の遊里が取りつぶされ、市中に活気がなくなったため、下り酒の消費量も減って四、五〇万から三、四〇万樽で江戸中の飲み量が賄えるまでになったという。この下り酒とは別に、江戸近国近郷で造られた酒（地廻り酒）約十数万樽が江戸で飲まれていた。

(2)　江戸の地酒屋

江戸で知られた地酒に浅草並木町の山屋半三郎の《隅田川諸白—(山)印》がある。寛政九～文政十二年（一七九七～一八二九）にかけて編纂された太田全斎の『俚言集覧』に「隅田川の水を以て元を造ると云」とあり、また岩本佐七が安政四～文久三年（一八五七～六三）に編集した『燕石十種』に「隅田川諸白　浅草雷神門前に有り本所中ノ郷細川備後守殿下屋敷の井の水を汲みて製すなり」とある。この酒については『江戸中喰物重宝記』など多くの書に紹介されている。『江戸買物独案内』（文政七年）に記載の御蔵前猿屋町角や日本橋呉服町二丁目に店を出していた常陸屋の酒の値段表によると、当時、池田の下り酒《瀧水》は一升三〇〇文もしたが、山屋の《隅田川》は三匁とある。元禄十三年（一七〇〇）の公定交換比率（金一両＝銀六〇匁＝穴あき銭四貫文）で換算すれば《隅田川》は《瀧水》の三分の二の値段であった。

図5　『守貞漫稿』記載の銘酒印

(3)　酒の銘柄

マスコミに採り上げられた清酒の銘柄のうち幕末まで評判になっていたのは伊丹の稲寺屋の《劔菱》、筒井氏（小西）の《富士白雪》、八尾氏（紙屋）の《菊名酒》、木綿屋の《七つ梅》、池田の満願寺屋の《満願寺（俗称おてら）》などであった。『摂陽続落穂集』に「造り上たる時は酒の気甚だからく鼻をはじき何とやらんにがみあるようなれ共遥の海路を経て江戸に下れは満願寺は甘く稲寺には気あり」とある。灘酒は一軒の酒造家が多くの銘柄をもっており、酒の出来具合や江戸の酒問屋ごとに銘柄を使いわけていた。たとえば灘、御影村の白嘉納家の酒は白鶴印、白印、菊泉、菊鶴などの酒銘で売られ、今津郷の大坂屋（長部家）の酒は万両、江戸市、ほどよし、山谷堀などの銘柄で江戸に出されていた。「酒銘　劔菱　七つうめ　紙屋のきく　三つうろこ　米喜のよね　此他種々高名あり委く載する能はず　〔正宗〕此名近年江戸にて大に行る　安政に至り衰ふ　〔猿若〕は雑劇の名故官用にならず　〔壽海〕は壽海老人と云て七代目市川團十郎後に海老蔵と云　浪にて（注・天保の改革令〈一八四二〉に触れ江戸十里四方外へ追放、諸国を放浪して）老ひ　中此帰武の日　剃髪して密に壽海老人と自号す、因之て目する所なれど其本を知る人江戸に稀なる故　此酒名吉にして雅本拠幽なるを以て官用にも漕之安政中此二名行る　近年〔劔菱〕の名　先年ほど賞する人無之」と『守貞漫稿』にみえる（図5）。安政年間（一八五四〜六〇）の事項は喜田川守貞が嘉永六年（一八五三）に脱稿した後、慶応三年（一八六七）に加筆した際加えられたものであろう。銘柄が売れ筋に影響したり、時代とともに変遷していった様子が窺われる。

二　江戸における酒の流通

(1)　酒　問　屋

江戸の酒問屋には上方や東海地方から江戸に船積みされてくる酒を扱う下り酒問屋と関八州の酒を扱う地廻り問屋があった。江戸への下り酒が増えるにつれ明暦三年（一六五七）には江戸に酒醤油問屋が生まれた。酒を含む下り物を商う問屋仲間は、海上輸送中の海難処理や船頭などの不正防止のため、元禄七年（一六九四）に酒、薬種、綿、紙などを商う一〇業種の組からなる江戸十組問屋を結成している。当時の酒店組のなかには上方の銘醸地、伊丹、池田、大坂の酒造家からの出店が多く、たとえば伊丹の綛《かせ》（加勢）屋、紙屋、小西屋、稲寺屋など、池田の満願寺屋、大和屋、大坂の鴻池屋、鹿島屋などがそれである。その後、菱垣廻船で酒以外の商品を混載して運ぶのでは暇がかかり、酒の品質が落ちるため、享保十五年（一七三〇）酒問屋は十組問屋から脱退して、酒専用の樽廻船で品川沖まで直送することとした。文化・文政期（一八〇四〜三〇）になると、菱垣廻船は酒造仲間の後ろ盾のある樽廻船との競争に敗れ、文化五年（一八〇八）酒店組が復帰して十組問屋が復興した。『守貞漫稿』に「文化の年　杉本茂十郎と云者　発起人にて右の十組に庶流を増し　人数を益て毎組より課金を納んことを官に請ふに許之」とある。こうして十組問屋は幕府に年々八一五〇両の冥加金を納めることになったが、うち下り酒問屋三六軒の負担金は一五〇〇両であった。

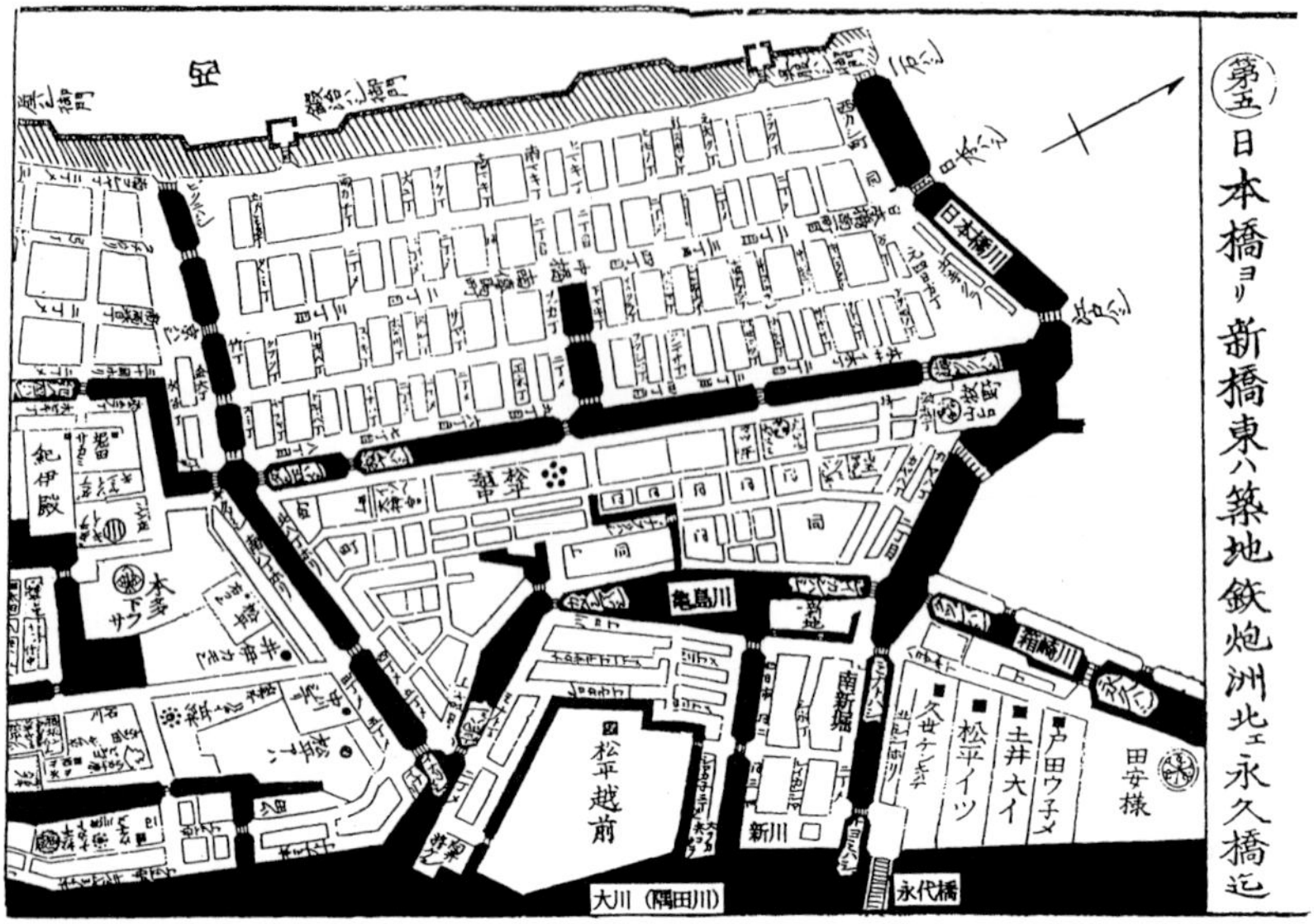

図６　19世紀初頭の江戸新川周辺図（村子慶編・出版元須原屋『安見御江戸絵図』宝暦14年〈1764〉初版序，天保４年〈1833〉改版）

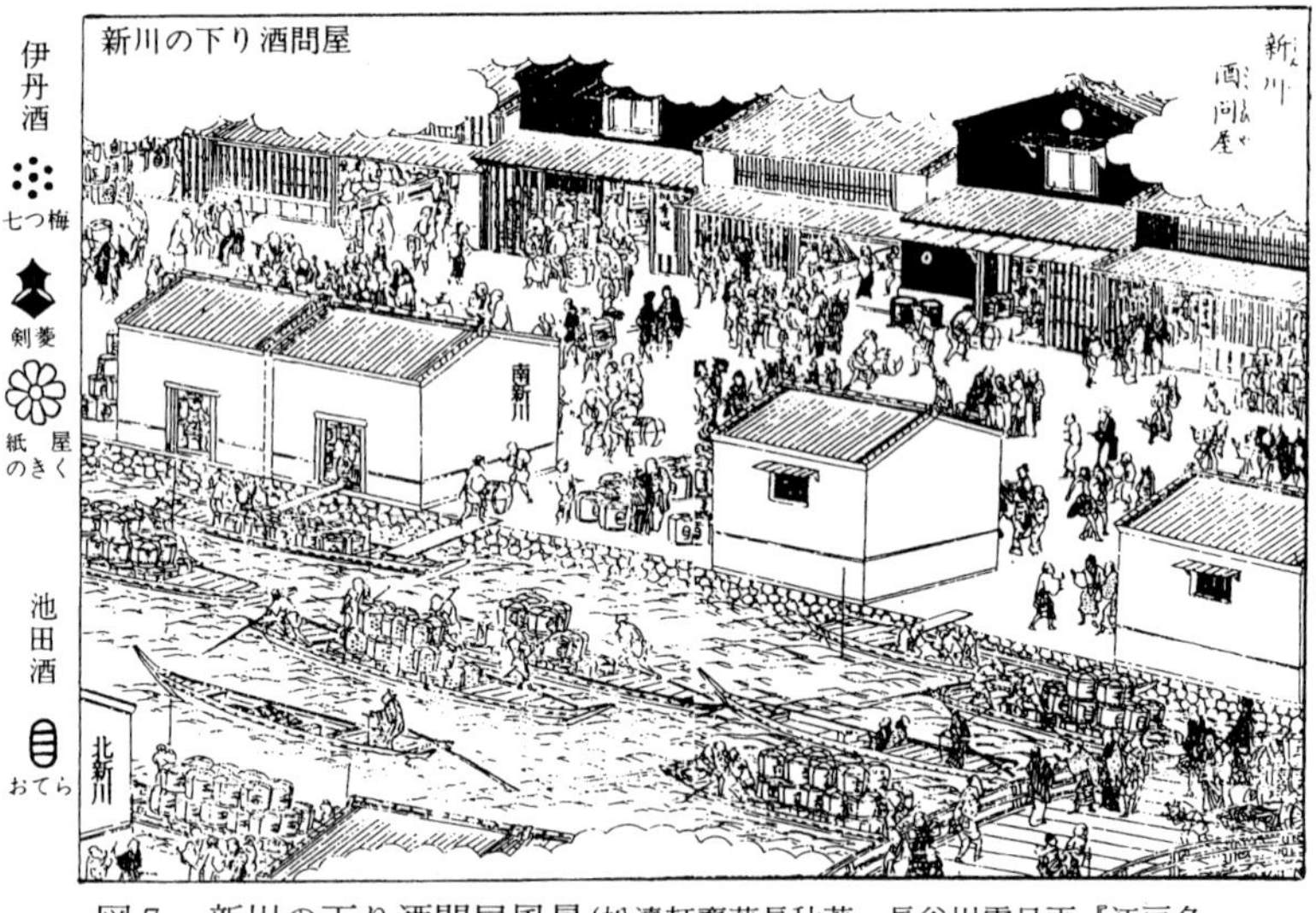

図７　新川の下り酒問屋風景（松濤軒齋藤長秋著・長谷川雪旦画『江戸名所図会』文政12年〈1829〉序天保５〜７年〈1834〜36〉成）

下り酒問屋は品川沖から伝馬船で運ばれた酒樽が荷揚げされる大川端の南新川、北新川を中心に大川（いまの隅田川）、日本橋川、亀島川に面した地域に集まっていた（図6、7）。中川五郎佐衛門編〔文政七年（一八二四）序〕の『江戸買物独案内』によれば、当時の十組下り酒問屋には霊岸島町に大和屋又右衛門、加勢屋利兵衛、大和屋太兵衛、霊岸島銀町一丁目に鹿島屋利右衛門、山田屋五郎助、同二丁目に井筒屋喜助、坂上屋傳右衛門、鹿島屋庄吉、鴻池屋太四郎、松屋兼助、同三丁目に尼屋甚四郎、霊岸島四日市町に千代倉屋治郎兵衛、近江屋吉右衛門、溜屋久右衛門、米屋房太郎、鹿島屋清兵衛、松浦屋與三太郎、播磨屋新右衛門、本湊町に尼屋利兵衛、南茅場町に鴻池屋喜之助、小西屋惣兵衛、紙屋八左衛門、鴻池屋太郎兵衛、小西屋利右衛門、溜屋久兵衛、浅井屋富士右衛門、小西屋四郎兵衛、鴻池屋榮蔵、丸屋六兵衛、鴻池屋徳兵衛、南堀一丁目に津国屋喜右衛門、池田屋藤右衛門、池田屋喜兵衛、南堀二丁目に池田屋利右衛門、小西屋甚兵衛、伊坂屋市右衛門の三七の下り酒問屋の名がみえる。

表2に天明六年（一七八六）から寛政元年（一七八九）にかけての灘、白嘉納家の江戸取引問屋八軒のうち取引高で筆頭の南堀二丁目の伊坂屋市右衛門と第二位の南茅場町の小西屋四郎兵衛が扱った白嘉納家の酒の銘柄と取引高を示した。上方の酒造家はいくつかの銘柄をもち、これを数軒の取引問屋によって使い分け、同じ蔵元の酒同士の競合を避けていたのであろう。

表2　下り酒問屋が扱った白嘉納家の酒の銘柄と数量

問屋名	年　度	白	白本付	白鶴	菊泉	菊鶴	○印	計
伊坂市右衛門	天明6	120	320		1243			1683
	天明7	1198			42			1240
	8	750						750
	寛政元	881		20				901
小西四郎兵衛	天明6	160	401	534	100		27	1222
	7	610		473				1083
	8			364		58		422
	寛政元			562				562

注　表中数字は樽数（白鶴酒造㈱発行『白鶴二百三十年の歩み』〈1977〉より）.

(2)　酒の直し屋

上方から江戸まで早くて一週間、普通二週間かかって運ばれてくる間に、微生物変敗によって酒が濁り、酸っぱくなることがよく起こったに違いない。そこで活躍するのが酒の直し屋である。前出の『燕石十種』(一八五七～六三年編)のなかに、伊勢桑名の下級武士が江戸屋敷に勤務中、酒売りの仕方を習って町人となり、本八丁堀裏通り亀島の借家に住んで小売酒屋を始め、所帯を持ったが、女房が酒問屋の手代と密通した。その現場を亭主におさえられた手代が「もしお見逃し下さるなら、悪酒を直す方法を伝授いたします」というので、許してやった代償に酒の直し方を教えてもらった。こうして大悪酒を安く買ってはこれを直して金を儲け、ついに大酒屋にまで成り上がったという話がある。下り酒問屋の手代は酒の直しも大切な仕事の一つだったのであろう。『本朝食鑑』(一六九七)穀部之二、造醸類―酒の項に山灰(山中灰竈灰)を使った酸敗酒の矯正法があり、また前出の『江戸買物独案内』に江戸瀬戸物町の石灰問屋伊勢屋六右衛門では酒の直し灰を売っているとある。『錦囊智術全書』には鮑の白焼きの粉末を加えたり、からす瓜の実の灰を使う直しの方法が詳しく紹介されている。

(3) 小売酒屋

江戸では小売酒屋のことを桝酒屋といった。「桝酒屋の内看板に上酒樽割と書けるあり　升売も准樽売て廉価に鬻の意也」と『守貞漫稿』にみえる。すなわち樽売りの値段に準じて安く升売りしていたのである。下り酒は新川を中心として大川端に軒を並べた酒問屋から仲買、桝酒屋を経て売られて行くが、「豊嶋　内田を旗頭として町々にはびこる酒屋の数、市に遠き寄相辻売　長屋の隅の請売まで其商ふ所の数幾千万といふことを知らず」と安永九年(一七八〇)刊、明誠堂喜三二作『古朽木』にあるように、当時の江戸に五十数軒あった下り酒問屋が仕入れた約七十万樽(一二五万二〇〇〇石＝四万五三六〇キロリットル)の酒が消費者の口に入るまでに実に多くの人の手が関わっていた。

十九世紀初頭の江戸で有名な桝酒屋に内田屋酒店があった。外神田の昌平橋の外にあり、方外道人木下梅庵の天保七年(一八三六)撰になる『江戸名物詩』に「徳利山の如く　酒泉を為す　孔子の門人(昌平橋のそと、湯島の聖堂の隣り

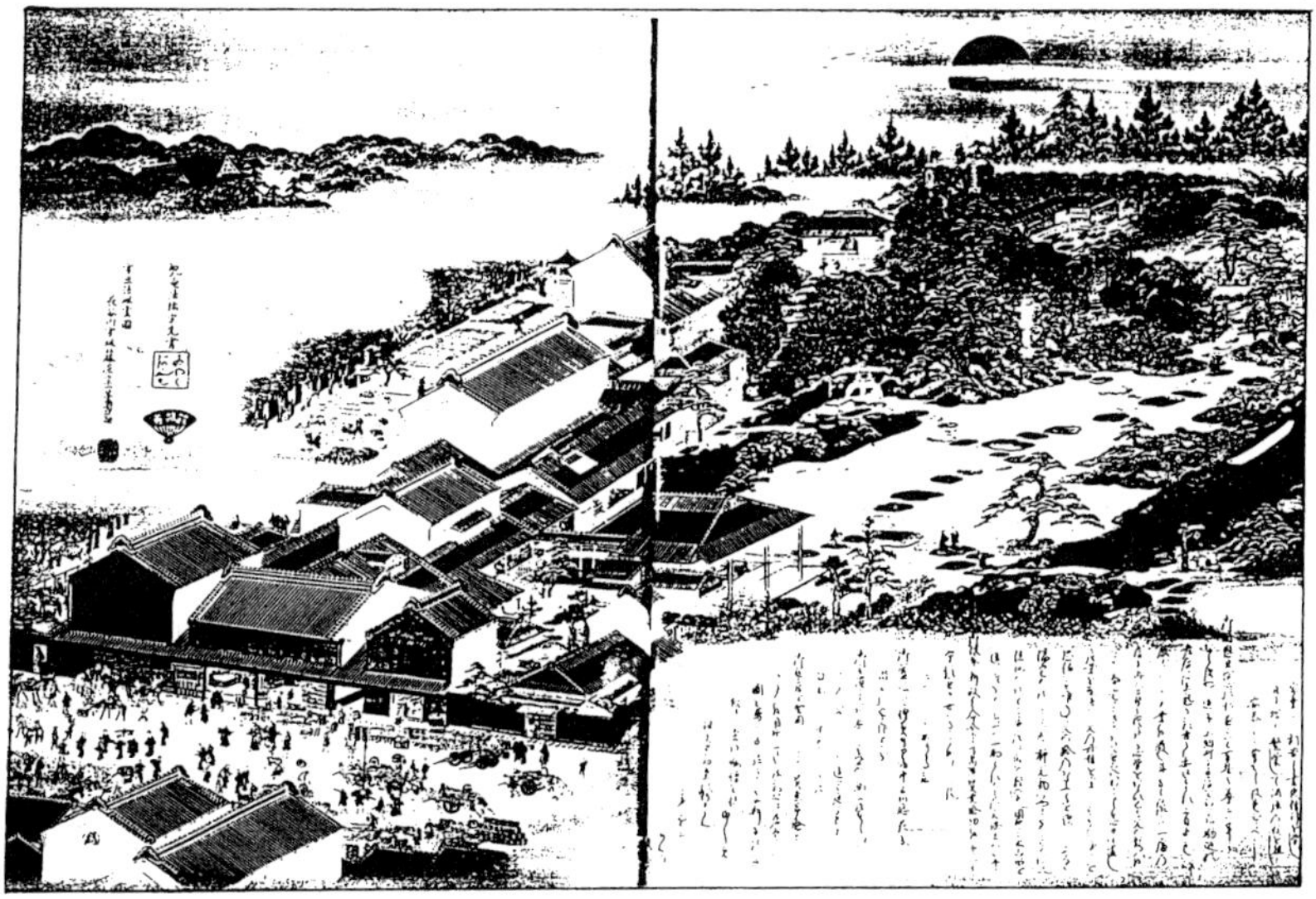

図8　駒込追分町の酒商　髙崎屋長右衛門家の全景
（天保13年〈1842〉長谷川雪旦，雪提作．文京ふるさと歴史館蔵）

にあった昌平坂学問所の学生達のこと）上戸多し　瓢箪を携え至るは　是れ顔淵か（顔淵は常に瓢箪を携えていた酒豪であった）」とあり、これらの学生達が酒を汲みながら四書五経を論じていたのであろう。また、文化期（一八〇四～一八）に「瀧水を升で計る和泉町（『柳多留』）」などと川柳に詠みあげられた四方酒店四方久兵衛は旧吉原の新和泉町に本店を持ち、池田の下り酒《瀧水（俗称赤法師の瀧水　四方のあか）》を看板酒としていた（『江戸買物独案内』）。

藤田理兵衛が貞享四年（一六八七）に著した『江戸鹿子』は桝酒屋を名酒屋、下り酒屋、屋す賣（安売）酒屋と区分して店名を挙げている。『文京区史　巻二』に掲載された江戸駒込追分町の桝酒屋高崎屋長右衛門の請取状（飯塚文治郎氏蔵）に押された印にマル高の屋号の両側に「現金安売」と記し、安売り酒屋であることを標榜している。しかし安売り酒屋と自称はしても、天保十三年（一八四二）に描かれた高崎屋の全景画（図8）のなかに見える酒樽の酒銘は「しら玉、劒菱、敷島、新川、月の友、白雪、江戸一、泉山、泉川、正宗、嶋台、老松」（同区史より）と多種にわたり、酒問屋、桝酒屋がつけた銘柄のほかに、有名な下り酒をも扱っていたことがわかる。しかし零細な家持・地主層や店借層の多い山の手地区などでは直し酒を調合した安酒の需要も多かったに違いない。松本四郎著『近世後期の都市と民衆』(岩波講座日本歴史)によれば文化十一年(一八一四)身代限りした大坂御池通四丁目の橘屋和平の持っていた家財道具は、御神前・釣仏壇・三つ竃・荒神棚各一、畳二、二升鍋・土瓶・行燈・煎茶呑茶碗・茶棚・ほうろく・杓・杓子・小桶・手桶・傘・ござ・火むし・ちょうちん各一、うわ敷・むしろ・膳各五、菜付茶碗二のみであり、庶民が浮世の憂さを晴らす酒は、桝酒屋か居酒屋で安酒を、たまに一杯引っかける程度だったのであろう。

図8の絵は『江戸名所図会』などの挿絵師として有名な長谷川雪旦が構図し、その子の雪堤が彩色したものである。この絵に天保十三年三月に二代目高崎屋長右衛門(牛長と号す)が自ら記した趣意書によると、微々たる酒店であった高崎屋を大店にまで興隆させた老父のために広座敷を造営し、枯れ山水のある庭を造園したが、天保の改革(天保十二年老中水野忠邦の時代)にともない発せられた奢侈禁止令で「市中不相応花美僭上の家作の分御取潰し」ということになり「居宅の図を写し　子々孫々まで斯如なるを観て奢侈驕慢を慎ましめ　祖先の功業の朽さらん事をしらしめん」とある。高崎屋の御子孫は現在も同じ場所(東京大学農学部正門前)で高崎屋として酒小売業を営んでおられる。

東京都の雨水調整池新設工事施工に際し、平成元年(一九八九)十二月から平成三年(一九九一)六月にかけて東京大学農学部正門左(北)側の本郷通りに面した約七〇〇平方メートルの発掘調査が行なわれた。この辺りは安永八年(一七七九)の『分間江戸大絵図完』に「モリ」とあり、御先手組頭役森川金右衛門の屋敷地跡である。平成六年(一九九四)、東京大学構内雨水調整池遺跡調査会発行の報告書『本郷追分　本文編』の磁器類・陶器類観察表にあげられた出土陶磁器三一五六点のうち、明らかに酒器と思われるものを計上すると徳利類の二八〇点、坏類の八六点で、酒器は全体の一一・六パーセントを占めていた。しかも高崎屋長右衛門の通い徳利と思われる「高サキ」「高」「長」と釘書きあるいは瀬戸美濃の産地で施釉前に溝彫した徳利が出土徳利中三〇・三パーセントを占め、また坏や酒に使われたであろう湯呑み型の碗に「マル高」の屋号や高崎屋扱いの酒銘「江戸一」と書かれたものが出土坏類の七・〇パーセントを占めているのは、森川氏やそこに集まる配下の与力同心達は向かいの高崎屋のよき得意先であったことを物語っている（図9）。

当時有名なもう一つの桝酒屋であった豊嶋屋は、寛政十年（一七九八）識語の狩谷望之著『百万塔　当地珍説要秘録』によると「江戸鎌倉河岸豊嶋屋金右衛門と云今名高き酒屋有（中略）始め関口としま屋金右衛門と云油屋のてっち（丁稚）成りしか　鎌倉河岸へ見世（店）を出し　先年御堀浚御普請の節　居酒店豆腐の大田楽を安売して　一日に三十貫宛の利を得しといふ　今に居酒店其通りに売れ　日々繁盛する也　夫より段々と富貴になり　今酒売場並居酒店たばこ店等悉く賑ひけり」とある。文化十五年（一八一八）太田南畝が『万紫千紅』に採録した当時の豊嶋屋の主人が詠んだ歌に「干（鍵十—豊嶋屋の屋号）の家内の

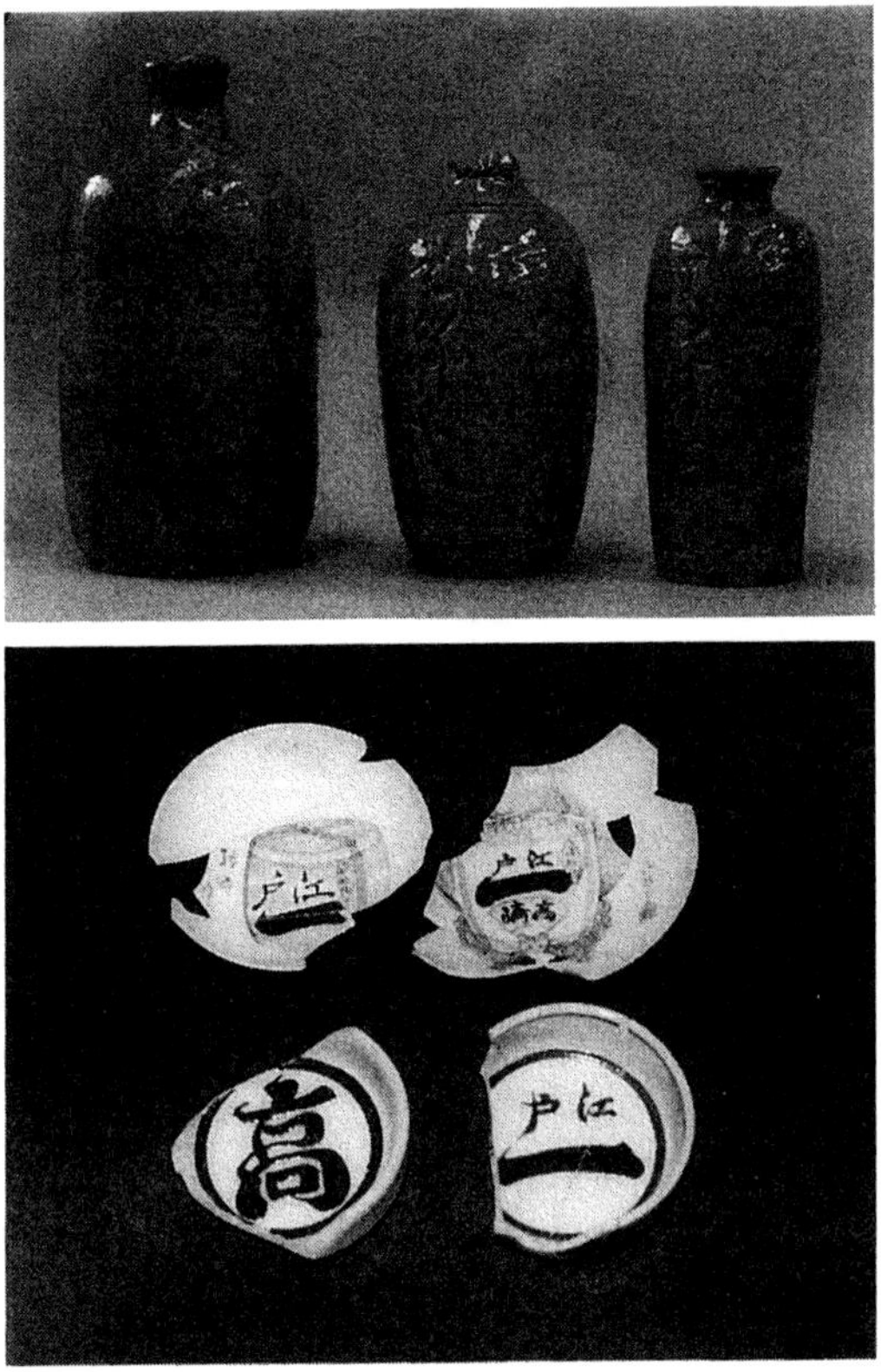

図9　本郷追分の江戸遺跡より出土した高崎屋関連の遺物（東京大学雨水調整池遺跡調査会にて接写）

外は世の人の下戸ならぬをのこ（男子）はよけれ」とある。豊嶋屋の酒樽は他所の酒屋より大きめなものを使っており、他所の店の樽を持って買いに行くと「手前の量に適せず」といって一升について一八匁宛釣銭を戻したという（『五月雨草紙』）。もっとも当たった商いは白酒で、文政七年（一八二四）序の四壁庵茂蔦の『わすれがたり』に「鎌倉河岸豊嶋屋の本店にて毎年二月二十五日　一日の間（『千とせの門』によると二月十八日より十九日の朝までとある）白酒を売り出す　家の前には矢来を結び　入口に木戸を開き　ここにて切手を買ひ　次の場にいたりて白酒をうけ取り　裏の方へ通りぬけるように構えたり　さしも広き往来も止まるかと疑ふばかり　只一日の売高幾千両と云ふことをしらず」とその繁盛ぶりを記している（図10）。その頃の飲酒狂歌合せに「君はただ　かまくら河岸のしろ酒か　もうきれたとはつれなかりける『千とせの門』」とある。前述の東京大学農学部正門脇からの出土品のなかに豊嶋屋の屋号卄が印されたミニチュアの黄色に彩色された徳利があった（図11）。おそらく桃の節句の祭壇に白酒を具えるよう豊嶋屋が販売したか、配ったものであろう。なお豊嶋屋酒店は現在、東京都東村山市久米川で酒造業を営んでいる。

元文元年（一七三六）当時の桝酒屋豊嶋屋の商法を『わかころも』は克明に紹介している。すなわち、酒は樽の仕入れ値段で一合、二合と小売し、儲けは当時一匁から一匁二三分位に売れた空樽の売上げでまかなったと言う。店の片側で豆腐を造り、その豆腐はそのままでは売らず、一丁二八文の豆腐を一四と甚だ大きめに切り、酒店で田楽に焼く。酒の売上を伸ばすために大きな田楽を安く売り、酒も多めに注いで飲ませた。そこで店には荷商人、中間、小者、馬方、駕篭かき、船頭、日傭などが集まり、門前に売物を下ろして酒を飲んでいたので、そこへ行けば野菜など望みの物が買えたため、人が集まり、店は繁盛した。寛保期（一七四一～四四）には大名家へ出入りするようになり、旗本衆、小役人達の寄合には必ず豊嶋屋の樽があったという。麴町、四谷、青山から本郷、小石川、番町、小川町あたりの屋敷はもとより、遠方でも苦にせず、車力や馬足で配達し、地元の酒屋より格別安く、しかも良い酒を届けた。新

図10　鎌倉橋の豊嶋屋での白酒売出し風景（『江戸名所図会』
天保5～7年〈1834―36〉成）

図11　本郷追分の江戸遺跡より出土した豊嶋屋のミニチュア
徳利（東京大学雨水調整池遺跡調査会にて接写）

堀、新川の金廻りの悪い問屋は元値を引いて何百駄も豊嶋屋へ樽を送っても返品されることなく、下り酒の船が着き次第、酒を届けるという約束で問屋は豊嶋屋から前金を借用した。夏場に十日、二十日ともたないような酒は値下げして豊嶋屋へ送れば、一両日のうちに売り尽したという。

三　酒　器

(1)　杯　類

前掲の『本郷追分　遺物編』（一九九四）によると、東京大学農学部正門脇から出土した酒器中もっとも制作年の古いものは「大明万暦年（一五七三〜一六二〇）製」と書かれた磁坏で、ほかに清朝の「乾隆年（一七三六〜九五）製」の銘のあるものを含めて一三点の明・清朝の中国産の磁坏が出土している。国産の磁坏では一六三〇〜五〇年代の肥前百間窯と推定されるものがもっとも古い。十七世紀末から十八世紀末までの坏はすべて肥前産であるが、十九世紀に入ると瀬戸・美濃産の坏に置き換わっているのが特徴的である。このことは十二世紀末頃はじまった古瀬戸が、十六世紀中葉の陶工の美濃移転や、九州産の磁器に押されて衰退し、文化期（一八〇四〜一八）に入って加藤民吉が肥前の磁器の技法を導入して再興したという瀬戸焼の歴史からも裏付けられよう。なお、本郷追分の遺跡は関東ローム層を基盤とする酸性土壌のため漆杯などの木製品は腐朽し、ほとんど出土してしない。

寛政末から天保初期（十八世紀末〜十九世紀初頭）にかけての風俗の変遷を記述した『世のすがた』に「寛政の頃　洗ひ朱塗という盃流行せしが　今はやみて専ら瀬戸物の猪口を用ひ　色々のもようを焼出し　酒席の翫具となせり　又盃洗とて陶器に水を盛り　猪口三つ四つうかべて　賓主相互に洗ひて献酬するを礼のように心得たり」とあり、また

『守貞漫稿』に「盃も近年（十九世紀初中期）は漆盃を用ふる事稀にて磁器を専用とす　京坂も燗徳利は未だ専用せされとも磁盃は専ら行はるる也　磁盃三都（江戸京坂）ともちょくと云ふ　猪口也　三都とも式正塗杯　略には猪口

屠蘇の祝い（銚子に朱塗木杯）「徳川盛世録」

公式の酒宴（長柄銚子に木杯）　岡田玉山「小笠原諸礼大全」文化6年(1809)刊

図12　武家の酒（『絵本金花談』は東北大学附属図書館蔵）

式正にも初塗杯　後猪口を用ふる事銚子に准す」とある。肥前伊万里や江州信楽より安直な瀬戸・美濃の磁坏の江戸進出によって、塗杯から猪口へ移行して行った様子が窺えよう。

図12から主従関係や長幼の序を大切にする武家における酒の取り扱い方をみると、公式には朱塗りの大杯一つを使った回し飲みか、お流れ頂載型の飲み方をし、無礼講のような私的な酒宴になってはじめて銘々に杯が配られていることがわかる。一方、一瓢庵編、青齋武清画の『地口絵手本』から弘化四年（一八四七）当時の庶民の飲み方をみると、裕福な商家の御隠居は袴付の燗徳利と小杯でチビチビと飲み、八っあん・熊さんは貧乏徳利に茶碗やぐい呑みで酒を引っかけている（図13）。

図13　1847年頃の江戸市井の飲酒点描（一瓢庵編，青齋武清画『地口絵手本』弘化４年刊）

(2) 注器類

ひさげ・銚子　図12にみられるように、十九世紀はじめの武家の正式の席で使われていた銚子や長柄の銚子は現在でも婚礼など特別な儀式で用いられている。銚子の原型であるひさげ（偏提）はすでに平安時代には使われていた。

復帰前の沖縄県で見かけられた陶製の酎家《ちゅうかあ》は火にかけて燗すると壊れるので、この流れを汲む注器と思われる。成瀬晃司氏によれば「金属器、漆器などの製品もあり、また正式な酒宴において用いられたためか江戸遺跡からの出土量は少ない」（江戸遺跡研究会第五回大会発表要旨）という。

燗鍋・ちろり　江戸時代の酒造原料米は白く磨いたものでも精米歩合八〇パーセント前後で、現在の清酒より劣化しやすい。そのうえ下り酒となれば蔵元から消費者の口に入るまで常温でかなりの日数を経ているので、色は黄褐色で、砂糖を焦がしたような風味のある紹興酒に近いものと思われ、燗をつけた方が美味しく飲めたに違いない。江戸時代には酒は四季を問わず燗をして飲むのが普通となっていた。燗徳利が現れるまで、酒は燗鍋・ちろりで温められていた。

図14　煮売り酒屋風景（『近世職人尽絵詞』文化２年〈1805〉）

寺島良安の『和漢三才図会』に「酒鐺〔俗に加牟奈倍〕『五車韻瑞』（明の凌稚隆撰）』に、鐺は耳がついていて三足の酒を温める器である（中略）△思うに、酒を温めることを間といい〔冷熱の中間を佳しとするという俗語であろうか〕、それで間鍋〔湯桶詞《ゆとうことば》の類である。おそらく鉄鍋《かねなべ》の訓が誤ってこうなったものか〕という。けれども銚子の代わりに鐺から直ぐに酒を酌むのは卑賤な風習である。」（島田・竹島・樋口訳注、平凡社東洋文庫）とある。鹿児島県で今も慣用されている磁製のチョカは直接火にかけ燗をつけることができるが、これより直接杯に注ぐことから燗鍋の大衆化したものと見做すべきであろう。俳人北条団水（一六六三〜一七一一）が整理・出版した西鶴の遺稿集の一つ『西鶴俗つれづれ』に「永代堀のほとりに　若き者集り　夜まで間鍋絶ず　可さかづきの後みなみな気つよくなりて云々」とあり、燗鍋から直接杯に注いでいたことがわかる。なお〈可杯〉とは底に穴をあけた杯のことで、指で穴を塞ぎ、さされたらそのまま飲み干さねばならない遊び杯のことである。ちろりも燗専用の器ではなく、図14の煮売り酒屋の店先風景のように燗徳利と同じ使い方をされていた。『守貞漫稿』に「ちろり　銅製京坂にてたんぽとも云　近世ちろりにて湯燗にせし也」とある。燗鍋・ちろりは鉄や銅などでつくられたものの他、磁製のものが江戸遺跡から出土しており、火にかけて使ったことを示す煤が底部に付いているちろりも発見されている（成瀬晃司、江戸遺跡研究会第五回大会発表要旨）。

徳　利　本郷追分の東京大学農学部正門脇の江戸遺跡より、破片までを含めて二八〇本の徳利が出土している。その内訳は、前掲の『本郷追分　本文編』の分類から、二合半一一二本、五合七三本、一升二一本、ぺこかん二六本、燗徳利七本、お神酒徳利四本、ほてい一本、ミニチュアのほてい一本、船徳利一本、容量不明の徳利の破片三四本分で、産地は十八世紀の志戸呂焼一七本、底部に天保（一八三〇〜四四）の刻印のある備前焼徳利一本、十九世紀の志戸呂焼および信楽焼の燗徳利各一本のほか二六〇本は総て瀬戸・美濃焼であった。

江戸時代の桝酒屋におかれた枡の種類は二合半、五合、一升の三種が普通であったためか、通い徳利もそれに合わせた容量になっている。なお熊本県球磨地方には《三杯徳利》といって二合半の枡で三杯を計り売りする通い徳利があったというが、本郷追分の遺跡からは出土していない。

出土した徳利を年代別にみると、十七世紀末〜十八世紀前半と推定されるものが二九本（その三四・五パーセントに桝酒屋名の釘書きあり）、十八世紀二一本（釘書き・墨書率六六・七パーセント）、十八世紀後半〜十九世紀初頭一七〇本（釘書き率八九・三パーセント）、十九世紀六〇本（釘書き率一六・七パーセント）であった。この結果より、桝酒屋の景気は十八世紀後半から十九世紀初頭にかけて最高潮に達し、天保の改革以後、江戸市中の活気が失われ、下り酒の消費量減少にともない桝酒屋も凋落して行った様子が窺えよう。

江戸で最も酒が飲まれた十八世紀後半より十九世紀初頭のものと推定される徳利一七〇本を容量別にみると、二合半九五本（釘書き率九四・七パーセント）、五合四八本（釘書き率九一・七パーセント）、一升一九本（釘書き率四七・四パーセント）で、ほかに容量不明のものが八本あった。釘書きのある徳利のうち五四・一パーセントは御先手組頭役であった森川家の向かいの桝酒屋高崎屋長右衛門の通い徳利であることを示す「高サキ」「高」「長」という釘書きがあり、そのうちの五八・三パーセントは二合半、三七・五パーセントは五合、四・二パーセントは一升徳利であることから、森川家の配下の人達は最小必要限度の酒を、その都度、近所の高崎屋から買っては飲んでいたものと思われる。江戸時代の酒は現在の清酒より遥かに保存性（日持ち）が悪かったので、飲み残しする習慣はなかったのであろう。

ぺこかんとして分類されている徳利は、器高・口径・底径から推定して容量二合半から一升までの各種が含まれており、胴に凹みがあるのが特徴である。五合用までのぺこかんは酌をするとき握り易いので酌用の徳利と思われるが、一升用の場合は窯元で焼成するとき変形してしまったものである可能性もあろう。なお《ぺこかん》の名は江戸期の文献に見当たらない。

ほてい徳利は胴に布袋様の像が刻まれている徳利である。文政七年（一八二四）序の『江戸買物独案内』に蔵前猿屋町や日本橋呉服町に店を出している常陸屋での酒のリストのなかに「名酒　布袋酒　一升ニ付代三百文」とあるが、ほてい徳利のミニチュアも出土していることから、布袋酒をつめていた容器だったのであろうか。

燗徳利が何時頃出現したかについて神保五彌氏は日本醸造協会誌六八巻七六頁（一九七三）所載の『江戸戯作と酒』のなかで、「天保元年（一八三〇）刊の『流行物語』に、「袴着たのは燗徳利」とあるのが、私の見る限りでは最初であった。徳利の袴についても『流行物語』以前にこの名があることを知らない」と述べている。本郷追分の江戸遺跡から出土した七本の燗徳利はいずれも十九世紀のものと推定され、また歌川国芳が描いた図15の絵も『流行物語』と同時代のものであり、いずれも神保先生の説を裏付けている。『守貞漫稿』(一八三七～五三)に「燗徳利京坂今も式正略及び料理屋娼家ともに必ず銚子を用ひ燗陶を用ふるは稀也　江戸近年式正にのみ銚子を用ひ略には燗徳利を用ふ　燗して其侭宴席に出すを専らとす　此陶近年の製にて口を大にして大徳利口より移し易きに備り銅鉄器を用ひざる故に美味也　不移故に冷へず　式正にも初めの間銚子を用ひ　一順或三献等の後は専ら徳利を用ふ　常に用之故に銅ちろりの燗酒甚飲み難し　大名も略には用之　京坂も往々用之不遠して京坂是を専用すなるべし」とあり、十九世紀の江戸・京・大坂で、銚子が燗徳利へ置きかわっていった様子がわかる。現在、鉄・銅・マンガンは清酒にとって有害な重金属と見做されている。たとえば、清酒には麴由来のデフェリ・フェリクロームという無色のキレート化合物が含まれており、清酒が鉄に触れると二価鉄イオンを抱合して赤褐色のフェリクロームに変化し、清酒を着色させ、風味も悪くなる。銅鉄製の酒器が陶磁器製に代わったことで酒の味が良くなったという喜田川守貞の指摘は、現在の知識からみて当をえたものであった。

図15　燗を付ける女
(歌川国芳画『人間万事愛婦美八卦意』文化11年～文政期〈1814—30〉)

以上、江戸の酒を概観してきたが、造酒家、下り酒問屋、桝酒屋の有為転変の姿は今日の社会にも通じるものが多々あるように思われる。筆者の専門は醸造学で、歴史や考古学は趣味の域にとどまるが、たまたま東京大学埋蔵文化財調査室の成瀬晃司先生のお誘いにより、東京大学構内雨水調整池遺跡調査会が整理中の出土品を見学する機会を与えられ、江戸時代の酒に興味をひかれ、文献を集めてまとめたものが本稿である。専門分野の異なる先生方からの御教示、御叱正をうることができれば幸いである。終わりに本稿作成にあたり多くの資料を提供していただいた東京大学成瀬晃司氏、練馬区北町で出土品見学の際お世話になった都立学校遺跡調査会主任調査員新里康氏、東京大学構内雨水調整池遺跡調査会調査員飛田千尋氏、中山経一氏に深く感謝の意を表する次第である。

江戸における日本酒流通と飲酒習慣の変遷

成瀬晃司

はじめに

埋蔵文化財から探ることのできる江戸の酒文化は、容器を手掛かりとした研究に集約される。容器とは、酒が江戸に持ち込まれ、消費者に渡る過程で用いられた販売容器と、消費者（あるいは、飲食店業者）が、酒をたしなむために必要な什器、またはそれに至るまでの調理具、注器に大別される。本稿では、こういった出土遺物を中心に取り扱い、江戸における酒文化の推移に迫りたい。

一　酒の取引（販売）容器「徳利」

生産地で出荷された酒が、消費者の手に渡るまでの過程には、菅間氏の指摘にあるように生産者→酒問屋→仲買→桝酒屋（小売店）→消費者といった流通経路が存在する（菅間一九九二）。このうち生産者から桝酒屋までの取引容器にはメーカー出荷時に酒が詰められた樽――いわゆる薦樽で、高崎屋の全景図にも下り酒の銘柄が書かれた大量の樽が描かれている（文京ふるさと歴史館一九九四）――が用いられていた。桝酒屋から消費者の手に渡る過程には、『守貞漫稿』に「……江戸ハ、五合、一升、二三升、四五升トモニ此樽ヲ用フ。酒屋貸樽モアリ。又、売樽モアルナリ。カシタルハ、古キモアリ。売タルハ、新也。略之。進物ニ、此の売物ヲ用フコトアリ。（略）江戸、五合或ハ一升ニ、樽ト此陶ト並ビ用フ。大小アリ。号テ貧乏徳利ト云。其謂ヲ知ラズ。」（朝倉、柏川編一九九二）と書かれているように、一升以下の取引の場合、樽と陶製の徳利が併用されていたことが窺える。また、この記載部分には樽、徳利のイラストが描かれているが、江戸で用いられた徳利の絵には、桝酒屋の屋号と思われる記号が見られる（図1）。このように徳利の胴部に販売店の情報が付記されている製品は、江戸遺跡の発掘調査によって瀬戸・美濃産の灰釉徳利、志戸呂産の鉄釉焼き締め徳利（由右衛門徳利）が知られる。瀬戸・美濃産の徳利の多くには釘書きにより、志戸呂産の徳利には墨書により各々販売店の情報が書き込まれている。

これらの徳利には、生産年代を反映した形態変化が認められ、瀬戸・美濃産灰釉徳利の編年は、長佐古真也（長佐古一九九〇a、一九九二）などによってまとめられている（図2）。長佐古は、各々の形態変化を四段階に分類し、序列化している。またその方向性、および絶対年代の検討を共伴遺物の検証から行ない、I期一段階は、十七世紀後葉、I期二段階は、十七世紀末葉から十八世紀中葉、II期一段階は、十八世紀後葉～十九世紀初頭、II期二段階は、十九世紀前葉～明治初頭に位置付けている。

1　江戸遺跡出土資料からみた徳利出土量の推移

江戸遺跡の発掘調査によって出土する遺物量は、大消費都市江戸を反映し、陶磁器を中心に膨大な量が検出される。

そのため陶磁器組成に関する定量的な分析の必要性は認知されながらも膨大な作業量のため、それが傷害となり調査報告書にデータが掲載される例は多いとはいえない状況が続いている（長佐古一九九〇b）。本節では、破片数、推定個体数と数値の提示方法には差があるものの全ての陶磁器、土器に対し定量化された資料を提示している遺跡のデータを利用し、徳利の出土量が江戸時代を通し、どのように

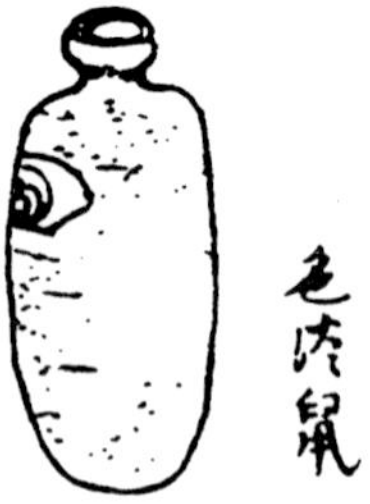

図1　『守貞漫稿』の徳利（色淡鼠）

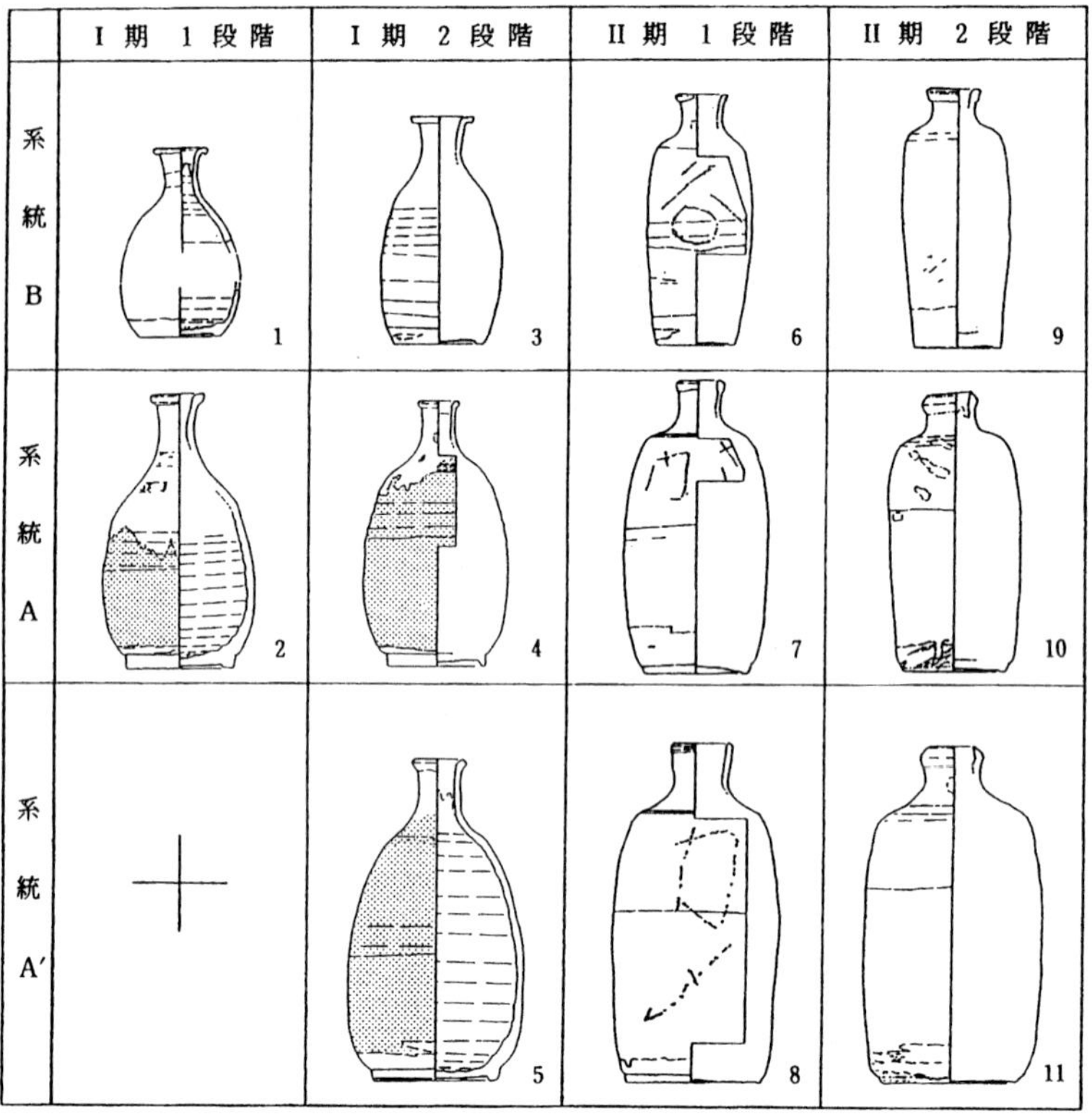

図2　瀬戸・美濃産灰釉徳利の系列（長佐古1992より転載）

推移しているのかについて考えてみたい。

図3は、大名屋敷の例として、港区麻布台一丁目　郵政省飯倉分館構内遺跡（稲葉家下屋敷・上杉家下屋敷跡、以下麻布台と略す）、東京大学本郷構内の遺跡　御殿下記念館地点（加賀藩前田家上屋敷跡、以下御殿下と略す）の破片数による出土量の推移を表したグラフである。実線は瀬戸・美濃産、志戸呂産徳利の陶磁器・土器全体量に対する量比を、破線は瀬戸・美濃産徳利の全体量に対する量比を表現している。両遺跡の瀬戸・美濃産徳利の推移を概観すると、十七世紀後葉では五パーセント弱であった量比が、十八世紀中葉には一〇パーセント前後に増加し、さらに十九世紀前葉に至り激増する動態が窺える点で共通し、低い値を示す御殿下資料で約二五パーセント、麻布台資料では三〇パーセントを超える値を示している。一方、志戸呂産徳利は、十七世紀後葉段階では全体に対する組成比こそ違うものの、両遺跡とも瀬戸・美濃産徳利を凌駕している。しかし、麻布台資料では十八世紀中葉以降ほとんどみられないのに対し、御殿下資料では、十八世紀中葉にピークを示している(1)。その後は一気に減少し、十九世紀以降の徳利流通のシェアは瀬戸・美濃産によって占められるようになる。十九世紀前葉に激増した瀬戸・美濃産徳利であるが、御殿下資料をみる限り十九世紀中葉に減少している点が注目される。

図4は推定個体数による徳利出土量比の推移を表したもので、対象とした遺跡は前述した麻布台に加え、紀尾井町遺跡（紀州藩上屋敷）、新宿区所在の中・下級武家地跡（四谷三丁目遺跡、早稲田南町遺跡、南町遺跡、住吉町遺跡、若松町遺跡）主要遺構出土資料の平均値を図化したものである(2)。麻布台資料では、十八世紀中葉段階以前で認められていた瀬戸・美濃産灰釉徳利の破片数は、個体としては認知にいたらず、推定個体数は、十九世紀前葉段階で資料化されているに止まるが、この状況も該期に激増していることを示唆しているといえよう。新宿区内の武家地跡資料では、志戸呂産徳利はほとんど認められず、瀬戸・美濃産灰釉徳利が徳利全体の推移を反映している。十八世紀段階では、ほぼ全体

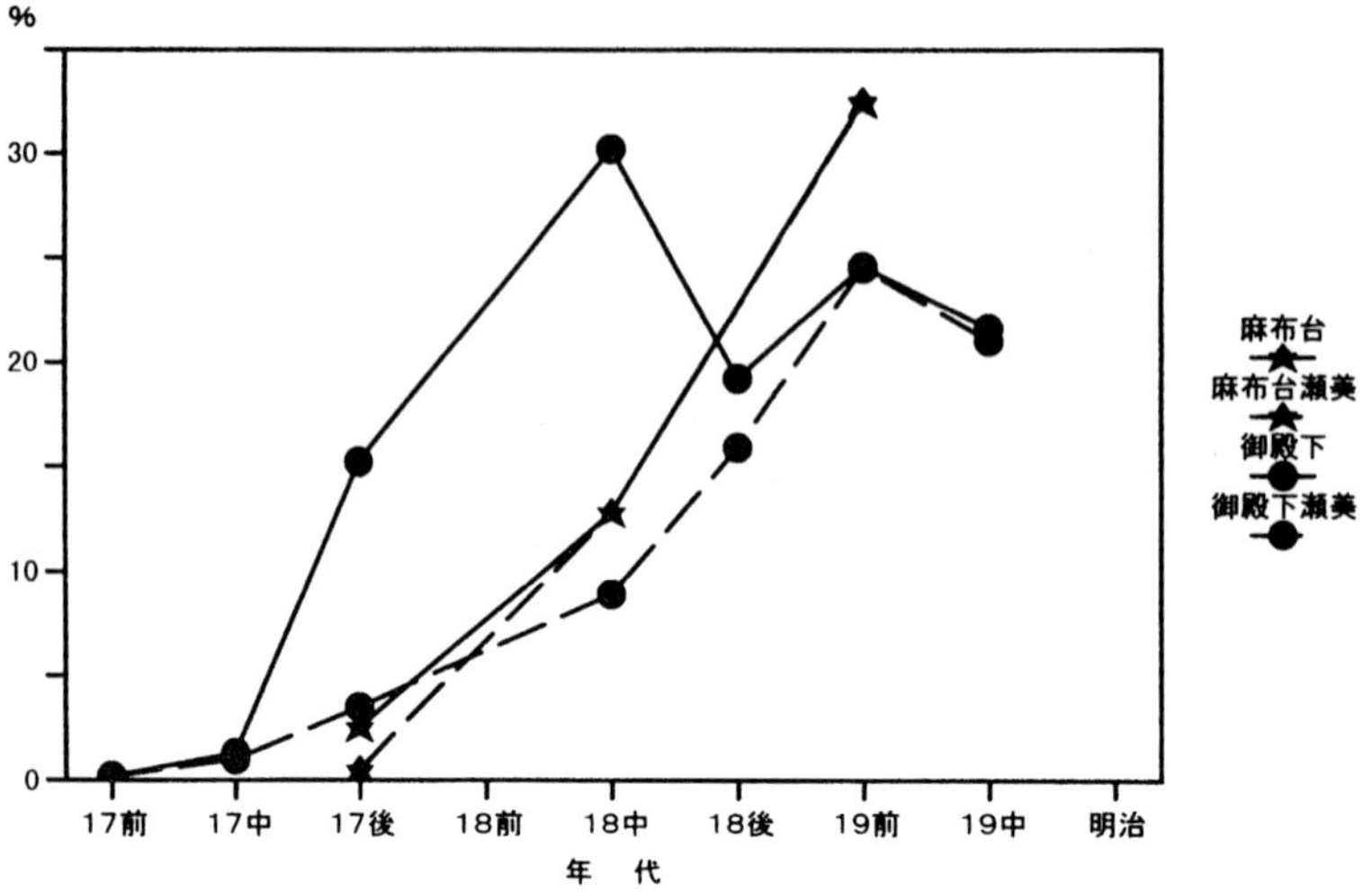

図3　破片数による徳利全体量と瀬戸・美濃産徳利出土量の推移

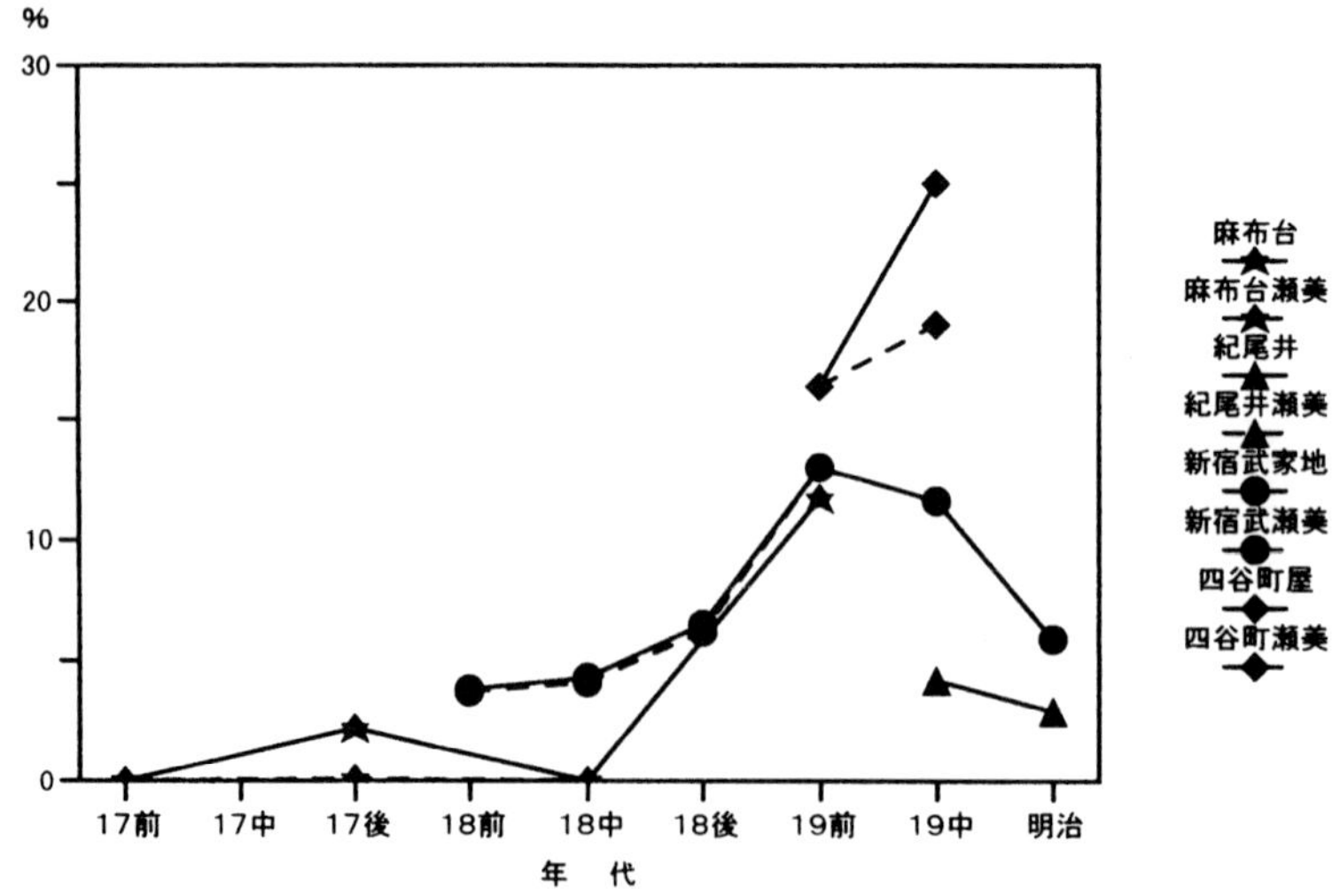

図4　推定個体数による徳利全体量と瀬戸・美濃産徳利出土量の推移

量の五パーセント前後で推移し、前葉から後葉に至り微増している。十九世紀前葉には一気に倍増し一〇パーセント強の値を示し、徳利出土量比のピークとなる。この数値は麻布台資料の該期段階の量比と近似している。その後十九世紀中葉に至り徐々に減少し、明治期の資料では、ピーク時の約二分の一にまで減少している。このような十九世紀中葉以降の減少傾向は、紀尾井町資料でも捉えることができる。また、図3の御殿下資料でも同様の推移を示しており、階層を越えた江戸市場の動態として認識できるのではないだろうか。

2 江戸遺跡における徳利出土量の背景

瀬戸・美濃産灰釉徳利の江戸市場における出土量の推移の特徴として、十八世紀末からの飛躍的な増加を見出すことができた。この背景について、以下に述べる要因が考えられる。

一つには、農家、酒造業といった生産者側の要因である。菅間氏が本書で引用している（表1「江戸入津酒樽数の変遷」）では、天明期から文政期までの入津量の変化を読み取ることができるが、それによると天明年間では、六〇～八〇万樽弱であった入津量が、文化十四年には一〇〇万樽を越し、文政四年には一二二万樽を数えるに至っている。約三十年間でその量は二倍に達している。この表は、天明以前が元禄年間の資料なので、天明の飢饉による米の減収を考慮に入れなければならないが、菅間氏論考の図1で提示された酒造制限に関する法令のうちほとんどが制限令で解除令は、江戸時代全体で五回と非常に少ない。その解除令のうち三回が天明から文政に行なわれている点が注目される。このことは、酒造に利用される米が充分に存在したことを物語っている。またこの時期、酒の生産技術に革命が起こっている。灘では、丹波杜氏の技量や自然的条件などによる品質向上はもとより、天明年間に水車精米が発明され、それまでの足踏み精米に対する労働生産性の向上、均一の高精白米の生産、寒づくりへの集中化などの酒造技術的要因によって、良質の酒を大量に供給できるようになった。

先の表1をみてもその状況は数字上に顕著に表れている。天明年間から文政年間にかけての江戸入津量の増加で、灘は、老舗の伊丹と並び約二倍に増加し、灘酒の江戸入津量全体に占めるシェアは、天明六年に約四一パーセント(三二・一万樽)、文政四年には五五・六パーセント(六八・一万樽)に達し、江戸入津量の半分以上を灘酒が占めていたことがわかる。こうした灘酒を中心とした酒造技術の改革による生産量の増加、生産コストの軽減と、米生産高の安定による酒価格の低下が消費にいっそうの拍車をかけたと推測される。幕府が発した酒造制限令の解除は米生産量の安定に直接的には帰因していると考えられるが、その背景には、酒造を奨励し、税収の増加に対するもくろみも当然あったといえよう。

もう一つには消費者側の要因である。長佐古は享保十一年(一七二六)と安政三年(一八五六)における酒、醤油、魚油の江戸市場における入荷量の比較から、徳利の飛躍的増加は、単純に入荷量の膨大な増加によるところのものではなく、江戸消費市場の質的変化にその要因を求めている。氏の述べる質的変化とは、十九世紀に入り、出土する瀬戸・美濃産灰釉徳利に占める二合半徳利の割合が急激に他の法量を凌駕している点に注目し、江戸市場における下層民の独立が小口取引に拍車をかけているとし(長佐古一九九二)、それに伴う飲酒習慣の浸透も見出すことができよう。

氏が比較資料とした安政期は天保の改革以降、酒造制限令が活発化している時期であり、酒の生産量も低減していることが考えられる。また安政を含む十九世紀第3四半期は、江戸遺跡において一括資料に乏しく断片的であるが、図3に示した東大御殿下資料、図4に示した新宿区内武家地資料からは、十九世紀中葉において出土徳利量の減少が看取される。徳利の流通形態を加味しなくてはならないが、酒の入津量が文化・文政期を含む十九世紀前葉と比較して減少している現れと捉えることができよう。また徳利の激増期である十八世紀末葉から十九世紀前葉は、先にも触れたように、酒の江戸入津量が倍増している時期と一致しており、この時期における瀬戸・美濃産灰釉徳利の激増には、酒の入津・消費量が深く関わっていることが考えられる。その背景には氏が指摘しているように二合半徳利の需要増〈＝小口取引の活性化〉という出土徳利の動向から中、下級階層においての飲酒習慣の浸透が考えられる。

たとえば、文政四年の江戸入津量の総量は、一二二・四万樽で七七一一万リットル、当時の江戸の総人口を一二〇万人と仮定し、その三分の二が飲酒人口とすると、一人当たりの飲酒量は、九六・四リットルとなり、一日平均一・五合を消費した計算になる。この数字は徳利の出土傾向と合わせ、江戸において酒の需要が活性化していることを物語っているとはいえ、酒造地、容器生産地側の動向は、江戸といった大消費地における需要によって喚起されたものであろう。

このような複合的要因により、江戸における飲酒量は急激に増加したと考えられる。

二　江戸遺跡出土資料からみた酒器

出土遺物のなかで酒器と考えられる製品は、調理具と食膳具に大別される。そのなかにはその用途が伝世資料、絵画資料から酒器と判断できる容器と、飲酒にも用いられたであろう複数の用途が想定される容器がある。たとえば、前者にはちろり、燗鍋、銚子、燗徳利、酒盃があり、後者には碗、鉢、土瓶などが考えられる。おおよそ個人で嗜む場合は、瀬戸・美濃産灰釉徳利に代表される枡酒屋からの小口取引容器と、そこから酒が注がれる器（たとえば碗、鉢など）があれば充分であり、飲酒専用器の組成比と飲酒様態とは直接には結びつかないものである。しかし、飲酒専用器の有する形態的特徴と、それが記された文献、絵画資料などでの使用状況から飲酒様態の変遷に近づくことができるものと考える。

江戸で用いられた酒器の形態は文献、絵画資料によって把握することが可能である。本稿では『守貞漫稿』の記載を例に、以下にそれを引用し、出土資料と比較検討したい。

燗　鍋　中古迄ハ、酒ノ燗ニ、此燗鍋ヲ用。銅制ニテ、火上ニ掛ケ、燗メシ也。

近世、チロリニテ、湯燗ニセシ也。チロリ、銅製、京坂ニテタンポトモ云。

銚　子　中古ノ銚子　鉄大形也。又、蓋モ大也。

近世ノ銚子　専ラ小形也。チロリニテ燗メ、コレニ移ス也。

燗徳利　京坂、今モ式正、略及ビ料理屋、娼家トモニ、必ラズ銚子ヲ用ヒ、燗陶ヲ用フルハ稀也。

江戸、近世、式正ニノミ、銚子ヲ用ヒ、略ニハ燗徳利ヲ用フ。燗シテ、其侭宴席ニ出スヲ専トス。

此陶形、近年ノ製ニテ、口ヲ大ニシ、大徳利口ヨリ移シ易キニ備フ。銅鉄器ヲ用ヒザル故ニ、味美也。又、不移故ニ冷ヘズ。式正ニモ、初メノ間、銚子ヲ用ヒ、一順或ハ三献等ノ後ハ、専ラ徳利ヲ用フ。常ニ用之故ニ、銅チロリノ燗酒飲難シ。大名モ、略ニハ用之。京坂モ、往々用之。不遠シテ、京坂、是ヲ専用スナルベシ。

近世木塗盃　惣朱漆、内金蒔絵ヲ専トス。

並ニ、太ダ大小形アリ。又、式正ニハ、三ツ組ト称シ、上小、中々、下大形ヲ累ネ、杯台ニ載ルモアリ。

近世猪口　尾張ニテ専ラ焼之。昔ハ、陶器磁器トモ、初メ紋模様等ヲ描キ彩リ、後ニ白玉粉ト云ヲ掛テ、焼成ル也。然ルニ、文政此ヨリ、此猪口ヲ白ノママ、白玉ヲカケ焼テ、無文ナルヲ太白ト云。是ニ、江戸大坂等ニテ、藍及ビ諸彩、金銀泥ヲ以テ、種々密画ヲカキ、其彩品ニ白玉粉等ヲ加ヘタル故ニ、再竃ニ焼テ属之也。号テ、キンガキト云。錦書ナルべシ。其美、味曾有也。近年是ヲ専用セシガ、三五年来、数彩ハ稍廃シ、藍或ハ、金銀画行ル。

此他、舶来ノ物ヲモ用フ。舶来ノ物等ハ、内外ゴスノ藍絵アリ。再焼ノ物ニ非ズ。

とあり（図5）、「猪口」「盃」「燗鍋」「ちろり」「銚子」「燗徳利」が、酒器として表記されている。ここに掲げた酒器はいずれも挿絵が掲載されており、以下にそれと江戸遺跡出土資料（図6）と比較する。

1は、漆器の杯である。高台は高くハの字状に開く、体部は緩やかに内湾しながらハの字状に強く開き、器高は低い。見込みには金

図5　史料にみられる酒器（1～6『守貞漫稿』，7・8『和漢三才図会』）

彩などによって文様が描かれている。この形態の漆器は、『守貞漫稿』の他『和漢三才図会』にも記載され、それによれば、元来はかわらけを指し、その器形を木杯に写し、全面に漆を施し、『守貞漫稿』同様、内面には蒔絵が描かれているとある（谷川一九八〇）。2〜7は磁器の小坏である。2、3は肥前系の製品で器厚は全体的に1〜2ミリと非常に薄く整形されている。口径は6〜7センチを測り、口縁部は外反する。内外面に模様が描かれているが、2は染付、3は金彩である。4〜7は瀬戸・美濃系の製品である。丸碗形の器形を呈し、口径は6〜7センチを測る。特に5の製品は高台の整形に特徴があり、クランク状に一段外側に張り出している。模様は見込みに描かれ、4は色絵、5〜7は白玉絵付けである。これらの小坏は、『守貞漫稿』の近世猪口に対比され、挿絵解説の「薄キコト、紙ノ如ク、口径二寸許、深サ八分バカリ也」とも一致する。江戸遺跡出土資料では、特に白玉絵付けの出土例が多く見られ、6のような名所絵、7のような酒のブランド名なども認められる。8〜10は水注形製品である。これらの注口部は、断面半円形を呈し、上部が開口している点で共通している。この注口形態は、酒器として記載された『和漢三才図会』の「偏提」「銚子」、『守貞漫稿』の「燗鍋」「ちろり」を始め、絵画資料や、伝世資料における酒器の注口形態と共通し、出土資料の用途を酒器に限定する際の指標となり得るであろう。また注口形態以外にも蓋受けを有し、一体型の釣り手もしくは釣り手を掛けるための耳を有する点で共通し、これらの形態的特徴から他の注口部を有する製品（片口、土瓶、急須）と区別される。さらに水注形製品は以下の点で細分される。注口＋一体型釣り手（8）。注口＋耳＋三足（9）。注口＋耳＋筒形（10）。各形態を文献、絵画資料と比較すると各々銚子、燗鍋、ちろりに対比される。11は、短径で口縁部が外反する瓶である。『守貞漫稿』では、この製品と同形態の酒器が燗徳利として記載されている。江戸遺跡出土資料では、この他に口縁が直立、もしくは鳶口を呈する形態などバリエーションが存在するが、いずれも十九世紀第2四半期以降に増加傾向が認められ、燗徳利として考えたい。

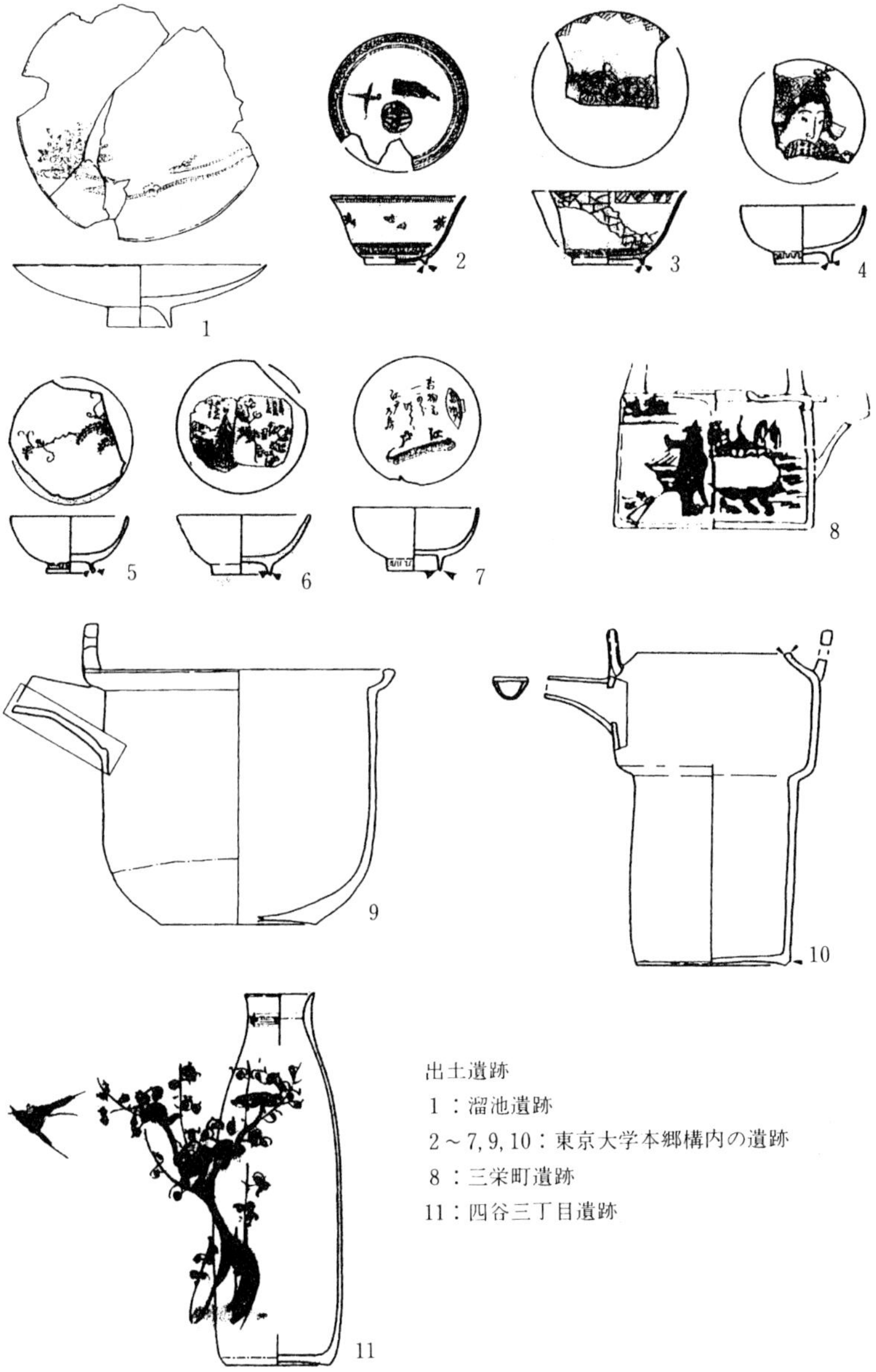

出土遺跡
1：溜池遺跡
2～7, 9, 10：東京大学本郷構内の遺跡
8：三栄町遺跡
11：四谷三丁目遺跡

図６　江戸遺跡出土の酒器

以上が文献資料との対比から酒器としての用途を付与できる資料であるが、江戸遺跡内での出土事例を肥前磁器などの共伴遺物の年代観をもとに、各形態の変遷を提示したのが上掲の表である。漆杯に関しては、ほぼ江戸時代全時期において武家屋敷を中心とした出土傾向が窺えた。磁器小坏は、十九世紀第1四半期から出土事例が認められ、十九世紀第2四半期頃より白玉絵付けの製品を中心に増加する。銚子に関しては、出土事例が非常に少なく、傾向としては捉えることはできないが、事例としては十七～十八世紀代に認められる。燗鍋は、わずかに銅製品の出土事例が報告されているが、ほとんどが陶器である。十八世紀代に出土事例が認められる。ちろりも銚子同様非常に出土事例は少ない。燗徳利は、十九世紀第2四半期より増加傾向が認められる。これらの出土傾向から、銚子、燗鍋、ちろりが、十八世紀代までを中心とし、十九世紀以降に、磁器小坏、燗徳利などを中心とした組成に変化していく様相をおおむね把握することができる。

表　江戸遺跡における酒器の出土状況

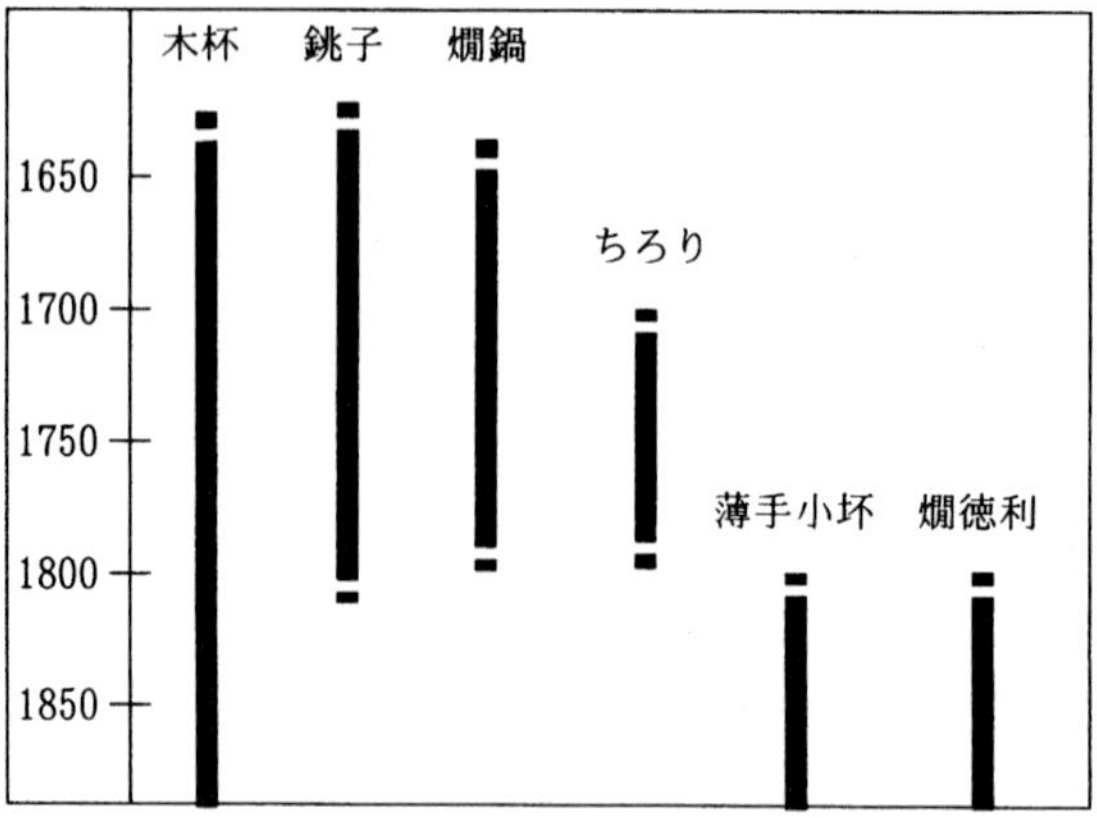

おわりに

以上、江戸遺跡における徳利出土量の推移と、酒器の変遷に関して述べてきた。徳利出土量比の増加、磁器小坏、燗徳利などの新器種登場による陶磁器類の組成変化は、ともに文化・文政期に認められ、該期に画期を設定することが可能である。こうした動態の背景には、飲酒形態の変化と、酒の需要増とが深く関連していると考えられるが、『守貞漫稿』の「江戸、近世、式正ニノミ、銚子ヲ用ヒ、略ニハ燗徳利ヲ用フ」とする記載から推測することができる。すなわち、江戸における燗徳利、磁器小坏の普及は、日常における宴会（飲酒機会）の増加を意味していると位置付けられるからである。これは飲酒の場が、公の宴席からプライベートな飲酒にまで拡がりを見せていることを傍証する資料となり得る。図7は『久留米藩士江戸勤番長屋絵巻』（江戸東京博物館蔵）の一部である。この絵巻は、江戸勤番を体験した藩士が、当時を懐かしんで描かせたもので、天保十年前後の三田上屋敷内でのごく日常的な長屋生活の様子とされている。十三の場面から構成されているが、そのうちの六場面が飲酒風景である。そこには、瀬戸・美濃産灰釉徳利とみられる大小の徳利、土瓶のなかで湯煎されている燗徳利、染付とみられる小坏と、それを洗う片口を利用した杯洗等が描かれており、まさしく『守貞漫稿』に表記された日常生活における酒宴風景をみることができる。また、江戸後期には、遊興地の繁栄など個人レベルの娯楽が浸透し、そこに形成された「ミセ」が繁栄した様相が考古

図７　『久留米藩士江戸勤番長屋絵巻』より
（江戸東京博物館蔵）

資料からも論じられている（水本一九九六）。

このような個人生活における飲酒習慣の定着と、酒の量産化による価格動向などが相互に関連し、江戸における酒の消費量に影響を与え、さらに「いくら経済難であっても他の階層からみれば、比較的潤沢な藩邸の家臣や規律の束縛が緩やかな流入民が多く居住し、またその結果、単身男性の比率も高いなど、江戸独特の人口構成に基づく生活習慣の特徴が、消費活動にも大きな影響を与えていたことを示していると解釈しておきたい。」（長佐古一九九三）とした長佐古の指摘にみられる江戸構成民の特性が、飲酒人口の比率を上げ、酒の消費量に大きな影響を及ぼしたといえよう。

〔附記〕　一九九二年に行なわれた「考古学と江戸文化」の大会の折には、お忙しいなかご無理をお願いして、貴重な発表をいただき、また本書の出版に関しても、早々の書き下ろしによる論考を賜りました菅間誠之助先生は、誠に残念ながら平成八年、本書編集中に急逝されました。この場をお借りして心からご冥福をお祈り申し上げます。また、先生からは遅々として進まぬ編集作業に対し、たびたびお叱りの言葉を受けました。にもかかわらず、先生のご存命中に本書を刊行することができず、深くお詫び申し上げます。

註

（1）　松下氏によって、東京大学本郷構内の遺跡　医学部附属病院地点（大聖寺藩前田家上屋敷・榊原家中屋敷跡など）出土の徳利の産地別組成比が提示されているが、それによると病院編年VI期（一七六〇～八〇年代）で、志戸呂産徳利は五三・三パーセントを示し、前段階から倍増し、ピークを有している。また、本郷構内の他地点の調査においても、十八世紀中葉の遺構出土資料に志戸呂産徳利の量が多い傾向は、可視的にも捉えられており、少なくとも本郷構内に位置する大名屋敷の傾向として認知することができる（松下一九九〇）。

（2） 報告書に掲載されている遺物組成表に提示された陶磁器・土器の推定個体数が一〇〇個体以上の資料を抽出した。

〈参考文献〉

朝倉治彦・柏川修一編　一九九二『守貞漫稿』第五巻　東京堂出版
池田悦夫　一九九八「美濃『高田徳利』に至る形態変化の過程について――消費地江戸遺跡からの検討――」『法政考古学』第二四集
江戸東京博物館　一九九七『参勤交代――巨大都市江戸のなりたち――』
小泉武夫　一九九二『日本酒ルネッサンス』中公新書
新宿区遺跡調査会　一九九四『東京都新宿区　早稲田南町遺跡』
新宿区遺跡調査会　一九九六『東京都新宿区　住吉町遺跡』
新宿区遺跡調査会　一九九六『東京都新宿区　若松町遺跡』
新宿区南町遺跡調査団　一九九四『東京都新宿区　南町遺跡』
新宿区四谷三丁目遺跡調査団　一九九一『東京都新宿区　四谷三丁目遺跡』
新宿区立新宿歴史博物館　一九八九『江戸のくらし――近世考古学の世界――』
菅間誠之助　一九九二「江戸の酒」『考古学と江戸文化』江戸遺跡研究会第五回大会発表要旨
谷川健一編　一九九〇「和漢三才図会（一）」『日本庶民生活史料集成』第二十八巻
千代田区紀尾井町遺跡調査会　一九八八『東京都千代田区　紀尾井町遺跡調査報告書』
東京大学遺跡調査室　一九九〇『東京大学本郷構内の遺跡　医学部附属病院地点』東京大学遺跡調査室発掘調査報告書三
東京大学埋蔵文化財調査室　一九九〇『東京大学本郷構内の遺跡　山上会館・御殿下記念館地点』東京大学埋蔵文化財調査室発掘調査報告書四
長佐古真也　一九九〇a「近世江戸市場の動向と窯業生産への影響」『東京大学本郷構内の遺跡　法学部四号館・文学部三号館建設地

遺跡』東京大学遺跡調査室発掘調査報告書二
長佐古真也　一九九〇b「消費遺跡における陶磁器組成研究の視点とその一例――江戸市場が陶磁器生産に与える影響――」『江戸の陶磁器』江戸遺跡研究会第三回大会発表要旨
長佐古真也　一九九二「近世『徳利』の諸様相――瀬戸美濃産灰釉系徳利をめぐる型式学的考察――」『江戸の食文化』吉川弘文館
長佐古真也　一九九三「出土陶磁器の様相からみる消費地・江戸」『考古学ジャーナル』No.三五六
成瀬晃司　一九九二「コメント江戸遺跡出土の酒器」『考古学と江戸文化』江戸遺跡研究会第五回大会発表要旨
成瀬晃司　一九九八「江戸遺跡出土資料からみた徳利出土量の推移」『江戸と周辺地域』江戸遺跡研究会第十一回大会発表要旨
文京ふるさと歴史館　一九九四『江戸の大店高崎屋』
松下理恵　一九九〇「医学部附属病院地点出土の徳利について」『東京大学本郷構内の遺跡　医学部附属病院地点』東京大学遺跡調査室発掘調査報告書三
水本和美　一九九六「江戸と遊興地」『江戸の都市空間』江戸遺跡研究会第十回大会
港区麻布台一丁目遺跡調査団　一九八六『麻布台一丁目　郵政省飯倉分館構内遺跡』
吉田　元　一九九七『江戸の酒　その技術・経済・文化』朝日選書

江戸時代のたばこ

谷田有史

一　たばこの伝来と喫煙具

1　日本へのたばこ伝来時期

たばこは南米を原産地とする植物で、今から五〇〇年前の一四九二年、コロンブスが新大陸（アメリカ大陸）に到達した際、原住民の喫煙の風習を知り、それから世界中に広まった。

日本にたばこが伝えられた時期については諸説あり、古いものでは元亀・天正（一五七〇〜一五九二）ころ伝来したという説がある。また、江戸時代後期の蘭医で蘭学者の大槻玄澤《おおつきげんたく》（一七五七〜一八二七）が著した『蔫録《えんろく》』というたばこの文献には、太閤秀吉が愛用したという「水口《みなくち》きせる」が紹介されており、秀吉の側室・淀君は日本の女性喫煙者第一号だったという巷説もあるが、これらを証明する史料はいまのところみあたらない。

日本へのたばこ伝来に関する史料として現存する最も古いものは、スペインのマドリード旧王宮図書館に収蔵されている記録で、慶長六年（一六〇一）にスペインのフランシスコ会司祭ジェロニモ・デ・ジェズス・デ・カストロと修道士ペドロ・デ・ブルギーリョスの一行が伏見で徳川家康に謁見した際、家康にたばこの葉を原料とした薬と、たばこの種子を献上したというものである。[1] しかし、このころには南蛮人と呼ばれていたスペイン人・ポルトガル人との間で貿易（南蛮貿易）が盛んに行なわれており、九州の平戸・長崎といった港町では当然彼らとの交流もあったであろうから、おそらく十六世紀末ころまでには、伝えられていたのではないかと推察される。

日本国内の史料には、慶長年間（一五九六～一六一五）の中ごろから、たばこや喫煙に関する記事が登場してくる。『徳川実紀』には、慶長十年（一六〇五）に初めて禁煙令が出されたという記事があり、[2] 慶長十九年（一六一四）に三浦浄心が著したといわれる『慶長見聞集《けいちょうけんもんしゅう》』には、「たばこといふ草近年異国より渡り、老若男女此草に火を付、煙をのみ給ひぬ」とあって、[3] このころ〈たばこ〉が新しい嗜好品として日本人の間で急速に広まっていった状況がうかがえる。

2　きせるの起源

日本のきせるの起源については、たばこの伝来時期と同様に史料が乏しく、はっきりしたことはわからない。江戸時代の文献などによれば、たばこが伝来した当初は、葉を巻いて吸ったり、あるいはその葉を割って紙を貼り、これを巻いて吸う、といった喫煙方法がとられたという。そのうちに、葭《あし》や細い竹の先を斜めに削いで、刻んだたばこを盛って吸ったり、竹の節先を少し残して切り、それを火皿とし、中の節に小穴をあけて煙りを通すようにしたという。しかし、これらは筒状の物で「きせる」というよりも、シガレットホルダーの形状に近い。また、たばこの葉を詰める火皿と吸口が別々に付いている、パイプ形の「竹きせる」と呼ばれているものもあった。これは、小さい竹を節の下で切って火皿とし、その横に穴をあけて別の細い竹を挿し込んだ、竹のひしゃくに似た形のもので、福岡県や佐賀県などの一部では、祭りの際の神事用として近年まで使用されている(4)。

このような竹筒、竹きせるがどの程度（期間・地域といった面で）用いられたか詳しくは分からないが、その後、ホルダー形やパイプ形の喫煙具が日本では主流とならなかったところを見ると、こうした喫煙具が使用された時期は比較的短かったのではないかと思われる。おそらくきせるの起源も、南蛮人たちが用いていた喫煙具を見て、それを模して金属製のきせるをつくるようになったのではないだろうか。

図１　観能図屏風（部分）（神戸市立博物館蔵）

江戸時代初期のきせるの形は、近世風俗画などの絵画資料を見ると、いずれも長くて、たばこの葉を詰める火皿が大きく、火皿のすぐ下の部分が下方に大きく湾曲しているのが特徴である（図1）。火皿が大きいのは、たばこの刻み方が荒かったためと思われ、時代が降るのにしたがって小さくなるとともに、火皿の湾曲の度合が少なくなっていく。これは、喫煙の風習が一般に広まるにつれて、火つきがよくて吸いやすいたばこが求められるようになり、それにあわせてたばこの葉をより細く刻む技術が進んだからであろう。きせるそのものを作る技術が発達したこと、携帯の便を考えて長さが短くなったといった理由も考えられる。また、時代の流れとともに、使用者の地位や職種、性別などによって、素材をはじめ、「雁首《がんくび》」と呼ばれるきせるの頭部や「吸口《すいくち》」の形状、長さや大きさが多種多様に変化・変遷し、工芸的に見ても優れたものも作られるようになった。

なお、きせるの語源は、江戸時代から「蛮語＝外国から渡来した言葉」であるといわれていたが、その語源がカンボジア語のKHSIER（クシェル）に由来するという、幕末・明治に活躍したイギリス外交官のアーネスト・サトーの説を紹介したのは、『広辞苑』の編者であり、南蛮学の権威者でもあった新村出《しんむらいずる》博士である。(5) 現在ではこの説が一般的に支持されている。

また、江戸時代、きせるの文字は、「幾世留」「希施婁」「幾世流」「喜世留」などの当て字が使われている。この他、雁首と吸口を結ぶ管を「らう（らお）」と呼ぶが、これはラオスで産する斑竹が用いられたことに由来するといわれ、「羅宇」の字が当てられている。

3　日本の喫煙具と部分名称

明治維新後、シガレット（紙巻たばこ）などの新しい喫煙方法が欧米から入ってくるまで、日本では「たばこの葉を髪の毛ほどに細かく刻んだ刻みたばこをきせるで吸う」という喫煙方法が一般的で、この喫煙方法が「きせる」をはじめ、「たばこ盆」「たばこ入れ」などの日本特有の喫煙具を生む基になった。しかし、現在では世界的に見てもシガレットの時代で、「きせる」を用いて喫煙する風景は、ほとんど見かけなくなってしまった。

第二章と第三章では、今日の日常生活ではほとんど目にすることがなくなったこれら「きせる」「たばこ盆」「たばこ入れ」について、その歴史と形態、使用素材などを図や写真を添えながら解説していきたい。

二　きせる

1　きせるの部分名称

きせるはたばこを吸うための道具であり、基本的には、刻みたばこを詰めて火をつける「火皿」、たばこの煙を通す「管」、煙を吸い込む「吸口」の三部分から成る。きせるには、多種多様の形があって定まった形というものは無い。

あえて分類するならば、①きせるの火皿と吸口の部分を金属などで作り、たばこの煙を通す管の部分は竹や木などを用いた「羅宇《らう》きせる」と、②火皿・管・吸口のすべてを金属で作った「延《の》べきせる」の二種類に分けられる。

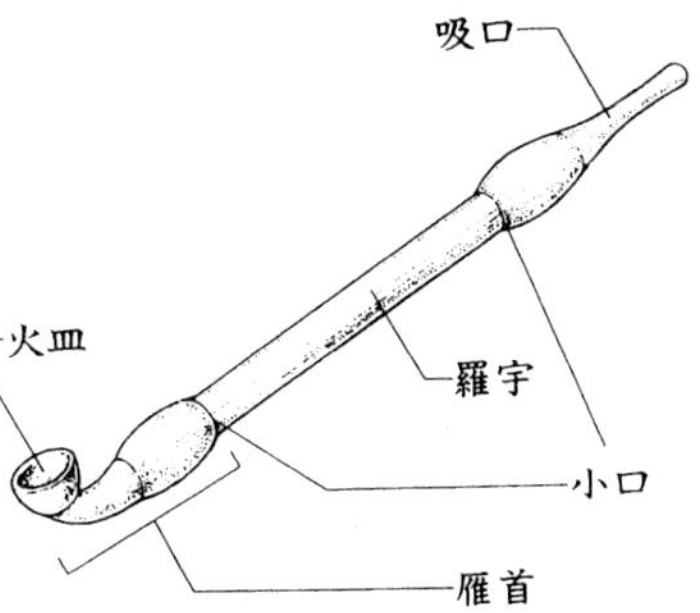

図2　きせるの部分名称

また、きせるの部分名称も、細部においては決まった名称は少ない。以下に記した部分名称は、たばこと塩の博物館で用いている「きせるの部分名称」を参考とした（図2）。

(1)　火《ひ》　皿《ざら》

たばこを詰める椀形の部分。

(2)　雁《がん》　首《くび》

広義では、きせるの頭部全体をいい、「火皿」と「火皿のつけ根から、羅宇と接合する部分」までをさす。狭義では、「火皿」を除いた部分をさす。なお、「雁首」という名称は、この部分が渡り鳥の〝雁〟の首に似ているので名付けられたといわれる。

(3) 肩《かた》

初期のきせるの中には、羅宇を挿入する部分にひとまわり径の大きい管を接合している形のものがある。この管を「肩」と呼ぶ。

(4) 小《こ》口《ぐち》

羅宇きせるの、雁首と吸口の羅宇に接する部分をさす。

(5) 胴《どう》

羅宇きせるの場合、雁首の火皿と小口に挟まれた部分と、吸口の唇をつける口元と小口に挟まれた部分をさす。延べきせるの場合は、火皿と吸口の間の中間部分をさす。

(6) 吸《すい》口《くち》

広義ではきせるの尾部全体を、狭義では唇をつける口元の部分をさす。

2 きせるの形

きせるの形は非常に種類が多い。文政六年（一八二三）に葛飾北斎が著した『今様櫛𥲄雛形《いまようせっきんひながた》』には、このころのきせるの形とその名称が記してあり、「さくら」「あさがほ」「ふくじゆさう」「いも」「まつむし」「せきしう」「ゑどさくら」「りきう」「しゆつせ」「ほんがたじよしん」「御めしばり」「いしやま大津」といったきせるの形を絵入りで紹介している（図3）。同書の中で北斎は「きせるのかたちハそのときのりうこうにしたがひいろいろへんかすべし」と述べており、当時すでに、いろいろな形のきせるがあったことがうかがわれる。

このように多種にわたるので、形だけを参考に時代を判定することは大変むずかしい作業である。ただし、初期のきせるについては「火皿の部分に小穴を穿《うが》つ」「火皿が大きい」「雁首の部分が大きく湾曲している」などの特徴が見出せる。

また、江戸時代初期のきせるは、他の生活用品の多くがそうであったように、関西地方でつくられていたものが流通していたらしい。ちなみに、きせるを作ることを「張《は》る」というが、江戸の諸商店を紹介した文政七年（一八二四）刊『江戸《えど》買物独案内《かいものひとりあんない》』のきせる屋の項を見ると、「江戸地張御煙管師（所）」などとある。これは関西製のきせるではなくて、地元の江戸で作られたきせる（＝地張《じばり》）であることをうたっているのである。

江戸において、いつごろからきせるの生産が始まったのかは明らかではないが、初期のきせるについて見るならば、江戸（東京）から出土したものだけでなく、日本各地で出土したものと比較検討していく必要があるだろう。

3　きせるの素材

きせるの素材には、金属・木・石・陶器・ガラスなどが使われているが、これら

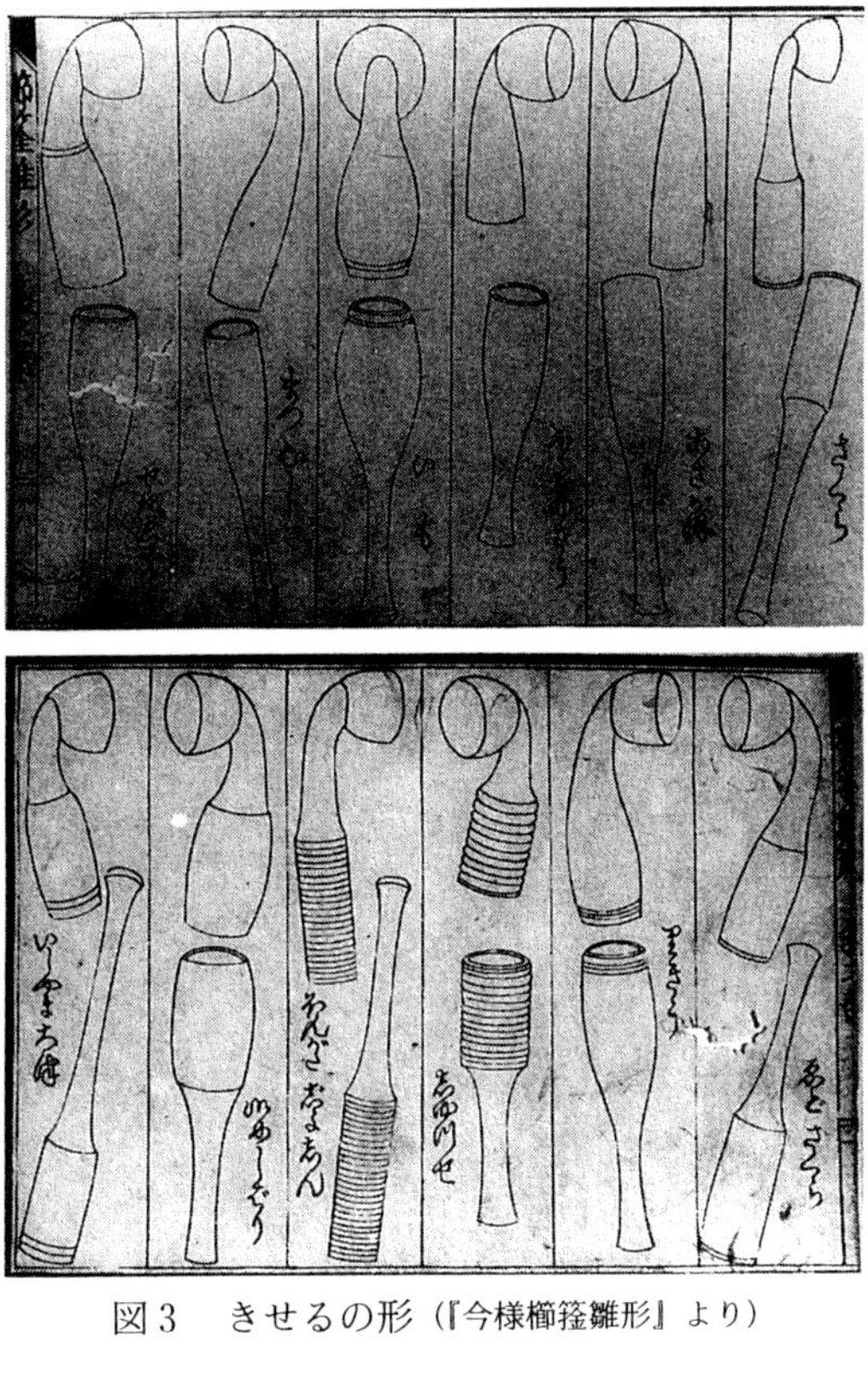

図3　きせるの形（『今様櫛筓雛形』より）

の中では、金属製のものが最も多い。これは素材として加工しやすく、また耐久性に富むからである。使用される金属は、鉄・銅・真鍮・赤銅・四分一《しぶいち》・錫・銀・金などで、全体的に見ると、銅あるいは銅の合金を素材としたものが多い。

初期のころのきせるは、一種類の金属だけで作るものが多かったが、時代が降るとともに、何種類かの金属を併用してつくられたものが増えてくる。これは、きせるの製作技術が進歩したのと、何種類かの色合いの違う金属を使って作ることで、色彩的な変化をつけたのであろう。また、鍍金《ときん》や鍍銀《とぎん》を施したり、象嵌《ぞうがん》などの彫金技術を駆使して模様を彫るなど、装飾が加えられるようになり、たばこを吸うための機能面だけの道具から、装飾品としての意味あいも強まってきた。木・石・陶器・ガラスなどを素材としたものは、地域的・趣味的なものが多く、金属製のものに比べると数は少ない。

羅宇の部分について見ると、素材は竹が最も多い。他には樫などの堅い木材、高級品は黒檀《こくたん》・紫檀《したん》などを用い、象牙《ぞうげ》や堆朱《ついしゅ》を使用したものもある。竹も、斑竹を使用したり、斑竹を模して水玉文を染め付けたり、焼き付けたりしたもの、朱漆や黒漆を塗ったもの、蒔絵を施したもの、籐巻や青貝・螺鈿《らでん》などの装飾を加えたものなど、多種にわたっている。(6)

4　水口《みなくち》きせる

「水口きせる」は数多いきせるの形の中でも特徴的な形をしているきせるである（図4）。雁首と吸口の部分が八角形で、その一面ずつに「水口」「権兵衛」「吉久」などの文字と桐紋を彫刻しているのが特徴である。「天正五年（一五七七）に豊臣秀吉が、近江国水口（現在の滋賀県甲賀郡水口町）の権兵衛吉久に命じてつくらせた」と伝えられ、別名

「太閤張」とも呼ばれる（図5）。しかし、前述したように日本での喫煙の流行は慶長年間の中ごろからであり、現在ではこのきせるが、天正五年という時期に製作された説は疑問視されている(7)。

水口きせるは江戸の遺跡からも時折出土していて、その中には、「火皿の部分に小穴を穿つ」「火皿が大きい」「雁首の部分が大きく湾曲している」などの初期のきせるの特徴を持つものがあり、比較的早い時期から水口きせるの製作は始まったと考えられる。しかし、このきせるは土産物として江戸時代後期まで作られていたといわれているので、水口きせるの形をしているという点だけで「江戸時代初期のものである」と時代を判定することはできない。形だけでなく、使用されている金属の種類などにも注意を払う必要があるだろう。

形態的に特徴があり、製作の開始時期も古いと考えられているので、発掘に際しては注意して見ていただきたいきせるの一つである。

図4　水口きせる

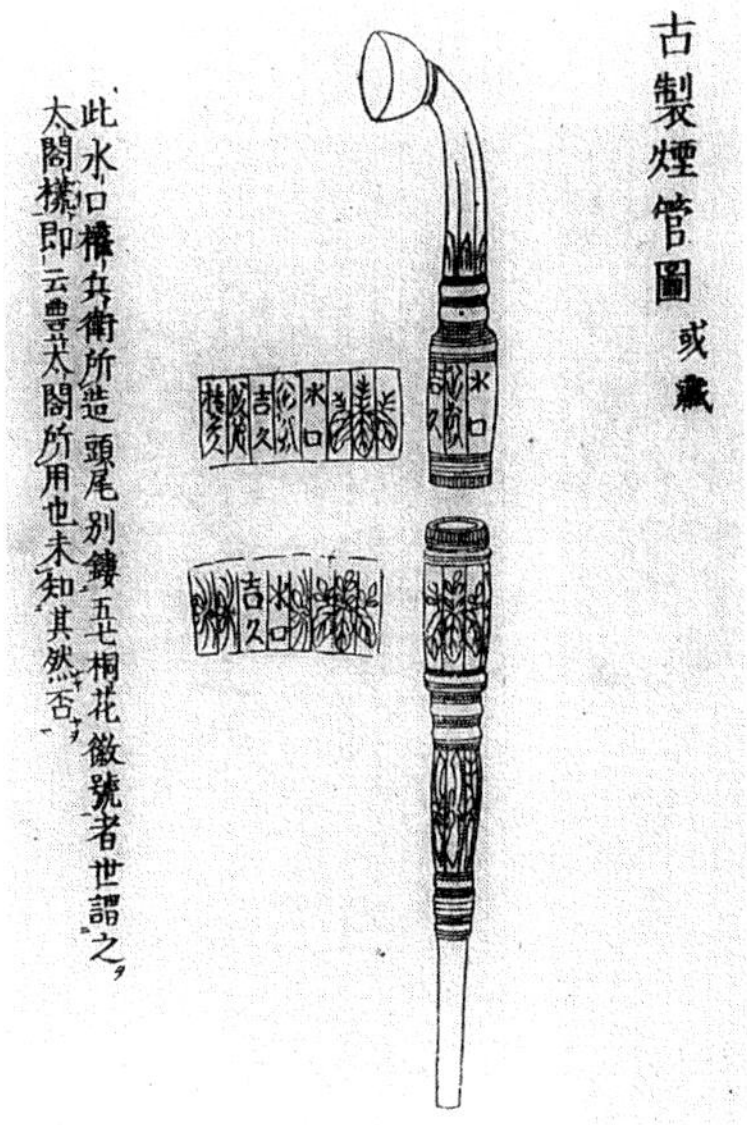

図5　「太閤張（水口）きせる」
（『蔫録』文化6年刊より）

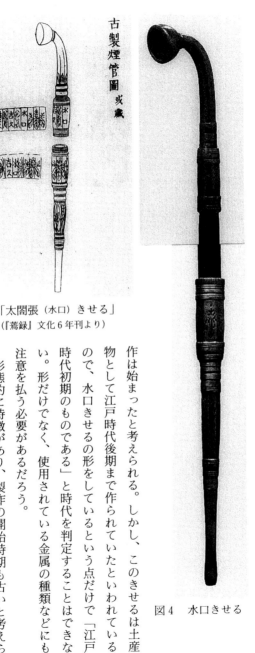

5　織部《おりべ》きせる

美濃で創作された「織部焼」は、千利休亡き後の茶道界の指導者、古田織部の影響が強いことからその名があるといわれているが、当初は瀬戸焼とか今焼などと呼ばれ、織部焼の名が普及したのは、古田織部の没年（一六一五）から百年以上も経た江戸時代中期といわれている。

「織部きせる」は、その名前の通り「織部焼」の〈きせる〉であり、岐阜県土岐市にある国指定・久尻元屋敷窯とその周辺で多く出土している。この窯の活動時期は慶長から寛永（一五九六〜一六四二）までの間といわれているので、きせるとしても初期の物といえる。

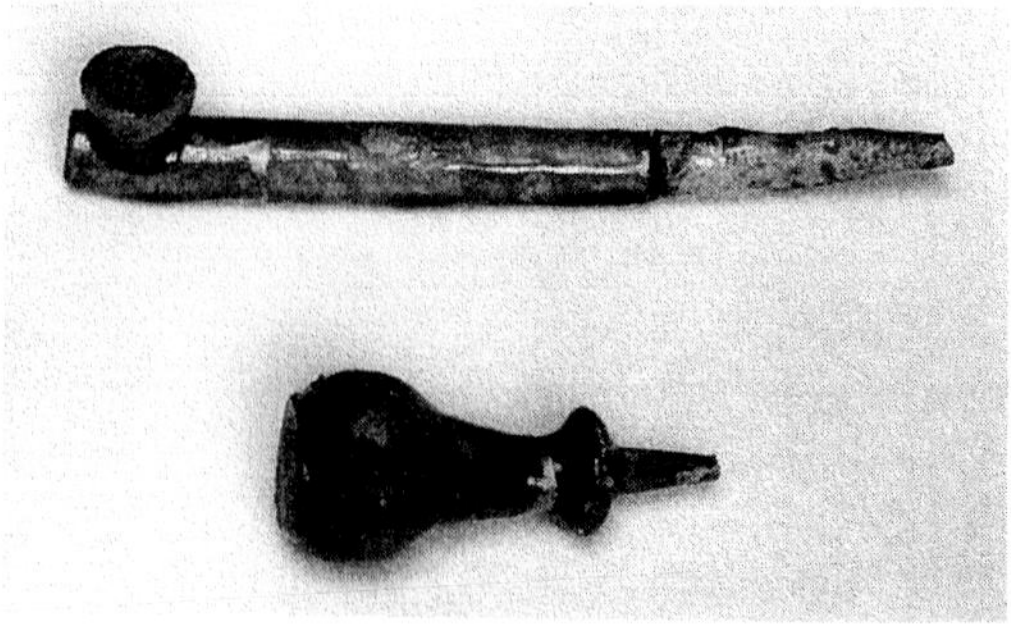

図6　織部きせる

形は、長形角型と短形丸型の二種類がある（図6）。ただし、この織部きせるは昭和になってから摸造品が多数製作されているといわれており、出土地のはっきりしないものについては真贋の区別はつけがたい。江戸の遺跡では、東京大学構内の旧前田藩邸跡からの出土例があるそうだが、比較的製作された時期がはっきりしているきせるなので、水口きせると同様に今後の発掘での発見に期待したい。

6　雁《がん》首《くび》銭《ぜに》

発掘現場で見るきせるは、羅宇の部分が腐蝕して無くなっているものが多い。このため、「雁首」と「吸口」が分かれて出土しているようだが、その中に雁首の部分だけが潰された状態のものを見かけることがある。この雁首だけが潰された状態のきせるは、古銭と共に出土することも多い。これはいわゆる「雁首銭」と呼ばれるものだと思われる。

きせるの雁首はぺしゃんこにすると、穴あき銭(一文銭)に良く似たものとなる。それを銭差しに混ぜて偽金として利用されたことがあるので、これを「雁首銭」と呼んだという。

三　たばこ盆とたばこ入れ

1　たばこ盆

日本で喫煙の風習が始まったころは「たばこ盆」などというまとまった喫煙具はなかった。当初は、たばこを葉のまま買い求めてそれぞれの家で刻み、小箱や壺に入れ、たばこの火つけには香炉などを代用していた。

寛永(一六二四〜一六四四)ころになると、たばこが客の接待に用いられるようになり、きせるやたばこ、それに火入れなどが別々に置いてあるのが不便になってきた。そこで、これらをありあわせの盆の上にまとめてのせ、来客に出すようになった。また、上層階級の人々は香道具の香盆をそのまま転用してたばこ盆とした(図7)。

つまり、香炉を火入れに、香箱をたばこ入れ、焚き殻入れを灰落しに、香箸の代わりにきせるを二本添えて、そのまま喫煙具として利用したのである。このように、たばこ盆は平たい盆(または香盆)から始まったため、後年、箱形や簞笥形など立体的なものが生れても、依然として「たばこ盆」とよばれた。また、たばこ盆は「火入れ」「灰落し」「たばこ入れ」の三つ揃ったものが基本形となった(図8)。

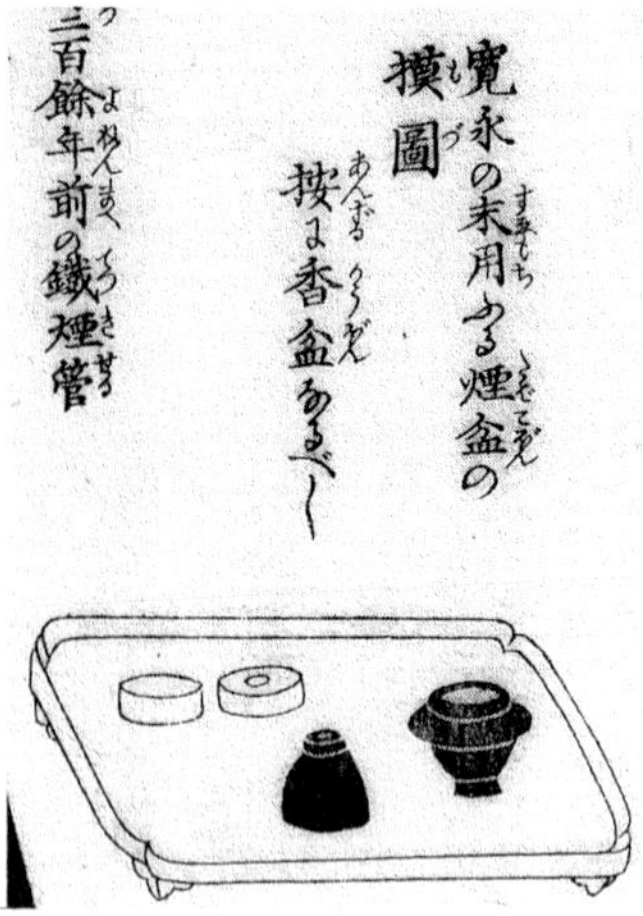

図7　たばこ盆（『めざまし草』文化12年刊より）

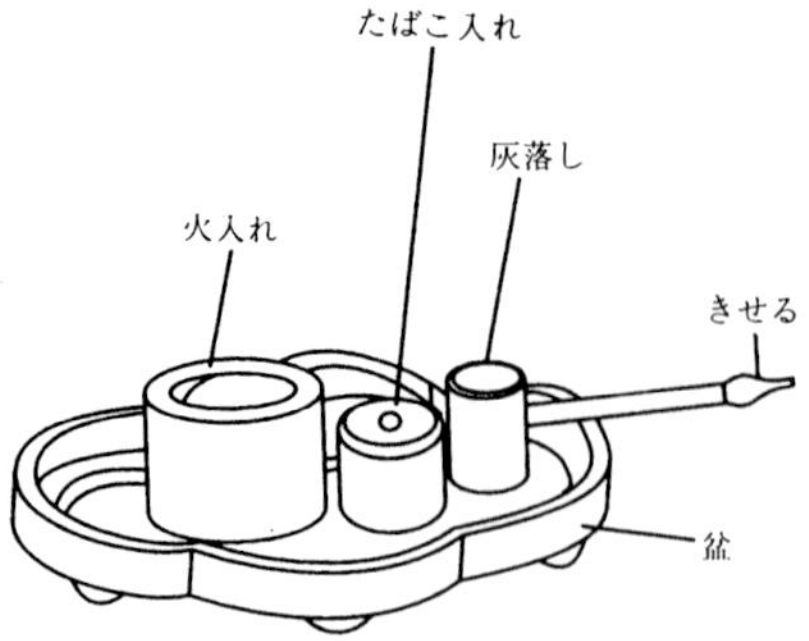

図8　たばこ盆各部の名称

やがて、たばこ盆の需要が増えると、さまざまな工夫が加えられるようになった。まず、持ち運びが便利なように手提げが付き、縁側や庭など屋外でも喫煙するようになると、火入れの灰が風で飛ぶのを防ぐために、盆の三方に風覆いを取り付け、さらに盆を小型化するため、たばこは引出しに入れるようになって、平たい盆は次第に立体的になってきた。

また、新しいアイデアや趣向が加わり、変わった形のたばこ盆も作られるようになった。家具や什器の形からヒントを得た箪笥形、鬢台《びんだい》（整髪用道具を載せる台）形をはじめ、四方形（金属製の火入れが上部にあり、それが三六〇度回転して、どの方向からも使える）、駕籠用などのほか、人の意表をつくようなものもあり、形を分類するのが困難なくらいさまざまなものが生まれた。

さらに、格式を重んじる武家では主に蒔絵を施したもの、庶民は桑・欅・楓・松・杉・桐などの木地物で、実用的な箱形や升形のたばこ盆を使うなど、階層や使用場所などによっても異なっている（図9）。

2　たばこ入れ

たばこ入れについても、いつごろから使われるようになったのかは明らかではないが、江戸時代初期の絵画資料などから推察すると、はじめのころは、以前か

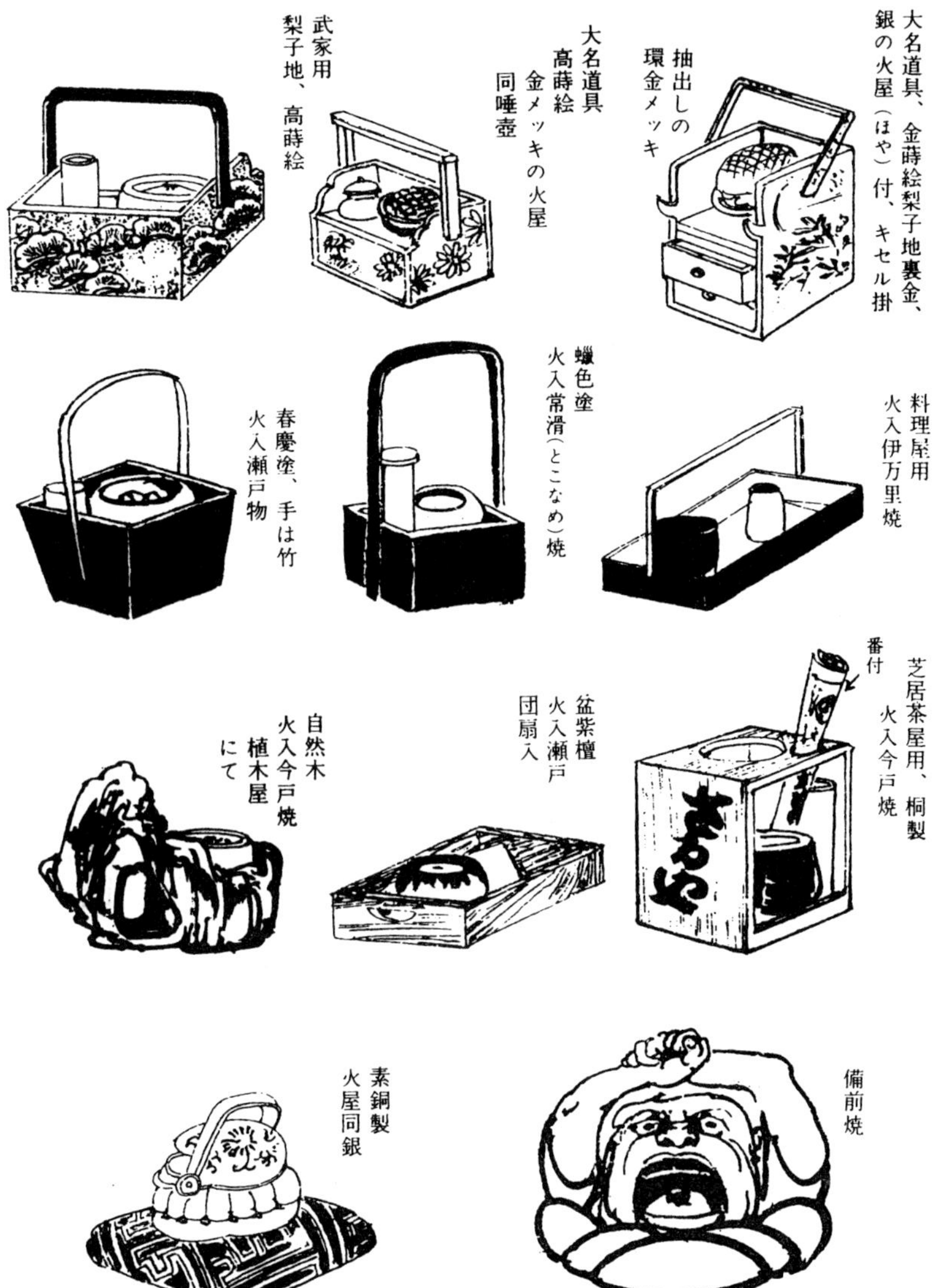

図９—１　たばこ盆ならびに火入れ(1)（伊藤晴雨『江戸と東京　風俗野史』1932年より）

図9－2　たばこ盆ならびに火入れ(2)

らあった巾着《きんちゃく》・火打袋《ひうちぶくろ》などの袋物《ふくろもの》を転用したようで、きせるに巾着を結び付けて持ち歩いている図などが見られる。また、白の畳紙《たとう》に刻みたばこを包むこともあった。

寛文五年（一六六五）に刊行された『京雀《きょうすずめ》』という京都の案内書の中に、柳の馬場通りの合羽《かっぱ》屋の店先で、合羽とともにたばこ入れと思われる袋物を並べて売っている図が載っている。そのほか、『日本永代蔵《にほんえいたいぐら》』などを著した井原西鶴（一六四二〜一六九三）の作品の中にも、紙製のたばこ入れについての記述が見られることから、十七世紀の終わりころには紙製のたばこ入れが一般的に広く普及していたものと思われる。

紙製のたばこ入れの素材は、油紙や絞り紙（染色した紙の全面を揉み、ちりめん状の小さいしわを施したもの）だが、時代の流れとともに布や革などが素材として多く用いられるようになった。享保（一七一六〜一七六三）ころになると、素材や形が多様化し、実用品としてだけではなく、装飾性を加えたものが人々の好みに合わせて作られるようになった。(8) また、形も「一つ提げ」（図10）「提げ」（図11・図12）「腰差し」（図13）「懐中」（図14）「杓子《しゃくし》」（図15）「袂落《たもとおと》し」（図16）など、使いやすいように工夫したり、色彩や意匠などにも趣向を凝らした多様なたばこ入れがつくられた。

ただし、発掘現場で出土する場合は、たばこ入れそのものよりも、たばこ入れを構成する「根付《ねつけ》」「緒締《おじめ》」「金具類」などの部分品がほとんどのようである。とくに珊瑚玉やトンボー玉などの球状または円柱状で、紐通しの穴が穿たれたものは、巾着やたばこ入れ、印籠などの「緒締」として使用されたものと考えてよいだろう。

3　その他の喫煙具

(1)　火入《ひい》れ

たばこ盆の中の火入れとは別に、独立して使うものがある。鉄・真鍮・銅・白銅・赤銅などで作り、たばこ盆用よ

図10　金唐革一つ提げたばこ入れ

図11　黒桟留革提げたばこ入れ

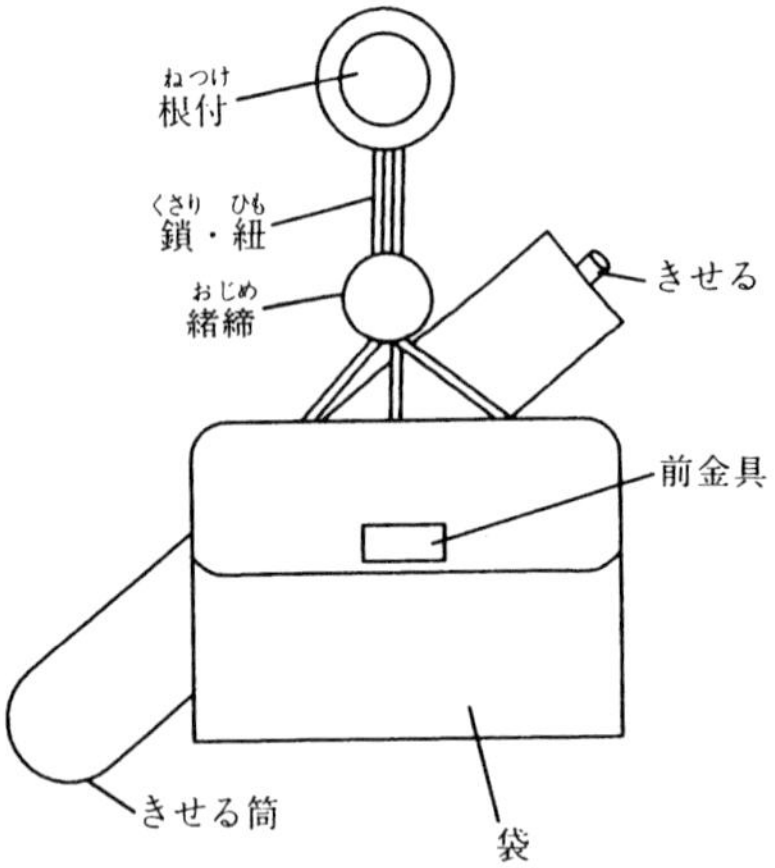

図12　たばこ入れ各部の名称

図13　青ハルシャ革腰差したばこ入れ

図14　黒しぼ革叺形懐中
たばこ入れ

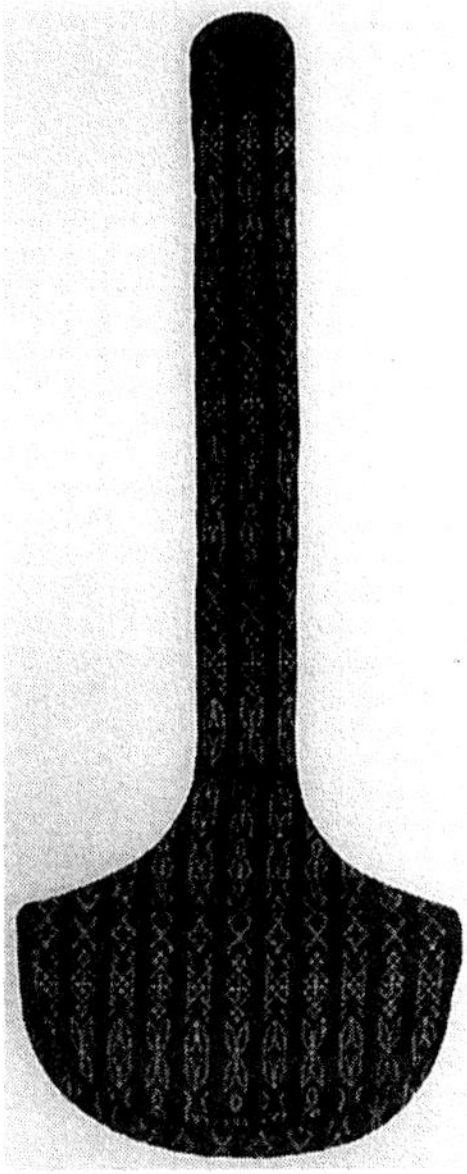

図15　オランダ木綿杓子形たばこ入れ

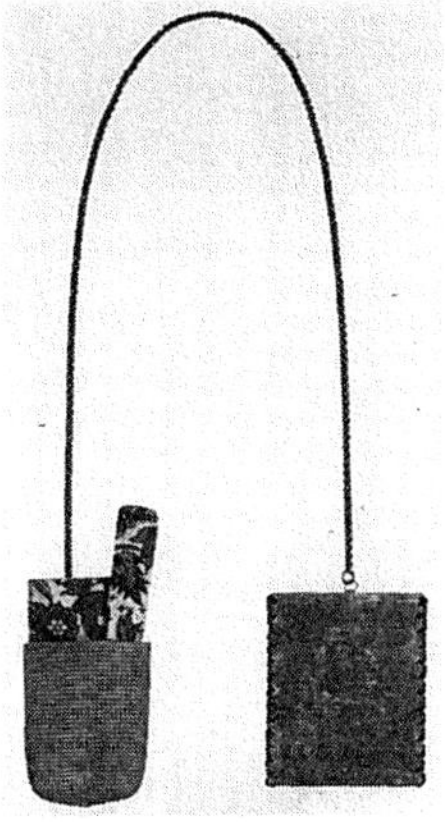

図16　木綿藤花結組袂落したばこ入れ（付，十の字更紗利久形たばこ入れ）

図17　火入れ（右：陶製，左：金属製）

図18　たばこ箱（右：引戸式形，左：箪笥形）

図19　たばこ壺（右：木製，中：木製漆塗り，左：金属製）

り大形で重い。固定した手提げと、自由に動く手提げ付きとがあり、形も縦長、横長といろいろで、金属製の火入れには工芸的に見て優れたものもある。庶民的なものとしては、伏見焼や今戸焼の火入れがあり、お多福とか狸や猿などの愛嬌のある面が象《かたど》られ、火口は面の裏側にある(9)（図17）。

(2) たばこ箱

小形の箱の上部に引戸式の蓋、あるいは円形の孔をくり抜き、内側に引戸式の蓋がついているものと、箪笥形で指を入れて引き出す形のものとがある（図18）。箱の材質は、桐、桑など木製のものがほとんどで、朱漆塗りのものもある。たばこを吸うとき、きせると一緒に脇に置き用いた。

(3) たばこ壺

金属の他に、ヤシの実、ひょうたん、自然木など、材質はバラエティに富んでいる。形も擬宝珠《ぎぼし》を象《かた》どったもの、葉付きのユズを象どったものなど、自由な材料で自然の形を上手に使い、軽妙なアイデアで加工創作されたものが見られる。たばこ壺は、たばこ盆とは離れた単体の喫煙具の一つであるため、容器としての面白さが追求されたのであろう。たばこ箱には実利的なものが多いのに対して、たばこ壺は装飾性に富んでいるのが特徴である（図19）。

(4) 火《ひ》打《うち》袋《ぶくろ》

「燧袋」とも書かれる。一つ提げたばこ入れを小形にしたような形が多く用いられ、根付は銅、真鍮、木製の火はたき（吸い殻を落とす）などが多い。袋の素材は革や布で、たばこ入れと同じような素材が使われ、止め金具にも凝ったものがある。袋の下に火打金が袋の幅よりいくぶん小さく取り付けられ、袋の中には「ほくち」と「火打石」が納められている。このほか、布地にほくちと火打金と火打石が包まれ、紐でくくった簡単な形の物もある(10)（図20）。

(5) クレーパイプ

クレーパイプは日本国内で作られた喫煙具ではなく、江戸時代に来航したオランダ人との交流のなかで伝えられたものである（図21）。この喫煙具は日本国内ではなく、オランダで生産されたもので、名前の通り粘土 clay を素焼にしたパイプである。日本に訪れたオランダ人たちは、このパイプを日用品として本国から大量に持ち込んだらしく、長崎の出島跡からは使用済みのクレーパイプの破片が多数出土している。(11) また、江戸の武家屋敷跡からの出土例も見られるが、これはオランダ人からの贈答品だと考えられている。(12)

「長崎絵」と呼ばれる版画には、オランダ人がクレーパイプで喫煙する図がしばしば描かれており（図22）、葛飾北斎の『今様櫛箞雛《いまようせつきんひな》形《がた》』（図23）にも描かれているので、江戸の人々もこれが外国の喫

図20　火　打　袋

図22　クレーパイプを手に持つオランダ人（嘉永頃）

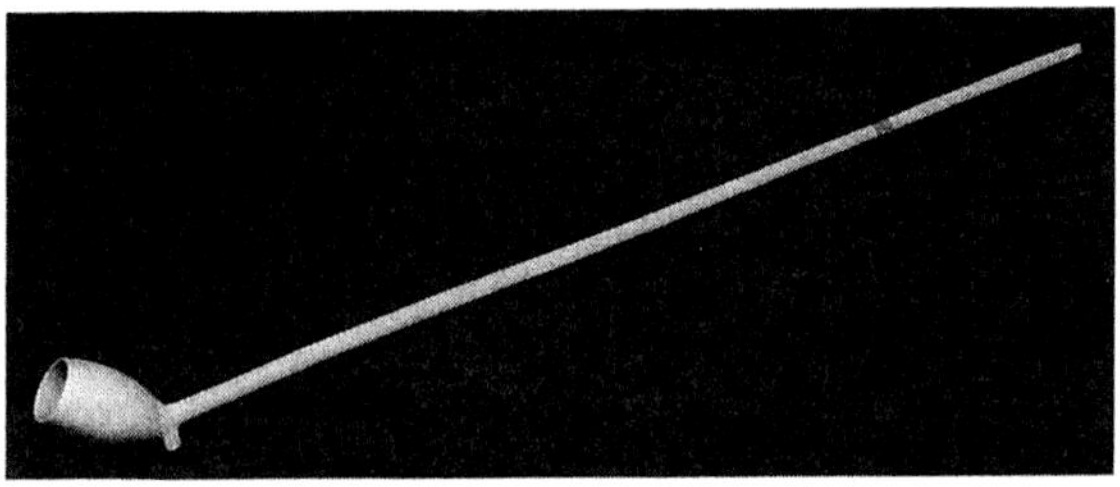

図21　クレーパイプ

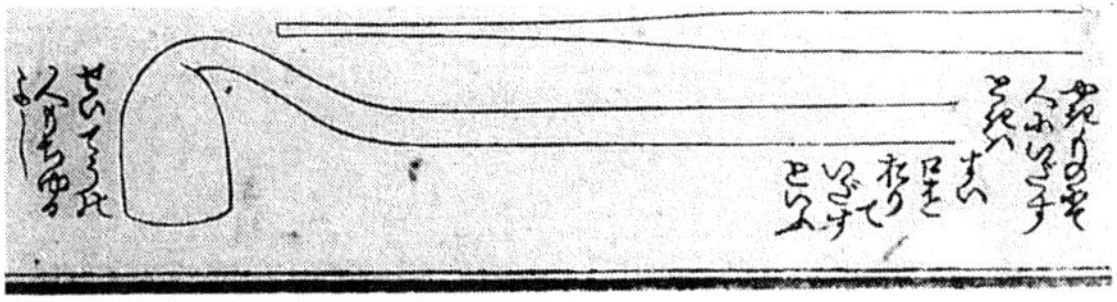

図23『今様櫛箞雛形』に描かれたクレーパイプ

煙具であることは知っていたと思われる。

おわりに

「たばこ」は江戸時代初期から日本人の間に広まった嗜好品なので、江戸の遺跡から発掘される喫煙具は、当然のことながら、すべて江戸時代の人々が使用していたものである。このため、江戸の遺跡から出土したきせるなどから、時代測定ができないかという問い合わせをしばしば受ける。

きせるについていうならば、保存状態がよければ親から子へと伝えられる場合もあるので、江戸時代中期につくられたものが後期の遺跡から出土することも珍しくない。したがって、それだけで時代を判定するのは危険だろう。当然のことながら、他の出土品との比較検討が必要である。ただし、江戸時代の初期・中期・後期といった大きな時代区分を判定する際の目安にはなると思う。

また、逆にいえば、きせるなどの喫煙具がいつごろから登場するのかということがはっきりすれば、日本の喫煙の歴史や喫煙の広がりが分かるわけで、江戸時代の遺跡から発掘された喫煙具の全国的な調査研究がもし実施できるならば、素晴らしい成果が得られるのではないかと考えている。

さらに出土したきせるの金属が、どのような素材で構成されているのか科学的な分析を行ない、統計調査をすることができれば、いずれはきせるによる時代測定も可能になるかもしれない。江戸遺跡の発掘調査に関わる方々の一層の活躍に期待したい。

註

（1）ドロテウス・シリング「日本における最初のたばこ」Monumenta Nipponica Vol.V Semi-Annual No.1（昭和十七年、上智大学）所収。

（2）『徳川実紀』第一巻、四〇一頁（吉川弘文館、一九八一年）。

（3）「慶長見聞集」（『日本庶民生活史料集成第八巻』三一書房、一九六九年所収）。

（4）『たばこの民俗　たばこ神社と旅館』（図書刊行会、一九七七年）。

（5）「キセルの語源」（『文藝春秋』大正十五年十月所収）。

（6）『きせる』（たばこと塩の博物館、一九八八年）。

（7）古泉弘「近江水口煙管考」（『たばこ史研究No.3』、一九八三年二月所収）。

（8）『たばこ入れ』（たばこと塩の博物館、一九八六年）。

（9）文化二年（一八〇五）に出された雑俳に「吸付て泣く子へ見せる火入れ猿」というのがあり、また天保二年（一八三一）に出版された歌川国芳画の浮世絵中に、お多福形の火入れが描かれていて、このころまでにはこうした火入れが生産・流通していたことがわかる。

（10）幕末期の「きせる」「たばこ入れ」「火打袋」の形態や使用素材等については、喜田川守貞が著した『守貞漫稿』の後集巻之四に詳しい記事が見える。

（11）永松実「出島の調査と出土遺物―特にクレーパイプについて―」（『たばこと塩の博物館研究紀要　第2号』一九八六年所収）。

（12）クレーパイプが贈答用として使用されたことは、小林克「オランダからきたクレイパイプ」（『甦る江戸』新人物往来社、一九九一年所収）に述べられている。

出土遺物から見る江戸の「タバコ」

小川　望

はじめに

江戸時代のタバコについて「考古資料からどのようなことが言えるのか」というのが筆者に与えられたテーマであるが、タバコそのものの出土がほとんどなく、また現在のところタバコの生産や喫煙に係わる特定の遺構というものも考えられないため、それは結果的にタバコをとりまく各種の道具、すなわち広義の喫煙具についての検討を行なうことになる。

しかし、一口に喫煙具といっても社会的階層や、生活のなかにおける各種のシチュエーションによって、また年代的にも変化を遂げているであろうことから、多種多様なものが存在したであろうことは論を俟たない。そこで本稿では、谷田氏の発表や論考に示された喫煙具の使用形態、あるいは民具等からの知見を参考にしつつ、江戸の遺跡からの出土例を中心に、類例が多く、したがって当時にあっても一般的であったと思われるものの年代的動向を検討するとともに、特異な事例にも目を向けることによって、当時の喫煙風習を巡る諸問題にも言及してみることにする。

一　出土遺物としての「喫煙具」

現在われわれが「タバコ」というとき、それはほとんどシガレット、すなわち紙巻タバコを意味する。そしてこれに関わる道具は、点火具としてのマッチやライターと、火を消したり灰や吸い殻を受ける灰皿の類いとであり、これない用語であるがここでは後者を前者に対して〝消火具〟と称することにする。一般的にはこれらのほか、応接室などに用意されているタバコ入れを含めたたばこ盆や、シガレットケース、シガレットホルダーもわずかながら用いられている。

これに対し江戸時代の「タバコ」は、谷田氏の言及にもあるように、伝来の当初にはさまざまな形も見られたようであるが、後にはキセルで刻みタバコを吸う形態がほとんどであったとされる。そこではまずキセルの火皿に刻みタバコを詰め、これに火をつけて喫った後、吸い殻を火皿から落とすことによって火を消すとともに次の刻みタバコが詰められるようにするという手順を踏む。したがって、タバコに関わる道具としては、点火具と消火具の他に狭義の喫煙具としてのキセルが必要であり、このほかたばこ入れやたばこ壺のような容器も用いられているようである。本稿ではこれらのすべてを広義の喫煙具として位置づけることにする。

さて、このうちキセルにあっては、その形態からもっぱら喫煙に用いられた道具として出土遺物のなかから抽出が可能であるが、これ以外の喫煙具、特に点火具と消火具においては、必ずしも喫煙に用いられたものと他とを区別するのは容易ではない。

これは一つには、出土遺物にあっては木製のものが遺存しなかったり、同時性を保っていなかったりして谷田氏の言及にもある「たばこ盆」のような形でのセット関係が看取できない、といった問題もあるが、むしろ喫煙風習そのものに由来する、より本質的とも言える問題を内包しているからである。

たとえば点火具に関していえば、今日でもライターやマッチが手元にないときには、他人のタバコの火やガスコンロやストーブ、あるいは焚き火の燃えさしなどがタバコの点火に用いられることがあるし、消火具にあっては、地面や靴の裏は論外として、ビールの空き缶や紙コップ等の不用の容器が灰皿代わりにされているのを目にすることが多い。つまり、タバコに火をつけたり消したりするという行為にかかわるには必ずしも専用の道具が用意される必要がないのであり、これは江戸時代においても同様であったことは、後述するように遺物の観察からもうかがえるところである。

したがって、副次的な使用も当時の喫煙風習の一環であり、それを示す遺物を喫煙具のなかから完全に除外することは適当ではないが、喫煙に使用されることを前提として作られた専用器としての喫煙具と、副次的に喫煙具として用いられたものとは峻別される必要があろう。

こうした副次的な使用については一般に「転用」という語が用いられることが多いが、より厳密に定義分類すると、以下の三者が措定できる。

①転用—それが本来作られたのとは異なった目的に用いられる場合であり、ふたたび本来の目的に用いられることはない不可逆的な用途の変更である。破損するなどして本来の目的を達成できなくなったり、不要になったものが転用される場合と、転用を目的として新品が用意される場合とがある。破損した徳利が植木鉢やお歯黒壺に用いられる場合や目の磨り減った擂鉢が植木鉢に用いられる場合などは前者の例であり、豊島区染井遺跡で確認されたような(豊島区教育委員会一九九一)、植木屋が半胴甕を新規に購入し、底部を穿孔して植木鉢として利用する場合は後者の例で

ある。

②流用─それが本来作られた用途、あるいは転用によって新たに設定された用途が保持せられたまま、異なった用途にも用いられる場合であり、ものを擂った擂鉢をそのまま鍋として火にかける調理法に使用される擂鉢などがその例である。

③兼用─それが作られた当初から、複数の用途に用いられることが前提となっている場合であり、粗塩の精製、輸送、さらに供膳をも目的として作られた大部分の焼塩壺や、酒の加熱と供膳に用いられる燗徳利などがその例である。

以下、個々の喫煙具を論じていくにあたって、専用器とは別に、副次的な喫煙具についてはこうした使用形態を区別し、使い分けていくことにする。

二　キセルとパイプ

(1)　キ　セ　ル

①出土例

出土遺物としてのキセルは、文京区東京大学本郷構内遺跡医学部附属病院地点例（図1─1：東京大学遺跡調査室一九九〇a）などのごくわずかな出土例のある織部焼の製品を除けば、ほとんどが銅ないしは真鍮でできた金属製のキセルである。まれに銀製のものや金銀の鍍金されたもの、線刻や点刻で模様の表現された肉厚のもの（図1─2、3）などが見られるが、大部分は薄手で、全く加飾の見られないものである。また、延べギセル（図1─4・5）やナタマメギセル（図1─6）と呼ばれる中央にラウの入らないものもまれで、多くは金属製の雁首と吸口の間に竹製のラウが

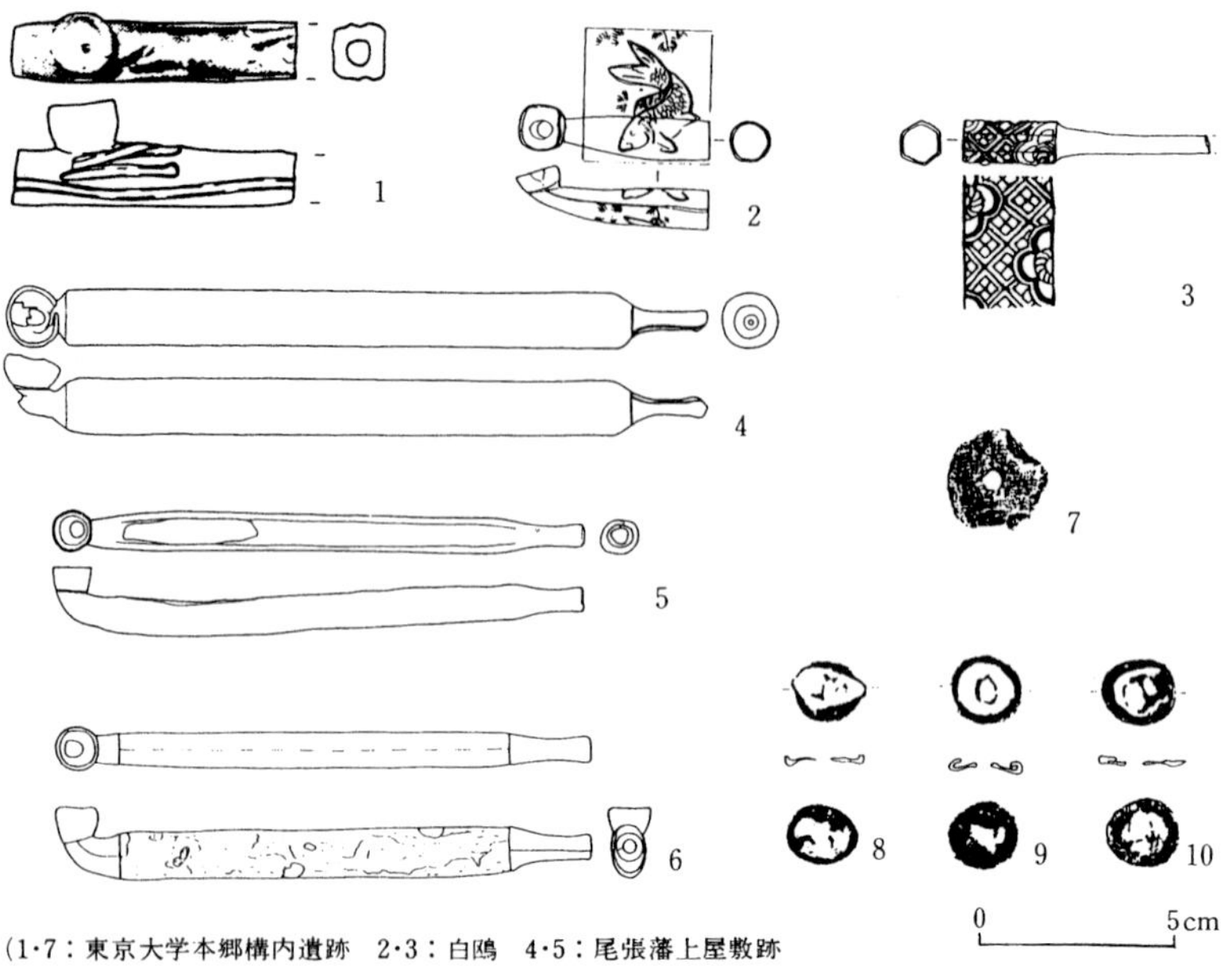

(1･7：東京大学本郷構内遺跡　2･3：白鴎　4･5：尾張藩上屋敷跡
6：増上寺子院群　8～10：三栄町遺跡)

図1　特殊なキセルトと雁首銭

伴っていた羅宇ギセルである。これらは出土する金属製品のなかでは、比較的多数を占めるものであることからも推定されるように、一種の消耗品としての側面をもっていたようである。

出土状況に関して注目されることは、一つには数個体分のキセルが一遺構にまとまって見られたり、吸口や雁首だけが出土する場合の多いことである。文京区真砂遺跡の調査報告書では、この点に関して遺構別の出土の状況や、その数量的な検討から、同遺跡におけるキセルの廃棄の状況を推定復元し、キセルが完形で廃棄されることが少なかった一方、やや長い時間では雁首と吸口の廃棄率は等しくなることを示し(中井一九八七)、これが屋敷地内での「捨て直し」とでも呼ぶべきゴミの処理方法の傍証となるとの見解も示されている(小林一九八七)。遺跡全体として見ると、吸口と雁首の数が比が一：一に近づくことは、統計的な問題とも思われるが、欠損した吸口や雁首を補填したり、それらを組み合わせるなどする再利用の形態を含め、キセルの廃棄の在り方にはさまざまな観点から注意が払われるべきであろう。

なお谷田氏の言及にもある雁首銭という、平たく潰れたキセルの雁首は、破損してとれてしまった雁首がたまたま踏まれるなどして平らになったものもあったであろうが、多くは同じような状態で、中央に穴がくるように潰れていること、銭の多数検出される遺構から検出されることが多いこと、周縁部を広げるようにしてあるものも見られることなどから、やはり特定の使用目的のもとに意識的に潰されたものであると思われ、キセルが転用されたものと見るべきであろう（図1—7〜10）。

一方、墓壙における副葬品としてのキセルについて見ると、千代田区都立一橋高校地点の調査報告においては一点の疑わしいものを除けばキセルが出土していないことが指摘されているが（古泉一九八五）、新宿区自證院遺跡では六道銭以外の副葬品の伴っている一九の墓壙のうち一一例にキセルが見られ（加納一九八七）、また新宿区發昌寺跡でも同じく一六の墓壙のうち、二例にキセルが見られることが報告されている（谷川一九九一）。また港区三田済海寺長岡藩主牧野家の一七基の墓のうち四基の墓から合計五点のキセルの副葬が報告されている（羽生ほか一九八六）。このように、墓壙におけるキセルについてみる場合には、時期的、地域的、さらには宗派、社会的階層などによる偏差も想定される。

右記の済海寺からの出土例は大名家の墓の副葬品だけあって、材質も銀製であったり、装飾もきわめて凝ったものであって、当然のことながら上に挙げた一般の墓の副葬品や、遺構などから多く見いだされるものとは一線を画した極上品である。しかし、ここには『キセル』（タバコと塩の博物館一九八八）にみられるよう趣向を凝らしたものは見ることができない。年代的な問題もあろうが、特異な形態のものはむしろこうした極上品とはまた異なった、趣味的領域に属するものであったと思われる。

②形態分類と編年

キセルの形態分類は、古泉弘氏によって都立一橋高校地点の発掘調査による出土資料に基づいた案が提示されている。そこでは、雁首は首部に肩がつくI類と肩のつかないII類とに大別され、I類は脂返しが下方に湾曲するA類と、湾曲しないB類とに細分される。II類は脂返しが大きく湾曲し、かつ火皿と首部の接合部に補強帯がつくA類、脂返しが大きく湾曲するが補強帯のつかないB類、脂返しが大きく湾曲せず、首部が火皿から比較的急に横に取りつくC類の三者に細分されている（このほかIII類として特異な形態のものが一点示されている）。そしてこれに文京区動坂遺跡などから出土している、火皿がきわめて小型で、首部に直角にとりつく形態のものを加え、形態的な変遷が提示されている。こうした形式の変化、たとえば脂返しの湾曲が小さくなった理由としては、携帯の便とする説が引かれ、また火皿の小型化についても「タバコの葉の刻み方が細かくなることによって起こった」との説明が加えられているほか、それぞれ製造工程上の技術的な進歩に基づいた説明が与えられている。

また、これらの各形式の大まかな暦年代についても一定の見解が示されているが、それによれば雁首I類Aは江戸時代最初期に比定され、また江戸時代を初・前・中・後・末の五期に均等分割すると、I類Bは初期～前期、II類Aは前期、II類Bは中期、II類Cは中期～後期を中心とする時期に位置づけられるとしている（図2—1：古泉一九八三、一九八五）。

これらの分類と年代の関係を、近年の豊富な資料と、より細かい年代観がおさえられるようになった遺物に関する研究の成果にもとづいて整理すると、図2—2のようになる。これを見ると、年代的にはややずれると思われるところもあるが、古泉氏の見解がおおむね妥当であることが示される。都心部における近世を対象とした発掘調査の最初期に位置づけられる一橋高校地点の、質的にも量的にもきわめて限定された資料をもとに、すでにこうした分析がな

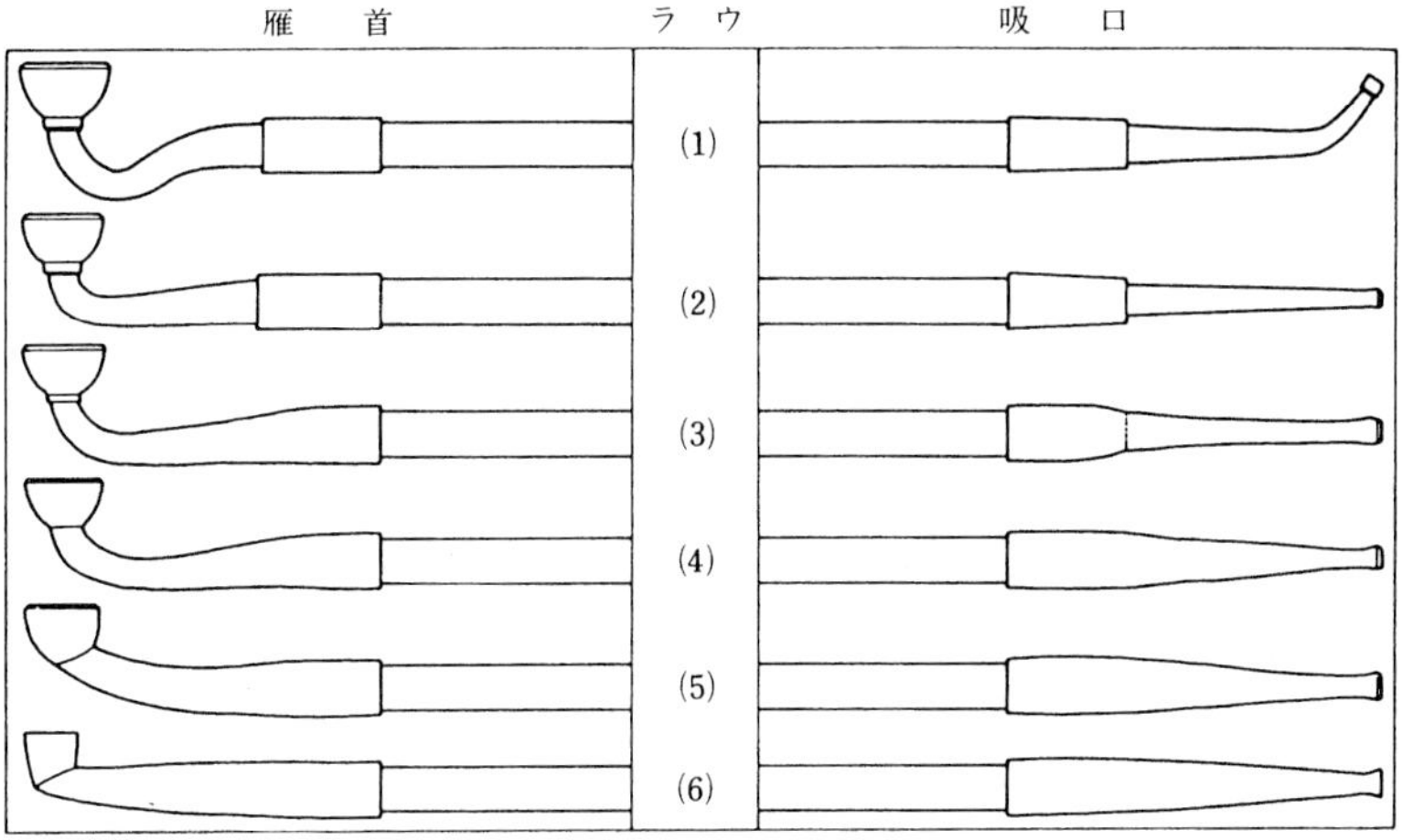

図２－１　キセルの変遷（古泉1983より）

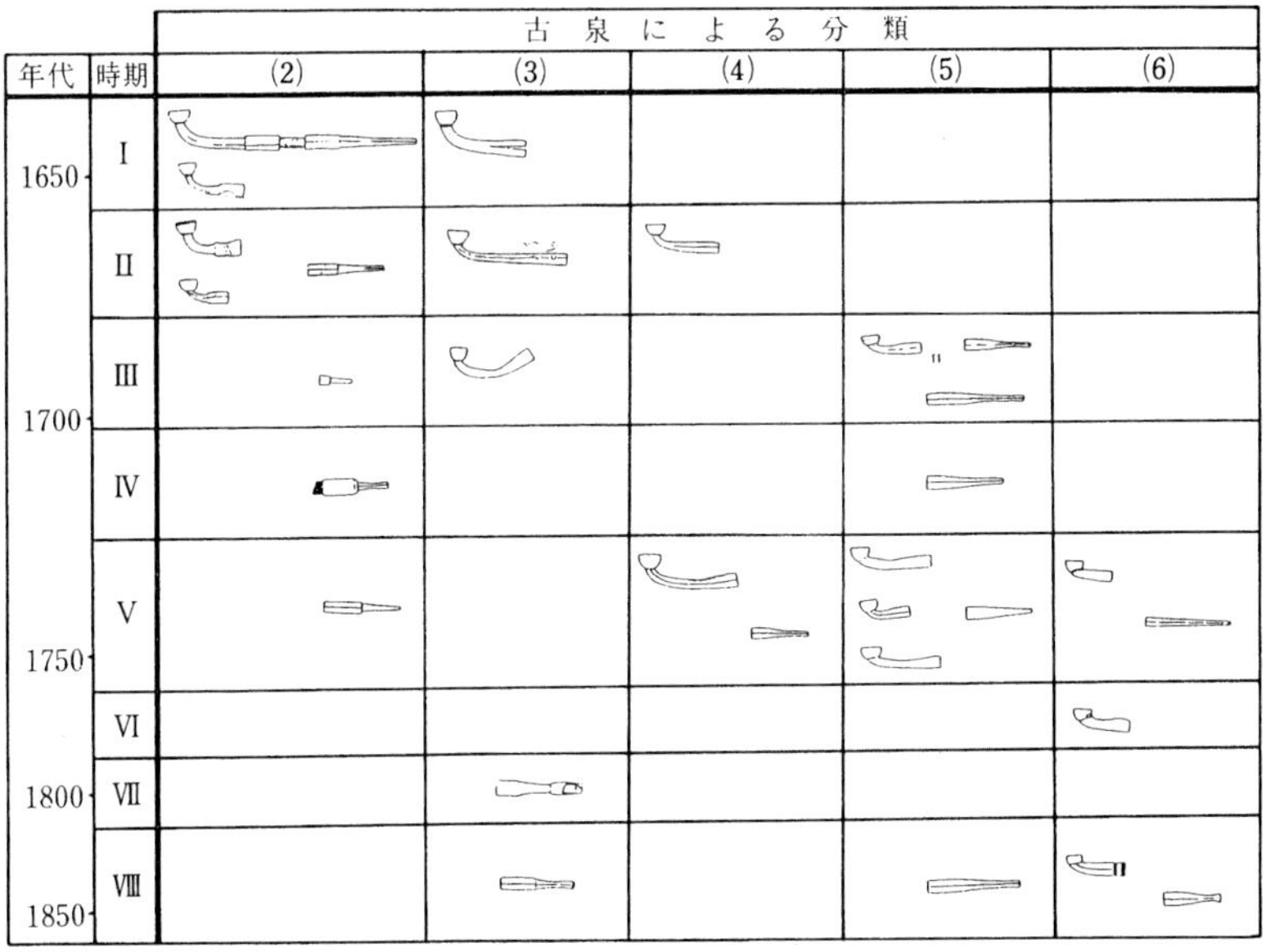

図２－２　キセルの分類と出土遺構の時期の対応（東京大学本郷構内遺跡例）

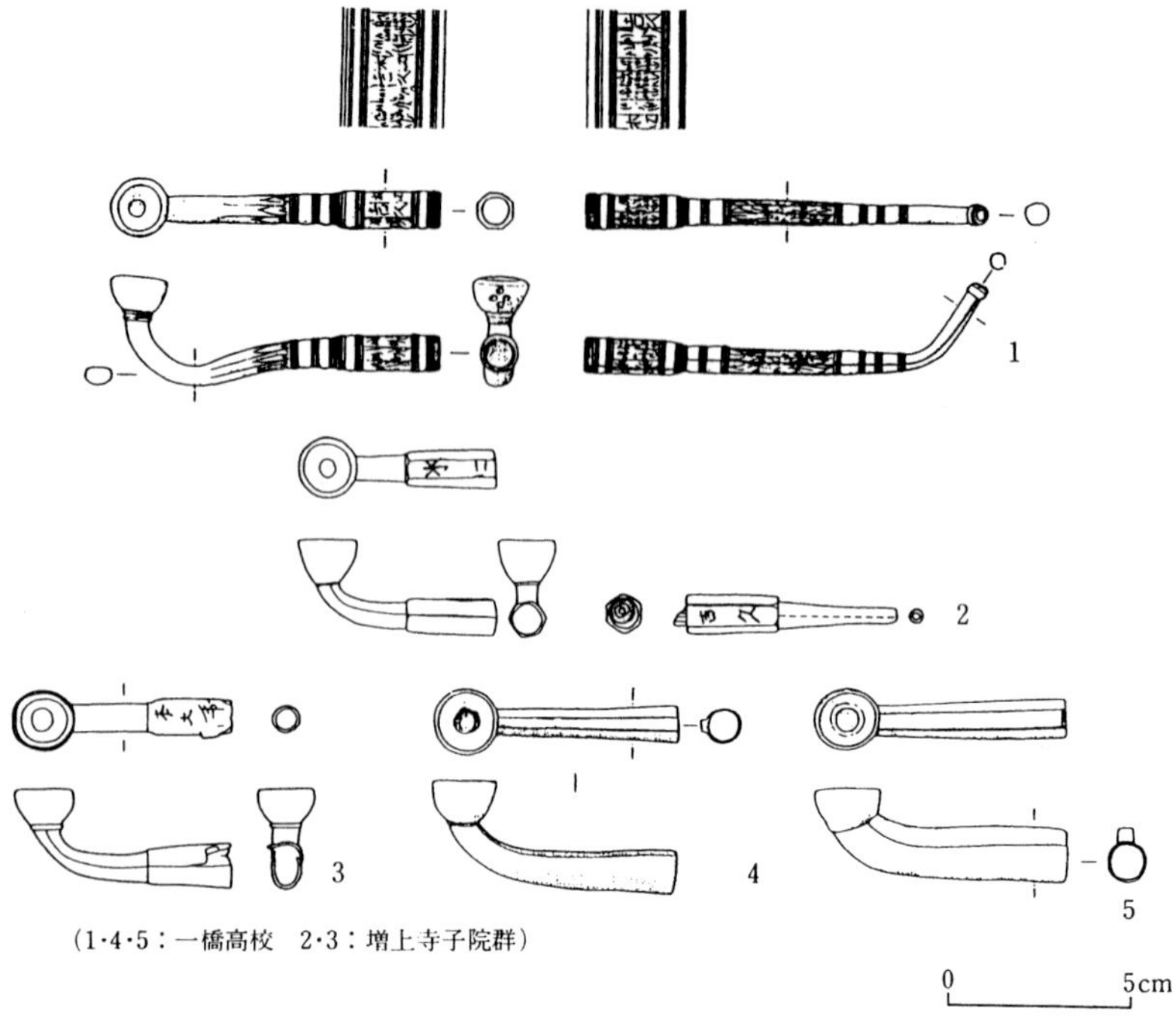

図3　水口キセル・大仏キセル・火打ち

されていたことは驚嘆に値する。

その一方で、特に肩付きの形態をもった吸口に見られるように、かなり下った時期にも見られる場合があることもわかる。これは谷田氏のいわれるように親から子へと伝られた場合もあろうが、また絵図（谷田氏論考図3）にも描かれているような、一つのデザインとして意識的に古い形態を模したものが作られていた場合もあったのではないかと思われる。

このほか特異な形態や意匠を持つものとして、谷田氏の言及にもある「水口キセル」と呼ばれるもの（図3—1・2：古泉一九八五）や、「本大佛」の銘をもち、元和年間（一六一五〜一六二三）に製作されたという「大仏煙管」と呼ばれるもの（図3—3：五十嵐一九八八）、「火打ち」と呼ばれる「首部の背面にたたき金を接合し、灰落としの際のつぶれを防止したもの」（図3—4：古泉一九八五）などが見受けられるが、これらは

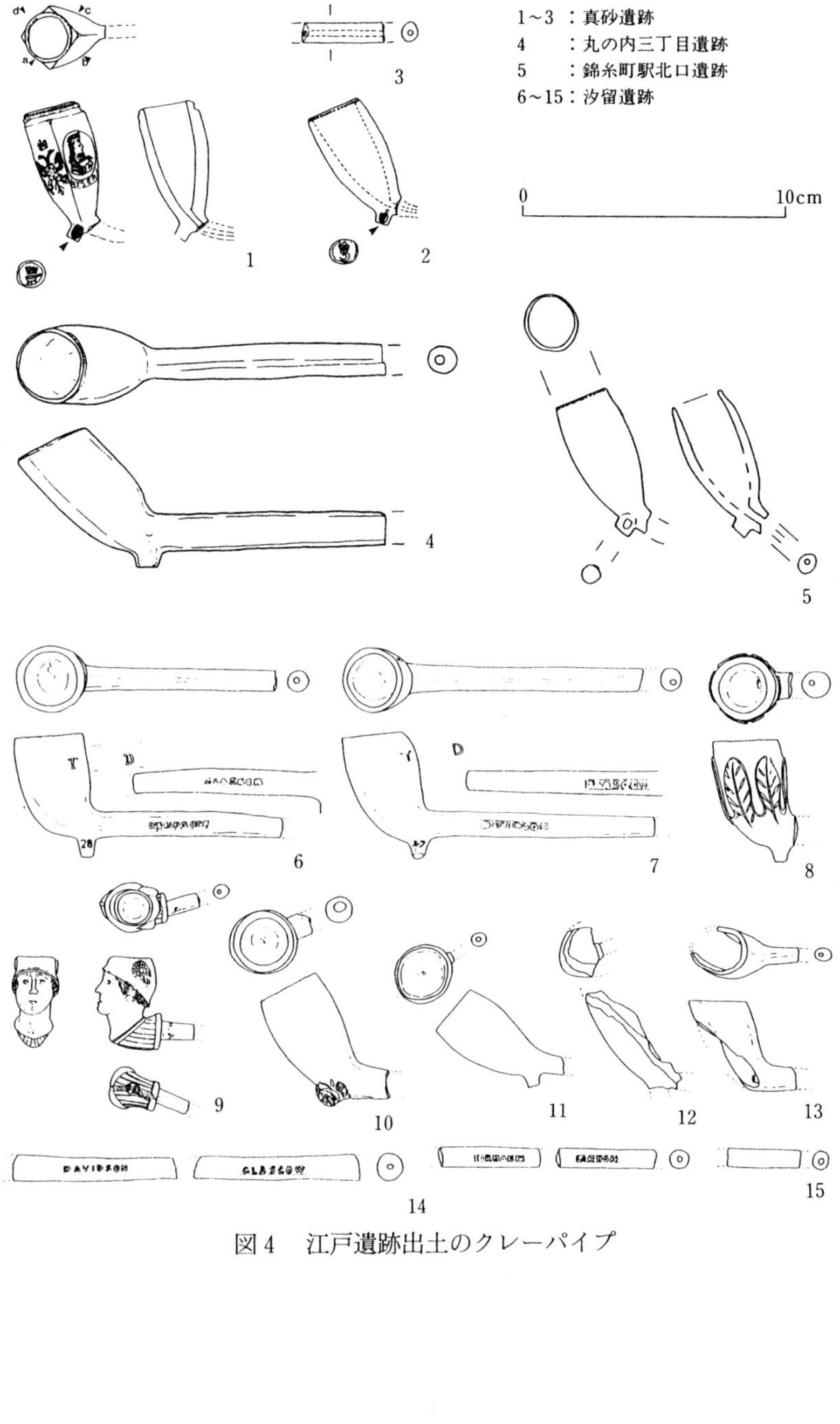

図４　江戸遺跡出土のクレーパイプ

いずれもきわめて類例が限られており、考古資料としての具体的な検討は今後に委ねたい。

(2) パイプ

現在のところ、近世の遺跡から検出されるパイプはいずれもクレー（クレイ）パイプである。これは長崎県出島からの出土例がきわめて多いが、江戸地域にあっても出土が見られる。この内、江戸における初期の出土報告である真砂遺跡の例（図4―1～3）では、この地に藩邸のあった小笠原氏がオランダ人から贈与されるなどして入手したものと考えている（小林一九九一）。

しかし、その後、千代田区丸の内三丁目遺跡（東京都埋蔵文化財センター一九九四）、港区汐留遺跡（同一九九七）、墨田区錦糸町駅北口遺跡（墨田区錦糸町駅北口遺跡調査団一九九六）など類例も比較的多く見られるようになっていることも事実である（図4―4～15）。谷田氏が絵画資料の分析を通じて指摘されているように、このクレーパイプというものは、当時にあってはさほど希少なものではなかった可能性も指摘され、その位置付けも再考が求められる段階にある。

三　火入れ

(1) 専用器としての火入れ

江戸時代の発火法は、主に火打石と火打金との打撃によるものであり、今日のマッチやライターに比べると簡便ではない。またキセルによる喫煙は、一服あたりの火皿に詰めるタバコの量が少ないこともあって、パイプや紙巻きタバコによる喫煙に比べ頻繁に点火を行なう必要がある。したがってキセルの点火は、その度ごとに発火するのではなく、裸火や炭火、あるいは火のついたタバコそのものなど、すでに存在する火から「吸い付ける」という形で点火す

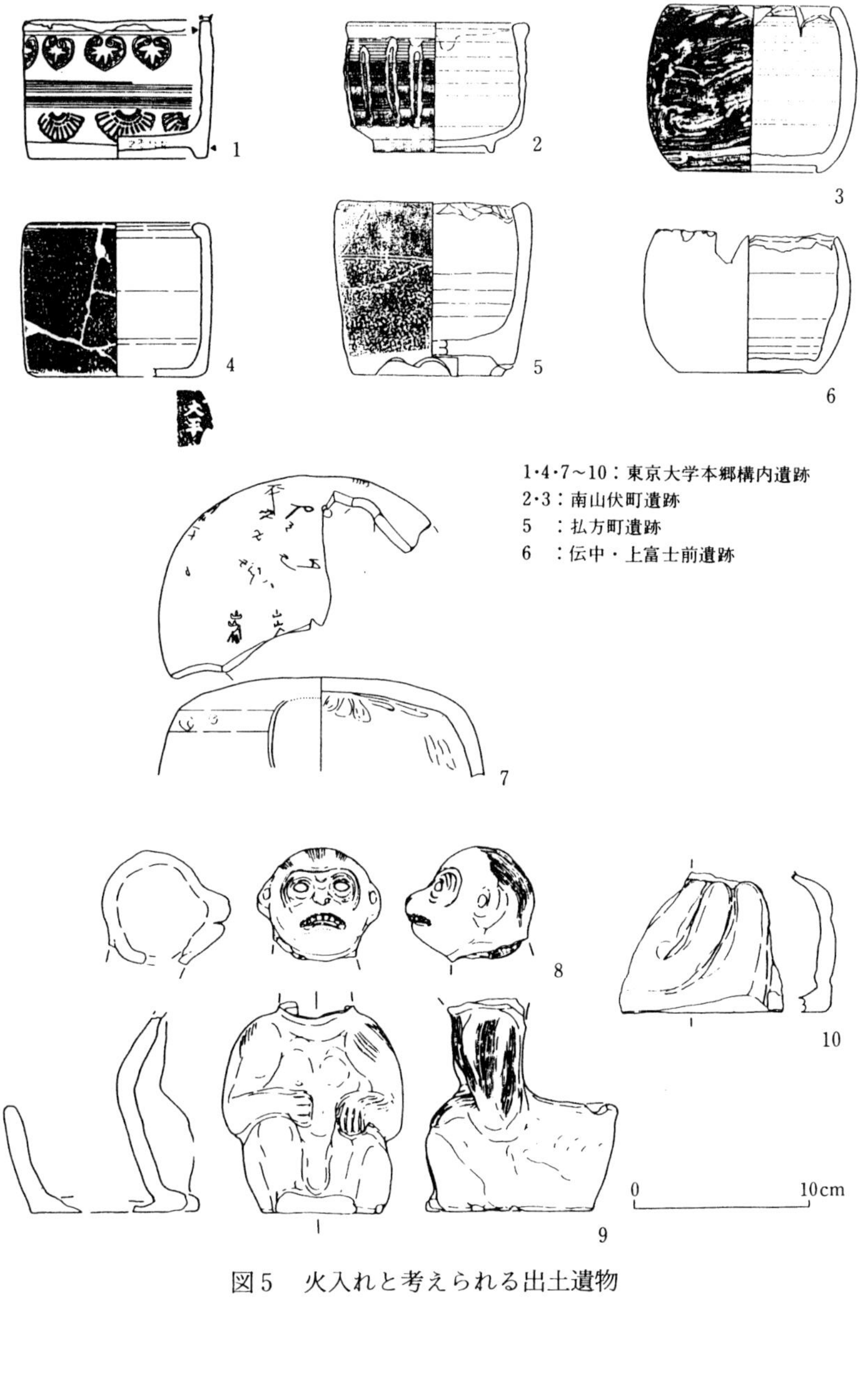

図５　火入れと考えられる出土遺物

るのが一般的であったようである。

そこで、キセルの点火用の火種をいけておく目的で「火入れ」という容器が登場する。火種が消えないように灰を入れ、そこに炭火が置かれるものである。

谷田氏が指摘されるように、この火入れにはタバコ盆のなかに置かれて、セットとして用いられるものと、単品で使われるものとがあったようである。

①タバコ盆のなかの火入れ

タバコ盆の形で、明瞭なセット関係をうかがわせる出土状態を示す資料は今のところ見あたらないが、民具資料や伊藤晴雨の民具的な集成である『風俗野史』(伊藤一九六七)などの絵画資料を見ると、たばこ盆のセットを構成する火入れは、口のややすぼまった背の低い円筒形を呈する小形の容器である場合が多く、素材は銀、銅をはじめとする金属、磁器、陶器、土器と千差万別であることを知ることができる(谷田氏論考図9―1・図9―2参照)。

近世の出土遺物のなかで、こうしたタバコ盆に用いられていた火入れと報告されるのは、小形の陶器(図5―1～4)および瓦質(同5・6)・土師質(同7)の土器が主である。金属製品は、当時の進んだリサイクルのなかで遺存しなかったものと思われる。

これらのうち、陶器は内面無釉で体部が直立するものが火入れとされているようであるが、香炉に分類されることの多い内面無釉で口縁が内湾する碗形のもののなかには、灰落しのなかに同一の意匠を持ったものが見られ、灰落しとセット関係を持った火入れの可能性がある。

瓦質・土師質土器も、手あぶりや香炉など他の器種との区分が困難な部分もあるが、瓦質のものは体部が直立する円筒形の製品、土師質のものは体部が内湾する碗形の製品が定型的に存在するようである。

なお谷田氏図9―(2)左上に見られるように、火入れの覆いである火屋《ほや》には素焼きのものがあったようであるが、東京大学本郷構内遺跡法文地点からは、あるいはこれにあたるとも思われるドーム状の天井をもった製品が出土している（図5―7：東京大学遺跡調査室一九九〇b）。

②単独の火入れ

単独で用いられた火入れは、前述の『風俗野史』をはじめ各種の絵画資料のなかにも示されているように（谷田氏図9―1・図9―2下段）、多くは具象的なものが多いようである。また商家ではかつて縁起をかついで河童の形をした火入れを客に出したといわれるが、これもこの類いの火入れであると思われる。

出土資料のなかにもこうした形象的な火入れを見いだすことができる。たとえば東京大学本郷構内遺跡附属病院地点から出土している土師質の製品は猿を象ったものである（図5―8・9：東京大学遺跡調査室一九九〇a）。背中が開口していて火入れとされていたようであり、開口部の縁部には敲打痕が巡る。猿の右手は握られていて、その親指と人差し指の間には貫通しない小孔があけられており、あるいはキセル掃除用のこよりなどが差し込まれていたのかもしれない。また真砂遺跡などからは谷田氏図9―2下段右2点に描かれているのと類似する姫達磨の形をしたものや、普通の達磨の形をしたものも出土している。図5―10に示した資料も表面に赤彩が見られ、達磨を象った火入れの破片であると思われる（真砂遺跡調査室会一九八七）。

これらの単独の火入れと思われる資料の多くには口縁部に敲打痕が多く残り、灰落しと兼用されていたことが窺われる。このことはまた、逆に単独で、つまり灰落しとセットになっていなかったことを示しているとも思われる。

一方、港区麻布台一丁目遺跡からは谷田氏図9―2下段左端に描かれているのと類似する土製の夕顔形の製品が出土しており（図6―1：港区麻布台一丁目遺跡調査会一九八六）、あるいはこうした火入れの類であったとも考えられる。また、絵図資料によれば独立して用いられる火入れには、こうした具象的なもののほかに、上面が半球状の砲弾形のものもあったようであるが（図6―6～8）、出土資料としては、この形態をもった瓦質の製品が麻布台一丁目遺跡などで報告されている（図6―3～5）。報告者はアンカとしているが（小林謙一ほか一九八六）、可能性の一つとして提示しておきたい。

なお、この形態をもち、上端に把手のついたものが民具のなかに「火もらい」の名で見られることがあり（図6―9、小林克一九九二）、炭火を保持するという機能上の類縁関係に由来するものとして注目すべきである。

(2) 専用器以外の火入れ

谷田氏の論考において、タバコ盆のような形態が確立する以前には、火入れが香炉などによって代用されていたとされているが、前述のように火鉢や手あぶりの炭火などが利用されることも考えられ、その区別が課題である。

一方で、専用の火入れが作られるようになってから後も、タバコ盆との調和がよければ香炉をはじめ、抹茶用の筒茶碗や食事用の向付け小鉢などを意識的に応用することもあり、現在の茶席でもこれは変わらないという。したがって、火入れにおいては転用が比較的通例であり、このことは器種的な分類が困難をともなう。

特に、火入れの場合、喫煙用に用いられていたとしても、後述の灰落しとは異なり、転用ないし流用されても痕跡が遺らないことはより問題を複雑にしている。

このように見ると、火入れは火入れとして作られたものが使用される場合のほか、筒茶碗や向付けが転用され、また香炉や火鉢が流用される場合が考えられる。後者の場合は日常的なレベルでは実感できても、考古資料として確認するのは困難である。

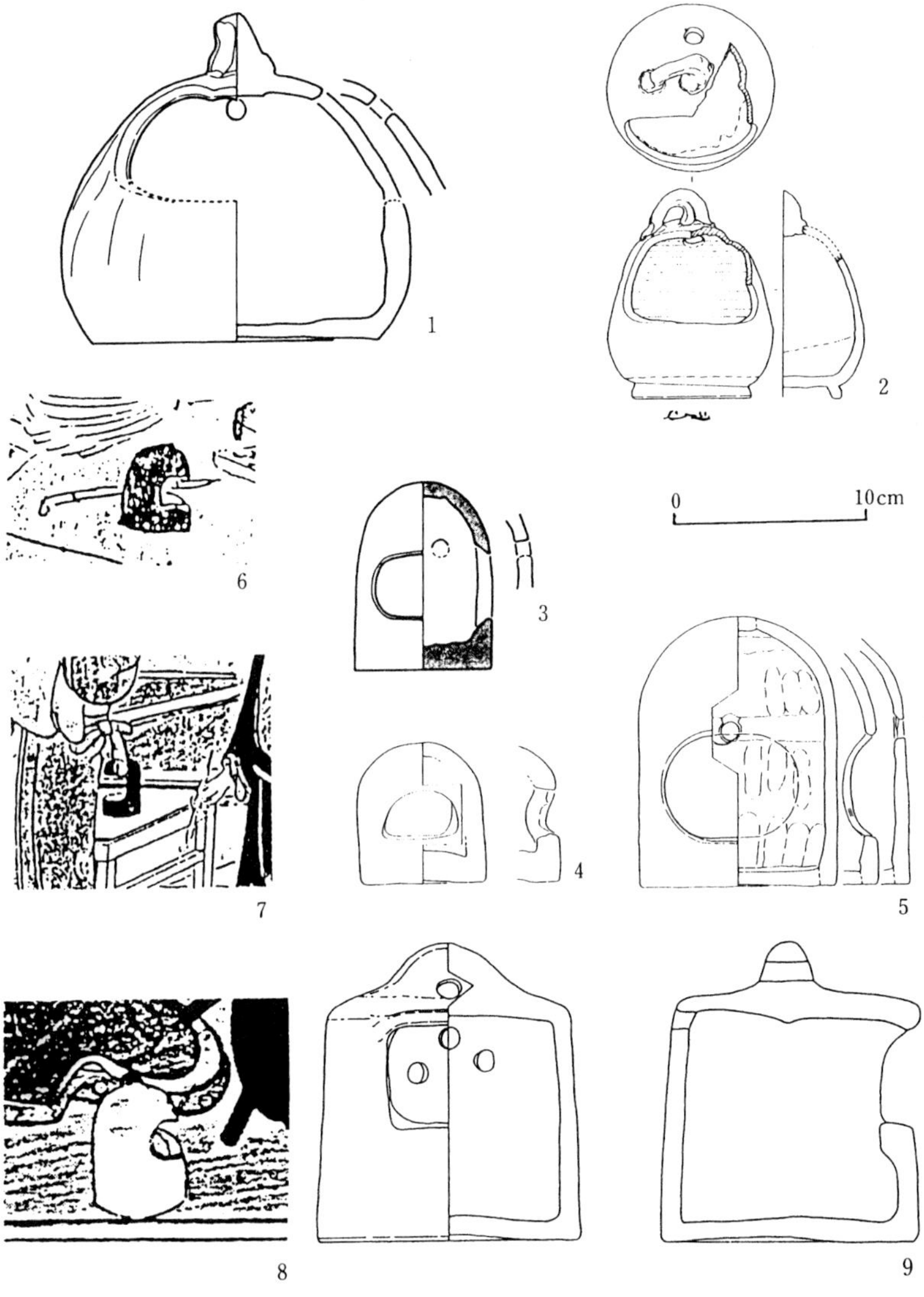

1･3：麻布台一丁目遺跡　2･4：尾張藩上屋敷跡
5：南山伏町遺跡　9：民具資料(小林克 1991より)
6：『近世職人尽絵詞』　7：『江都名所十景』　8：『風流江戸八景』

図6　火入れと関連資料

四　灰落し

(1)　専用器としての灰落し

灰落しは現在の灰皿にあたるものであるが、キセルの火皿のなかの吸い殻を叩き落すという目的のため、口縁部がキセルの雁首によって強く敲打される。このため口縁部の敲打痕という使用痕によって認定されるが、そのため一方では敲打痕をもった火入れが灰落しとして報告される場合もあるようである（原田一九八七）。

さらに先の火入れと同じく、タバコ盆との調和がよければ、他の器種の製品を灰落しとして用いた場合もあったであろう。

したがって、灰落しや火入れのような器種にあっては、特定の目的で作られた製品が特定の目的にのみ用いられるだけでなく、多様な利用のあったことが窺われる。

(2)　専用器以外の灰落し

一方、灰落しは、専用器（図7—1・2）のほか、火入れが流用される場合（前項参照）や、火入れに転用された碗（図7—3）、火入れに流用された香炉（図7—4）や火鉢類（図7—5・6）などがさらに流用される場合があり、また灰落しと兼用の火入れもあったと考えられる。さらに口縁部に敲打痕が見られる例があることから、徳利が転用された場合も考えられるのである（図7—7）。

一方、川柳の句集である『誹風柳多留』に見られる「切り落とし　焼塩壺は　あんじなり」の句は、焼塩壺を灰落しに転用する工夫を述べたものとされており（浜田・佐藤一九八七）、口縁部に敲打痕をもつ焼塩壺（図7—8）は、そう

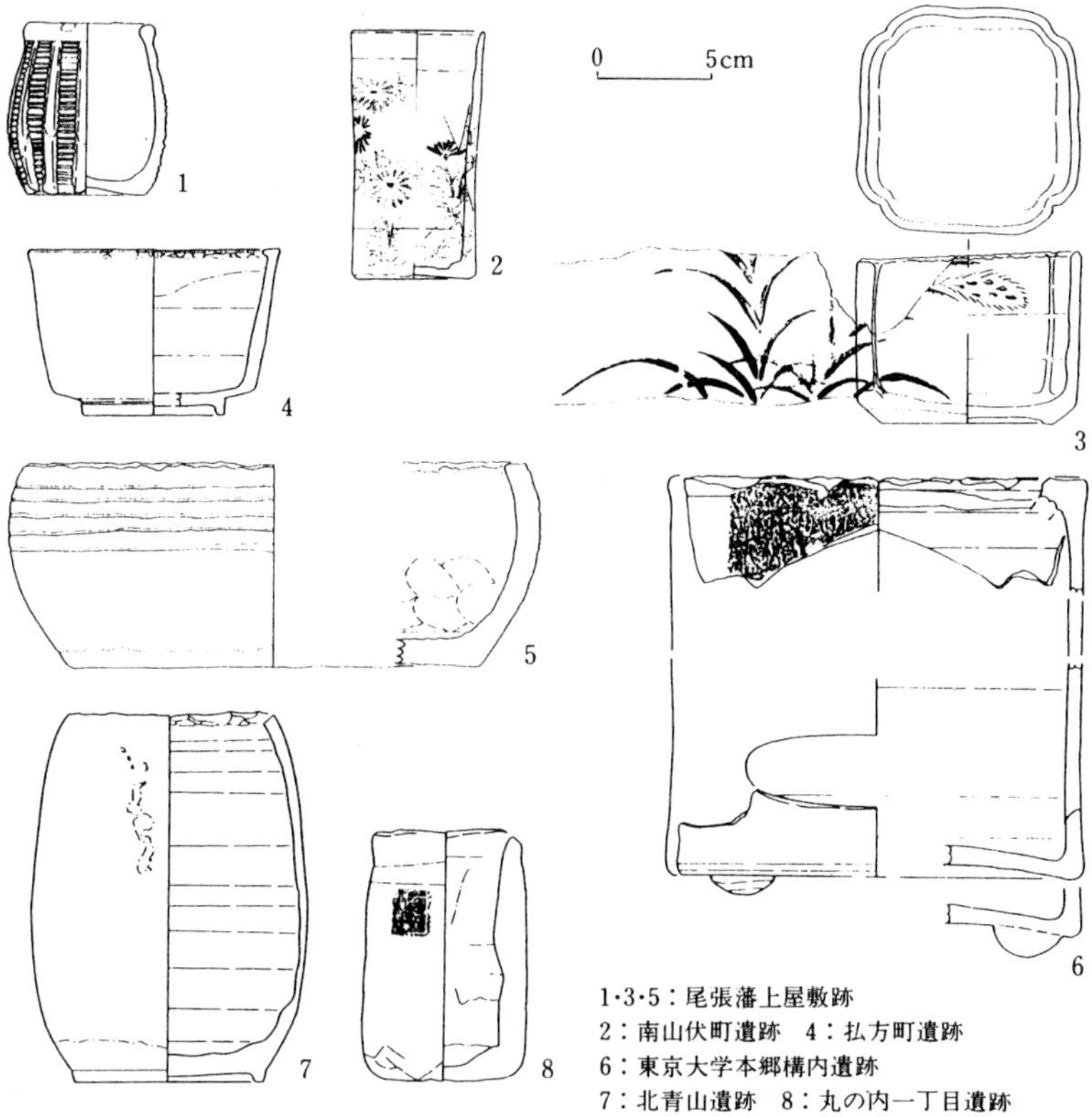

図7　灰落しに用いられた遺物

した使用を反映したものであろう。

このように、灰落しや植木鉢として用いるような使用痕を明確に残す行為は、考古資料における属性として比較的認識されやすいが、実際には喫煙に限らずこうした転用、流用、兼用といった行動が幅広く行なわれていたであろうことは想像に難くない。今後こうした視点からモノの使われ方を分析することも必要であろう。

ここで、火入れとして作られたと考えられる遺物と、灰落しに使用されたと考えられる遺物時期的な消長について概観しておく（次頁の表）。なお、火入れと灰落しの専用器は口縁部の敲打痕を持たないものも含まれているが、それ以外は、いずれも

火入れや灰落しに用いられた遺物の時期的動向

器種／時期	専用器	火鉢類			香炉	火入れ			徳利
		軟質瓦質	土師質	硬質瓦質		陶磁器	土師質	硬質瓦質	
I	0	0	0	0	4	0	0	0	0
II	0	2	3	0	2	(1)	0	0	0
III	0	2	2	0	1	0	0	0	0
IV	0	0	1	0	0	0	0	0	0
V	3	0	13	0	2	4	2	1	0
VI	0	0	5	0	0	0	1	0	1
VII	0	0	5	7	0	1	2	5	5
VIII	0	0	4	4	3	2	2	2	1

敲打痕をもつものに限っている。

各時期ごとの遺物や遺構の量が均等でないため、量的な問題については、論じ得るところが多くはないが、この表を見る限りでは、香炉と火鉢類は当初から少なくとも灰落しに、そしておそらくは火入れに用いられていたことが推定される一方、火入れや灰落しの専用器は江戸時代の中ごろに成立を見るようである。

このように、ある特定の行為（喫煙など）が採用されはじめた当初は、その行為が即応しうる形態をもった他の用途の製品が流用転用され、しばらくしてから専用器が器種として分化していく、という経過が喫煙具においても認められたのである。

先の『風俗野史』や民具にも見られるように、竹製の灰落しも広く用いられていたようであるが、灰落しを別名「吐月峰」というのは、吐月峰産の竹が珍重されたためといわれる。そしてこれには塗りのある木製の蓋が伴うこともあったようである。また、茶席では水を入れた青竹を灰落しに用いることがあるが、その場合は一度切りで使い捨てになるため、これを〃おごちそう〃として珍重するという。

このほか、銅や銀などの金属製品もあったと考えられるが、これらは火入れの場合と同様再利用が可能であるためか、考古資料としての遺存は見られない。したがって、こうした理由で考古資料の形で残りにくいものの存在も考慮に入れる必要がある。

十八世紀中葉以降に出現する硬質瓦質の小形の火鉢を見ると、ほとんどすべての口縁部の沈線以上の部分が無紋で、磨きが施されている。これは瓦質の火入れの多くにも見られる意匠であるが、あるいは灰落しとしての使用に伴う敲打に対する対抗策とも考えられ、火鉢類と火入れ灰落しの兼用とも呼べよう。

五　その他の喫煙具

(1)　タバコ盆

タバコ盆という語には、容器としての盆そのものと、このタバコ盆に入れられた喫煙に必要な器具のセット全体を指す場合とがあるが、多くの場合には後者を指すことが多い。そしてこのタバコ盆は、現在応接室のテーブルの中央に置かれる、灰皿、ライター、タバコ入れと、これを乗せる細長い盆からなる喫煙セットに名残を留めているようである。

なお、セットとしてのタバコ盆には刻みタバコを入れておく容器が伴ったものもあり、タバコ入れとも呼ばれていたようであるが、次項の携帯用のタバコ入れと区別するために、ここではタバコ容器と呼んでおく。

これらのセットを構成するもののうち、キセルや、火入れ、灰落しは出土資料としてそれぞれ認定されるが、タバコ容器と盆はほとんど認定されていないようである。タバコ容器は、谷田氏の言及にもあるように、絵画資料や民具(伝世資料)などによれば箱形のタバコ箱、小型の蓋付きの壺であるタバコ壺が用いられていたようである。しかし、調査報告者がそういう器種を認識していなかったり、あるいは火入れと同じく特定の使用痕を留めないため、専用器としての器種を構成しているものであるか否かの認定が困難であるためであろうか、管見の限りではほとんど報告が

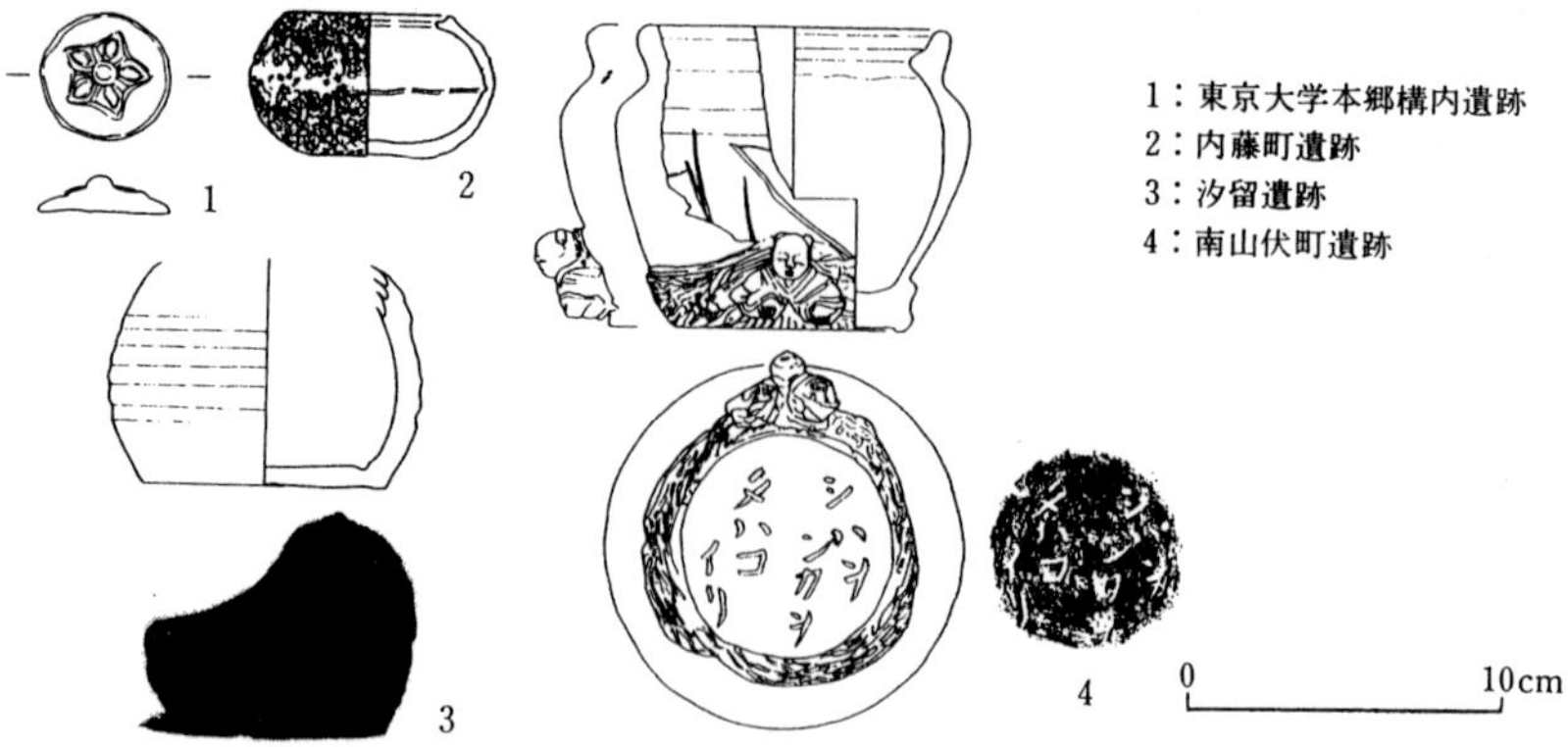

図8　タバコ容器と考えられる遺物

見られない。あるいはタバコ容器の伴わないタバコ盆が多かったためとも思われるが、今後注意を払う必要があろう。

またタバコ箱や盆の場合は、木製のものが多く、そのためなかなか遺存せず、遺存していても部分品の形では全体の形を再構成するのが困難な場合が多いという資料上の限界もある。

一方、セットとしてのタバコ盆は、そのままの形で出土することはほとんど期待できず、セット関係を解かれた状態で（それぞれのものがばらばらになって）出土するために、再構成が困難である。特にタバコ盆によってはありあわせの容器が火入れに転用、流用されたりするなど、比較的セット関係の紐帯が緩いので、なおさらである。

なお、茶席においてもタバコ盆が用いられるが、現在では正客の位置を示すなど、象徴的な側面が強いようである。

(2)　タバコ壺

出土資料のなかではっきりとタバコ壺として確認される資料は、今のところ存在しないようであるが(註)、谷田氏の言及にもある柚の意匠をもった壺は比較的類例が多く、大小さまざまなものが報告されている。蓋に柚のへたや葉が表わされ、器面には柑橘類特有の点が表現されているなど、きわめて凝った作りがされている（図8―1）。

(3)　タバコ入れ

先にも触れたように「タバコ入れ」という語には、タバコ盆のなかに組み込まれる据え置き型のもの（タバコ容器）もあったようであるが、一般には携帯用のものをいう。そしてこれも、タバコ盆と同様、考古資料という側面からは認定しづらいものである。

前者のタバコ容器としてのタバコ入れは、タバコ容器として作られたものであっても形態的には他のものと区分し得ず、またタバコ容器として使われたものも、こうした小型の壺類は考古資料のレベルでの分析にあっては一種の汎用器として扱われるためである。

一方、後者の携帯用のタバコ入れは、その名の通り刻みタバコを携帯するための容器であったであろうが、キセルや、火打ち石、火打ち金を一纏にして持ち歩けるようにしたものもあったようであり、また谷田氏のご教示によれば、タバコ入れの根付けの一つに、灰落しとして用いられた小型の碗形のもの（火はたき）があるといわれ、そういう意味ではこれは携帯用のタバコ盆とでもいうべきものである。

しかし、これを考古資料として見ると、まず第一に布や革、紙を主たる素材としていたために遺物として認識し得ない。鎖や、金具の類はもちろん、装飾の施された留め金や、灰落し形のものを除いた根付けの類も必ずしもタバコ入れの部分品ということを提示し得ないのである。またタバコ盆の場合と同じく、キセルや火打ち石の類もセット関係を解かれた状態で出土することが大部分であり、これらがタバコ入れに伴うものであったかどうかを認定することはきわめて困難なのである。

おわりに

今回の谷田氏の発表にあるように、喫煙は南蛮文化とともにわが国ににもたらされた外来の風習であり、江戸時代を通じて独自のものに変質していったものである。

このように、外来文化を受容しながらもそれに手を加え、ときには全く異なった姿にまで改変して独自の文化事象とされていくのは、かな文字からアンパン、カレーライスに至るまでのわが国のさまざまな文物に見られるところであり、江戸時代の喫煙風習に限らず、日本文化に通有の現象であるともいえよう。

これを考古資料という側面から見ると、火入れや灰落しといった器種の遺物は当初は存在せず、仏教や香道などの道具も含め、日常生活の他の局面に対応して作られた製品が転用ないし流用されていたものから、次第に専用のものが作られるようになって成立している。こうした器種分化は何も喫煙具に限ったことではなく、たとえば火鉢類においても見られることであり（小川一九九一）、これらの変遷を追うことによって、そこから生活様式の推移を復元することも可能になり、また当時のさまざまな物質文化の生産や流通の様相をも窺うことができるものである。

そういう意味では、江戸時代の直前に伝来したとされ、江戸時代のごく初期から流行を見たとされる喫煙の風習に伴うさまざまな事物の様相は、こうした分析のモデルケースともなりうるといえよう。

本稿を草するにあたって谷田有史氏に多くのご教示を得たことを記し、感謝の意とするとともに、浅薄なコメントに終始したことをお詫びする次第である。

また、茶道におけるタバコ盆について尾沢百合香氏にご教示賜り、遺物の年代観や時期設定に関して、堀内秀樹、成瀬晃司、鈴木裕子の各氏にご教示賜った。このほか民具資料の評価や分析、遺物の使用形態や用途、機能などに関しては、米川幸子、梶原勝、小林謙一、両角まりの各氏ならびに江戸在地系土器研究会の諸氏との討論に負うところが大きい。併せて感謝申し上げる。

〈参考文献〉

五十嵐彰　一九八八「煙管」『芝公園一丁目増上寺子院群』港区教育委員会
伊藤晴雨　一九六七『江戸と東京　風俗野史』有光書房刊（原本刊行一九三二）
小川　望　一九九一「近江江戸の土製火鉢類について——江戸在地系土器に関する一試論」『中近世土器の基礎研究』Ⅶ　日本中世土器研究会
加納　梓　一九八七「副葬品について」『自證院遺跡』新宿区教育委員会
谷川章雄　一九九一「發昌寺跡における埋葬施設と副葬品」『發昌寺跡』社団法人金融財政事情研究会・新宿区南元町遺跡調査会
古泉　弘　一九八三『江戸を掘る』柏書房刊
〃　一九八五「10．銅製品　B．キセル」『江戸——都立一橋高校地点』都立一橋高校内遺跡調査団
小林　克　一九八七「まとめ」『真砂遺跡』真砂遺跡調査会
〃　一九九一a「オランダからきたクレイパイプ」『甦る江戸』江戸遺跡研究会編
〃　一九九一b「火もらいについて」『江戸在地系土器の研究』Ⅰ　江戸在地系土器研究会
小林謙一・菅沼圭介・両角まり　一九八六「瓦質・土師質土器」『麻布台一丁目郵政省飯倉分館構内遺跡』港区麻布台一丁目遺跡調査会
田中冨吉　一九八八「きせる」『きせる』たばこと塩の博物館
谷田有史　一九八八「きせるの形と素材、彫金の技法」『きせる』たばこと塩の博物館

たばこと塩の博物館　一九八八　『きせる』
〃　一九九〇　『企画展　日本の喫煙風俗と喫煙具』
中井さやか　一九八七　「煙管」『真砂遺跡』真砂遺跡調査会
羽生淳子・竹内さやか　一九八六　「遺構および出土遺物」『港区三田済海寺　長岡藩主牧野家墓所発掘調査報告書』港区教育委員会
浜田義一郎・佐藤要人（監修）　一九八七　『誹風柳多留』
仲野泰裕　一九九〇　「江戸出土の瀬戸美濃陶磁」『江戸の陶磁器［発表要旨］』江戸遺跡研究会
原田大介　一九八七　「陶磁器類」『真砂遺跡』真砂遺跡調査会

〈発掘調査報告書〉
北青山遺跡調査会　一九九七　『北青山遺跡』
社団法人金融財政事情研究会・新宿区南元町遺跡調査会　一九九一　『發昌寺跡』
新宿区教育委員会　一九八七　『自證院遺跡』
〃　一九八八　『三栄町遺跡』
新宿区内藤町遺跡調査会　一九九二　『内藤町遺跡』
新宿区払方町遺跡調査団　一九九九　『払方町遺跡』
新宿区南山伏町遺跡調査団　一九九七　『南山伏町遺跡』
墨田区錦糸町駅北口遺跡調査団　一九九六　『墨田区錦糸町駅北口遺跡』Ｉ
千代田区紀尾井町遺跡調査会　一九八八　『紀尾井町遺跡』
東京大学遺跡調査室　一九八九　『東京大学本郷構内遺跡理学部７号館地点』
〃　一九九〇ａ　『東京大学本郷構内遺跡医学部附属病院地点』
〃　一九九〇ｂ　『東京大学本郷構内遺跡法学部文学部地点』
東京大学埋蔵文化財調査室　一九九〇　『東京大学本郷構内遺跡御殿下記念館地点』

東京都埋蔵文化財センター　一九九四『千代田区丸の内三丁目遺跡』

〃　一九九七『汐留遺跡』Ⅰ

〃　一九九七『尾張藩上屋敷跡遺跡』Ⅱ

〃　一九九八『尾張藩上屋敷跡遺跡』Ⅲ

〃　一九九九『尾張藩上屋敷跡遺跡』Ⅳ

豊島区教育委員会　一九九一『染井』Ⅱ

〃　一九九八『伝中・上富士前遺跡』Ⅱ

都立学校遺跡調査会　一九九〇『白鴎』

都立一橋高校内遺跡調査団　一九八五『江戸――都立一橋高校地点』

真砂遺跡調査会　一九八七『真砂遺跡』

港区麻布台一丁目遺跡調査会　一九八六『麻布台一丁目郵政省飯倉分館構内遺跡』

港区教育委員会　一九八六『港区三田済海寺　長岡藩主牧野家墓所発掘調査報告書』

〃　一九八八『芝公園一丁目増上寺子院群』

（補註）本稿脱稿後、その用途をタバコ容器（タバコ壺）と限定しうる資料の報告に接する機会を得た。新宿区南山伏町遺跡出土の土器（図8―4）がそれで、底面に「シハヲンカヲ　タハコイリ」（司馬温公煙草入）と刻書があり、唐子《からこ》が壺の底部から外に出ようと身を乗り出している様子が表わされているところから、司馬温公（司馬光）の故事を意匠とした煙草入れ（たばこ容器）であると考えられる。

あかりの道具研究の方向

小林　克

あかりの道具の研究は、大正期より現在にかけて、照明学会や照明文化研究会を中心に活発に実施されてきた。このような研究の歴史を繙くならば、二十世紀に入ってからの日本の「伝統的」生活文化の見直しと、それに伴う古い照明具の評価活動があった。近代化のなかで、直接輸入された西洋風な住居や暮らしを見直そうというものであった。その状況を端的に表しているのが、一九三一年（昭和六）に刊行された大著『日本古灯器大観』である。ここでは、古くからのあかりの道具を集成・再現し、解説を行っている。この解説には、江馬務氏をはじめとする風俗研究会の協力による再現が載せられている。これ以前には一九一七年（大正六）に発行された『日本灯火史』があるが、いずれもこれら研究初期の図書は、当時の電力会社を始めとする関係者の協力により編纂されたものであった。

この背景としては、明治に入り西洋の生活様式を住居という入れ物自体から直輸入していた段階から、それを咀嚼し、日本の暮らしのなかでどのように使いやすい形態のものを作りだしていくかという時代的要請があり、そうしたなかで明治以前のあかりの道具のあり方を再認識しようとしたものであった。具体的に言えば畳敷きの和室のなかでの電灯の形態はどのようにあるべきなのかといった興味のなかでの研究であった。

このように伝統的あかり研究の端緒は、二十世紀前半の時点で、すでに無くなりつつあった古いあかりを見直そうという状況であったのである。そのため、照明具の呼称については、古い文献のものを引用するという傾向があった。ここに照明具研究の用語の不統一の原因を見ることができる。つまり大正期にはすでに石油ランプは広く普及し、電気やガスを用いた照明具も都市部を中心に普及していた時期に、それ以前の古い照明具についての名称を、文献を基に再現したものなのである。

現在、あかりの道具の研究では、特に「伝統的」資料について、その傾向が強くうかがえる。たとえば、全国各地の郷土資料館等においても民具としてすでに使用状況の不明となっているあかりの道具を収集・紹介している事例が増えているが、ここでも呼ばれていたであろう名称と、各種の研究書を参考とした名称の混在が見受けられる。

このような状況のなかにあって、笹尾氏はご自分で収集された資料を実測図化して分析している。氏は仕事として照明具制作に携わった経験から、近代以降のものに特に造詣が深いのであるが、ほとんど全ての収集資料を実測している事は驚嘆に値する。そのため氏の研究はきわめて実証的であり、個別具体的である。

考古資料は、通常は廃棄され、腐食する部分は腐ってなくなったものが多い。あかりの道具にしても、全体的なセットがそろって出土するというよりは、そのパーツのみが考古学者の目に触れることになる。分析の前提として考古学者はあかりの道具を、セットが組み合わされた全体像として認識しておく必要がある。そうした意味で考古学者が照明具研究を繙くことは重要な作業であると言えよう。なかでも実測図を作成、分析するという笹尾氏の仕事に学ぶべき点は大であると考えている。これによりあかりの道具研究の蓄積と現況を理解し、その使用方法をふまえたあかりの道具の構造的理解が可能となる。

ただ、あかりの道具研究の場合、前述のような弱点が存在していることを最初に認識しておく必要がある。つまり研究が開始された時点ですでに生きた形での使用状況を観察することはあまりできておらず、書かれた文献からその名称等が決められているという状況があったのである。このように、名称や用語が厳密に整理されていないため混乱が見られたのであるが、笹尾氏はその名称の混乱を指摘し、整理を試みている。ただ、それがそのまま出土資料の名称として適当であるかということについては、十分慎重に検討すべきであろう。

著者は以前から民具資料と考古資料の比較研究のなかで、民具の使用方法やそこでの名称を調査する必要があると述べているが、これにはあくまでも考古学の方法論に基づいた分類が前提として必要であり、その比較・批判の対象資料として、前者の名称や用途との関係性が重要になると言っているのであり、無批判な民具研究の引用や、形態と用途に関する思い込みは一番避けねばならないことであると考えている。そして、そのような比較研究のなかで、江戸遺跡出土資料としては豊富であるのに、伝世資料としてはきわめて少ないものの存在、逆に伝世資料としては多く見られるのに、出土資料としてはほとんど見られないものの存在、さらには、近世から近代にかけて伝統的といわれている灯火具がどのように変遷していくのか、そこにはどのような近代以降の社会の変化が背景としてあるのかといった、さまざまな問題にアプローチできると考えている。

そうした意味でも、考古学者は照明研究も同様に利用すべきであると考えている。ただ、照明具のセット構成としての全体像と、その構造的特徴の把握だけは、前提として学ぶべきであり、その意味でも笹尾氏の実測図を提示していくという研究姿勢は重要である。たとえば行灯には行灯本体の他に、灯油、灯芯、灯芯押さえ、灯火皿のセットなど、灯器、行灯皿、油徳利などが必要となるのである。

笹尾氏には、このような背景のなかで発表をお願いし、以下のように論考をまとめていただいた。多分に分類したものを説明するというスタイルをとっているが、前述のような問題点を把握していただいたうえで実測図と合わせて見ていただくことによって、考古資料との対象として面白さが見えてくる。考古資料から民具資料へと変遷を連続的に辿るとき、そこでは共通の物質文化研究の一翼を担う方法として、実測図が重要な意義を持つのである。

また、江戸遺跡研究会第五回大会『考古学と江戸文化』においては、より広い視点から、江戸時代のあかり一般について発表をいただいたが、本稿においては、第一義的目的が考古資料との対比であることから、出土資料に認められる種類のものを中心に論じることとした。笹尾氏の発表については、江戸遺跡研究会第五回大会『考古学と江戸文化』発表要旨に詳しい。そちらも併せて参照していただければ幸いである。

江戸時代のあかり

笹尾局之

はじめに

人間は火を自分たちのものとすることによって、より人間らしい生活を手にすることができた。原始人にとって火は、あかりであるとともに煮炊きのためのものであり、また暖を取るためのものでもあり、言わば人間としての生活と、文明を作り上げるのに必要不可欠なものであったのである。

日本では木造家屋を作ることにより、あかりの道具が作られるようになった。油を土器などの灯明皿に入れ、灯芯を浮かべてその炎をあかりとしたようである。しかし灯火具にいろいろな種類のものが出現するようになるのは近世以降のことである。

江戸時代のあかりには、前時代を踏襲し、菜種油と、櫨や漆から作られる蠟燭が用いられ、行灯・燭台・提灯が普及した。街は明るくなったが、山村では油火や蠟燭はあまり使われず、旧来通り、いろりやひで鉢、または松灯蓋で燃すあかりや松明が、漁村ではいわしやさんま等の魚油とさざえの殻を用いた螺灯が用いられた。

一　大別と細分

1　灯火の種類と灯火具の分類

江戸時代の灯火は、一、自然物を直接燃焼させるもの、二、油を燃焼させ、その炎をあかりとするもの、三、蠟燭を燃焼させ、その炎をあかりとするものに、大別できる。自然物を直接燃焼させるものは、一番古くから行なわれており、また現代でもキャンプファイヤーなどは、薪を燃やして燃料とすると同時にあかりをとっているのである。油を燃焼させ、その炎をあかりとするものは、その油の原料が各種開発された。いぬざんしょう・えごまなどの植物性の油は古代より貴重な灯油とされていたし、魚や動物の油も灯油として利用されてきた。近代以降の石油やガスも当初は、あかりの燃料としての利用が多かったのである。蠟燭を燃焼させ、その炎をあかりとするのも、さまざまな種類の蠟燭を用いている。蜜を使った蠟燭は、古く平安時代の文献にも登場し、また松脂や木蠟燭と呼ばれるものは古くからあったが、ハゼや漆の実を使う、いわゆる和蠟燭が作られるようになるのは江戸時代直前からのことである。

以下、さらに各種類の灯火を用いるための灯火具について各々分類し、説明する。図は、所蔵資料を実測したもの

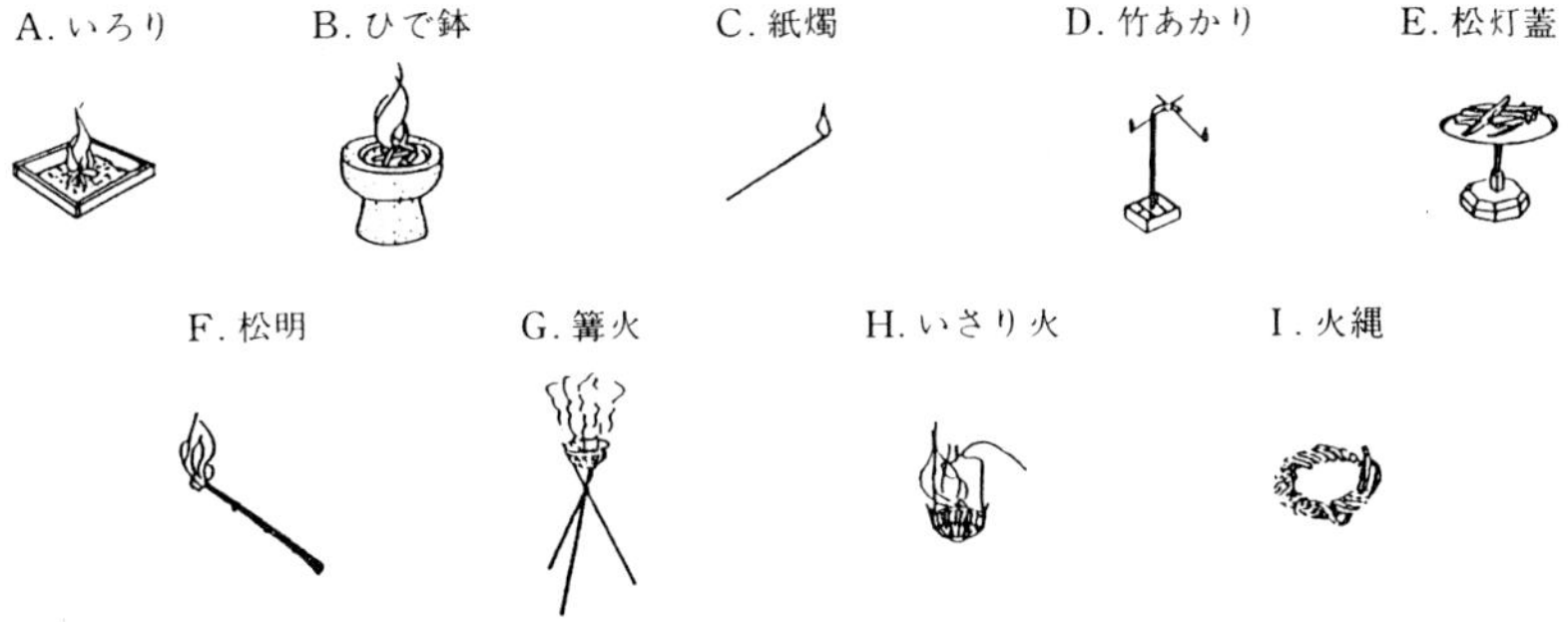

図1　自然物を直接燃焼させる灯火

である。

(1) 自然物を直接燃焼させるもの（図1）

Aいろり　室内の床を四角に仕切った施設。調理、暖房、照明など複合的な用途を持った火処。大きな都市以外の地域において、一般的に用いられていた。

Bひで鉢《ばち》　自然石を鉢状に加工したもの。ヒデと呼ばれる、松の幹や根の脂の多い部分を燃材とした。

C紙《し》燭《しょく》　長さ五～六寸の和紙のこよりに油や蠟をしみ込ませて乾かしたもの。火の移し替え用や、小用の時の明かりとして用いられた。

D竹《たけ》あかり　ほりこ・竹火ともいう。根曲がり竹に油をしみこませたもの。室内のあかりとして用いられた。篠竹製のものは鉱山等で用いられた。

E松灯蓋《まっとうがい》　ひで鉢と同様のものだが、金属製。吊り下げる形のものを吊り灯蓋という。

F松《たい》明《まつ》　松の根・枝・幹等の脂の多い部分や竹・葦・芋幹等を手に持てるように束ねたもの。

G篝《かがり》火《び》　鉄製の籠。篝松・打松等の薪を燃材とした。

Hいさり火　主に鵜飼いに用いられる集魚用の篝火。

I火《ひ》縄《なわ》　火種の保存、携行、運搬に用いた。火縄銃の点火にも用いられた。

(2) 油を燃焼させてその炎をあかりとするもの（図2）

A 灯《とう》籠《ろう》 元来僧坊のあかり（仏殿荘厳具）だったが、後に社寺の献灯、宮廷や貴人邸宅等のあかりとなった。石灯籠、金灯籠、釣灯籠、木灯籠、盆灯籠等に細分される。盆灯籠とは、屋敷に竹または杉の木を立て、先端に高く掲げる高灯籠のことで、盂蘭盆に死者の供養のために用いた。宮廷・神社・仏閣等の灯籠には美術工芸品として保管されているものが多く、一般庶民の家々に残るものは、素朴な作りものが多い。

B 灯《とう》台《だい》 油皿を台架にのせて、裸火を灯す台である。絵画史料等を見ると古代から使われており、形態などは長きにわたって踏襲されていたようである。短檠、竹檠、手燭、だるま燭台等に細分される。現在でも、茶席において用いられる。

C 行《あん》灯《どん》 鎌倉時代には手に持って歩いたが、江戸時代に入ってから、屋内用として普及した。

D 瓦《が》灯《とう》 瓦土で焼かれた素焼きの簡素なもの。常夜灯として庶民のあかりとなった。こわれやすいためか現存品が少ない。

E 鼠灯台《ねずみとうだい》 油皿の油が燃えて油が少なくなると、油が鼠の口元から下の油皿に油が垂れる仕掛けで、きわめて巧妙な灯具である。

F 無尽灯《むじんとう》 カラクリ儀右衛門こと田中久重の発明でオランダの気炮（一種の空気銃）を応用したもの。

G 八《はち》間《けん》 油皿を吊ったもの。八方・八間行灯・丸形・四角・六角・八角と形多く、八間四方を照らすのでこの名がある。人の多く集まる、湯屋・居酒屋・寄席・大きな家の台所、旅人宿等で用いられた。油皿の他に片口カンテラ、両口カンテラを吊ったものもある。

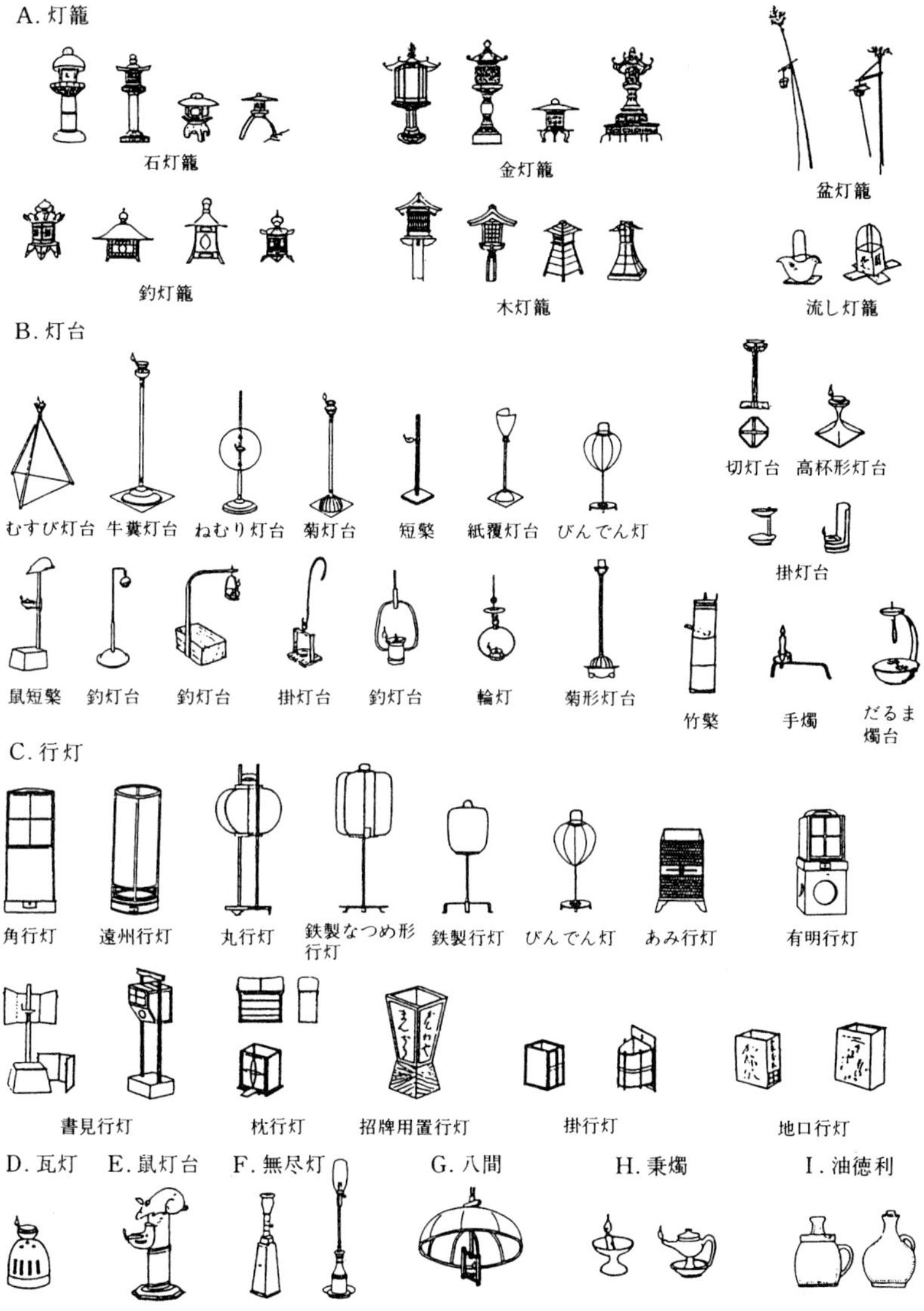

図２　油を燃焼させてその炎をあかりとする灯火

H秉《ひよう》燭《そく》　灯芯を立てるための「へそ」を持つ油皿。多くは鉢形で油も多く入り、点す位置が中央付近なので油が底に回ることはない。種々改良され多くの形象を残している（図参照）。

I油徳利《あぶらとつくり》　灯油を入れる瓶。灯台・行灯等に油を補給するための徳利。外側に油が廻らないように、首下に油受けの溝があり、口元から垂れる油を受ける。油受けが幾らか傾いて作られているので、油は溝のなかの小さな穴から徳利のなかへ戻る。灯芯を溝のなかへぐるりと廻しておいて、油をしみこませ、油皿にのせた時すぐに火が付くようにしたりもした。油が高価であったための工夫である。

(3)　蠟燭を燃焼させてその炎をあかりとするもの（図3）

A燭《しよく》　台《だい》　蠟燭を立てて点す台。灯台の形を踏襲したものが多い。禅宗とともに仏殿荘厳具として伝えられた。形態の変化が著しく、仏教の隆盛と共に豪華なものが多くなり、多種多様である。燭台と灯台を兼用したものもある。

B提《ちよう》　灯《ちん》　竹を骨とし、まわりに紙を張り、上下に丸輪をつけ、おりたためるようにしたもの。携帯用行灯に代わって使用されるようになり、形態的にも機能的にも多様化してきた。蔵提燈、がんどう、小田原提灯等に細分される。

以上のようなさまざまな種類の灯火および灯火具の変遷を初出文献の年代によって年表にまとめたものが図4である。これは昭和五十六年（一九八一）年七月に筆者が、大先輩である深津正先生のご指導のもとにまとめたものである。新出文献のあるたびに改訂して、現在この図4が一番新しいものである。

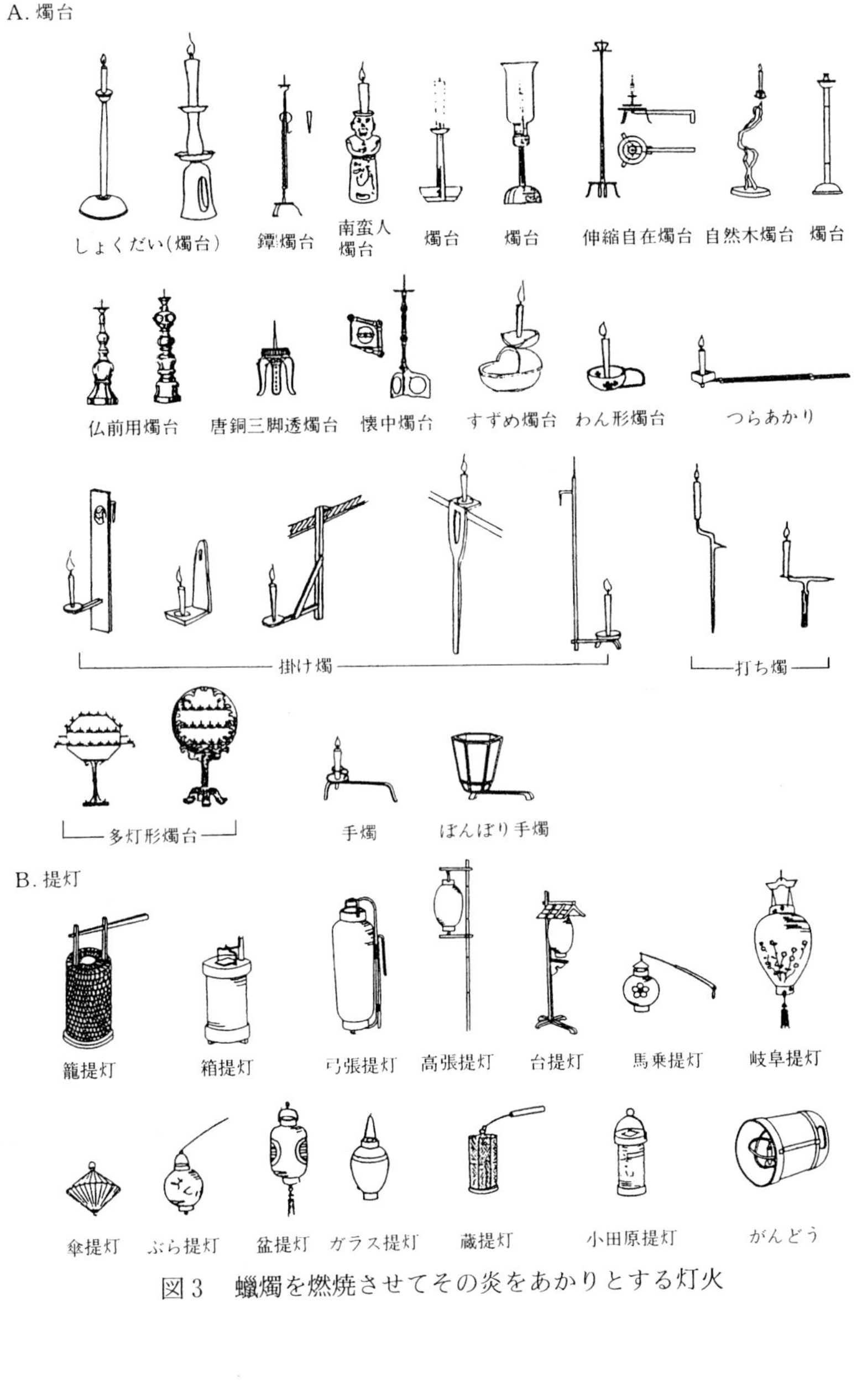

図3　蠟燭を燃焼させてその炎をあかりとする灯火

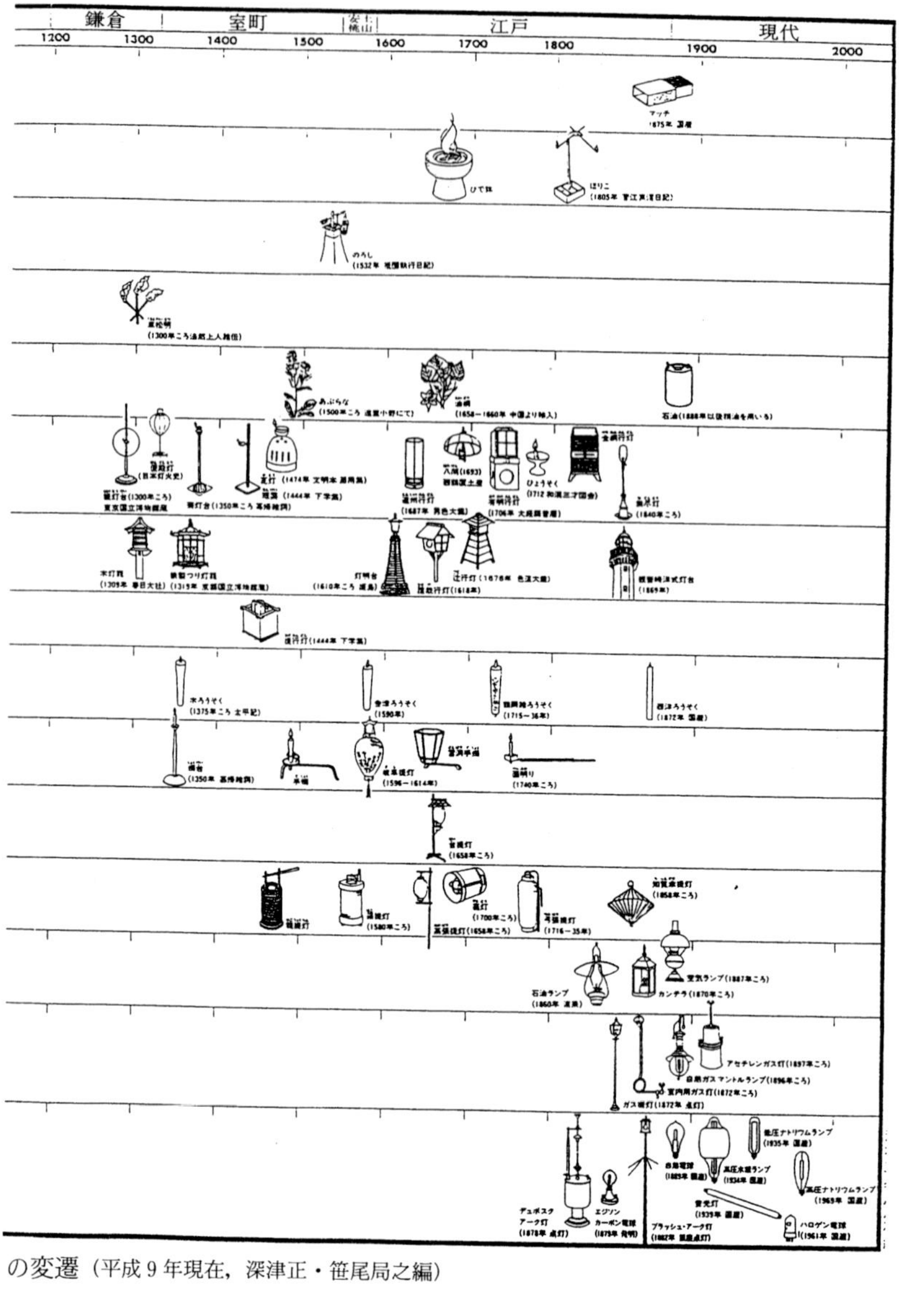

の変遷（平成９年現在，深津正・笹尾局之編）

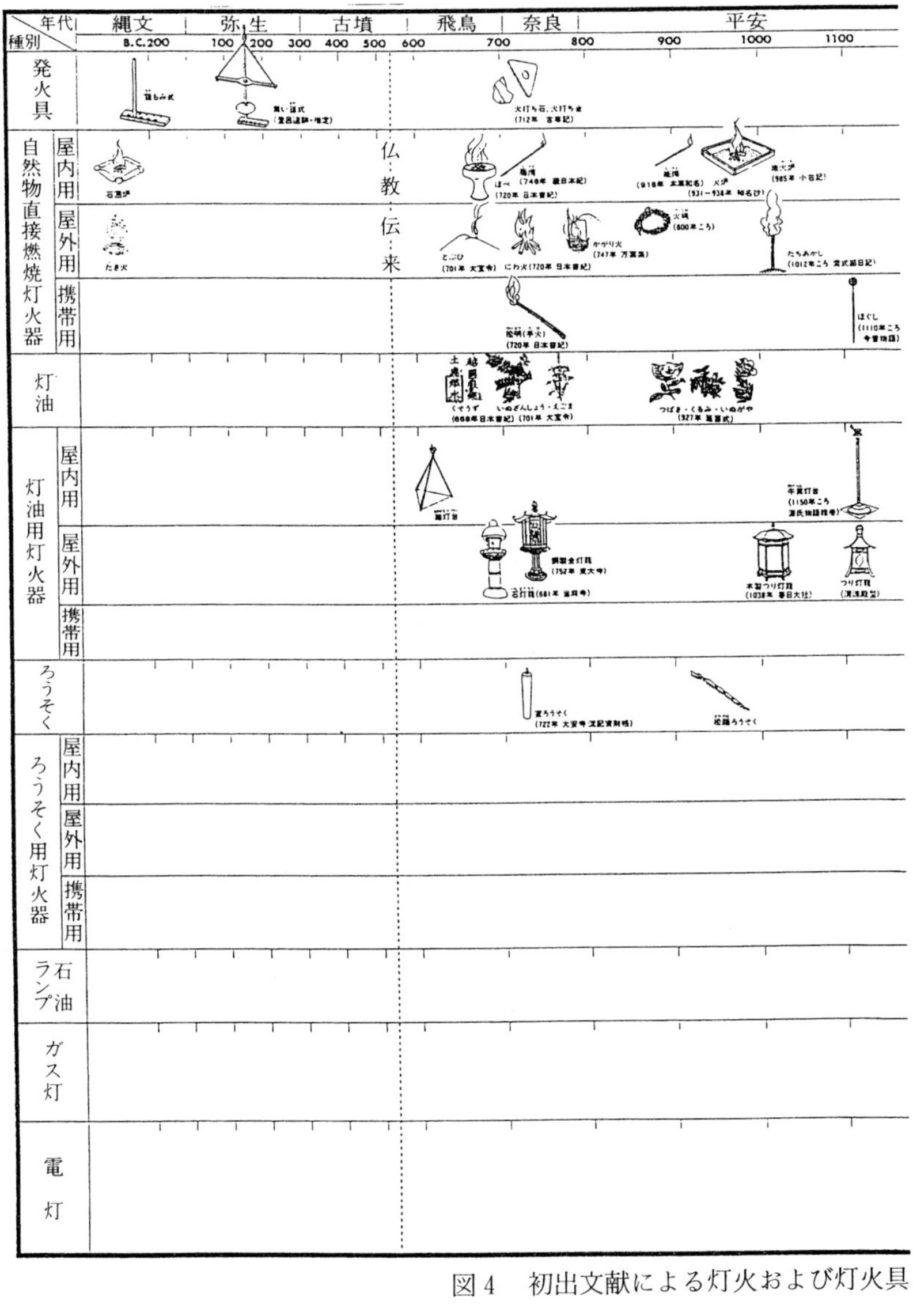

年代
種別
縄文
弥生
古墳
飛鳥
奈良
平安
B.C.200
100
200
300
400
500
600
700
800
900
1000
1100
発火具
自然物直接燃焼灯火器
屋内用
屋外用
携帯用
仏教伝来
たき火
にわ火（720年 日本書紀）
かがり火
（747年 万葉集）
（800年ころ）
たちあかし
（701年 大宝令）
（720年 日本書紀）
（712年 古事記）
はぐし
灯油
くそうず
（668年日本書紀）
いぬざんしょう・えごま
（701年 大宝令）
つばき・くるみ・いぬがや
（927年 延喜式）
灯油用灯火器
屋内用
屋外用
携帯用
（752年 東大寺）
（1150年ころ
つり灯籠
ろうそく
（722年 大安寺 流記資財帳）
ろうそく用灯火器
屋内用
屋外用
携帯用
石油ランプ
ガス灯
電灯

図4　初出文献による灯火および灯火具

分類名称	特　　徴
1 灯　盞（灯明皿）	灯油を入れ灯芯に火を点すのに使う小さい油皿．
2 秉　燭（柄　燭）（たんころ）	灯盞の一種．中央に臍のような灯芯受けがあり，油皿に代わって使われた．
3 灯　台（灯　架）	灯火を置くのに用いた台．木・竹などで作る．
4 短　檠	灯台の高さの低いもの．
5 灯　檠	灯火の油皿をのせる台．油皿を台上に置いて裸火を点す
6 外国のものは ランプ（灯油用）	

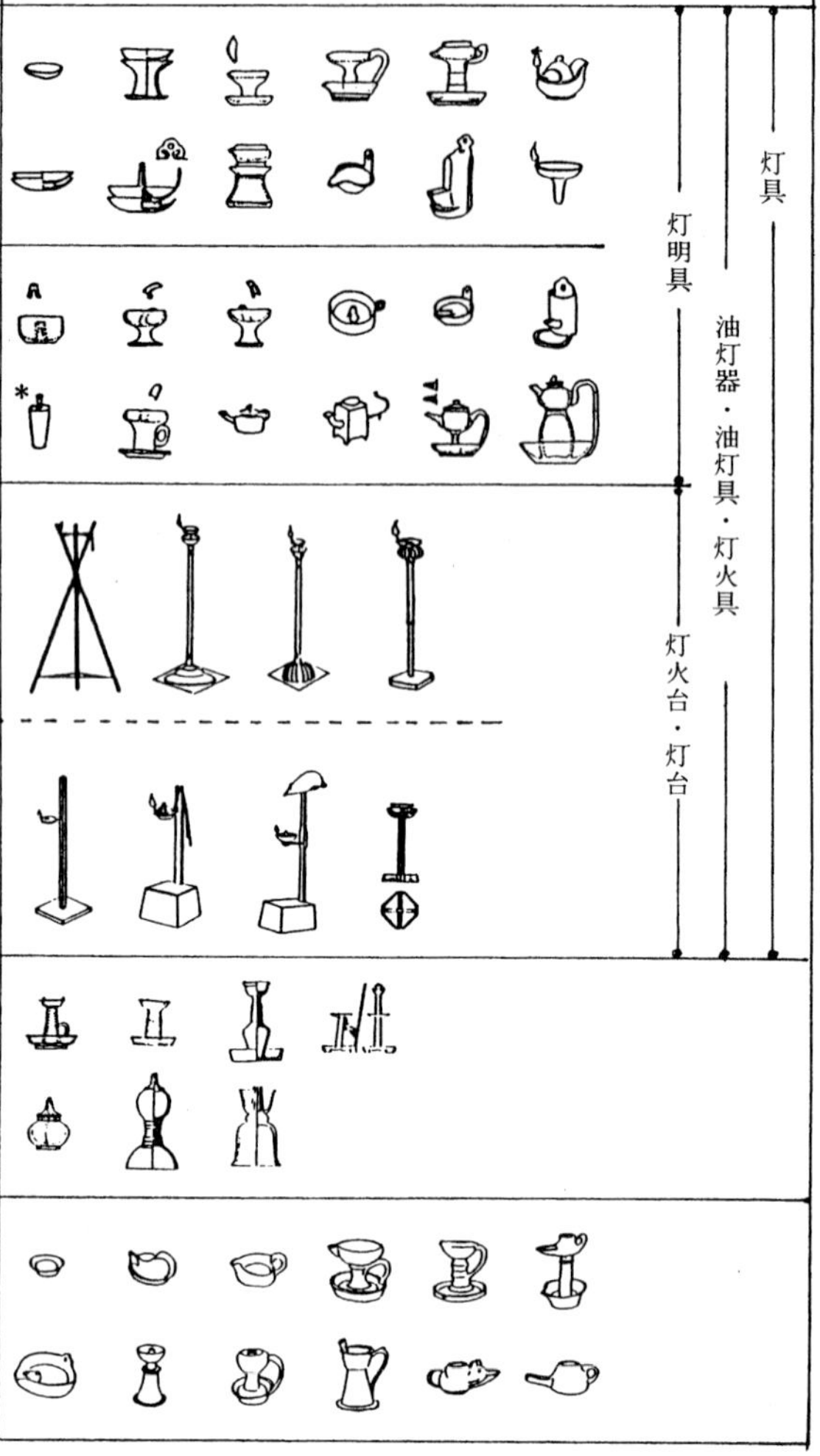

図５　灯火具の分類私案

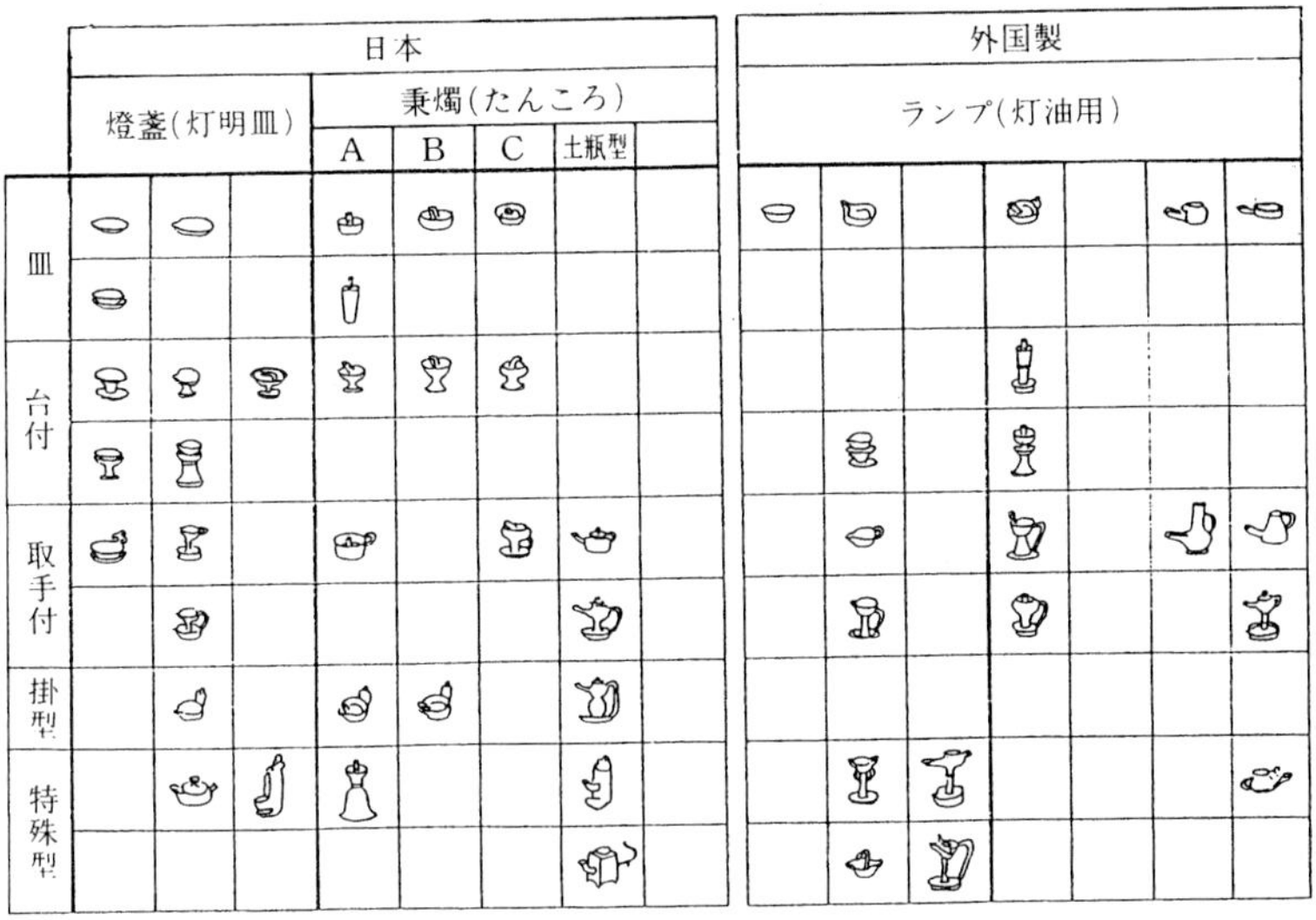

図6　灯火具およびランプ（外国製）の分類私案（昭和55・7・18調）

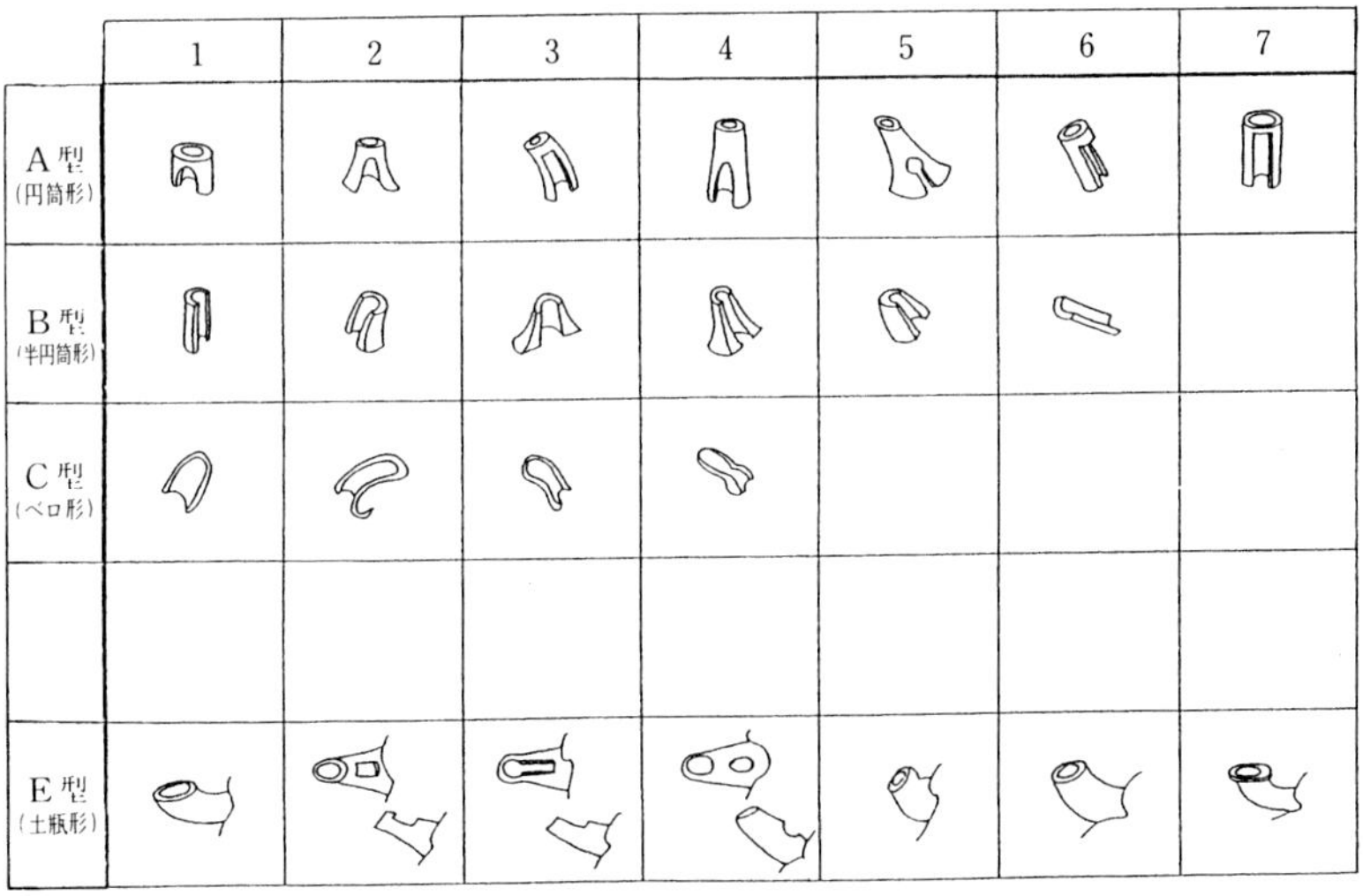

図7　秉燭の細分私案

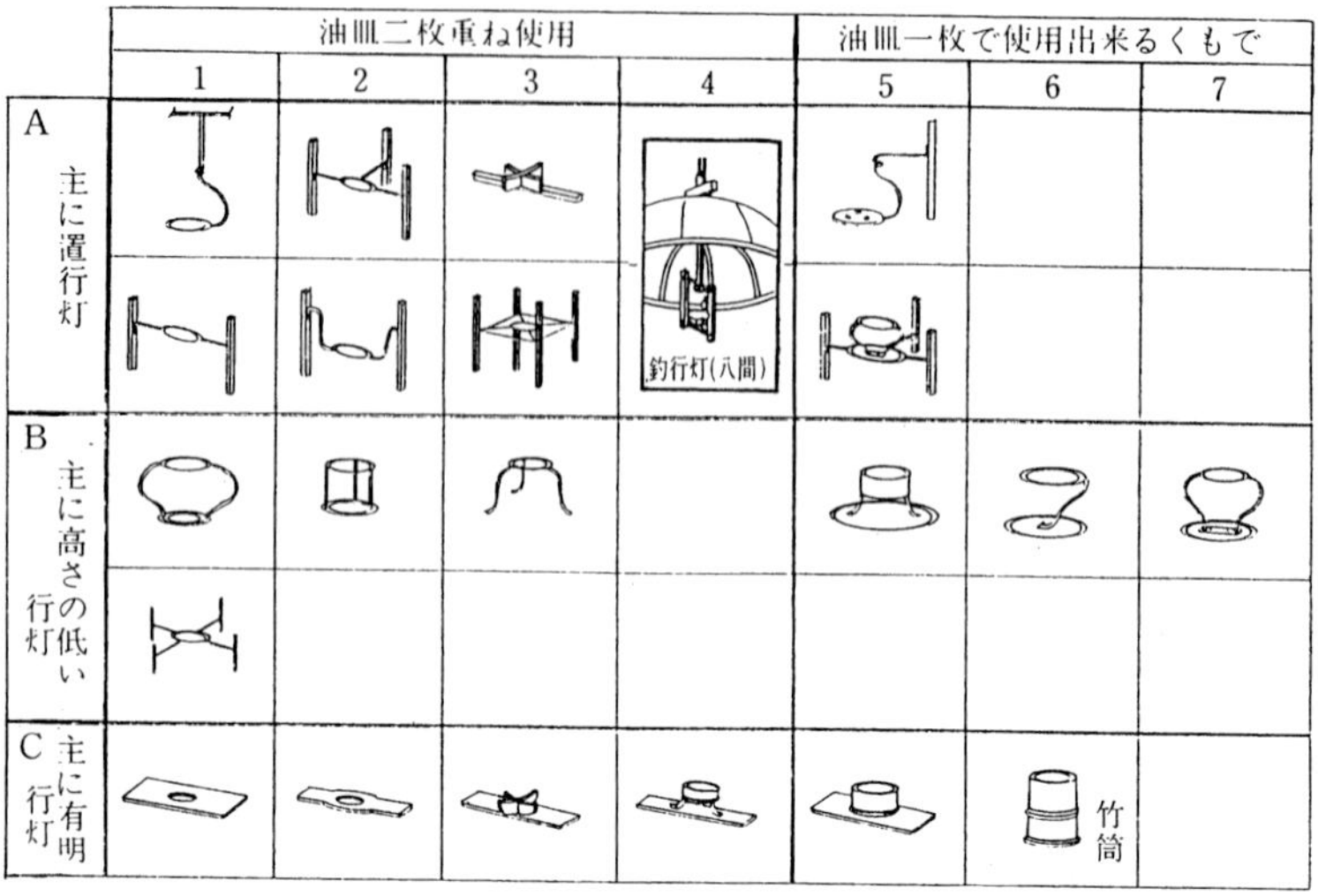

図8　行灯内部のくもでの形状による細分私案

2　灯火具の細分

古灯火具は、限定された使用法のもとに用いられたというものではなく、地方によって、あるいは一軒の家内においても、新旧の使用法を交え、あるいは併用しており、時代・機能・呼称等によって分類することは困難である。そこでこれらの灯火具を比較するために、形態および機能上からの分類を試みたのが図5である。便宜上、名称には古来の呼び名を用いた。一般的には、1油皿、2秉燭、3灯台、4短檠を灯火具として分類していることが多いようである。うち、1油皿、2秉燭を灯明具、3灯台、4短檠、5灯檠を灯火台あるいは灯台と総称する。また、油灯器、油灯具、灯火具等と呼称し、秉燭、油皿等の言葉は用いない。これらの呼称は、地域や時代によってさまざまであり、同じ呼称であっても異なるものを指す場合や、異なった名称であっても同じものを指す場合もままある。そこで筆者は、この混乱状態に対する解決策として、灯明具(油皿、秉燭)および外国製ランプについて、形態に基づき、分類してみた。図6はその分類私案である。また、さらに、細かい比較のための細分は、ディテールの形状等によってわけた。たとえば、図7は秉燭について、へその形状によって細分した分類私案である。行灯等についても、図8のように、内部に使用されている燈械（くもで）等のディテールの形状によって分類が可能である。今回、このように形態に基づく分類を、考古資料との比較に際して採用することとした。

二　出土資料にみる灯火具

遺跡出土資料は、当然その使い方、つまり用途などは記載されていない。よって出土資料がいったいどういったものなのかという解釈は、現代の研究者が行なっているわけである。図11〜図14（文京区真砂遺跡、東京大学本郷構内法学部4号館・文学部3号館地点、新宿区三栄町遺跡、川口市東遺跡等の報告書より転載して作成）は、小林氏を通じて教えて頂いた出土資料であるが、これらについて、小林氏の指摘や質問に対するコメントをも交えて、以下に説明を加えることとする。伝世資料とほぼ同じ形態のものもあるし、またあまり伝世資料では見たことがないものもある。

なお、図9〜10は、筆者のコレクションの実測図の一部である。考古資料との比較の材料として掲載した。実測図をとることの有効性の一つは、実測することによって微妙な形態の異同を認識できるということである。たとえば、図9に掲げた角行灯や丸行灯などは、実測してみてはじめて上方が微妙につぼまった。実にうまい細工であることが認識されたという次第である。

図11の60、61、62、7、63は行灯皿および油皿である。64、65、66、67は下皿といい、油皿をこの上に置いて使用するものである。97、98、99、102、108、113は下皿に脚をつけたものである。103、104、105、106、107、109、110、111、112、114、115、116は秉燭である。ほとんどが円筒形である。図12の117は片口型のカンテラ、118は掛型の油皿、119は取手付の

油皿で、出土量は多いようである。121は下皿で、図11の66、67等と同様、油皿の下に置いたものである。124、125はおそらく124の上に125がのったような形態の灯台のようなものであろう。126、127はたんころである。122、123について、小林氏は、蓋に穴があり、吊り下げるようになっていることから秉燭の類ではないかと指摘しているが、詳細は不明である。朝鮮のものではないかとも思われるが、日本でも出土しており、断言はできない。128、129は瓦灯で、今戸で焼かれたといわれている。図13の8、9、1、3は急須のようなもので、灯火には関係ないと思われるが、詳細については不明である。5、6、7、8、9、については、これらを灯火具としてとらえることができるかとの小林氏の質問に対し、筆者はかつて見たことがなく、詳細は不明であるとしかいいようがない。7、46は油皿の底に穴が開いて

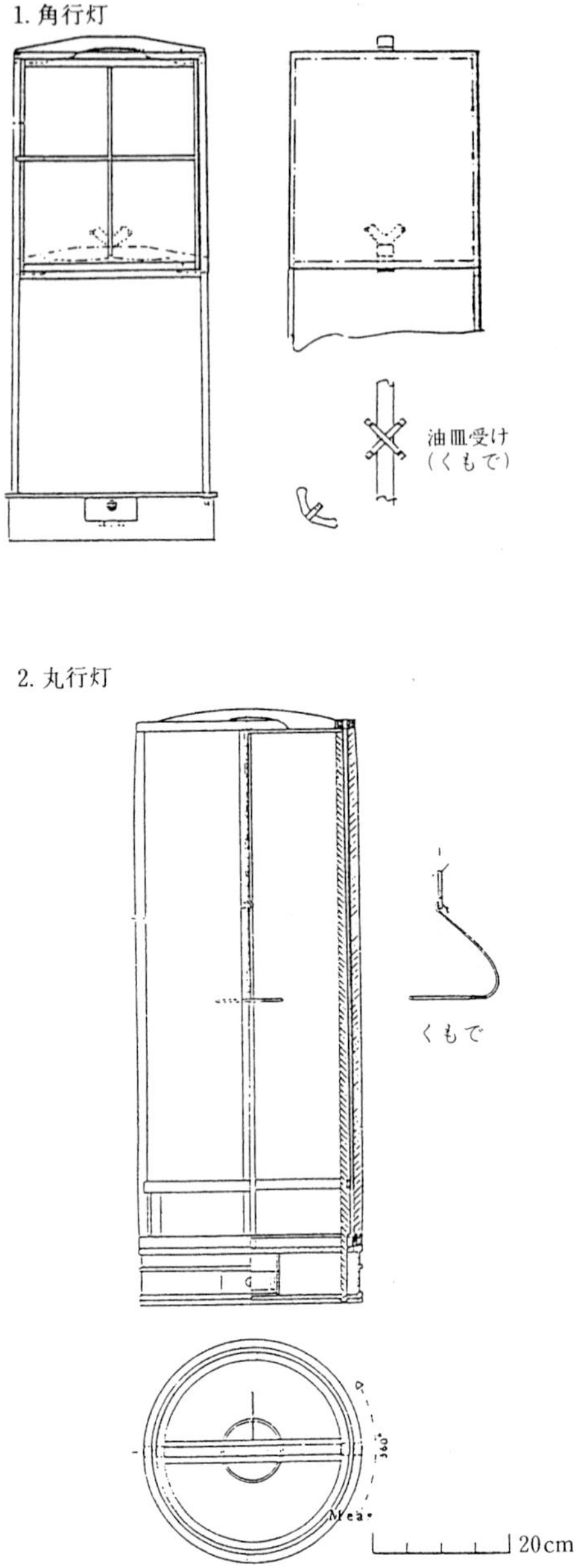

図9　実測図の有効性を示す資料

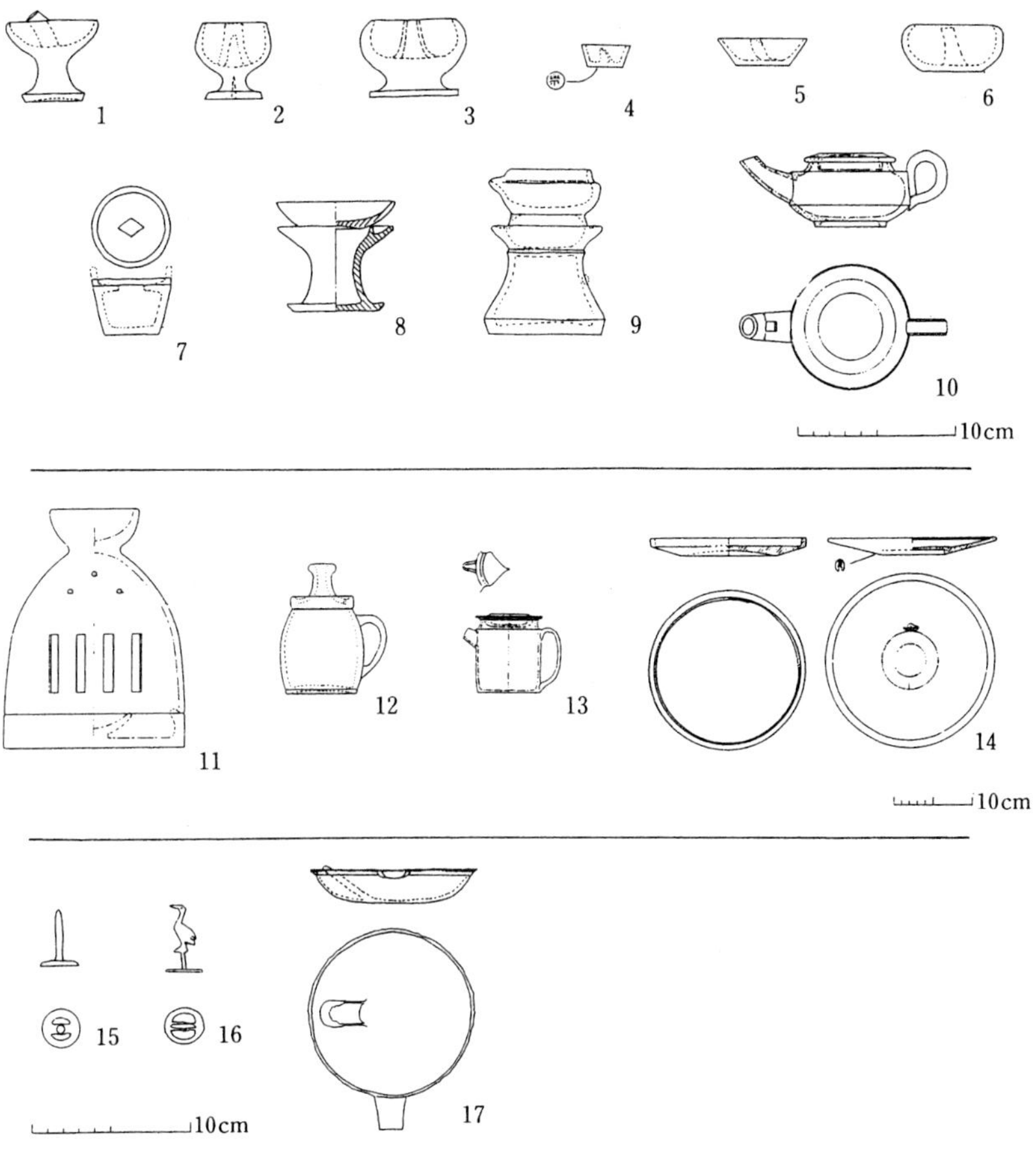

1～6：図11の103～107, 109～112, 114～116等と類似
7：朝鮮製で図12の122, 123, 図14下のT–23, S–124, S–125などに類似
8：図11の102, 108, 113等と類似
9：図12の119と類似, ただし取手部分が異なる
10：図14下のT–10と類似
11：図12の128, 129と類似
12：図13の135と類似
13：図13の3と類似
14：図13の17, 図14下のS–9と類似
15,16：図14上のT–98と類似, ただしモチーフは異なる

図10　灯火具伝世資料の実測図

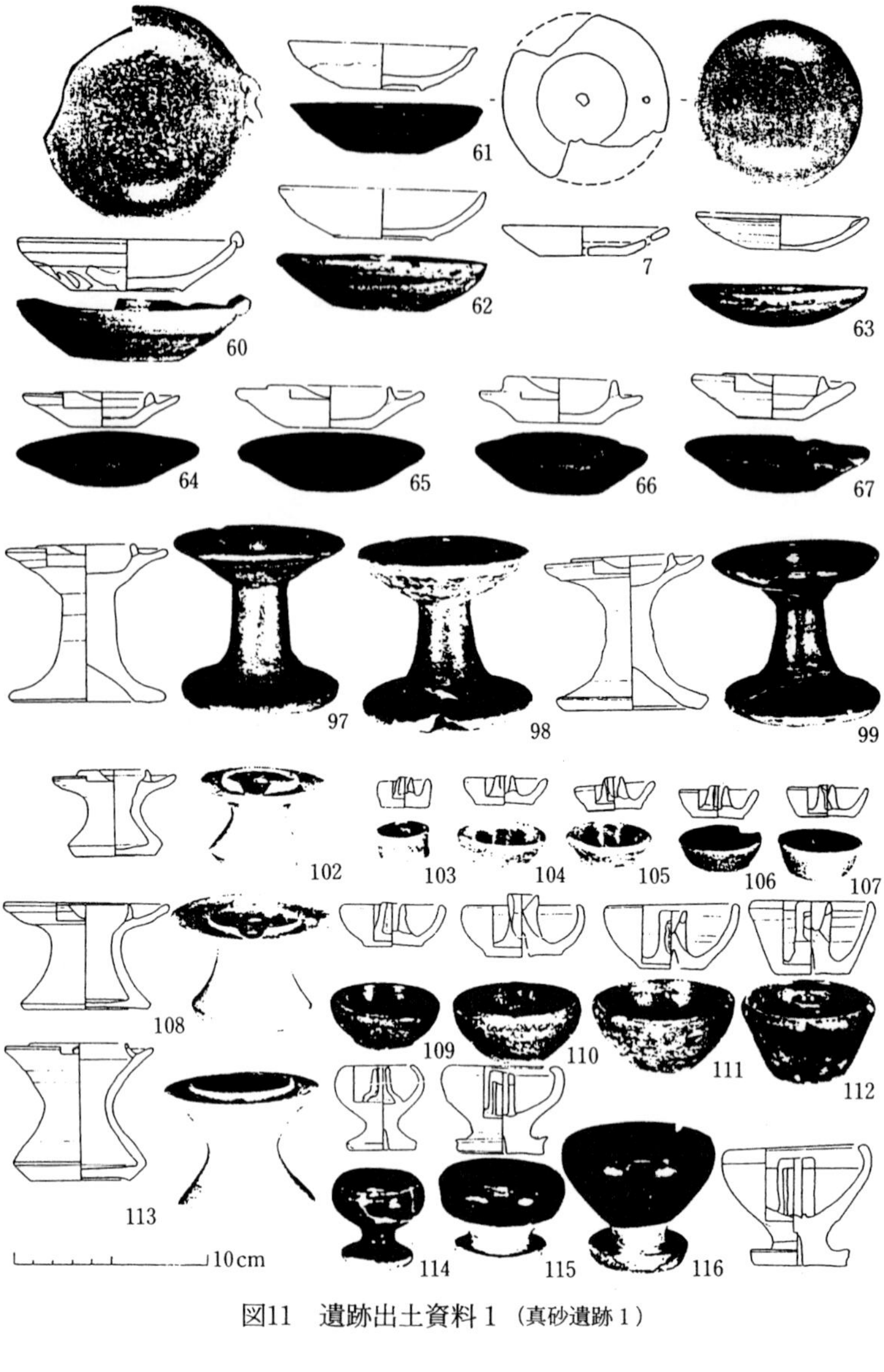

図11　遺跡出土資料１（真砂遺跡１）

図12　遺跡出土資料２（真砂遺跡２）

図13　遺跡出土資料３（真砂遺跡３）

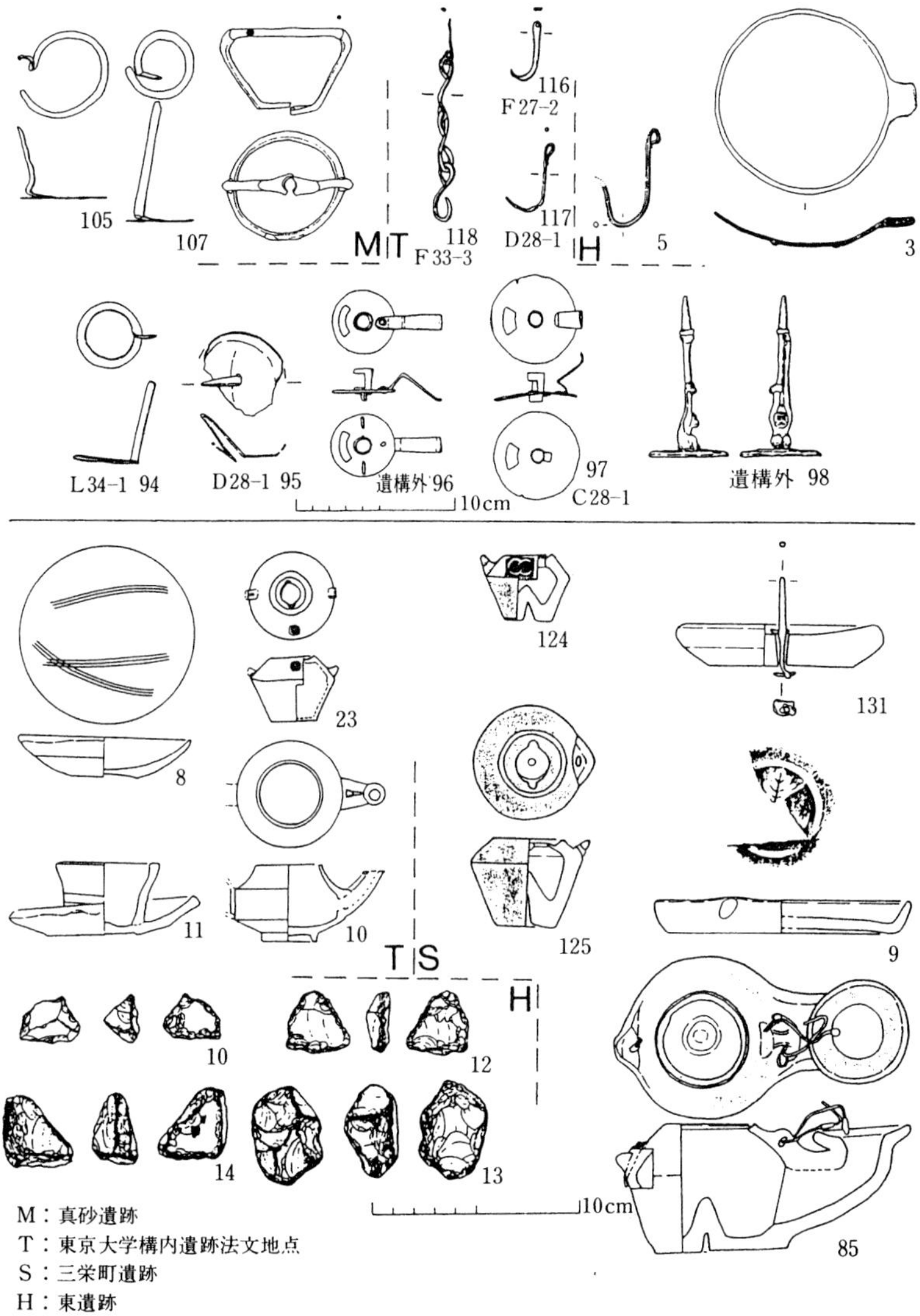
105
107
M
T
118
F 33-3
116
F 27-2
117
D 28-1
H
5
3
L 34-1 94
D 28-1 95
遺構外 96
97
C 28-1
遺構外 98
10cm
8
23
124
131
11
10
125
9
T
S
H
10
12
14
13
85
10cm
M：真砂遺跡
T：東京大学構内遺跡法文地点
S：三栄町遺跡
H：東遺跡

図14　遺跡出土資料 4

いるが、この穴は灯燭兼用の燭台のぴんにさしたものであろう。33、23、13、18、28、42は油皿、17は小林氏の指摘通り油壺の下に置く行灯皿であろう。135は油徳利である。図14上のM—105、M—107、T—94は灯芯押えである。M—107の右の金具は灯燭兼用のくもでと思われる。H—5はかつて見たことのないものである。H3は油皿で、鉄あるいは鋳物製で、図10の17のへそのないものであろう。T—116、T—117、T—118はカンテラを吊るための部分であろう。T—98は小型燭台で、蠟燭受けが欠けている。T—95は蠟燭を立てたものと思われるが、実見してみないと判断できない。T—96、T—97はおそらく、秉燭の芯立てで、図5の秉燭のように、細長い、蠟燭のような形状であろうと思われる（図5の秉燭＊には持ち手がついていないが、持ち手がついているものもあり、これらはそういった形状のものと思われる）。これらの金属製品については、小林氏が指摘するように、灯火具あるいはその部品であると考えてよいであろう。図14下のT—8は油皿であろう。T—23については詳細不明である。T—10は図10の10同様のものである。T—11は図12の121と同様のものである。H—10、H—12、H—13、H—14は火打石である。S—124、S—125は底に釘穴のようなものがあり、灯具に関係するものかどうか判断しかねる。S—131はぴんがついており、燭台として使用したのであろう。S—9は、小林氏の指摘するように、行灯皿である。S—85は片口のカンテラで、吊箇所が二箇所あり、鎖で吊ったものである。

これらの灯火具には、素焼きのものをはじめ、施釉土器、陶器、磁器、金属製品等さまざまな材質のものが含まれる。うち、特に素焼きのものに関しては、小林氏も指摘するように、しみこみが多く、油容器として適さない素材なのではないかとも思われる。筆者によると使用実験においても、油のしみだしが著しいとの結果が得られたが、繰り返し使用することによって、目が詰まって使用にたえるようになるのではないかとも思われる。いずれにせよ、さらなる実験が必要であろう。

〈参考文献〉
内阪素夫　一九一七　『日本灯火史』
照明学会　一九一八　『灯火器具展覧会特集』『照明学会雑誌』二巻四号
日本名著全集刊行会編　一九二七　『修紫田舎源氏』（上）
日本名著全集刊行会編　一九二八　『修紫田舎源氏』（下）
伊藤晴雨　一九三〇　『風俗野史』
照明学会編　一九三一　『日本古灯器大観』
萩原古寿　一九三七　『日本光経済史論』
関　重広　一九四一　『灯火の変遷』
河出書房新社編　一九六二　『図説日本庶民生活史』5巻
藤原與兵衛　一九七四　『芝居の小道具』
近藤知嘉編　一九七五　『春日大社釣灯篭』
日本照明家協会編　一九七五　『日本舞台照明史』
堀内宗完　一九七六　『夜咄』
深津　正　一九八六　「灯火と照明の歴史」（160〜162）『あかり』10、照明文化研究会
小林　克　一九九四　「近世考古学と民具研究の協業の可能性――民具資料と考古資料の対比――」『江戸在地系土器の研究II』江戸在地系土器研究会
深津正・笹尾局之編　一九九七　『初出文献による灯火の変遷図表』

質疑応答

平井　平井と申します。図12の122、123のような資料について、これを朝鮮のものであろうとお考えになったのは、

どういった理由からなのでしょうか。

笹尾　これは岸謙という、朝鮮の電力会社におられた方で、やはり灯火具を研究されていた方なんですが、その方のコレクション中に見受けられたものですから。

平井　大きさをごらんなられましたか？

笹尾　はい、五センチたらずですね。

平井　そうなんです。まあ、だいたい五センチぐらいなんですが、私、これにちょっと関心を持っていまして、報告書に出ているものや出土したものを集めてみましたら、約二八、九例あるんです。それで、京都（同志社大学）の鈴木重治先生や大阪で調査されている方々にも、類例があるかどうかうかがったんです。そうしましたら、今後出て来るかもしれませんけれど、今のところ、江戸の御府内および近郊でしか出土していないようなんです。

笹尾　そうですか。灯火具は日本で作って向こうに送ったものが多いので、そういう関係で、朝鮮にもそれが残っているのではないかという気がするんですが。

平井　これには、肩のところに、窯印が付いているんです。たしか六種類ぐらいあったと思います。図14の124には、はっきり輪がついています。これは、窯印だと思います。この違い輪の印は、今戸かどこかの瓦にそういう窯印のものがあるんだそうです。こういった窯印で、他にも、「平」の字、「吉」の字といったものが三つ、四つずつ出土していると思うんですが、こういう窯元の印を探っていくと、いろいろおもしろいことがでてくるのではないかと思います。

暖房具に見る考古資料と民具資料の関係

小林謙一

今回の江戸遺跡研究会第四回大会の企画で暖房具を担当するにあたり、日本民具学会の米川幸子氏に多摩地域の資料を材料として、民具資料と考古資料、両者の比較の基礎として、民具資料の見方、データ化の方法を中心にご教示いただくことにした。「民具にみる多摩の暖房具」ということでは、近世江戸の考古資料にあまり関係がないのでは、と心配される向きもあると思う。じつは私も当初、うまく関連づけられるだろうかと多少危ぶむところもあったが、実際に一緒に勉強させて頂くなかで、かなり江戸の資料に通じるものがある、あるいは逆に江戸の資料に似たものがありながら、多摩地域においてはまったく異なった使われ方をしていたものがある、というように大変興味深い結果が得られた。なお、今回紹介する資料のうち、図1～5、7、9は考古資料（図4は立川市大和田遺跡、他は東京大学本郷構内遺跡出土例）、他は民具資料である。

さて、今回の発表にあたり、特に以下の三点に関して着目して頂きたい。

一つは、江戸出土考古資料の用途・機能を考察するうえで、民具学の蓄積には非常に示唆に富む例があることである。たとえば、小林克氏が紹介している「火もらい」（小林克一九九一）など、可能性として考えておかねばならない資料を知っておくという意味で、民具に対する知識が必要となろう。特に、これまで白山四丁目遺跡出土例（植木一九八二）などから、組み合せて七厘の内部部品に用いていたと考えられていた図1〜3については、民具資料において、考古資料では残らない木製の枠が使われる（図11）というような、興味深い事例が認められた。また、蔵骨器として出土例のある土製蓋と鉢（図7）と民具資料におけるヒケシツボ（火消し壺）（図15）、箱形の土器（図9）と民具のハコヒバチ（箱火鉢）（図8）など、示唆に富む対比資料が多い。今回扱った民具資料は多摩の養蚕用暖房具を中心としており、江戸の大名屋敷内で養蚕が行なわれていたとは考えられないが、考古資料だけでは考えもつかない使用形態のあり方を探るうえでは、民具研究の成果を取り上げる重要性は非常に高いと思われる。

二つ目として、当然将来的には江戸だけでなく、周辺農村部の発掘調査も盛んになっていくと思うが、その際の研究に、民具研究から重要な視点が提供されていくと思われることである。たとえば多摩においては、養蚕という生業活動が意外なほど日常生活に影響を与えている点などである。

三つ目として、民具資料と考古資料の両者の関係を摸索するうえで重要な問題点が、多摩の暖房具という限定した範囲のなかでも多く現れてきていると思われることである。われわれ考古学の立場にある者は、えてして民具研究の成果をつまみ食い的に利用し、モノの名称、用途、分類などに用いようとする傾向があるが、それは果して同じ視点を持った作業であろうか、ということを検討すべきであると感じるということである。

モノの名前というのは、使用者個人個人がどう呼んだかというレベルと、研究者がどう整理しようかと配列を考えるレベルとでは、おのずと異なってくるし、第一、民具では使用者個人ごとや地域のちがいで、名称や用途が異なる場合がかなり多く認められるからである。たとえば、多孔皿形土製品（図3）などは、人によっては、ハイオトシ（灰落し）（谷田・小川両氏の発表にある喫煙具の灰落しと同名異質）・サナ・ロストル・テッキ（鉄器）・メザラ（目皿）等と、さまざまに呼称される。あるいは、タイショウシチリン（大正七厘）（図4、5）と称される資料がある。これなどは、

図1　七厘の部品1

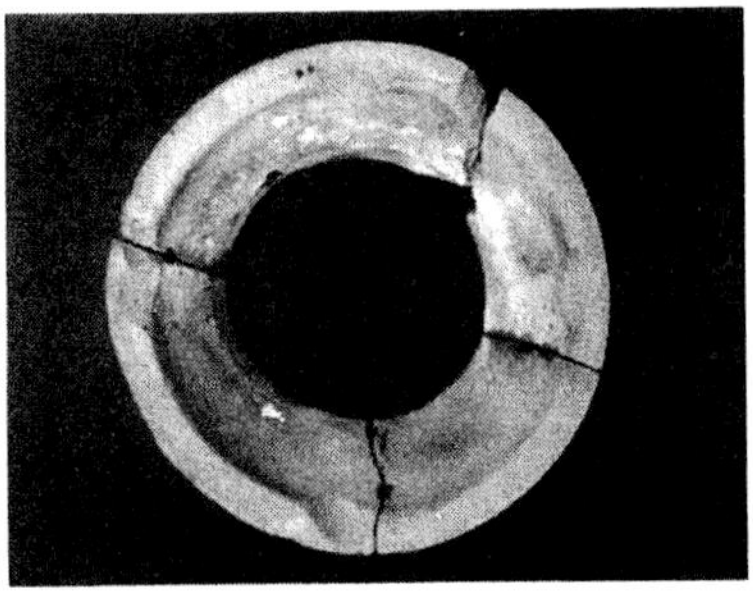

図2　七厘の部品2

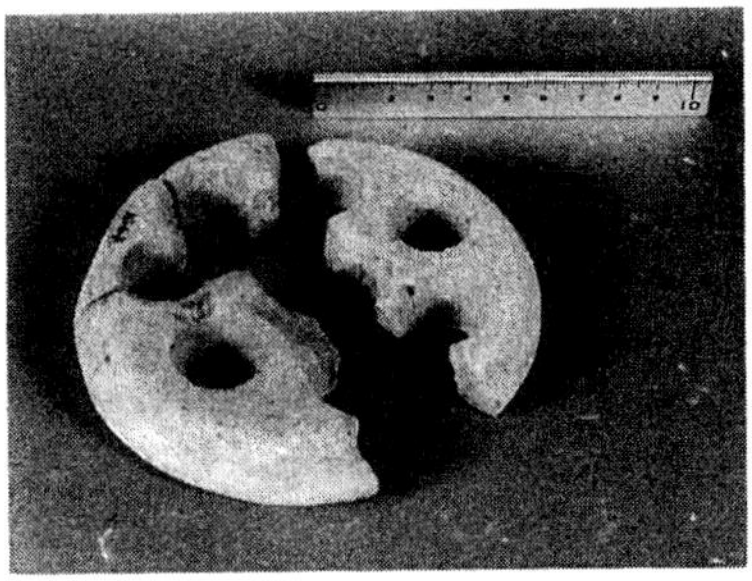

図3　七厘の部品3

図4　箱形の焜炉1

図5　箱形の焜炉2

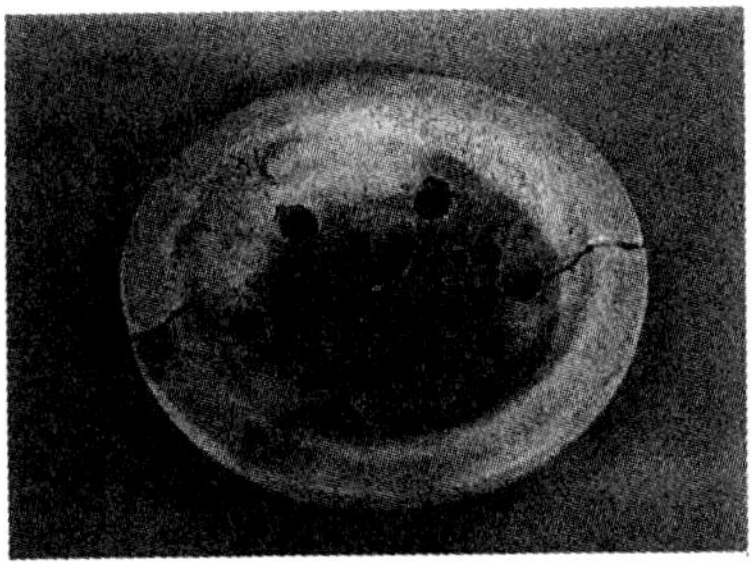

図6　メ　ザ　ラ

図7　鉢 と 蓋

図8　ハコヒバチ

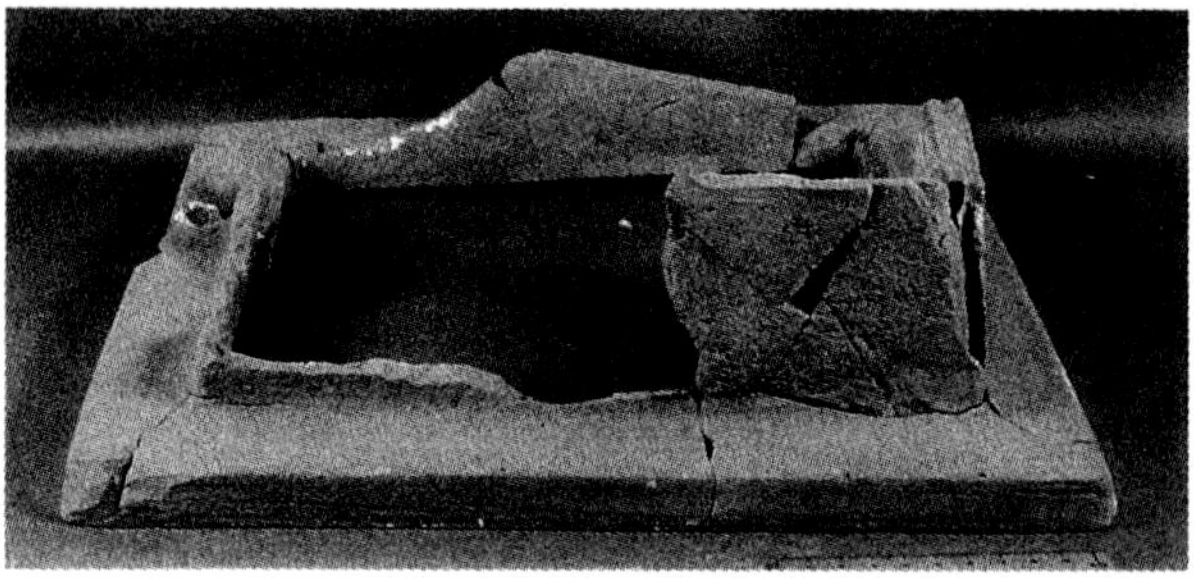

図9　箱形の火鉢

図10　養蚕ヒバチ

実際には明治十年頃から用いられたものであることが、考古学的な出土の仕方、生産地での記録等から明確であるが、地域によっては〃大正〃シチリンと呼ばれている。これはその地域には大正期に広まったということかも知れないが、あるいは他の意味があるのかも知れない。他にも、ナベモノコンロ（鍋物焜炉）、サンシュウコンロ（三州焜炉）、トツキコンロ（戸付き焜炉）等と呼称されることもある。また、多摩でハタヒバチと呼ばれている資料は、単独で機織り用の火鉢、すなわち〝機火鉢〟として使用されることもあるが、ヤグラ・アンカのなかにいれて〝火容〟として使用される場合、ヒイレと呼称されたこともある。この場合などは、ひとり名称のみではなく、用途までが一蓮托生の問題となって浮かび上がってくるのである。このような事例をみると、状況に応じて呼称され、使用されるという状態が、民具のおかれている実態に近いのではないかと思われる。このように、聞き取りで出てくる認識的な名前の違いは、地域や状況による違いで、本質的な違いを反映するのではない。つまり、民具学的には、どれが、本当とかいうことではなく、生活者がどう認識していたかという問題としてとらえられるのである。しかし、民俗例を歴史的な事物に一般化するためには、何等かのチェックが必要である。考古学的には、それらの民具的な名前を採用すべきかというと、名称上の混乱、そもそも質の異なる情報であること、分類目的が異なることなどから、否定的にならざるを得ない。むしろ、さまざまな資料を互いに明確に区分できるような、材質、技法や形態上の特徴を捉えた名称を用意した方が良いと思われる。

用途については、たとえば、箱形の足のない火鉢（図9）は、扇浦正義氏（長崎県長崎市教育委員会）は、民具資料に照らして、掘炬燵の火入れであろうとしているが（扇浦一九九一）、ハコヒバチの銅板製部分を土製に置き換え、木枠やクリモノのなかに据えた可能性なども考えられる。いわゆる「火消し壺」（当初、その蓋が焙烙の蓋であるとされ、のち、火消し壺の蓋であるとの解釈が一般的になった）は、民具資料の蓋の形態および聞き取り等で得られた消し炭の作り方、保存・使用の仕方などを参考にすると、その密閉度は高くなく、消し炭をつくる火消し壺であるというより、むしろ消し炭の保存等に使われたものではないかとも感じられる。また、砲弾型を呈する特徴的な形態からみて、多摩の養蚕用民具であるマワタノバシに大変類似した考古資料があるのだが、これについては、出土状況や使用痕等から、「手あぶり」「火いれ」等としての用途が推定されていたりする。これらは極端な例ではあるが、用途の検討においても、それぞれの資料の使われていたコンテクストを考慮しなくてはならないということを示している。

民具資料を引き合いに出しての、安易な推定の危険性は、月刊文化財の谷川章雄先生の論文（谷川一九九一）を引くまでもなく、単純に考えてよいことではない。これは民具、考古の両資料の違い、端的にいえば付随する情報の違いということも関係してくるものと思う。つまり、民具は大体において完成品として、実際に使われている状態で存在するのに対し、考古資料は破損した状態で、破棄されたものとして出土する（その分出土層位・遺構から時間的連続性を辿り得る）、という主として資料の由来の違い、それによって内包する情報が違い、引き出す情報に質的な差があるということなのである。より慎重になるべきであろう。

以上のように、民具資料と考古資料の比較検討、特に考古資料の用途や使用法の推定に当たって、民具の使われ方を参考とし、検討を加えることには、ポジティブ、ネガティブ両方の面にわたって、大きな意義が認められる。しかし、考えてみれば、考古学と民具学は、同じ物質文化を扱う研究領域であるにもかかわらず、いままで意外と共通の場を持つことが少なかったようである。

今回は、この比較検討の基礎として、とりあえず、民具学・考古学が互いに互いのデータを使い合えるような、情報の記録化―これは同一の図面・記述をするというのではなく、互いに転換できるように基準の明示を行なうことから始める必要があるが、とりあえず意見を交換していくことが重要だと思う次第である。相互の連携なくして物質文化の復元は不可能であることは、いうまでもないことと思うからである。

なお、今回ここで扱う資料は民具を中心とするが、これに対応する可能性がある考古資料をも含んでいる。また、必ずしも暖房具とは限らないモノも含まれているが、その点に関しては多摩の地域的特色や、特に民具と考古の関係を考えるうえで重要なモノであるところから選択した結果であるので、ご承知おきいただきたい。さらに、民具調査では、本来聞き取りと実測、観察がセットになっているのが普通であるが、今回の調査では一つのものに対する聞き取りを行なうだけではなく、他の人にも聞いたり、いろいろな情報を集めるという形で行なった調査であるので、そこで得られた情報は、個々の資料に対応するものだけではないことに注意していただきたい。

民具に見る多摩の暖房具

米川幸子

江戸・東京の近郊農村部である多摩という地域は、特に明治に入って養蚕が盛んになった地域でもあり、したがって多摩の暖房具には、都市的な生活用具としての暖房具だけではなく、養蚕という生業にかかわる暖房具も含まれていることをまず指摘したい。また、今回の発表は調査途中の成果であり、不十分な点のあることもご承知おきいただきたい。

以下、民具資料を中心に、江戸出土の考古資料のなかに見られる類似のものについて、小林氏のコメントを交えながら、まとめることとする。

①シチリン（図11）

シチリンは、江戸では食生活の炊事用に使用されていたが、明治に入り養蚕が盛んになった多摩地域では、養蚕農

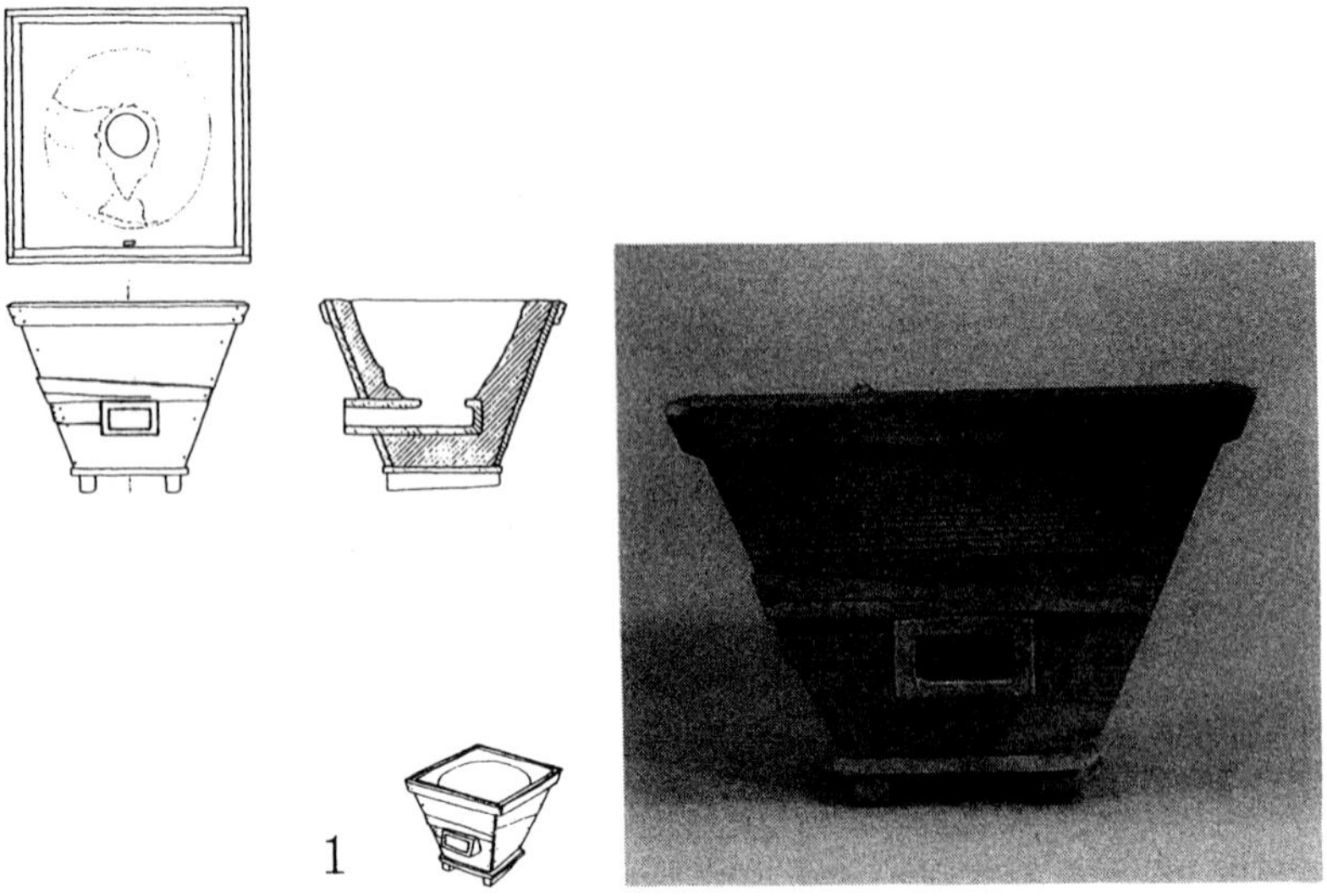

1

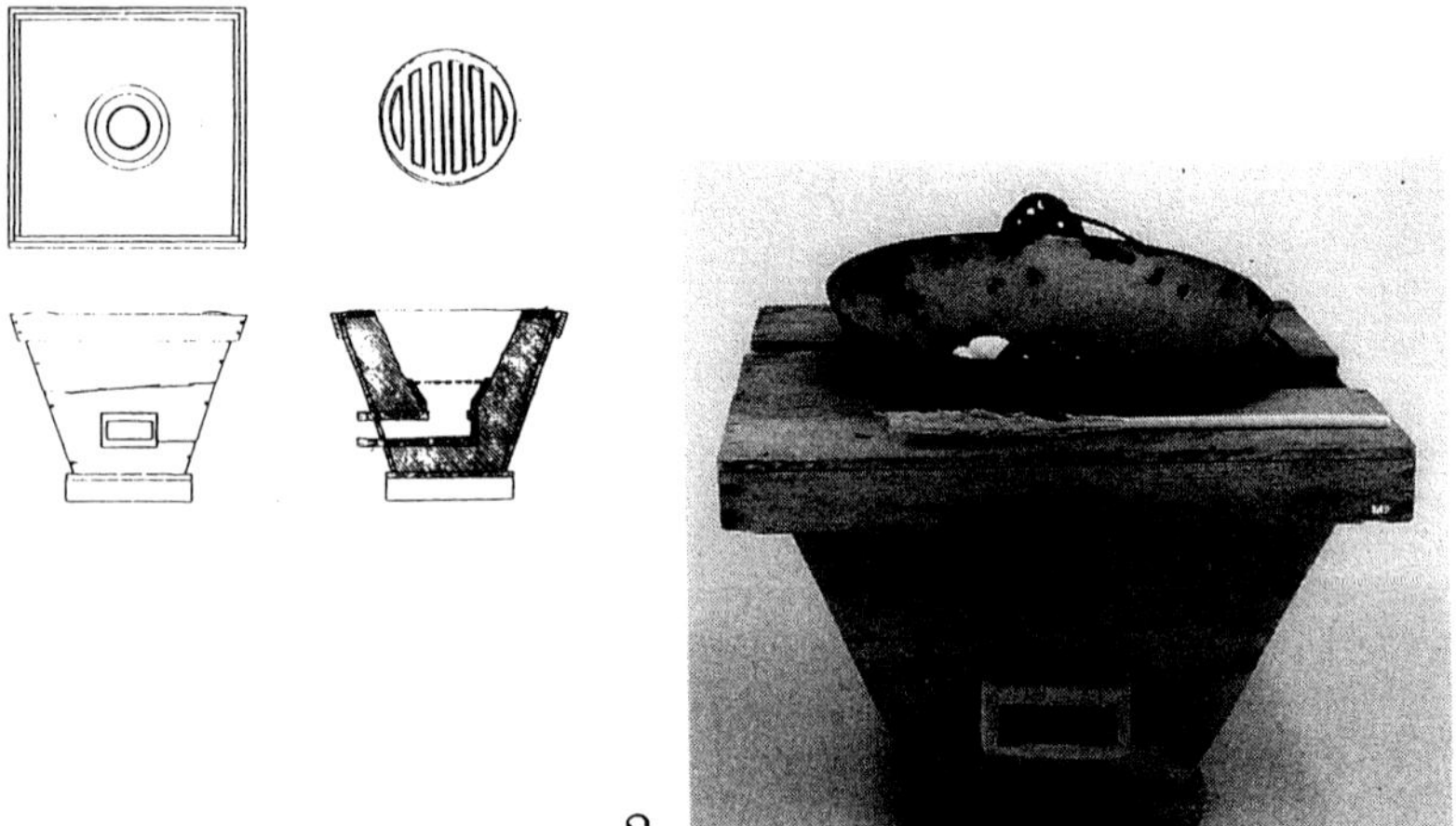

2

図11　シチリン（1羽村市郷土博物館蔵，2立川市歴史民俗資料館蔵）

家でシャケン（煮繭）や繰糸に使っている。シチリンの上にマユニナベと呼ばれるホーロービキの鍋をかけてお湯を沸かし、マユを煮て、糸を引く。柔らかくなったマユを、モロコシの穂首一本を使ってかき回し、マユの糸口から糸を引き出し、ウシクビや座繰などを使い、イトワクに巻きとる。

構造は木枠を組み、壁土（田圃やハケなどの粘土に稲ワラを切り込んだ土）で構築している。なかに箱型の土製品をおき、その上にワッパと呼ばれる素焼の土器を置く。ワッパの上に鉄製のサナを置き、そのなかに炭火やオキを置いて使用していた。サナは、「スアナ」がなまったものであるという。

耐用年数は明らかではないが、同じように壁土で台所の土間に構築されたヘッツイ（カマド）を例にとると、昭和五十八年（一九八三）に国指定重要有形民俗文化財に指定された旧下田家（所在地、東京都羽村市羽西一丁目十三番）の調査報告書『羽村町史資料集第十集』によれば、約二十年でくずれたので築き替えをしたという。

図11―1は羽村市郷土博物館（以下羽村市と略す）所蔵資料で、自家製である。正面下の長方形をした窓の部分は、一般に通風口と呼ばれている。中央開口部上にサナが置かれている。内部は粗壁のまま使用していたため土壁がくずれ、遺存状態が悪い。また被熱により赤化している。

図11―2は立川市歴史民俗資料館（以下立川市と略す）所蔵資料である。本資料は粘土で築いてあり、さらにセメントで上塗りをして丁寧に作ってある。使用の際、木製のカブセフタ（被蓋）を使っていたので、内部の遺存状態は良好である。写真は、鍋（マユニナベ）をかけた状態である。

図1は江戸で出土した考古資料である。考古では「風口」と報告されているもので、シチリン内部の箱型の土製品と酷似する。小林氏によれば、一九八〇年頃までは、動坂遺跡（佐々木一九七六）で述べられているように、丸い窓のうえに灯明皿を載せて手でもつ手燭、つまり灯火具と考えられたりしていたが、その後、白山四丁目遺跡において、

瓦質七厘の内部に漆喰で固められた状態で出土したため、「風口」と称され、七厘の部品であると認識されるようになったとのことである。また、この「風口」には大小二タイプあり、小型のものは十八世紀中葉以降の瓦質七厘・焜炉類の出現期に出現し、サイズもそれらの窓（民具でいう通風口）に合致するのに対し、大型のものは十八世紀はじめには出現するにもかかわらず、これに対応すると思われる焜炉類は見当たらないとのことである。北斉漫画には、風口付きの七厘とともに、別個に大型のものが単独で描かれていることから、単独使用の可能性、あるいは舟竃等の大型の焜炉類の内部におく可能性などを考えていたとのことである（小林一九九二）。なお、この風口とともに七厘・焜炉類の部品として用いられたとされるものに器台形土製品（民具でいうワッパであろう）（図2）、多孔皿形土製品（図3）（民具でいうメザラ、図6）があげられるという。

その他、箱型の七厘・焜炉もあるが、これも一般的にシチリンと呼称されている。図4は東京大学本郷構内遺跡附属病院地点出土の資料である。「三河名産／生田政太郎」の刻印がみられる。図5は立川市所蔵のシチリンの一部である。これは、立川市柴崎町大和田遺跡出土の資料で、同様に三河名産の刻印がみられる。

②コンロ（図12）

図12―1は羽村市所蔵のヨウサンコンロまたはヨウサンダンロと呼ばれるものである。購入品（いわゆる流通民具）で、正面に「寶暖炉」という商標が見える。鉄製で養蚕時の蚕室の温暖用に使用する。燃料はレンタンである。内部には、テツキまたはロストルと呼ばれる鉄製のものを載せ、その上に炭火を置き、レンタンを載せて着火させて使用する。有毒ガスが出るので外で火をつけてから蚕室に入れる。レンタンは、一般に使用される直径一二センチ位のレンタンより大型で一八センチあり、養蚕農家が共同で製作したものである。

図12―2は羽村市所蔵のレンタンコンロである。土製で購入品である。正面右下に「碧南市大浜駅前三河土器有限

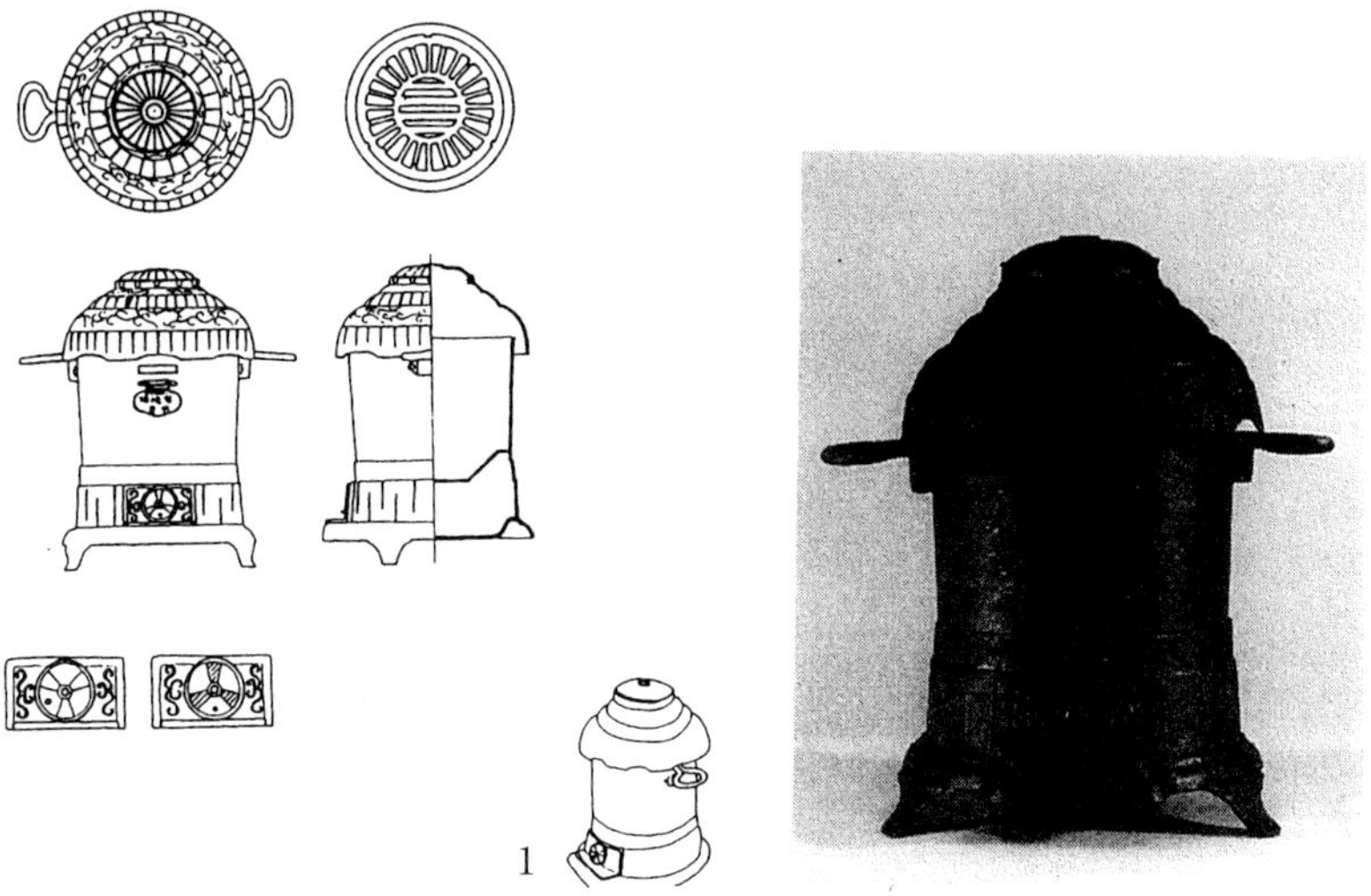

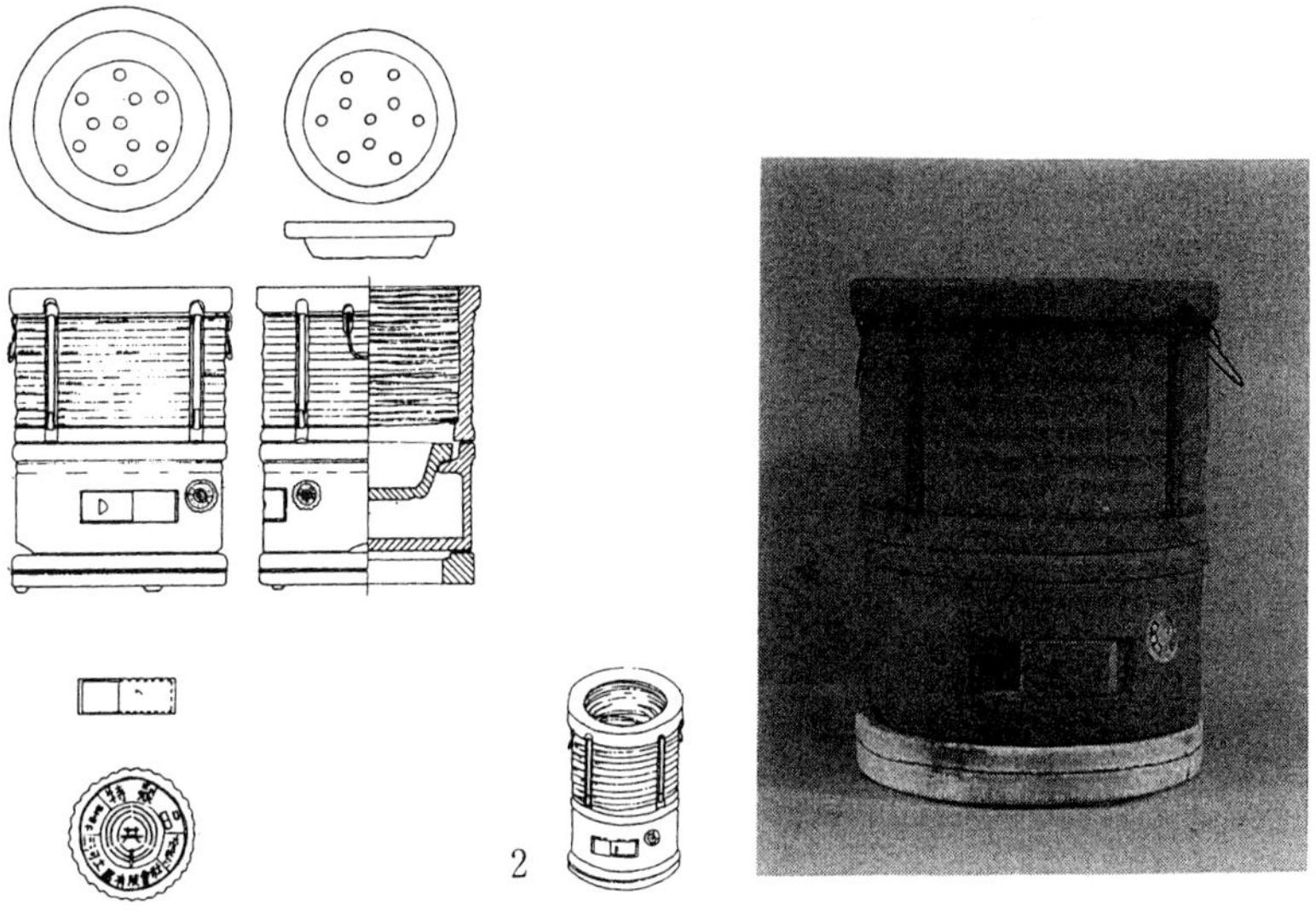

図12　コンロとレンタンコンロ（1コンロ，2レンタンコンロ，羽村市郷土博物館蔵）

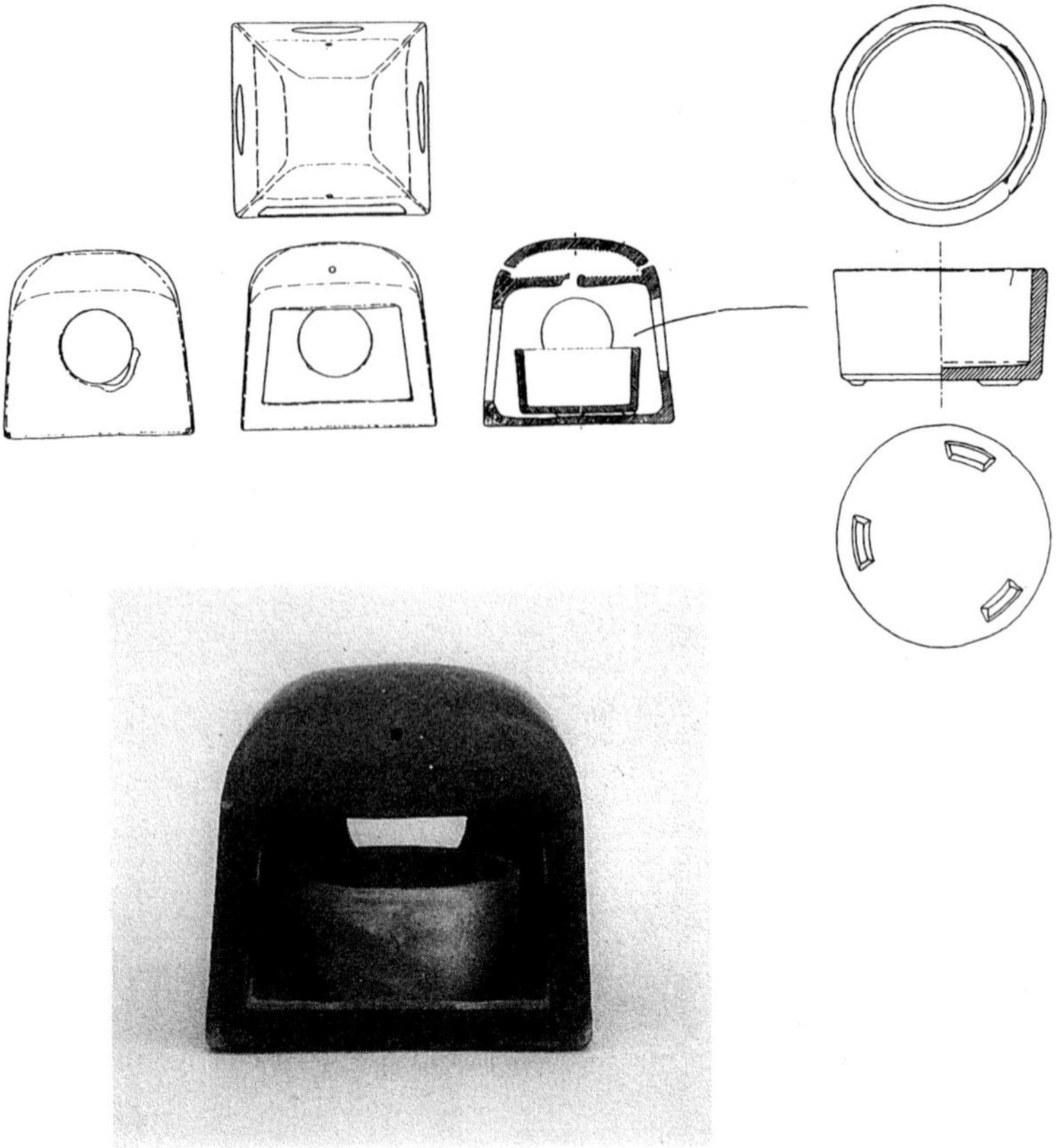

図13　ネコアンカとヒイレ（立川市歴史民俗資料館蔵）

会社」の商標がみられる。やはり、養蚕時の蚕室の暖房用で、鉄帯、針金で補強されている。

なお、コンロの部品としては、皿状の土器であるメザラ（目皿）があげられる。一〇～二〇箇所に小孔が穿ってあり、主にレンタンコンロとともに用いられた（図6）。

③アンカ（図13、図14）

図13は立川市所蔵のネコアンカ（ネコゴタツとも呼ばれる）である。黒色の瓦質の製品で、ヒイレ（火入れ）に灰を入れ、オキや炭火を入れてなかに置く。上に布団を掛け、これに手足を入れて暖をとる。布団を掛けずに使うこともある。前後に穴、天井が中空をなし、熱

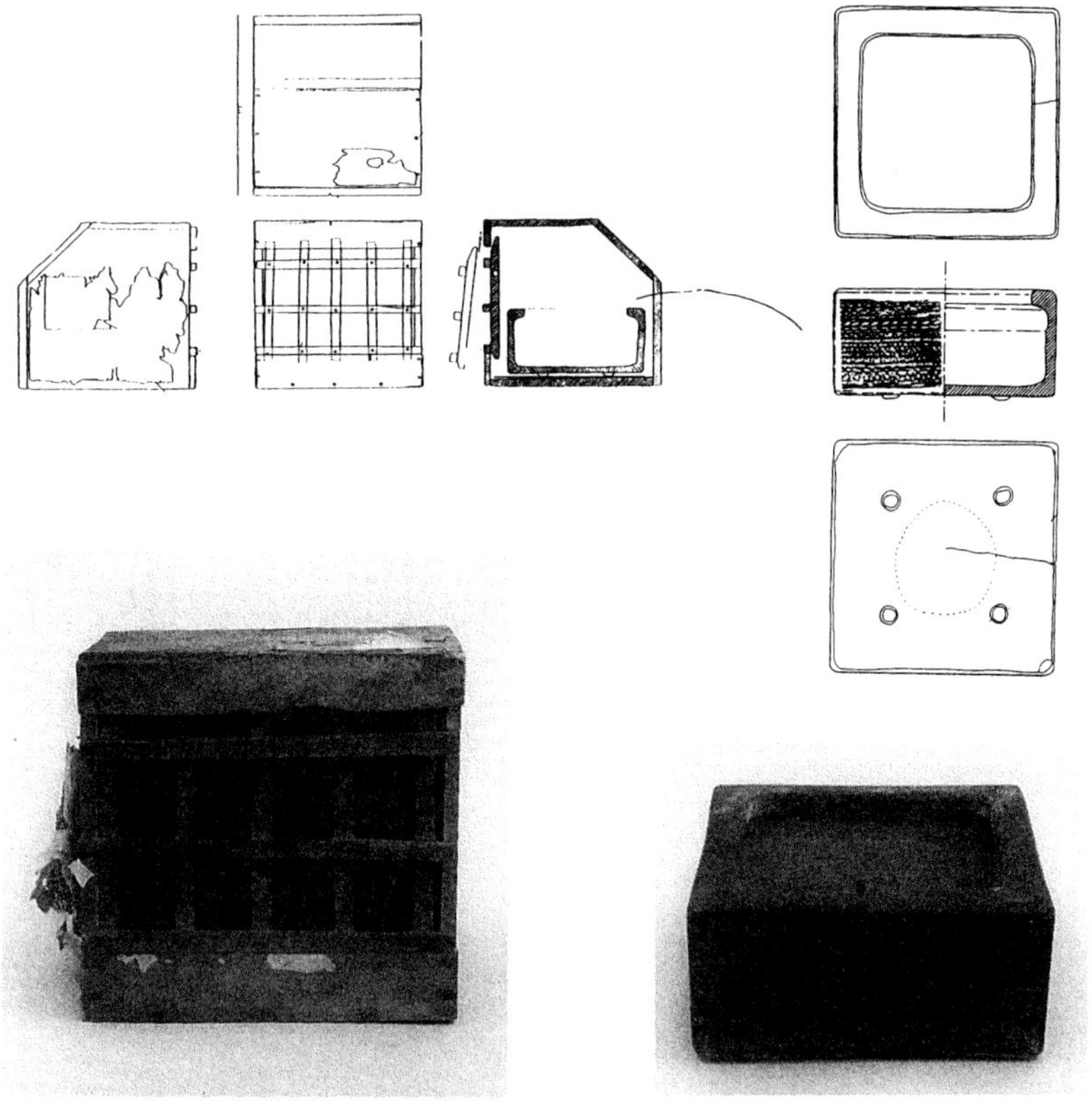

図14　アンカとヒレイ（立川市歴史民俗資料館蔵）

効率を考慮したつくりである。

図14は立川市所蔵のアンカである。自家製で、荒削りのままの板を使い、箱型にして、底部にはブリキカンを切って敷いてある。上部後方は、斜めにカットしてあり、布団を掛けても倒れないような工夫がしてある。これは、このままでも使用するが、就寝時に布団をかけて使用するので、布団を傷つけないよう、荒削りの板の表面に和紙が張られている。蓋は木の格子状のもので、前面を塞いでいる。なかに入れられた黒色瓦質のヒイレは購入品である。器面にはローラー状の転車と呼ばれる工具を回転させ刻印文をつけている。なかに灰・炭・オキを入れ、アンカのなかに設置して使用する。オキは、せい

ぜいふたかけらぐらいだということである。アンカは、箱はミカンの空き箱を利用し、周りに新聞紙を貼って利用したという羽村市での聞き取りがある。

④ヒケシツボ（図15）

農家ではイロリ中心の生活で、一日中ヒジロ（イロリ）で火を焚き、また台所の土間に作ったヘッツイ（カマド）や風呂場でも火を焚くので、それぞれにヒケシツボを置き、なかにオキを入れてケシズミ（消し炭）を作って保存し、利用した。ケシズミは早く火がおこるので木炭と一緒に使用する。燃料は、桑の根や枝を使うが、桑の根からはよいケシズミが取れたという。オキを入れたヒケシツボがあたたまって、クズハキで集めた落葉、ワラなどに火がつき、火災となることがあったという。

図15は立川市所蔵の黒色瓦質の製品で、購入品である。口縁部の輪花の中央に「実」と記した刻印が打ってある。図7は東京大学附属病院出土の考古資料で、ヒケシツボと分類されているものである。これに類似した鉄製のヒケシツボが羽村市に所蔵されている。

⑤コタツ（図16）

図16は立川市所蔵の木製のヤグラコタツである。購入品で、一部自家で補製してある。構造は底部に木枠を組み桟を付けてあり、切り炬燵に組み込んでいる。布団を掛けて暖をとったもので、底部の桟の裏面は被熱により焼け焦げている。

⑥ユタンポ（図17）

図17は羽村市所蔵の陶製ユタンポである。明治～大正期のもので、ヒジロ（イロリ）の鉄瓶で湯を沸かし注ぎ入れ、布で包んで布団に入れ、暖をとったものである。当時としては特別な時、年寄り、病人、子供の風邪の時などに使用

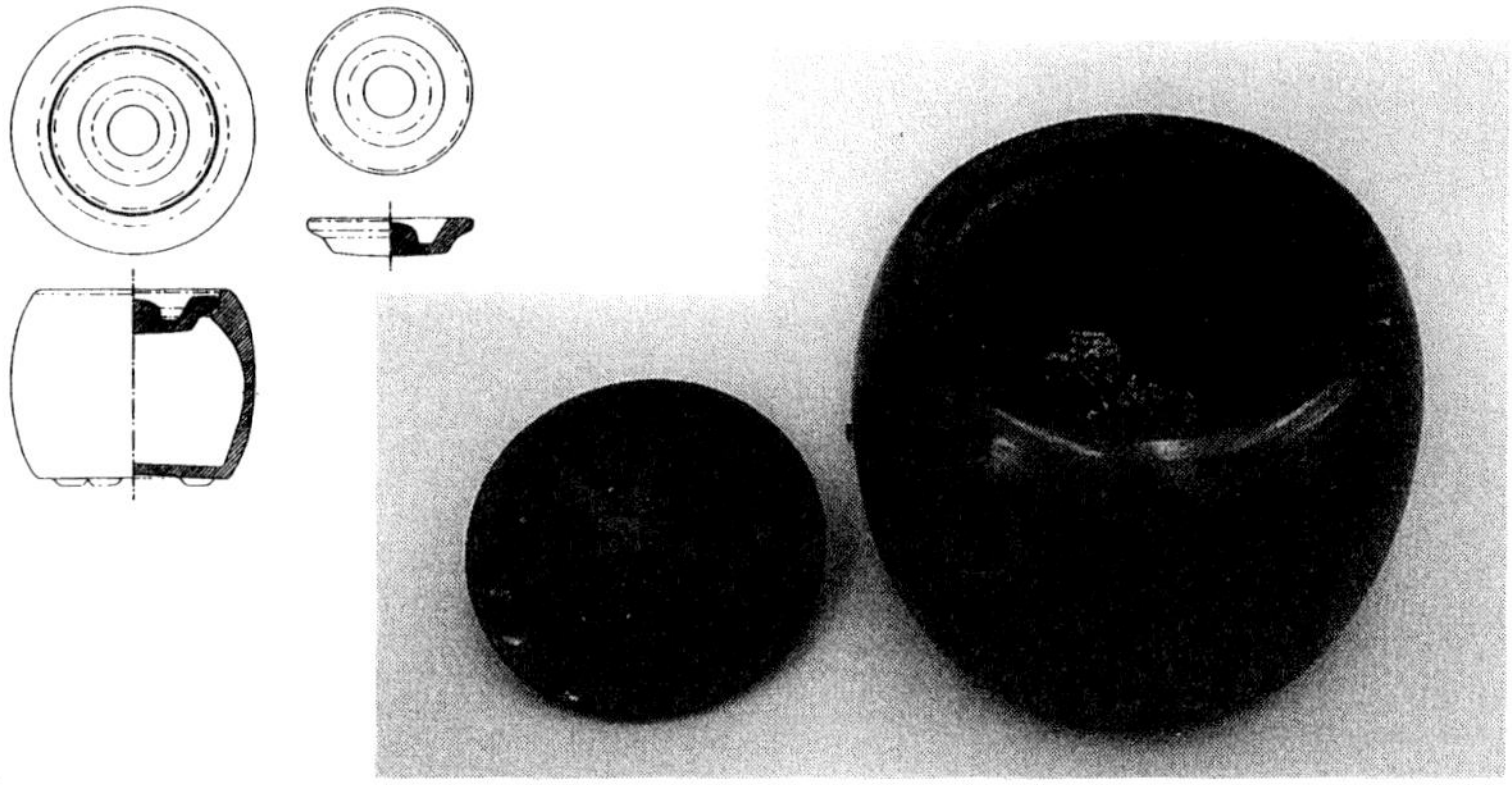

図15　ヒケシツボ（立川市歴史民俗資料館蔵）

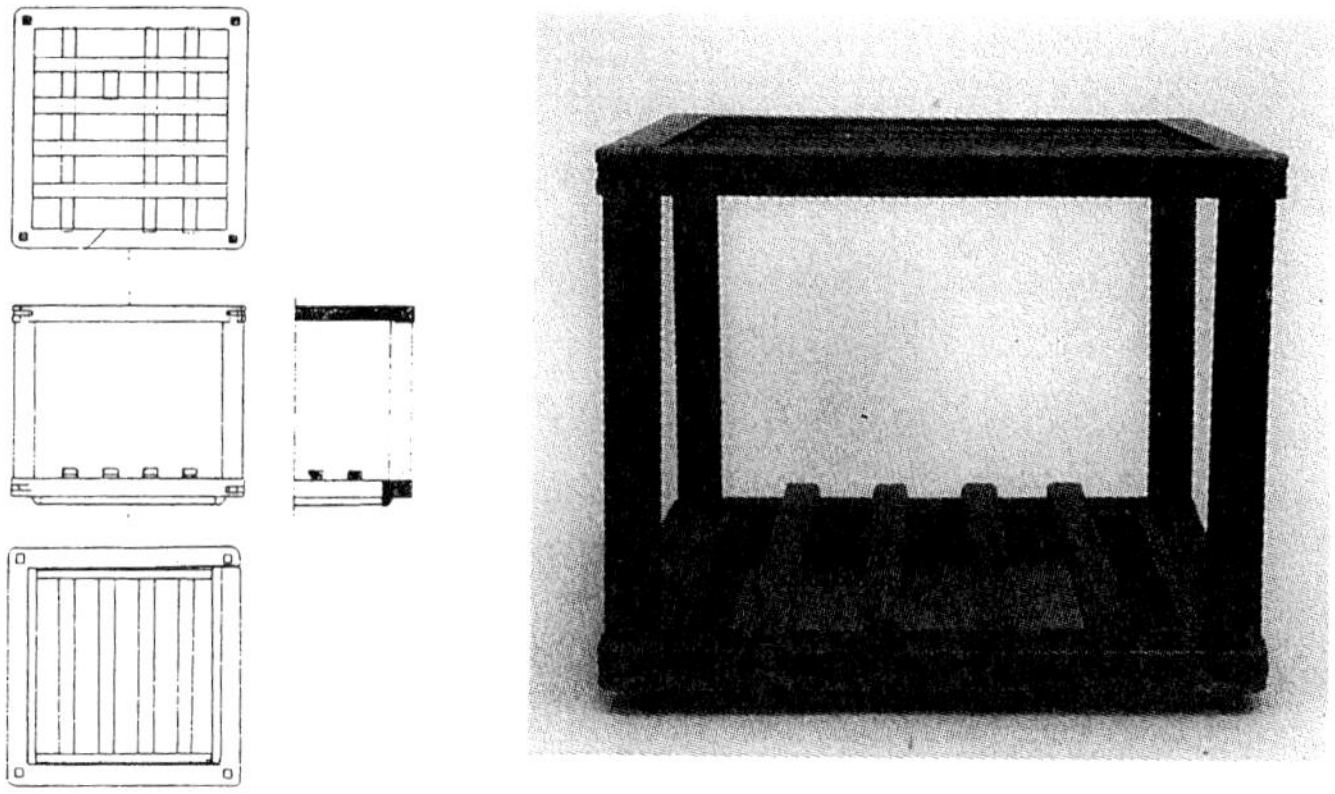

図16　ヤグラゴタツ（立川市歴史民俗資料館蔵）

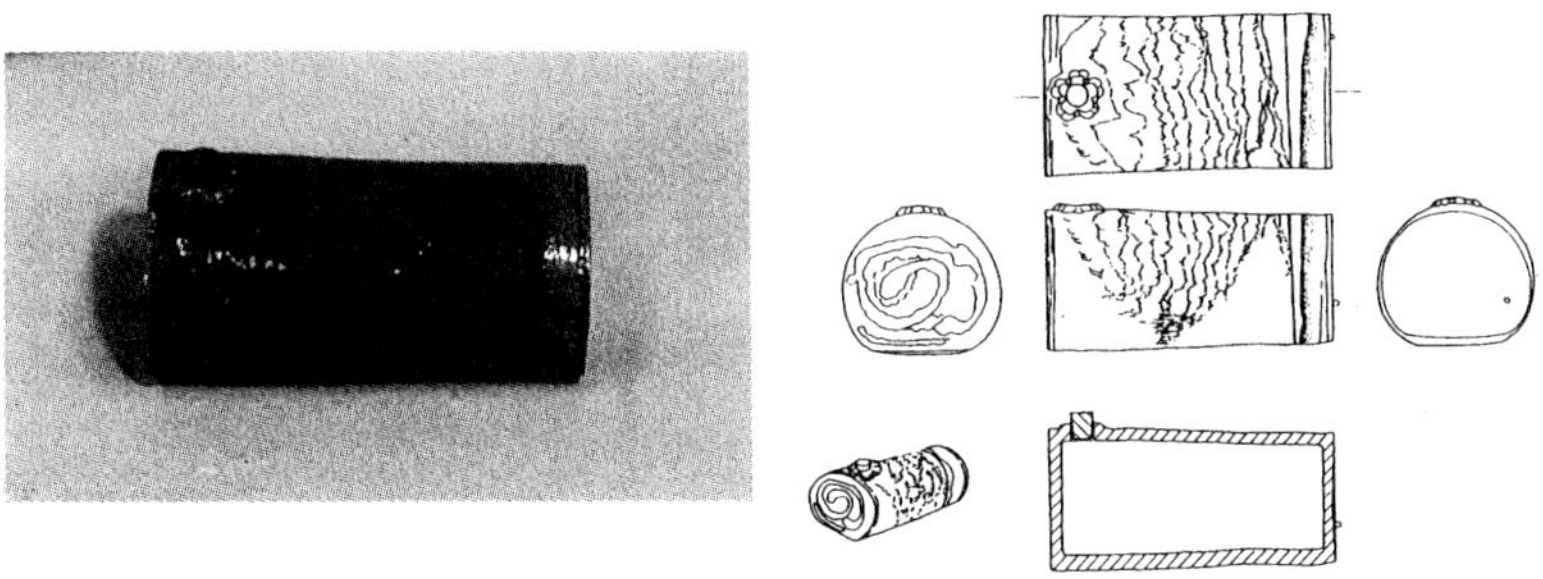

図17　ユタンポ（羽村市郷土博物館蔵）

したもので、どこの家にもあるというものではなく、使用しない時には土蔵の二階の箪笥の上に置いたなどといわれるほど、当時としては贅沢品であった。「アンカ（ユタンポ）を抱いて寝る身分」というような言葉もいわれたりした。

⑦ヒバチ（図8）

図8は立川市所蔵のハコヒバチである。購入品で、構造は木製の箱に銅製のオトシが入れ子状になっている。ハコヒバチのなかに灰を入れ、炭火やオキを入れて暖をとった。当時は農家はイロリの生活だったので、農家の日常生活に用いることはなく、来客や正月などモノ日に使用された。

ヒバチに炭をおこすコツとして、「冬上夏下」ということがいわれたが、火種の置き方が冬は上、夏は下ということで、炭火を使用しない今日では聞かれることもなくなった言葉である。ハコヒバチは、雅語で言えば、スビツ（炭櫃）または長櫃で、ヒオケ（火桶）は木製の丸い火鉢、たとえば山梨県富士吉田市の民具では曲物火鉢という木をくり抜いたものなどもみられる。附属品として、ハイナラシ、火箸、五徳がセットになる。

図9は東京大学附属病院出土の資料である。土製のオトシで木枠に組み、ハコヒバチなどのように、またはクリモノに組んで暖房具に用いられたか、ホリゴタツのような形で用いるとも考えられる。

図10は羽村市所蔵の養蚕ヒバチで、羽西《はねにし》の養蚕農家より収集したものである。これは黒色瓦質のヒバチである。両脇に獅子頭の装飾が付けられ、環を通す穴がある。使用方法はなかに灰を入れ、炭火を入れて養蚕用暖房具とした。同じく収集された民具のなかには、図10と同じもので、底部中心に穴を開け、植木鉢に転用しているものや、黒色瓦質のヒイレなどがある。

今回の発表でふれたヨウサンダンロやハタヒバチといったものは、江戸において日常生活上の暖房具としての火鉢であったものが、周辺農村部である多摩地域で、特に明治期に入ってから、その本来の機能を失って養蚕という生業用に使われるようになっている。これは多摩という養蚕地帯の特徴であると思われる。また、この地域では購入品だけではなく自家製の製品もみられ、江戸・東京の消費生活とは違った様相が窺える。

一方、名称の問題であるが、これまでの調査によってネコアンカやアンカに使われるヒイレが、単独でハタヒバチとして機織りや、またオムツホシとしてザルに入れて使われている例が認められた。同一の製品においても地域や用途による名称・呼称の違いというものが、これまでの調査で明らかになりつつある。

以上、数少ない資料でもあり、調査も途中ということで不十分な点もあったが、これからも調査を続けて行き、その点を補うこととしたい。

江戸時代の銭貨・寛永通宝

増尾富房

はじめに

江戸時代には金貨・銀貨・銭貨の三貨と呼ばれる貨幣が確立した。このうち銭貨には宝永通宝、天保通宝、文久永宝もあるが、寛永通宝が代表的なものである。

本稿ではこの寛永通宝について、現在知られていることを述べてみたい。しかし寛永通宝には（自著から推定して）約二千以上の種類があるとされ、全部について述べることは不可能であるため、ここではその変遷の歴史を概観するとともに、東京大学本郷構内遺跡の御殿下記念館地点で発掘された資料について触れることにする。

一　寛永通宝の成立

この銭貨の名が寛永通宝であるのは、三代将軍家光の寛永年間に生まれたためであることは容易に推測されるが、何月何日、何処でこういう稟議を経て、寛永通宝の銭名が決まった、というような確たる史料はない。ただ古銭界に昔から伝わる『鳴海（＝鳴見）平蔵由緒書』という文書には、次のような挿話が記されている。すなわち、将軍家光がある晩、「お城の南のほうに御居城が替わる、そこへ御歩行にてゆかれる」という夢を見、大変気にして、傍らの春日局にそのことを話して上野の天海僧正に判断を仰いだところ、「お城とはお代（シロ）の意味で万物を整えるもの、つまり銭である、また御歩行とは、銭は料足といってあまねく天下を走りまわるもの」と解釈され、新たな銭貨が鋳造されることになったという。

〔令條〕錢定の高札を載す左のごとし
定
一寛永の新錢幷古錢共に金子壹兩に四貫文勿論壹分には可レ爲二壹貫文之賣買一若違背いたし高下之うりかひ仕においては双方より其賣買之代一倍過料として可レ出レ之其町之年寄貳百疋其外は家一間より拾疋づゝ爲二過怠一可レ出レ之事
一大かけ、われ、かたなし、ころ錢、なまり錢、惡錢、此外撰べからず若撰者六錢を押してつかふもの有レ之者或其所に三日さらし或十日籠舎たるべし其町へ過料同前之事
一新錢江戸幷近江坂本にて被二仰付一之間兩所之外一切不レ可二鑄出一之若違背之輩有レ之者可レ爲二曲事一事
一今度新錢被二仰付一上者縱雖レ爲二有來一惡錢は或禮錢或散錢等にも不レ可二取扱一事
一御領私領共に年貢收納等にも此御定之通不レ可二相背一事
右條々堅可二相守一之者也仍執達如レ件
寛永十三年六月朔日　　奉行

図1　寛永13年徳川幕府布令（『近藤正斎全集・銭録』より）

この寛永通宝の発祥は寛永十三年（一六三六）というのが定説となっている。図1は書物奉行でもあった近藤正斎の『銭録』から引用した記録に残る一番古い寛永銭についての幕府の布令である。この『銭定の高札』には一番目に「金一両に四貫文、金一分に一貫文」という両替の定め、二番目には「大かけ、われ、かたなし、ころ銭、なまり銭、悪銭」という撰ぶべき六種の悪銭の名称を厳しく達し、三番目に「新銭は江戸と近江坂本のほかは一切鋳銭まかりならぬ」旨、通達している。この寛永十三年という年は日光の東照宮が完成した年であり、翌十四年には江戸城も完成している。そこで寛永通宝の発行をみる、となれば万事整ったということになるわけである。

しかし寛永十三年より前に寛永通宝は存在していなかったわけではなく、古銭界では水戸の佐藤新助という人が寛永二、三年頃に願いの上鋳銭したと伝えられ、今日その傍証もいくつか見つかっているのである。

二　古寛永と新寛永

寛永通宝には一文銭と四文銭の二種がある。また大きく古寛永銭と新寛永銭とに分けられるが、新寛永銭では「錫母」が導入されている点が旧寛永銭とは異なった点である。これは鋳銭の工程の進歩によるもので、錫母の導入によって生産量が増加するのため、錫母の有無は大きな分類基準となるのである。実際に使用する貨幣である通用銭を作る母体となる「母銭」は、古寛永銭にももちろん存在する。ただ新寛永銭では母銭を早くしかも量産するために、母銭製造の一工程前に錫母が造られるのである（図2）。

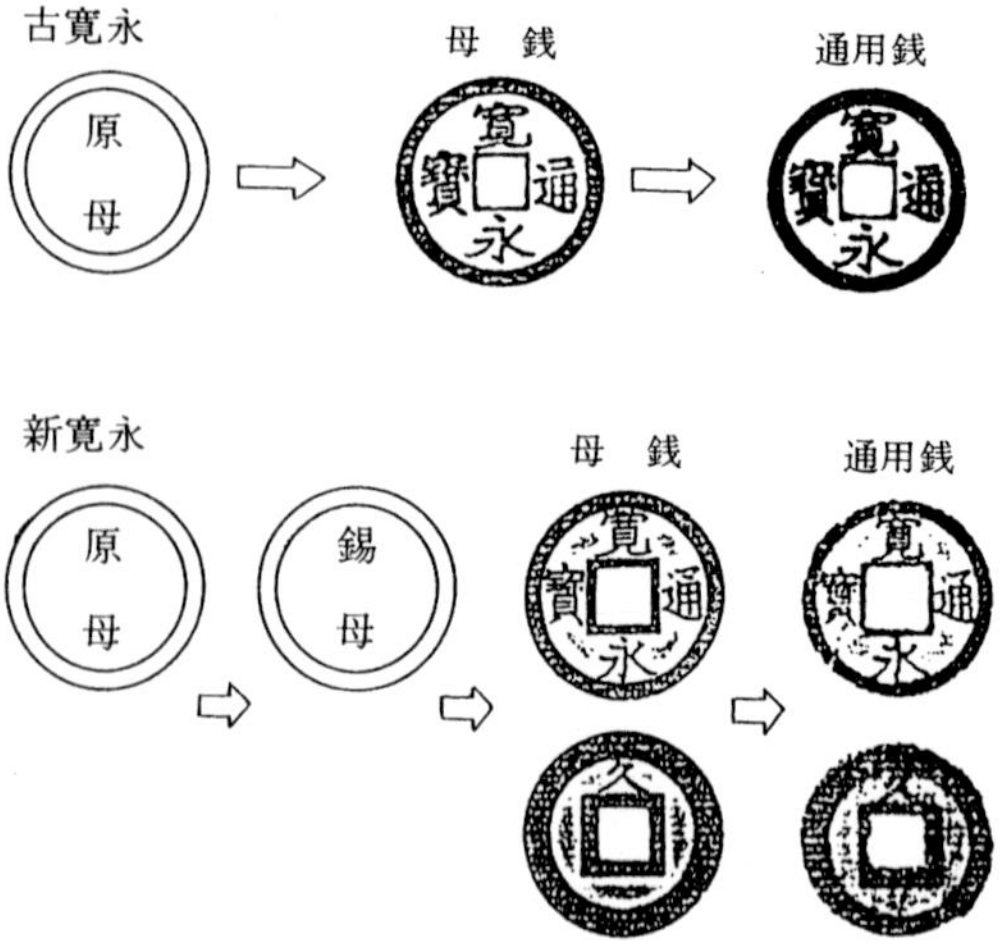

図2　鋳銭順序

筆者は自著では古寛永銭を約七百種類、新寛永銭を約四百五十種類に分類している。もっと細分することも可能であるが、基本的にはこれで充分であろう。しかしこれらの分類にしたがって、実際の銭を選別することはかなり困難であり、かりに三年間毎日眺めていたとしても、完全に撰れるようにはならないほど経験を要するものなのである。

三　寛永通宝の銭書

さて本稿の主題である寛永通宝の研究史として、その銭書について述べていきたい。

(1)　藤原貞幹の『寛永銭譜』

今からほぼ二百年前、京都に藤原貞幹という者がいたことはよく知られている。「漢委奴国王」の金印をイトと読んだことでも知られており、今日では日本の考古学の鼻祖ともされているが、この藤原貞幹は紛れもない古銭家であった。世田谷の大東急記念文庫所収の『銭幣私記』という貞幹自筆の手記には次のような記載がある。すなわち宝暦四年（一七五四）、貞幹が二十三歳のころ、京で桃園帝に仕えていたが、ある日帝の供についているところへ見物人が銭を投入れ、これが御簾にかかり、下に落ちたという。これを見た桃園帝が「これは何ぞ」と尋ねたので、「これは銭というもので」と下問に答え、後に皇朝銭と寛永銭の拓本を献上したという。そしてこのころから一層古銭への情熱が激しくなったと述べている。

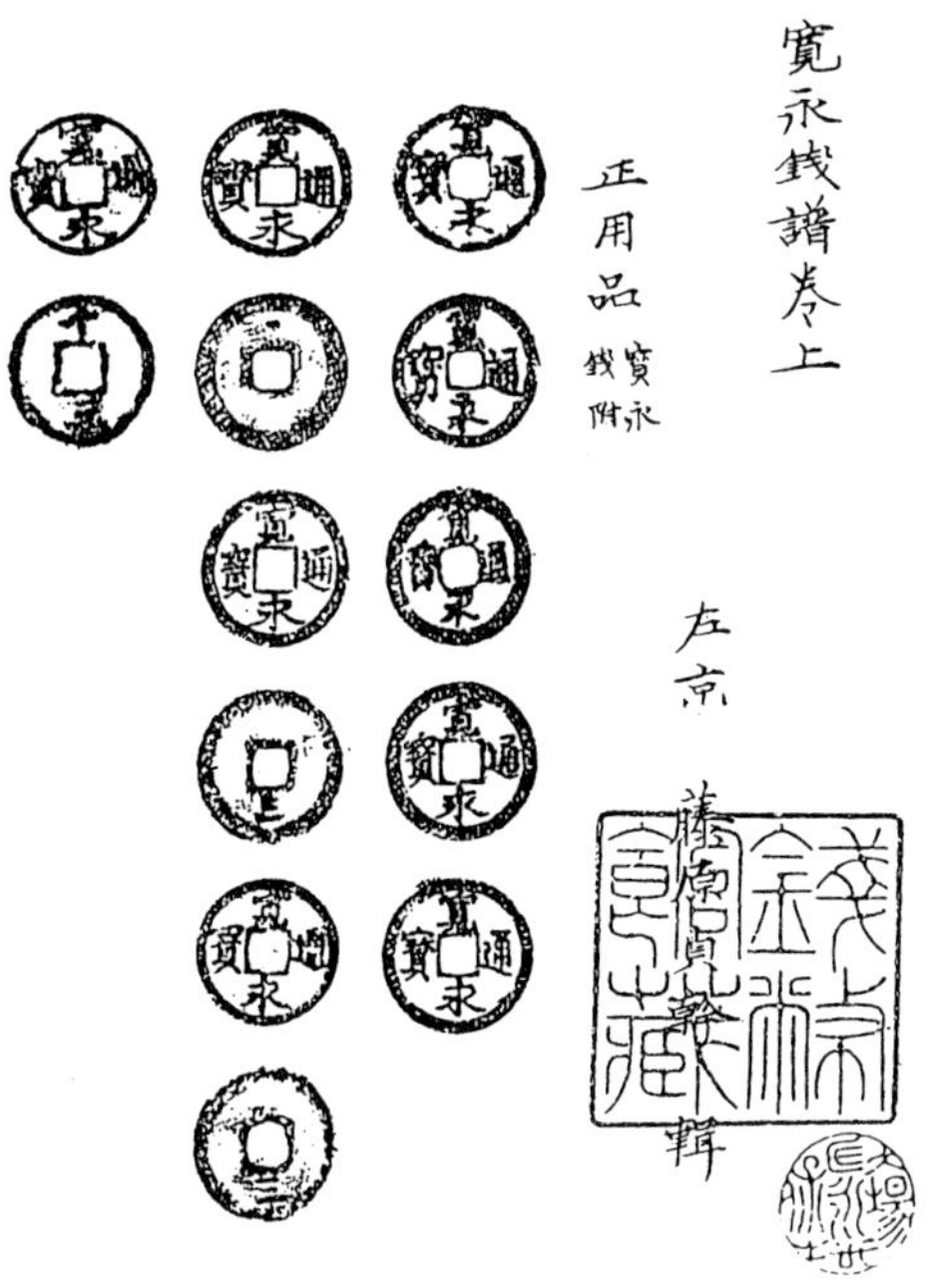

図３　最古の寛永銭譜（藤原貞幹・天明７年本，日銀蔵）

貞幹は当時にあっては毎日使用されていた「時行銭」、すなわち通用銭に注目し、『寛永銭譜』（図3）を著したが、これは寛永銭の銭書としては最も古いものである。

この『寛永銭譜』には、天明七年（一七八七）の識語がある。翌八年に京都はいわゆる〝どんぐり辻の火事〟といわれる大火事に見舞われる。御所もほとんど焼けたが、当時聖護院の近くに住んでいた貞幹はこの大火を免れたことを三村竹清翁の随筆によって知ることができた。その後寛政に改元され、松平楽翁の指導のもとに御所造営が始まるが、貞幹は裏松固禅の下で京都御所の復旧に尽力している。

この天明七年本『寛永銭譜』は、そうした境遇を経てこんにち存在しているのである。またこの書の貴重さは、藤原貞幹自らの書であるのはもちろん、ここでの拓本は貼付されたのではなく、台紙に直に搨模した珍しいものである。

(2)　古銭家の番附

図4は寛政四年（一七九二）の古銭家の番附であり、現存する最古のものである。藤原貞幹の還暦の年であった。これを見ると当時古銭家がこんなにも居たのかと、その流行に驚かされる。左下の頭取の三番目に「京油小路　藤叔蔵」とあるが、これが貞幹である。

中央の勧進元に芳川甚右衛門とあるのが『和漢銭彙・上』の著書の芳川維堅であり、珍貨堂ともいった。大関には西に桜田彩雲堂の名があるが、これは福知山の殿様の朽木龍橋公である。大名でもあり古銭家でもあり、『古今泉貨鑑』という大著を版行している。残念ながら朽木龍橋公の古銭は、幕末に子孫がゲッペル銃五十挺と交換して、外国に渡ってしまっている。東の小結には『対泉譜』の著者である村田市兵衛がいるが、これは吉原の大文字屋二代目の文楼、すなわち加保茶元成であり、頭取の終わり近くには木村蒹葭堂の名前も見える。伊勢にいた頃であろう。

勧進元である芳川維堅（甚右衛門）の師匠である宇野宗明の名が見えないのは、寛政四年にはすでに亡いからであ

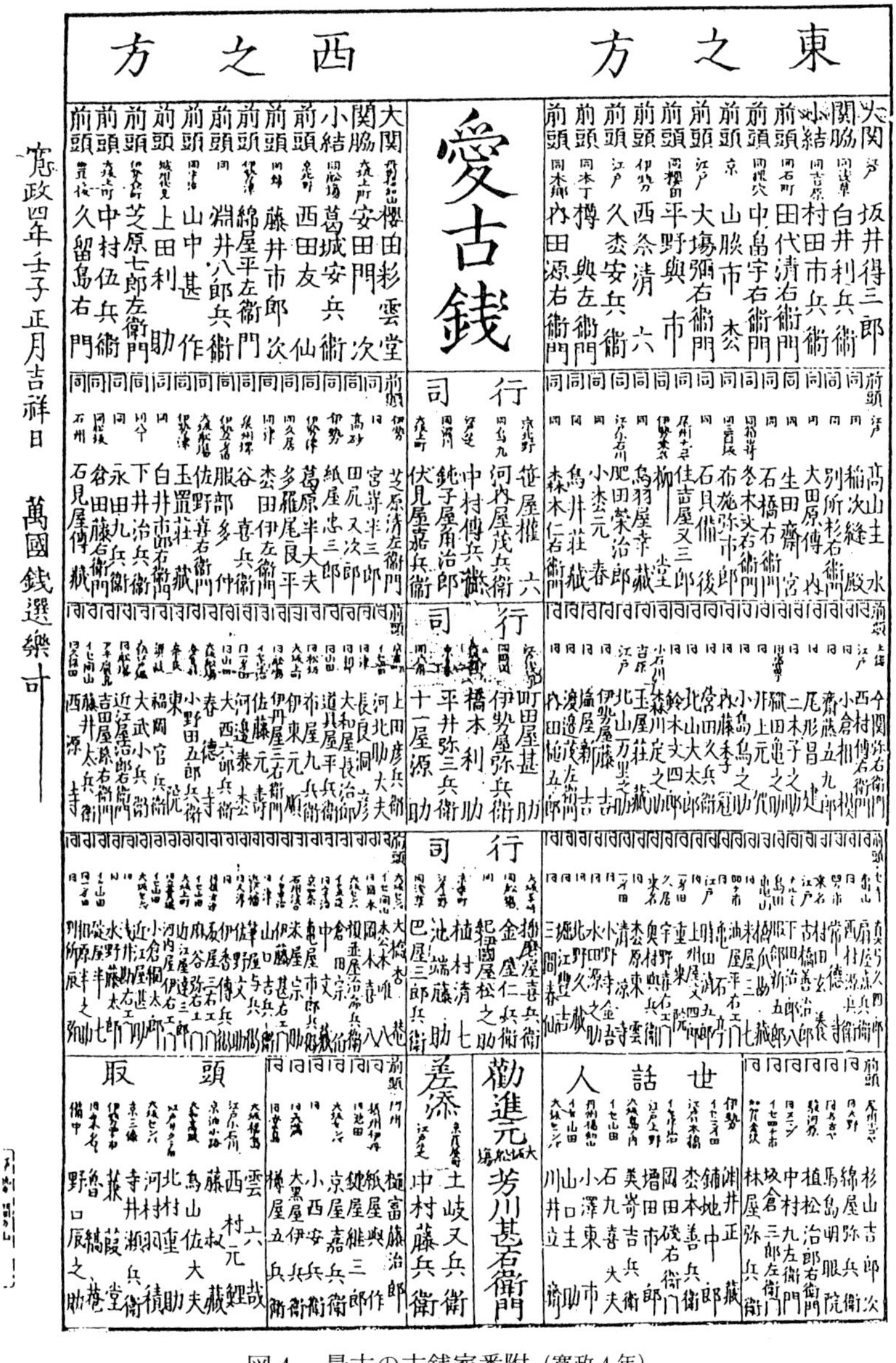

図４　最古の古銭家番附（寛政４年）

る。この宇野宗明は先の朽木龍橋公が三顧の礼をもって迎えたことで知られた人物であり、『続化蝶類苑』を書いた古銭家である。宗明は『続化蝶類苑』の一冊を龍橋公に、一冊を弟子の芳川維堅に遺し、翌年に他界している。

この『続化蝶類苑』にはよく「蒙斎云々」の文字が散見され、また藤原貞幹の『銭幣私記』他にも「魯脩云々」とある。蒙斎とは藤原貞幹のことであり、魯脩とは宇野宗明のことで、約三十歳ほどの年齢差があったが、両者は泉友すなわち古銭を通じての友人であったのである。

(3)　『寛永銭譜』の諸本について

ここで、現在遺存している『寛永銭譜』に戻り、そのうち主として藤原貞幹ならびに貞幹と連署された諸本を採り挙げてさらに論及する。

①　「天明七年本」は先に述べたように貞幹の自筆本である。この「銭幣館蔵」という大きな方印は故銭幣館田中啓文先生の蔵本であり、先生の収集された貨幣と銭書は、現在日本銀行に寄贈されている。天明の大火の後、藤原貞幹は改正を重ねたので、この本も乞われるままに他人の掌中のものとなったと考えられる。この方印の下の丸印は、寛政に入り昵懇となった水戸彰考館の総裁立原翠軒の泉友、大場玄賞斎の蔵印である。翠軒から玄賞斎に渡ったものかも知れない。『国書総目録』の「天明七成立のもの」とはこの書のことである。

②　大東急記念文庫蔵「寛政四年本」は写本である。閲覧許可はあるが、複写許可はない。この写本には拓本が貼りつけてあり、条文には加筆が見られる。明治期には代表的な寛政四年本があったと聞くが、今のところ実見していない。

③　国立東京博物館蔵「寛政四年本」も写本である。条文はともかく、拓本の方は歯の抜けたようで説得力がない。「森氏印」とあり、森枳園の蔵印であった。

ここまでが藤原貞幹の単独署名のもので以下は稲垣尚友他との連署本となる。

④「寛政七年本」はやはり日銀蔵本である。筆者はかなり念入に眼を通したが、貞幹自筆本には見えない。というのはこの写本は大東急記念文庫の蔵本の筆者と同一の筆跡なのである。ここには貞幹秘本印が捺されてある。稲垣尚友との連署本である。

⑤同じく「寛政七年本」であるが「泉譜」と題簽がある。写本ではあるが美本で、俗に「献上本」と称されている。これは先の芳川維堅が東下りする折り、京で藤原貞幹と稲垣尚友の蔵銭をもって二冊の献上本を拵え、福知山の朽木龍橋公と姫路の酒井忠道公に差し上げげんとして果たさず、桑名の魯縞庵なる古銭家の手中に入ったというものである。これも日銀蔵本であるが、直打ちといって直接台紙に古銭を揚模している。普通条文も書け、拓本も採れるという作業はかなりの経験を要する。明治になって『寛永泉志』という銭書を出した三上香哉は、この書を範とした旨、その序文に書いている。

⑥「寛政七年本」であるが、まま散見できるものである。稲垣尚友との連署本で、俗に「流布本」と称している。筆者は、銭図にあわせて拓本を切り取ったものを〈剪拓〉と名付けているが、この写本は条文と拓本とが別々に、つまり流れ作業的に需要に応じて作られた印象をうける。人を雇って拵えたものかも知れない。日銀蔵本、静嘉堂蔵本、某氏蔵本と三本ほど見受けているが、筆跡も拓本もほぼ同じである。この写本類に使用されている「無仏斎」印は藤原貞幹の生前に使われたものではなく、後世この写本類のために用いられたと見る方が自然のように思われる。

(4) その他の銭書

『寛永銭譜』後の銭書としては、藤原貞幹の亡きあと、連署本に名をとどめている稲垣尚友による単独の『寛永銭譜』や、『三貨図彙』のなかの草間直方による寛永銭の記述、さらに穂井田忠友の『寛永銭譜』等が輩出しているが、特に忘れてはならない銭書として近藤正斎と狩谷懐之の連署になる『銭録』がある。これは明治三十九年になってようやく陽の目をみた銭書である。文化年間、幕府の書物奉行であった近藤正斎は、狩谷棭斎とともに時行銭である寛永通宝について書き出したが、正斎が息子の刃傷沙汰に連座し近江に幽閉されてしまい、頓挫している。抜群の考証力を備えた狩谷棭斎との書が成っていたら、と残念である。懐之は狩谷棭斎の息子であり実際にはこの『銭録』には関わってはいない。拓図がほとんど空なのは、当然狩谷棭斎の力量に頼った結果と見える。

明治期に入ってからは、三上香哉・榎本文城による『寛永泉志』、中川近礼・榎本文城・亀田一恕による『新撰寛永泉譜』という寛永銭の代表的な二大銭書があるが、いずれも藤原貞幹の『寛永銭譜』を範にとっている。とくに中川近礼は人一倍藤原貞幹に私淑していたのである。

このほか今井風山軒の『古泉大全』、平尾聚泉の『昭和泉譜』とつづき、最近は両小川先生の著書、つまり青宝楼翁の『寛永銭譜』と佳泉庵先生の『新寛永銭鑑識と手引』が利用されているはずである。特に『新寛永銭鑑識と手引』は一品ずつに解説が入っているので、この世界では珍しく流布している。そして末席に筆者の『古寛永泉志』と『新寛永泉志』がある。また、これはひとり寛永銭の流れとは別に、拙著『藤原貞幹追悼号』出版の際、御来席をいただいた小葉田淳博士の『日本の貨幣』(日本歴史新書、至文堂)のあることは云うを俟たない。

寛永銭譜としての流れは、大略以上である。これらの銭書以外には、寛永銭ばかりが扱われているわけではないが、『寛永銭研究会報告』『大日本貨幣研究会雑誌』『泉談』という古銭雑誌が発行されていて、新しい発見とか分類を載せて啓蒙をしている。

四　遺跡出土の寛永通宝とその年代

寛永銭という本来は一文でしかなかったものが、収集の世界では百円から百万円位の値打ちの格差が生じており、ブームもからんで、いきおい珍品志向に走ってしまい、分類から分類へ、珍品から珍品へと移ったというのが現状であるが、そんな独りよがりの夢から筆者を目覚ましたのが、江戸遺跡研究会との関わりであった。

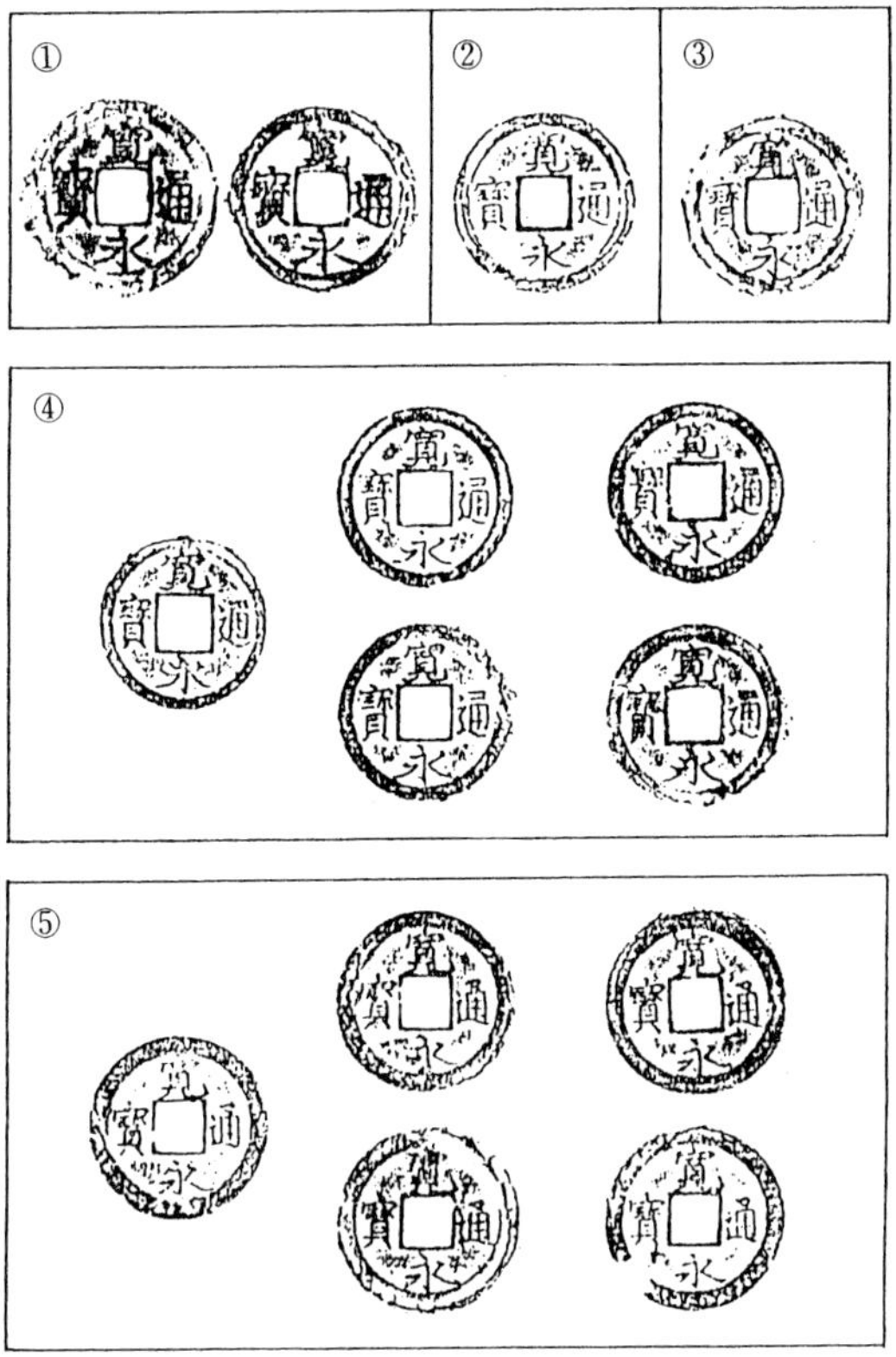

図５　御殿下記念館地点・第537号遺構出土古銭

惟村忠志氏からは富士山の「宝永火山灰直下出土の銭貨」について、また鈴木裕子氏からは東京大学本郷構内遺跡の一つ「御殿下記念館地点の五三七号遺構出土の銭貨」について相談があった。全部ではないが図５に図示してある。①から⑤までのブロックに分けてあるが、いずれも元禄十六年の俗に水戸様火事によって埋没した寛永銭である。この中の①②③は問題はないが、④の古銭界で「四ツ宝銭」とよんでいるブロックのなかに「猿江銭」と今日分類されている銭貨が入っている。また、⑤のブロックでは「不旧手」のうち俗に「深川十万坪銭」という銭貨が出てきている。従来の『寛永銭譜』では合わないという点で、これは筆者にとっては一大事件であった。いままで一番入手しやすい、たかだか一枚百円くらいの寛永銭が、これほど重く高価に思えたことはなかった。いままでの記録は一体何だったのか、としばらくはショックであった。

原点に還る、ということで藤原貞幹の書を見ると、この今日「猿江銭」の正字としている④のものは「不知銭」として分類してある。しかし⑤のブロックのものは、どの銭書もそろって享保期の鋳銭にしてあり、元禄十六年に埋没したものの中に入ることは有り得ないのである。

これは惟村氏の報告のものも同一であり、あらためて検討を余儀なくされたのである。

小葉田淳博士の『日本の貨幣』（日本歴史新書、至文堂）のなかで元禄十四年新たに銀座の加役として大坂に銅座が設けられ、諸国銅山より大坂に廻漕された銅は銅座帳簿に記載されて銅座がこれを仕切ったとされている。そのころ銅吹き屋の代表であった泉屋吉左衛門がこの銅座にあてた国内需要銅の内訳を書いた書付けがあるようで、それによると江戸の銭座も京都の銭座も一床について銅七貫九百匁斗と銅の需要は同じであるが、江戸の銭座は百二十床、京都の銭座は三十六床といい、江戸は京都のほぼ三倍の稼働率があったことがわかる。

この⑤のブロックの「不旧手」というのは、ある銭種群の総称であり、名前の起こりは銭文筆者である長崎屋不旧という人の号からきている。この不旧という人は京都の糸割符商人で俗称忠七といい、能書家の佐々木志津磨の門人と伝えられている。ただこの人の末路はよく分からず、元禄の貨幣改鋳で悪名高い荻原重秀との関係から、また稲垣対馬守とのからみから、宝永通宝当十銭の鋳銭を当て込んで没落したと噂されている人物である。同じように当時没落した商人に紀伊国屋文左衛門がいるが、この人物も鋳銭の失敗から逼塞したという、かなり信憑性のある史料も残っている。いずれにせよ従来享保期とされていた寛永銭が元禄期に鋳銭されていたことになるのである。

蛇足であるが、この「不旧手」につながる「横大路銭」の鋳銭描写が『翁草』という当時の随筆に載っている。これを見ると、かなり厳重な鋳銭作業であったことが分かる。またその様相を描いた絵巻物が仙台の石巻にあるが、さらに解りやすく理解できる。

おわりに

下限の明確な銭貨、とくに出土寛永銭の出現に対し、何の対応もできない銭譜には何の価値があるのかと思う。限りなく細分類を追い求め、希少性を追いかけた結果を、今さらながら、自著をふくめ慚愧にたえないものと感じている。五三七号遺構からの⑤のブロックの寛永銭にしても『藤原貞幹譜』『寛永泉志』『昭和泉譜』『新寛永銭鑑識と手引』『寛永通宝銭譜』、それと自分の本とではみな違ってきている。この従来の史料の不完全さを、今後の発掘調査でいかにして完璧なものにしてゆくかが、今後の課題であろう。

近世考古学との交流を深め、充分な検討をへて誰でもが頼れる寛永銭の銭譜を造ることが筆者のこれからの夢である。

コメント

鈴木裕子　江戸遺跡研究会会報の33号（一九九一年）に「東京大学・御殿下記念館地点出土の陶磁器と銭貨の年代間についての覚え書き」として研究メモを書いた。御殿下記念館地点の五三七号遺構という地下式坑の覆土中から、全て火災を受けた痕のある遺物が大量に出ており、その下限が陶磁器の年代観から大体十七世紀末〜十八世紀初頭というごく短い期間に想定された。ここは加賀の前田藩の藩邸にあたるが、絵図がだいぶ残っており、そういう資料ともつき合わせていくと、あくまでも推定であるが元禄十六年（一七〇三）の火災で廃棄された地下式土坑であろうと考えられるところから、一七〇三年下限という年代が与えられたわけである。陶磁器の年代は傍証的なものになろうが、遺跡の層位学的な状況からも、この年代はほぼ決定的とされた。

ところがこの遺構出土遺物のなかの古銭は、増尾氏の論考にあるように「四ツ宝銭」や「不旧手」に分類できたわけであるが、その初鋳年代は享保年間とか宝永年間とされているのである。そうすると何故古銭だけ年代が違うのかという疑問が生じた。また、この「四ツ宝銭」や「不旧手」は江戸亀戸で鋳造されたといわれるわけであるが、考古学の立場からいうと、何故江戸の亀戸で鋳造されたとわかるのか、さらにその年代は何を根拠にしているのか、という疑問が生じたのである。

そこで古銭に詳しい扇浦正義氏に伺ったところ、実は文献の方から引っ張ってきているということ、だから考古のほうから返さなくてはいけないという指摘があったため、そうした考古学の側からの資料提示としてこの研究メモを書いた次第である。

今戸土人形論

北原直喜

はじめに

近年東京、名古屋、大阪、京都などの各地で、近世の遺構が発掘され、その出土品のなかに土人形類もたくさん含まれている。ここでいう「土人形」は、江戸時代中期以降一般的に商品として存在し始めた土人形のことであり、縄文時代の土偶ないし古墳時代の埴輪とは異なったものである。この土人形は、現在確認されている産地がおよそ二二〇あり、これに名前だけが残っていたり、製品は残っているが産地が判定できないものを含めるとおそらく全国で四〇〇以上の産地で作られていたものと推定されている。さらに今後の発掘調査によって新しい産地や資料も出てくる可能性がある。

このうち、本稿のテーマである今戸の土人形の実態については、民俗、民具、近世考古学、人形の各分野の研究者にとってもまだ明らかでない部分が多いため、本稿でも今戸の土人形の概要を紹介する入門編的なものにとどめることとしたい。むしろ、今後の近世考古学、民俗学、民具学、および土人形の研究分野がリンクすることで新しい発展があるものと期待している。

一　土人形の基礎知識

1　用途による分類

土人形は冒頭でも触れたように商品であり、何らかの需要を前提に供給が生じたと考えられる。したがってその需要の根源を明確にすることによって、土人形がなぜ生まれてきたのか、またどのような存在意義があるのかといった分類をすることができよう。

第一の要素は祭具としての使用である。基本的に土人形にあっては、いわゆるお雛様すなわち「雛人形」がひとつのルーツと考えられる。この雛人形は、今日では段飾りにした豪華な衣裳雛として認識されているが、古くは形代《かたしろ》とか天児、這子《ほうこ》に繋がる、持ち主に代わり邪悪なものから守る「祓いの人形」といった性格を有しているのである。

第二の要素は遊具としての使用である。「雛」という語は、現在では「鳥の雛」のように用いられるが、「ヒナ形」とも使われるように、元来「小さなもの」という意味がある。『源氏物語』にも書かれているように平安時代から殿上人のなかでは、人間の形を小さくしたもので、いわゆる「おまま事」の遊びをする「雛遊び」が行なわれていたのである。

このように雛の流れをそのまま引き継いでいる土人形にも、祭具としての祓いの人形と、遊具としての人形という二つの要素があるわけである。

したがって祭具としての土人形は本来「神送り」といった形で処分されるものであり、火事等災害の後始末以外では、ゴミ穴のような遺構からでてくることはありえないわけである。一方単純に遊具として使用されていた人形は、不要になったら捨ててしまうといった使われ方をしていたようである。

このように見ると、同様な素材でできた同じような土人形であっても、どのような用途で求められ、使われたかによって将来的な処分のされ方も異なり、伝世のしかたも異なってくると考えられる。

2　製作方法による分類

次に近世の土人形を製作方法から分類すると、型によるものと手捻りのものとがある。

このうち型によるものには、土製の二枚型、すなわち雄型と雌型により大量生産されたものが非常に多い。これが生まれ生産され始められたのは天正年間以降であり、この頃から二枚型による資料が多量に出土している。同じく型を使用した土人形のなかで、木型を使用したものは非常に少ないながら伝世しており、産地での調査によっても、木型そのものも若干遺存していることがわかる。

型の稜線や彫りの角度などに注目して分類すると、土型、木型の識別というのは比較的簡単であり、また木型の場合は材料の条件から分厚い人形が作れず、なおかつムクであるという資料が非常に多いことからも土型と木型の区別ができる。そして堺、大阪、東京で発掘された資料のなかには明らかに木型を使用したと思われる資料が比較的多いのである。

一方、手捻りの製品は、職人が手先で捻って作るものであり、これも東京や大阪でたくさん出土している。型によらないので大量生産できたかどうかは疑問であるが、ちょっと器用な者であれば、ほとんど道具らしい道具がなくとも非常に小規模な産地ないしは作者で短期間に作れることから、各地で作られたのではなかろうかと想像されるのである。

二　今戸人形の概要

今戸は東京の土製品の産地であり、もともと人形だけでなく、素焼きの焙烙、火鉢などいろいろな土製品を焼いていた。発生そのものについては史料がまったくなく、ほとんど言い伝えでしかわからないが、それによると天正年間に家名が断絶した大名の家臣が作り始めたものとされている。

今戸で昔からそうした土製品ができるのは、地質学上、粘土が積もった沖積層にあたり、関東ローム地域としては焼き物にいくらか適した土が産出したということである。

江戸は火事の多いところであり、江戸時代の中期以降になると、藁葺き屋根から板葺きを経て瓦葺きというように、屋根も変わっていく。『慶長見聞集』によれば、慶長六年（一六〇一）の大火後、市中一斉に板葺き屋根に変わり、なかでも本町二丁目瀧山弥次郎兵衛というものは、往還筋を棟より半分を板葺き、後半分を瓦葺きにしたと書かれている。この頃から慶長年間（一五九六～一六一四）には町屋でも瓦葺きが次第に増えてきたものと考えられているのである。こうした瓦の需要からスタートした今戸焼は、徐々に進歩していろいろな生活用具も焼くようになってくる。

宝暦年間（一七五一～一七六三）になると、作者も増えて今戸に株仲間が増え、宝暦二年に今戸の生産者が今戸八幡に狛犬を一対奉納しているが、その狛犬の台座に当時の生産者名が記されている。これには以下のような人名を見ることができる。

焙烙屋中

梅田市右衛門　吉岡金兵衛　鹿田久八　大春喜右衛門

岩井源右衛門　大春宇八　岡部源七

火鉢屋中

白井善次郎　杉本甚三郎　吉川久次郎　橋本三次郎

橋本金五郎　杉田新兵衛（その他　一〇名）

土器屋中

岸本多郎吉　宮川助三郎　川島佐呂

世話人

富田源次郎　鈴木三右衛門　福井多左衛門　金沢喜太郎

吉田新治郎　永島伊之吉　白井半七（その他　八名　筆者略）

これらを見ると、世話人の名前もあるが、そのなかに白井半七や金沢喜太郎など、後年今戸焼の名作者として残っている人々の名前も彫られている。なかでも金沢喜太郎は、今戸の土人形作者として有名で、最後まで今戸焼を作っていた尾張屋金沢春吉の先祖であったのではなかろうかといわれている。

今戸人形はこれら今戸焼が非常に盛んになり、江戸の庶民文化が隆盛になってきた江戸中期以降、もともとは京都の伏見人形が江戸に下っていたことがきっかけとなって、今戸でも作られ始めたと考えられている。

安永七年（一七七八）に書かれた『平日閑話』のなかに「深草焼　本所みどり町伏見屋仙右衛門ははじめて深草焼

をひさぐ」とあることから、安永頃には伏見人形がすでに江戸に入っていたものと思われる。これ以降、伏見人形の影響を受けながら今戸でも土人形が作られ始めたのではなかろうかと考えられているわけである。

もともとの今戸人形は、金属製や木製の神仏を買えない低所得者の代用品としての土製の神仏であったと思われる。また先に述べた雛人形も当時よく作られたもので、衣裳雛が買えない低所得者階級のために、土で作ったものであろうと考えている。しかし江戸の庶民生活が向上し、所得も増えるにしたがい、江戸近辺での需要が少なくなり、江戸市中で売れなくなっていったと考えられ、今戸人形は、伏見人形が下しものとして江戸に来たのと同様に、今度は下総、上総、常陸方面に下しものとして作られていくようになったようである。また本来祈りのものであった人形が、江戸の庶民生活の変化に伴い、使い捨てられる遊具として江戸市内で使われるようになり、発展していく。さまざまな人形、遊具、泥めんこ、ビー玉状のもの、将棋の駒、碁石の代用品やお金の模造品なども作られ、土でできるありとあらゆる遊び道具が江戸中期から末期にかけて作り出されているのであるが、こうした資料は、たとえば新宿区の三栄町遺跡等からの出土資料として見ることができる。

このように今戸本来の雛およびそれに付随する本格的な人形は地方でしか売れず、その一方、江戸では使い捨ての安物しか売れないという二極分化が今戸人形に生じてきたと思われ、江戸から明治初期、年号の上では安政〜慶応、明治と変わっても文化的には変わっていない、明治十年頃の今戸人形の資料が東北地方からも採集できることから、この時代にはかなり遠方まで伝播していったことがわかるのである。

しかし玩具として隆盛を極めた今戸人形も、明治時代になり、近代化、西洋化の反動として従来の日本的なものが旧弊のものとして排斥される厳しい時代に直面するようになる。明治三十年まで大量に作られていたものが、これ以降急激に衰退するのである。もちろん東京市内の消費の趣向の変化による減少ということもあるが、これまで千葉県や東北といった遠方にまで船の安い運賃で出荷してなんとか採算を維持していたものが、流通形態が鉄道輸送に代わることによって採算ベースを割ってしまったということが、今戸人形を衰退させた大きな要因であると思われるのである。

このように今戸人形は明治中期以降完全に需要がなくなり廃れてしまうが、この際不要となって埋められていた人形の型が、大正十二年（一九二三）の関東大震災後の道路拡張工事に伴って掘り出され、当時の趣味家の文化人達の活動によって、昭和初期にいくらか復活している。しかし需要そのものが復活したわけではないためこれも短期間で廃絶し、現在ではまた別の作者が、古い型から起こした型を使ってみやげ物程度に作っているのが現状である。

三　文献に見られる今戸土人形

今戸人形が江戸庶民に親しまれていたようすは、文献から窺われる。古い川柳にも、今戸に絡むものがたくさんあり、かなり庶民的なものとして親しまれていたことが分かる。例をあげると、

「西行や鬼を今戸で焼いて喰い」（文政）

「仮宅のあと見世を張る今戸焼き」（文政）

「生きた姉さん今戸にならんでる」（寛政）

「村の嫁今戸のでくでひな祭り」（天明）

「仮宅」「生きた姉さん」は、吉原が火事で焼けた後、急拠今戸に置屋や揚屋が仮宅としてできた情景を詠んでいる句である。このほか、

「西行と五重の塔を干しかため」
「土みかど様べいを姉いも飾るなり」
「西行は消炭つぼの陰にいる」
「西行と狩人ひとつ見世に住み」
「けちな庭今戸細工をあひしらい」

などがあり、これによって当時の製品の種類や今戸付近の情景などを窺い知ることができる。

また元禄六年（一六九三）刊の井原西鶴『西鶴置土産』巻三や文化六年（一八〇九）刊の式亭三馬『浮世風呂』二編のなかにも創作ではあるが今戸人形を題材としたものがある。

このように明治中期以降まったく廃れてしまった今戸人形も、これ以前の庶民から親しまれた当時の姿が、文献と近年の発掘により浮かび上がってくるのである。

〈写真図版の説明〉

次に、図版によって今戸人形の個々の資料について見ていくことにする。なおこれらの写真資料は、(財)博物館さがの人形の家所蔵の貴重な江戸期の資料と、浦野慶吉先生の写真ライブラリーの資料を借用したものである。

図1が江戸期のものと推定される今戸の「石ころ雛」もしくは「下総雛」と呼ばれる男女一対の人形である。千葉県で採集されたものであるが、江戸市中で売れなくなって、下しものの雛として消費地の名をとって作られていた人形である。先の川柳「村の嫁今戸のでくでひな祭り」に描かれているのは、このような人形でひな祭りをしている情景であろう。

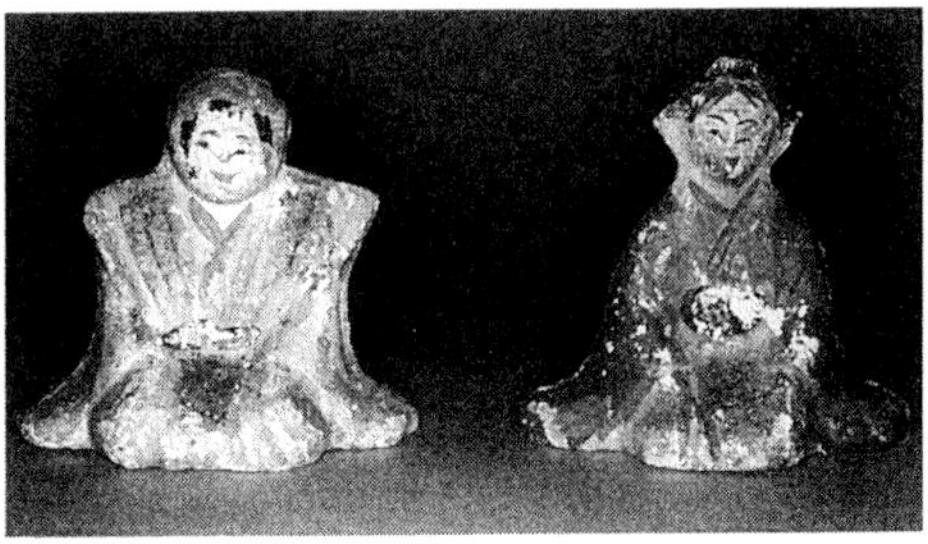

図１　石ころ雛（下総雛）（江戸期）

図２　石ころ雛（下総雛）（明治中期）

図３　石ころ雛（昭和10年代，尾張屋金沢春吉作）

図４　石ころ雛（文化□年）

図５　各地の石ころ雛

図６　羽子板持ち娘

図７　江戸六文玩具の猫

図2も下総雛であるが、時代的には明治中期ぐらいのもので、いわゆるコバルトの鉱物性顔料を使用しているところから、明治三十三年（一九〇〇）の有毒色素の取締り令以前の作品と思われる。今戸もしくは今戸人形から抜き型を取って千葉で作られた製品と思われるものである。

図3は関東大震災後、区画整理の時に掘り出された型で昭和初期に復活した石ころ雛である。完全に趣味家を対象に作られたものであるため仕上げが非常に綺麗にできているが、実際の需要とはかけはなれたものである。

図4もやはり石ころ雛の片割れであろう。資料としては非常に古い資料であり、裏に見られる墨書の痕跡を見ると「文化□年」と書かれており、今戸の資料としてはかなり古いものであろう。

図5は、今戸人形の下総雛の男雛と同型の各地の人形を並べてみたものである。それぞれに女雛があり、男女一対の物であるが、地方によりその用途が違っている。石川県金沢産や富山県富山産、山形県鶴岡産、宮城県堤産の物が「便所の神様」として祀られた事例が報告されているし、秋田県八橋産の物は「疱瘡除けの神様」として求められたものである。

図6もごくポピュラーな今戸人形であるが、向かって左が明治中〜末期頃の尾張屋金沢兼吉の作品、向かって右はその息子金沢春吉が昭和初期に復活したものである。

図7は明治四十四年に発刊された本格的玩具図譜「うなゐの友」第五編に掲載されている江戸六文玩具の猫であるが、明らかに今戸人形の猫である。図8の猫がその現物で、山形県酒田で現地採集されたものである。幕末から明治初期の作例で、この時代の伝世品は関東地方ではほとんど採集されておらず、おおかたが東北で採集されている。それは東北地方では、この今戸人形が毎年お雛様として飾られ、非常に大事に祭られていたからである。

図9は、疱瘡除けであるが赤い鍾馗である。全国的にも珍しく、今戸人形にしかないものと思われる。

図10　釣鐘担ぎ（見立て弁慶）（左）と亀乗り（見立浦島）（右）

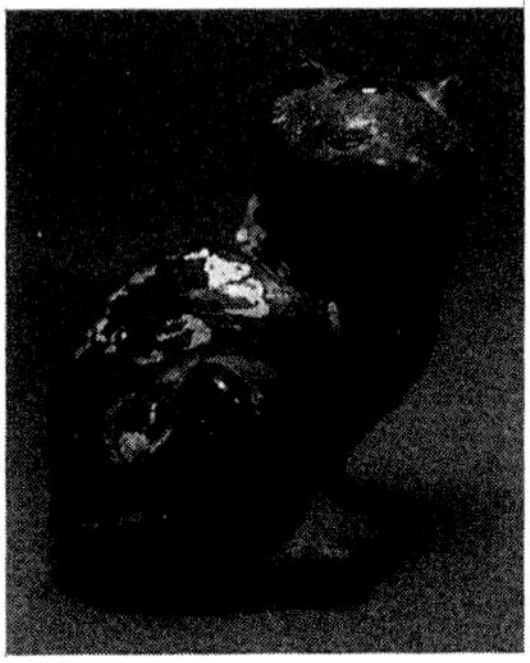

図8　江戸六文玩具の猫（現物）

図11　狆乗り（左）と餅搗き（右）

図9　鐘　　旭

図12　狆　抱　き

図10は確認はされていないが、東京から発掘されたと報告されているものである。このように釉薬を塗ったものは今戸人形にもあるが、型や土から見るとこれらはともに完全に伏見の製品であり、伏見人形が江戸にも入ってきていた一つの証左である。

図11も同じく東京出土の発掘品であるが、作品そのものは伏見人形である。向かって左側は二枚型で作られており、右側は手捻りの製品である。共に釉薬が使用されている。

図12も釉薬使用の人形であり、東京の遺跡からも多量に出土するが、人形そのものは博多の人形である。これは博多で発掘された資料であるが、同じ意匠で同じ面書きの人形がやはり江戸からも出土している。それらの関連は明らかでないが、もともとは伏見人形の型で「嘗《なめ》人形」というものである。全体に釉がかけられており、子供が嘗めるおしゃぶりの役目をした人形である。

図13も同じく釉薬使用の人形であり、明らかに今戸でできた製品であろうと思われる。博多と今戸と伏見とで、その識別の決定的なポイントは使用されている土質である。今戸はやはり赤い粗い土で作られており、現物資料を見比べてみれば伏見人形のやや白っぽいきめの細かい土質とは明らかに異なっていることが看取される。

図14も発掘品を並べてみたものである。右は釉薬を使った二股大根の皿で、この赤い土の具合から明らかに今戸の特徴的なものと思われる。左は都鳥の人形で、水滴ではないがこれも今戸のものと思われる。奥の蛙も今戸であろうが、この種の製品は東京からも大阪からもよく出土し、現在のところ産地は確認されていない。

図15はもともとはブラ人形といい、手足の先に布で手足がつけられていたものであり、頭髪にもおそらく苧麻が用いられていたと考えられている。それらの布や苧麻の繊維部分が土中で失われた結果、このような状態で出土するのである。これはいわゆる「抱き人形」であったわけであるが、近世考古学の側では、墓からの出土が多かったことか

図15　ブラ人形（本体部分）

図13　福神，その他

図16　猟師，庄屋，狐（三竦み）

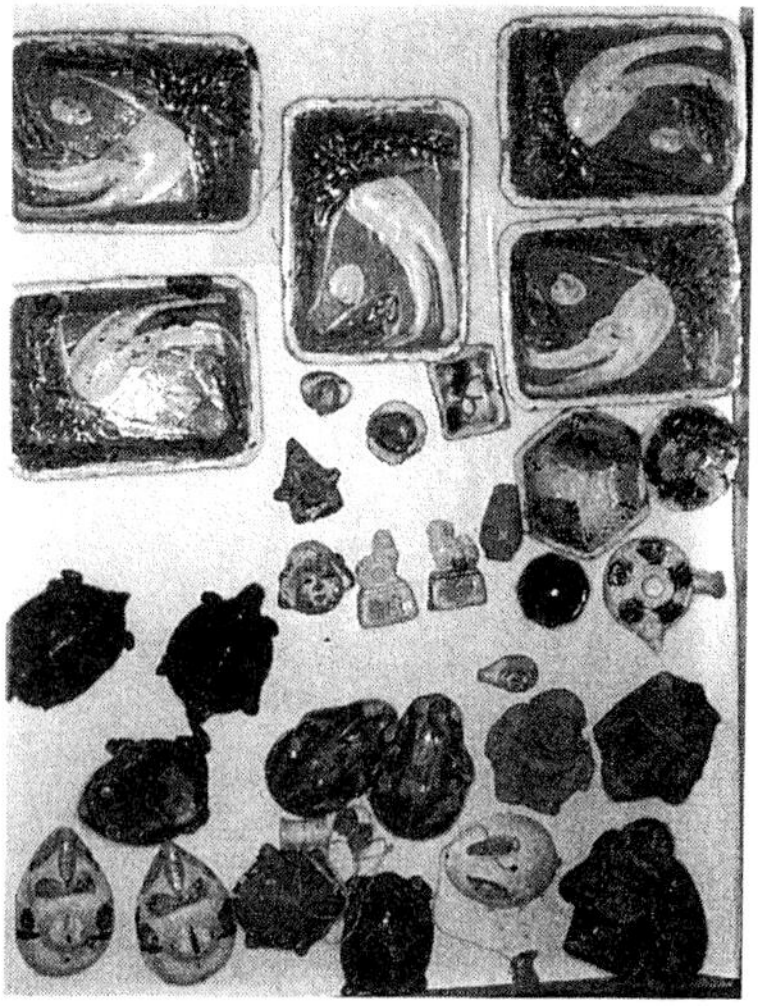

図14　箱庭細工用動物，その他

図17　達磨乗り子供

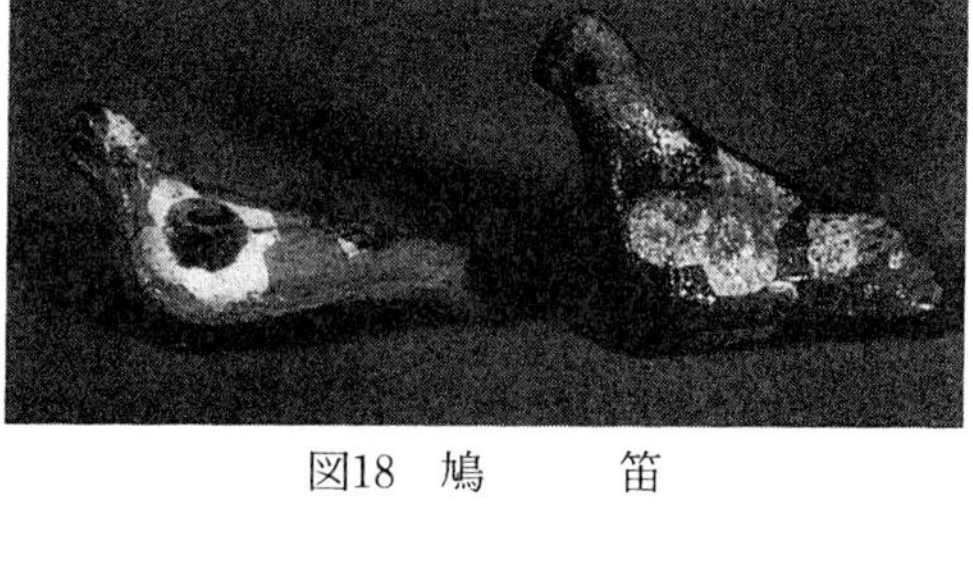

図18　鳩　　　笛

ら当初、宗教的意味を有するものと見なされていたようである。これらはともに今戸人形で、関西方面や名古屋からは出土しない資料であることから、今戸独特のものとも考えられる。

図16は今戸の製品であり、狐拳における猟師、庄屋、狐の三竦みをモチーフとしたものである。

図17は達磨の上に子供が乗っているものである。『浮世風呂』の一節の「三十四五のうば、四才《(ママ)》ばかりの唐子の髷の子を、溜桶の中に入れおき、だましながらさかやきを剃っている。……うば〈ネエ、お嬢さん、このご褒美に嘗人形に何でも四文の人形が……〉、嬢〈ウム、番太のよう……〉、うば〈番太で見た達磨に乗っているお小僧だねェ、あげましょうとも……〉」は、この人形をいったものである。

図18は今戸の鳩笛である。これも釉薬を使っている。東京では明治の中期位に廃絶されたが、この流れをくむ鳩笛が山梨の塩山で残っており、「塩山の鳩笛」として非常に有名である。

図19は元来金色に塗られていたもので、「今戸の金獅子」と呼ばれるものである。江戸時代にあった「獅子打ち」という獅子を打ちつけ合う遊びで用いられたものと考えられるが、打ちつければ当然割れるわけであるから、当時にあっても非常に安価なものであったと想像される。

図20はタバコの項にも出てくる、おかめの火入れである。今戸独特のものと思われる、背中が火入れになっているものである。

図21は「熊乗り金太郎」をモチーフにしたものである。明治中期の製品である。

図22は「おかめと福助」をモチーフにしたもので、やはり明治中期位のものである。この一対は遺跡からもよく出土し、伝世品も多く、今戸としては比較的ポピュラーなものであったと想像される資料である。

図23は今戸の立ち女であるが、前帯ではないところから花魁ではなく、普通の風俗的な女物の人形であろう。

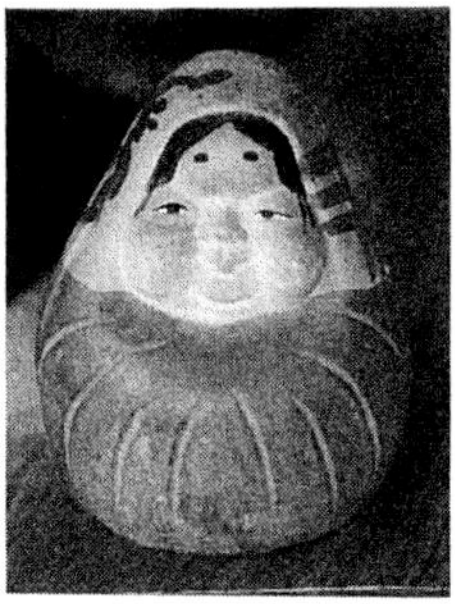

図19　金　獅　子

図20　おかめの火入れ

図21　熊乗り金太郎

図22　おかめと福助

図25　月　見　兎

図24　相撲取り（不知火）

図23　立　ち　女

図26　俵　持　ち

図27　花　　魁

図28　大島小僧

図24の元型は伏見の人形であるが、それが今戸に移行されて型の稜線が崩れている。当時の不知火といった相撲取りを表したものとされている。

図25は月見兎と言う名前で言い伝えられた人形であり、女性の月のものに関する色々な願いに関連した祈りの人形として使われたものとされている。

図26は俵持ちとよばれる明治の中期頃の資料である。子供が俵を抱えるという土人形によくあるめでたいモチーフを表わしている。

図27は今戸の花魁である。先の川柳の「生きたねえさん今戸にならんでる」に対比された土で出来た花魁であり、伝世品も多い、非常によく作られた製品である。

図28は大島小僧といわれる人形であるが、伏見のおぼこ人形から型をとったもので、衣裳の文様が大島に似ていることから今戸でのみ大島小僧と呼ばれている人形である。

まとめ

以上、大雑把ではあるが今戸人形の概要について述べてみた。

江戸時代も中期以降、江戸庶民の貨幣経済はますます発展し、金銭で買うことのできる商品としての玩具人形の成立を見るに及んでその極に達したが、今戸人形はその安価で豊富な材料を武器に、江戸から関東一円の市場を席巻していった。当初、上方からの下り物であった伏見人形の模倣から始まった図柄も、順次江戸好みの粋な洒落たものをどんどん生み出していった。河童やおかめの火入れ、客寄せ狸、狐馬、月見兎等、今戸のオリジナルも相当数あったと考えられる。また、大規模な設備も不要で簡単にできる土細工職人は、今戸だけでなく江戸市中にも多数いたであろうことも想像に難くない。

名もなき市井の職人の業績調査は事実上不可能であるが、我々は残された断片的な資料を、あるときは当時の文芸作品から、またあるときは当時の遺構から引き出して、それらを繋ぎ合わせる事によって、おぼろげながら今戸人形の輪郭を知ることができるのである。

一方、これら人形の題材や土面子の図柄等は、当時の庶民の流行や趣向をつぶさに表しているところからも、人形玩具の調査研究が民俗学にも近世考古学にも大きな貢献をするであろうことを指摘して、擱筆したい。

〔追記〕本稿を起稿するにあたり、絶大なる御支援とご理解を頂いた、㈶博物館さがの人形の家の池田館長ご夫妻、また本書の出版を心待ちにしておられながら急逝された、埋蔵土人形の研究の第一人者であられた故浦野慶吉先生に満腔の敬意を表する次第である。

〈参考文献〉

有坂興太郎　一九一七「おしゃぶり」郷土玩具普及会
　　　　　　一九三五「郷土玩具大成　東京編」建設社
稲垣武雄　一九六五「今戸人形懐古」『おもちゃ』五七（全国郷土玩具友の会会報）

〈掲載写真〉

図1・2・3・4・5・6・9・10・11・12・13・15（博物館さがの人形の家蔵）
図16・25・27、その他（個人蔵）

掘り出された人形

安芸毬子

はじめに

人の姿や動物をかたどった考古遺物には、縄文時代の土偶や弥生時代の人かたや土偶形の容器、また古墳時代の埴輪がある。奈良・平安時代になると土馬や木製の人形《ひとがた》がある。これらは穢れや祓い、病気治癒や雨乞いなどの呪術や祭祀のためのものであった。江戸時代の土人形のように、縁起や鑑賞、愛玩物として製作された商品とは異なるであろう。では江戸時代の土人形《つちにんぎょう》がどの様な性格のものであったのか、製作技法を中心に文献史料を交え、産地や起源について私見を述べたい。

最近の人形・玩具類の研究、論文をみると、仲光克顕氏の「墨田区江東橋二丁目遺跡にみる江戸の土製品生産——製作技法の検討を中心に」（『東京考古16』一九九八）がある。氏は江東橋二丁目遺跡の調査例を用いて、製作技法の検討を中心に工房の平面構成の考察を行なっている。また、中野高久氏は「刻印・箆書きからみる『玩具類』」（『在地系土器の研究Ⅲ』一九九八）のなかで出土資料を網羅し産地と製作者の同定を試みている。木立雅朗氏は「伏見人形の窯をめぐって」(『立命館大学考古学論集I』一九九七)のなかで、伏見人形がどのようにして生まれ発展したかを、近世京都の窯業を通して推察を行なっている。

一　土人形の成形技法

発掘された人形には、陶磁器製・木製・土製のものがある。ここでは土製の人形を中心に話を進めていく。出土資料は伝世品と異なり、欠けたもの、彩色や釉がおちてしまったものがほとんどである。しかし成形技法や胎土の観察には良好な資料といえよう。人形は型により成形されたものが多いが、手捻りや、型と手捻りを組合わせたものもある。また型作りであっても型合わせの方法や、細部の技法に違いがあることが指摘できる。成形技法には各地域に共通したものと、その周辺のみに見られる技法がある。成形技法の分類を以下のように試みた。

〈I類〉型作り

①型抜き(一枚型)‥型一つで製品となるもの。

イ　凹型‥粘土を詰め押圧し抜く。背面は平滑が大半である。(例)泥面子(面打《めんちょう》)・お面等(図1—1・2)

ロ　凸型‥粘土を被せ押圧し外す。(例)面ガタ・型による器物等(図1—3)

②型合わせ(二枚型)‥凹型と凹型に粘土を詰め押圧し合わせて型から抜く。合わせ方は次の三種類がある。

イ　前後合わせ　a底部有・中実・穿孔有・無(図1—4)

b底部有・中空・穿孔有・無＊内面に布目痕を有するものもある。＊名古屋(図1—5・6)

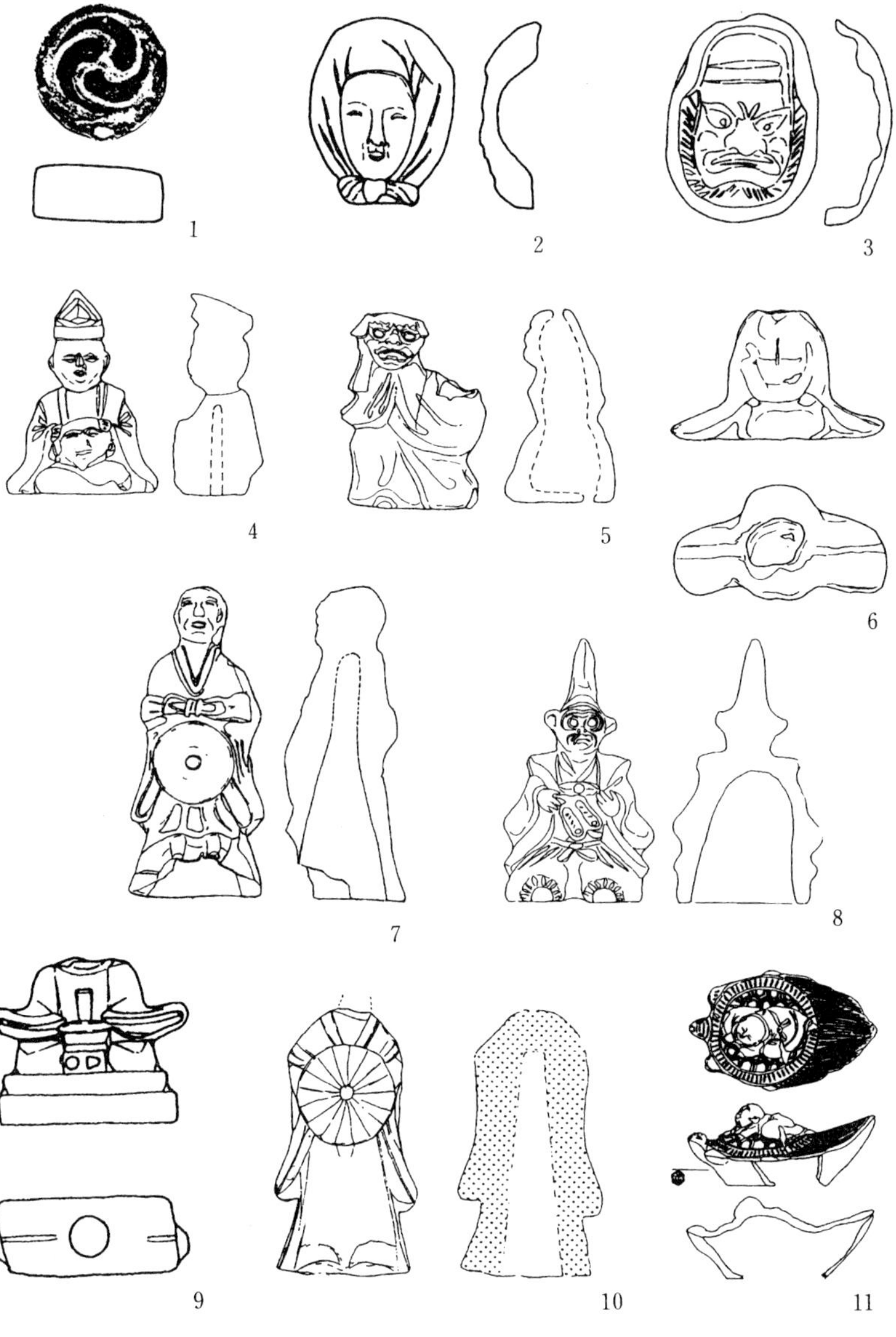

図1　成形技法Ｉ類

c底部開口　＊裾が広がるタイプと窄まるタイプがある（図1―7・8）
d底部有・中実　＊円錐状工具穿孔法　＊大坂に多い（図1―9・10）
ロ　上下合わせ
a底部有・中空（例）土笛・浮き人形（図1―11）
ハ　左右合わせ
a底部有・中空・穿孔有・無（例）動物人形に多い（図2―1）
b底部有・中実・穿孔有・無（図2―2）
③型合わせ（四枚型）：頭部、身体部は別の型から作出し貼付ける。
イ　前後合わせ
a底部開口　＊頭部差込式（図2―3）
b底部有・中空・穿孔無　＊頭部差込式（図2―4）
c底部有・中実・穿孔無　＊頭部差込式（図2―5）
d底部有・中実・穿孔無　・台座は別作り貼付ける。

〈II類〉手捻り成形
①身体部分貼付　a胴体部一塊から捻出し、頭・手足を貼付ける。（図2―6）

〈III類〉型成形＋手捻り
①型抜き
イ　貼付部分捻出（例）亀の甲羅は型で手足・頭は手捻りで貼付ける。（図2―7）
②型合わせ：身体部の一部から成る。胴体部の作出が異なる。

図２　成形技法Ⅰ・Ⅱ・Ⅲ類（Ⅰ（1～5）Ⅱ（6）Ⅲ（7～9））

イ　前後合わせ　a頭部は型・胴体部は約一センチ大の工具で穿孔し、手足・衣は貼付ける。＊京都（図2―8）
b頭部は型・胴体部は粘土を巻き作出、裾は広がり底部は開口、手足は貼付ける。＊京都に多い。（図2―9）
c頭部は型・胴体部・手足（尾）は手捻りで貼付ける。（図3―1）
ロ　上下合わせ　a胴体部は型・頭・手足は手捻りで貼付ける（例）亀・蛙（図3―2）
ハ　左右合わせ　a足のみ手捻りで貼付ける。（図3―3）
＊I類②ハに属するが耳・尾・足を差し込むための孔が穿たれている。（図3―4）

以上、成形技法を記述したが、先述したように、地域により一部の人形に異なる特徴がみられる。

【江戸】（I類②イc）前後合わせ、底部（裾）が広がり開口したもので、開口部の内面は箆で調整している。器壁は厚い。旅僧立像（西行）にみられる。東京大学編年Ⅳa期（一六八〇年代）にあたる医学部附属病院病棟地点F34―11から出土している（図1―7）。また、腰を下ろしてる旅僧（西行）で、開口部が立像のものよりさらに広がったものである（図3―5）。東大編年Ⅳb期（一七〇三年下限）にあたる東大医学部附属病院外来診療棟点SU313から出土している。図1―6（I類②イb）の婦人座像（女雛）は、中空であるが底部に径一・九センチの不整形の穿孔を有するもので類例は僅かである。図1―6は溜池遺跡B―62地点出土のものである。

【大坂】（I類②イd）型合わせの人形の、底部から首部にかけて大きく穴を穿つ「円錐状工具穿孔法(註)」大坂周辺に見られるが京都でも出土している（図1―9・10）。難波宮跡・大阪市中央体育館地域の徳川期の城代家臣屋敷（五軒屋敷）跡（十七世紀後半～十九世紀中頃）多数出土している。

図３　成形技法III類（１～４）他

【京】（Ⅲ類②c）胴下部が長く裾はやや広がり開口。帯や手足は貼付ける。京都を中心に大阪・名古屋で出土している（図2―9）。京都の「高倉・曇華院跡第四次調査」の土坑32（十八世紀末〜十九世紀）の遺構から出土している。同様の作りで胴体部は短い小型（八センチ前後）の人形で、施釉と無釉のものがある。

図2―8は（Ⅲ類②b）顔は型作り、胴体部は径一センチの工具で穿孔し、手足は別作りで着物は胴体部に着せ掛けたように表現している。足は投げ出しているか、胡座をかいて坐ったもので、細部の表現も精緻である。胎土は硬質の精製土で、白色・淡黄褐色がある。京都で多く出土しているが、東京の近世遺跡をはじめ博多遺跡群や名古屋城三ノ丸跡、群馬県高崎城跡などで確認されている。東大医学部附属病院地点、東大編年Ⅴa期（一七一〇〜一七二〇年代）にあたるF33―3土坑から出土している。

【尾張】（Ⅰ類②イb）型成形・中空の人形や器物の内面に布目痕と指ナデが顕著に認められる。表の⑦、鎌倉から出土した布袋像の内面にも確認されている。三河藩（愛知県東部）農学者の大蔵永常著『広益国産考』天保十三〜安政六年（一八四二〜一八五九）「伏見人形拵様」に粘土を押し込んだのち、木綿切をのせ押さえるとある。同様の技法か。

【加賀】（Ⅰ類②イb）型成形・中実の一部の人形に特徴が認められる。人形は立ち姿のもので厚みは薄く、やや後ろに反っており、顔が長いものである（図3―6）。十八世紀末〜十九世紀前半の遺構から出土している。なお、金沢の近世遺跡から出土した人形の大半が中実である。

二　胎土にみる土人形

出土した人形や小型の器物や建造物（飯事・箱庭道具）をみると、一目で胎土の色の違いに気付く。今回の「今戸人形論」のなかで、北原氏も触れている。胎土の色調については観察者により異なるが、各地の在地の人形の胎土についての記録を報告書から抜粋してみる。

【江戸】（東京）橙色・赤褐色・暗褐色・褐色・にぶい橙色

【京】（京都）白色・淡黄色・浅黄橙色　＊京都在地系の土製品は、白色系と褐色系の二種類の色調からなるとある。

【大坂】（大阪）にぶい橙色・にぶい赤褐色・浅黄色・淡黄色・堺環濠都市遺跡の報告は標準土色帖のグループトーンの略式記号を記載している。

表　中世遺跡出土の人形

No.	種別	遺跡名	時期	製作技法	特徴	胎土	法量
①	火鉢抱え童子	佐賀県・大和町小川遺跡	十二世紀後半	型合わせ	二枚型前後合わせ・中空・内面指頭圧痕	薄黄褐色	高五・五センチ
②	童子座像	福岡県・博多遺跡群66次	十三世紀前半	型合わせ	二枚型前後合わせ・中空・底部中央窪む	淡赤褐色・精製土	高九・六センチ
③	童子座像	福岡県・博多遺跡群88次	十三世紀後半〜十四世紀後半	型合わせ	上記と同・振ると音が鳴る	淡赤褐色・精製土	高八・四センチ
④	男子座像	福岡県・博多遺跡群79次	十二世紀〜	手捻り	内面刳り抜き・頭部差込型	淡赤褐色・精製土	高五・六センチ
⑤	小　像	福岡県・博多遺跡群60次	十六世紀前半〜	手捻り	目・口工具で刺突	灰褐色・在地と同質	
⑥	僧座像	福岡県・太宰府57、67次	十四世紀代	型合わせ	複数の型・鋳造品成形と類似・白色顔料	灰色系褐色	
⑦	布袋像	鎌倉市由比ヶ浜長谷小路南遺跡	十四世紀代	型合わせ	二枚型前後・中空・内面布目痕・磨き調整	明薄橙色・精製土	残存高一二・八センチ
⑧	小　像	同右	十四世紀代	手捻り	指頭整形痕	にぶい橙色・在地同質	残存高二・八センチ
⑨	馬	鎌倉市多宝寺やぐら二号	十三世紀後半〜十五世紀代	手捻り	鞍は別作り貼り付け・胡粉残存	にぶい橙色・在地同質	高三・七センチ
⑩	犬	大阪市中央区　大阪城跡	十六世紀後半	手捻り	耳・尾は貼り付け・目は工具で刺突	白褐色	高三・三センチ

【尾張】（名古屋）白色系と赤褐色系また、橙色・白橙色・白黄色・赤褐色として最も多いのは橙色であると報告している。清洲城下町Ⅴでは、黄灰色・橙白色・灰色・淡褐色等としている。愛知県埋蔵文化財センターでは、『清洲城下町遺跡Ⅴ』（一九九五年）で「近世土師質人形の蛍光X線分析」を行ない、同遺跡のなかでも産地に違いがあることを指摘している。

【加賀】（金沢）淡褐色・赤橙色・橙色・淡橙褐色

以上のように、同様の色調を呈していても観察者により表現に違いがある。以前筆者は、一九九二年江戸遺跡研究会第五回大会の『考古学と江戸文化』の資料のなかで、白色の胎土の製品について岐阜県多治見市の土かもしれないと報告したが、製作技法や胎土、装飾法・モチーフ・刻印などから京都系のものである可能性が高く、訂正したい。人形・玩具に付されている刻印（陰刻・陽刻）は、京都系の伏見人形と江戸在地系の人形（Ⅰ類②中空）玩具（飯事道具・箱庭道具）にみられる。刻印について中野氏は、「製作者の名」「屋号」「生産地」が想定されるとしている。刻印付き資料の出現期は十八世紀末～十九世紀前半であるが、おおむね十九世紀前半である。なお、港区三田済海寺・長岡藩主牧野家の五号墓（一七三二年没）から「粟田口焼物師」と篦書きされた土人形（Ⅲ類②イc）が出土している（図3−7）。刻印についての詳細な資料は冒頭に書きました、中野氏の論文を参考にしていただきたい。

三　土人形の起源

1　中世出土の土人形

江戸時代になると急増する人形が中世ではどうであったのか少し触れておく。中世の土人形の研究には、一九九三年に山村信榮《のぶひで》氏の「中世の素焼人形」（『東洋陶磁学会報』第20号）、「中世の素焼考」（『博多研究会誌』第5号、一九九七）などの論考がある。

中世以前では、鑑賞用や愛玩物としての人形ではなく、祓いや呪《まじな》いものであった。中世になると形態に変化がみられ、より人間に近いものが出土している。主なものを表示する。表、（図4―1～10）

以上一〇点を表にしたが、資料は一九九七年山村氏の「中世の素焼人形考」から抜粋した。氏は中世の出土資料四八点を網羅し考察を行なっている。

表の①～④⑦は胎土や成形技法から中国（元）のものと考えられる。②③は、中国の寧波（一三二三年）から博多に向かう途中新安沖で沈没した積み荷のなかに類似したものが確認されている。荷は二万点にもおよび、青磁の茶器などであった。荷札などから東福寺船であったと思われる。③の振ると音が鳴る技法は近世で出土する人形にも多くみられる。福岡市で船載品の人形が出土した地点は、華僑街やその周辺居住区・寺院・有力居館跡からである。⑦の布袋像が出土した遺跡は、当時の職人集団が居住した地域で、共伴資料は周辺の武家屋敷出土のものと比較しても遜色のない遺跡である。出土した中世の人形は、「型」と「手捻り」の成形法がある。型成形で中空のものは交易品で、人間をモチーフとしたものがほとんどである。国内のものは⑥の「僧座像」懸仏《かけぼとけ》と思われるものや、岡山県円城寺出土（一三五七年）の地蔵菩薩に見ることができる。地蔵は二枚型・前後合わせ・中実・底部穿孔・離れ剤の雲母が顕著にみられる特徴をもつもので、①～④⑦とは技法的に異なる。この技法は、近世初頭から出現する人形と一致する。

国内で製作された人形は十六世紀代を中心に、小型の手捻りの馬・犬・鹿などの動物が主体であった。十六世紀末に出土する犬型土製品（高・三～五センチ内）については、嶋谷和彦氏が「織豊期の犬形土製品」（『関西近世考古学研究Ⅰ』一九九一）のなかで紹介している（図4―10）。出土地域は福島県や佐賀県からも出土しているが、大阪や三重など近畿

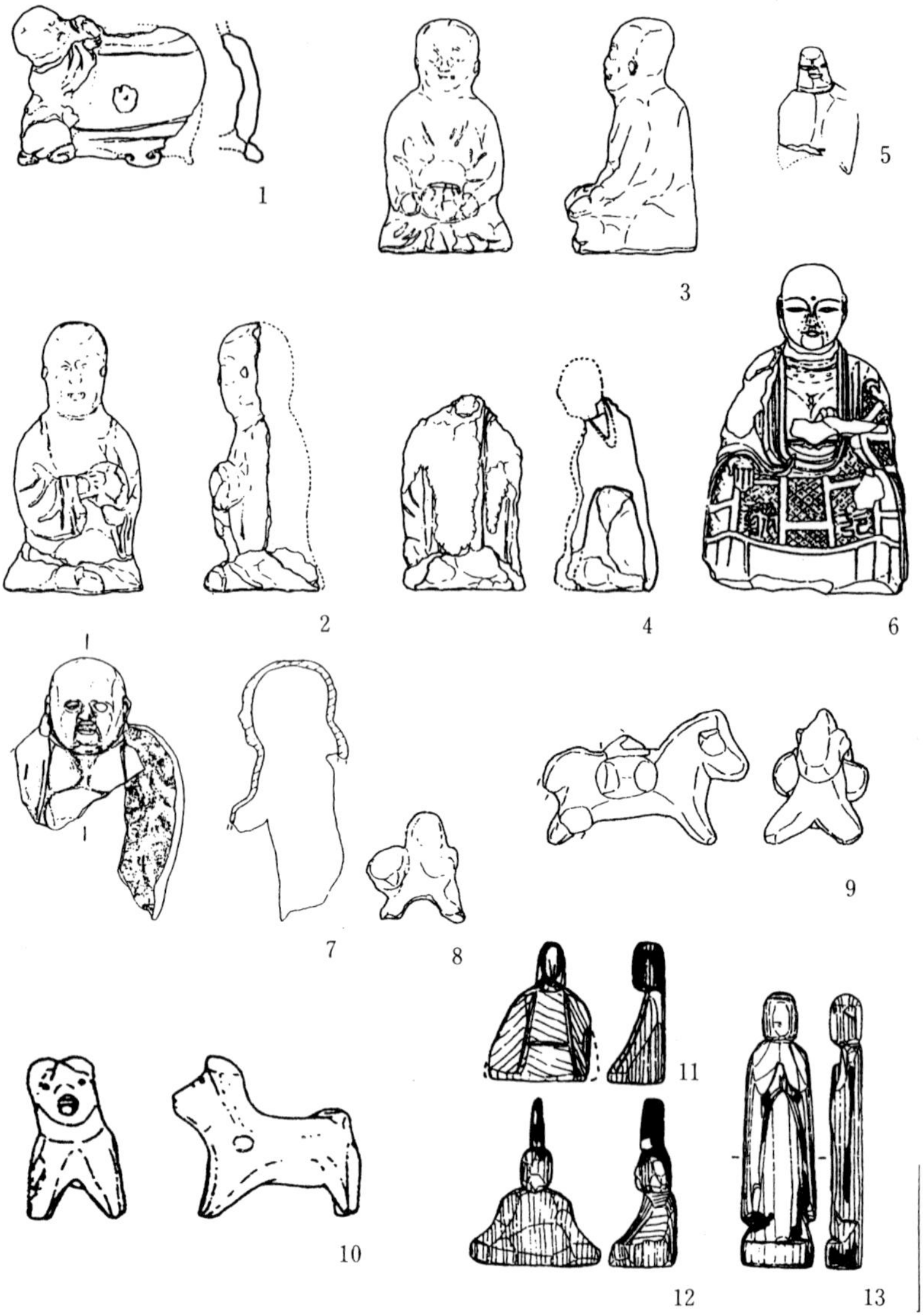

図４　中世遺跡出土の人形

地方に集中している。遺跡は城跡や館跡、環濠都市の溝や土坑からである。

木製品の人形では、鎌倉市若宮大路周辺遺跡群雪ノ下5E（男四・八センチ・十四世紀中葉）・8B（女四センチ・十三世紀後葉～十四世紀前葉）の柱穴から雛人形を思わせるものが出土している。また同遺跡から地蔵菩薩立像・高九・五センチも出土している（図4－11～13）。

中世の人形は、出土量や遺跡の歴史的環境を考えるならば山村氏が考察しているように、一般的に流通したものではなく、一部の上流階級の人のみが持てるものであったと推測される。数少ない中世の絵画史料の一つに、『一遍上人絵伝』（一二二九）がある路傍の台の上に地獄極楽の人形（材質は不明）をならべ説法を行なっている。また古い史料に、源為憲著『三宝絵詞』（九八四）のなかに、奈良の法華寺の華厳会に善財童子の細工物を作り拝ませたとある。中世では、寺院において法会や説法に人形が使用されていたことが窺われる。

2　江戸前期出土の土人形

中世では、土人形がまだ商品として流通していないことは、出土資料をみても頷ける。江戸時代になると多くの人形が製作される。これは、出土資料や多くの文献史料からも明らかである。文献史料には、人形の細工人や商いの店先、節句・お盆の灯籠飾りなどの行事風景が描かれている。最も古い絵画史料は、木製品では井原西鶴著『好色五人女』（貞享三年、一六八六）に掲げられている「井戸替えの日」の図に裸人形（木製）が描かれている。また、源三郎画『人倫訓蒙図彙　細工人之部』（元禄三年、一六九〇）刊「持遊小間物屋」の図中に操り人形や猩々などの人形が描かれている。土人形は元禄五年（一六九二）刊行「諸国万買物調方記」―つの部―京の部に土物棚伏見深草…瓦灯・焙烙、土人形…五条六条、江戸の分は、土物棚…日本橋北西中通・富永町・湯島天神・西の久保かわらけ町・浅草通・土人形浅草通茅町とある。大坂には土人形の記録はない。

寺島良安著『倭漢三才図会』（正徳二年、一七一二）刊、七十巻嬉戯部に「泥塑像《つちにんぎょう》」を挙げ、人形や動物を作って小児の玩びものとすると書かれている。図には旅僧（西行）と狗《いぬ》が描かれている。古い絵画史料は衣裳人形や木製の操り人形・指人形が多い。十七世紀代の出土資料にも操りや指人形、裸人形が出土している。

3　東京大学構内の遺跡出土の人形

ここでは東京大学本郷構内遺跡から出土した十七世紀代の人形を中心に紹介していく。なお、十八世紀以降については、北原氏の項をご参照ください。

東京大学本郷構内は、江戸時代加賀藩前田家の上屋敷と支藩である大聖寺藩・富山藩上屋敷と水戸藩徳川家・榊原家播磨安志藩中屋敷、御先手組などからなる。

人形や玩具類の初現は、陶磁器や他の土製品と異なりやや遅い、十七世紀後半にあたる遺構からで、東京大学本郷の構内遺跡編年のⅢｂ期にあたる十七世紀後半である。

（　）内の色は胎土の色である。色の記載がないものは、江戸在地系と思われる「にぶい橙色」である。

＊御殿下記念館地点（276号遺構）Ⅲｂ期・下限天和二年（一六八二）火災　＊加賀藩下屋敷時代

【型成形】（Ⅰ類③イａ）前後合わせ・中実・底部穿孔　〈名称〉裃人形座像（二次的被熱・残存高四・七センチ）（図３―9）・共伴資料は南瓜形容器

＊医学部附属病院病棟建設地点（SK03）天和三年～貞享四年（一六八三～一六八七）＊大聖寺藩邸
【型成形】（Ⅰ類②イｂ）前後合わせ・中実・底部穿孔有・無釉〈名称〉蹴鞠人形（二次的被熱・高九センチ）・猩々（灰褐色）・天神像（残高五・四センチ）・組相撲（二次的被熱）・大黒像・布袋像（施釉・淡黄色）・狐か（高五・八センチ）
【型成形】（Ⅰ類②イｃ）前後合わせ・底部開口・器壁厚い〈名称〉鼓持ち人物像（残高一一センチ）
【型成形】（Ⅰ類②ハｂ）左右合わせ・中実・底部穿孔有〈名称〉馬（淡黄色・高四・九センチ）
【型成形】（Ⅰ類③イａ）前後合わせ・中実・頭部差込式〈名称〉旅僧座像（西行・高七・四センチ）・旅僧立像（西行・胎土は二種・瓦質とにぶい橙色・残高八・五センチ）
【型成形】（Ⅰ類②イｂ）前後合わせ・中実・底部穿孔有＊施釉〈名称〉鯛抱き恵比須像（施釉・淡黄色・残高五・四センチ）・言わ猿（施釉・淡黄色）
【型成形】（Ⅰ類②イｂ）前後合わせ・中実・底部穿孔無＊銀彩〈名称〉女人立像（にぶい黄橙・残高三・七センチ）
【型成形＋手捻り】（Ⅲ類②ロａ）＊施釉〈名称〉船遊びか（施釉・淡黄色・残長五センチ）
【手捻り】（Ⅱ類②ａ）頭部・手足は別作り貼りつけ　＊施釉〈名称〉猿（施釉・浅黄橙）
◎陶磁器製の人形
【型成形（頭部）＋手捻り】（Ⅲ類②イｃ）白磁・耳・髷は別作りで貼付、顔面に鉄釉をかける、背面から底部に向かい斜めに穿孔　底部開口〈名称〉高麗聖人（磁器残高四センチ）＊肥前・生産地製作年代（一六三〇～一六四〇）各地の近世の遺跡から出土している。＊型作り・中空（磁器）の水滴と思われるものが共伴している。
【型成形】（Ⅰ類②イｂ）前後合わせ・中実・底部穿孔無〈名称〉着流し姿立像（陶器残高六・一センチ）
共伴遺物は、大量の陶磁器や鉋屑、工具類にまじりミニチュアの器物（擂鉢・碗・皿）・釜形土製品・土鈴・羽子板・刀・弓・操り人形や指人形の頭や手・足である。操り人形の頭には胡粉、唇には赤色の顔料が残存している。

＊医学部附属病院地点（F34―11）Ⅳa期・天和二年（一六八二）以降の一六八〇年代中心　＊大聖寺藩邸

【型成形】（Ⅰ類②イc）前後合わせ・＊底部やや広がり開口　〈名称〉旅僧立像（西行・高一〇・七センチ）

【型成形】（Ⅰ類②イb）前後合わせ・中実・底部穿孔無　〈名称〉稚児（高三・八センチ）

【型成形＋手捻り】（Ⅲ類②イc）＊施釉　〈名称〉馬乗り猿・猿（施釉・橙色・残高四センチ）

＊農学部家畜病院（SK09）Ⅳb期・下限元禄十六年（一七〇三）水戸藩邸北端で播磨安志藩小笠原家下屋敷の隣接地

【手捻り】馬（高五・二センチ）　＊共伴資料は釜形土製品

以上、十七世紀代に収まる資料を挙げたが、東京大学構内の遺跡では下限が天和二年（一六八二）の火災で廃棄した資料が最も古い。

江戸前期の東大構内遺跡出土の人形は、「Ⅰ類」の型成形、「Ⅱ類」の手捻り成形、「Ⅲ類」の型＋手捻り成形からなる。型成形は中空のものはなく中実のみである。中実の人形の他に器壁が厚く底部が開口しているものが出土している。約一一センチ前後の人形（旅僧立像）である。

中世で見られなかった施釉された人形（中実）が出土。人形はいわゆる京都系と言われている白色（淡黄色など）のものと、江戸在地系（にぶい橙色）のものと思われる二種類である。京都系と言われているものは、いずれも六センチ以内の小型品で、透明釉に緑釉を流し掛けしたもの（恵比須）と、透明釉（言わ猿・舟遊び）のみのものである。在地系の人形は透明釉を施した猿が主体である。

土人形といえば京都の伏見で製作された伏見人形が最初という説があるが、文献や出土資料をみていくと伏見で製作される以前、十七世紀後半は陶磁器の窯が多くあった五・六条地域で土人形を製作していたことが記録から分かる。施釉された小型の人形や、型と手捻りによる人形は陶磁器の職人と関わりがあるのではないだろうか。

江戸前期は、恵比須・大黒像・旅僧（西行）・天神像・猿等が出土しているが、いずれも信仰的要素が強い人形である。恵比須・大黒像は室町期から流行していた民間信仰であり、馬の守護神とされる猿は鎌倉時代、庚申信仰の猿は古代から信仰されており近世初頭民間行事となったものといわれる。

まとめ

以上、十七世紀代までの土人形を中心にみてきたが、中世における土製の人形の出土量は非常に少ない。国内で生産されたと思われる土馬や犬の出土した遺跡は、城跡や寺、館跡であり柱穴や溝遺構などであることから、呪いや祭祀などの特殊な用途があったと考えられる。前掲（二九九頁）表の⑦布袋像は、十八世紀以降出土の人形の製作技法と同様である。表③童子の人形の、振ると音が鳴るなど近世のものと同様であるが、十七世紀代のものには確認されておらず、近世に影響を与えたと考えることは難しい。

筆者が確認したなかで最も古い資料は、十七世紀前半のものである。人形は京都・古代學協会で発掘したもので、遺跡は紫雲山頂法寺（六角堂）で、六角堂は太子縁の寺として鎌倉時代以降民衆の信仰を集めていたといわれる。人形は（I類②イb）前後合わせ・中実・雲母（離れ剤）が顕著に残る人物像で「聖徳太子」と陽刻された箱を抱え、笠を背負っている（図3―9）（残存高八センチ）。成型法は先述した、岡山県円城寺出土の地蔵菩薩と同様である。

胎土は、十七世紀代からいわゆる白色系と橙色系の二種類がある。おそらく白色系（淡黄色）は京都産のものであろう。橙色系（にぶい橙）は、一部のものについては製作技法やモチーフなどから江戸在地のものであると考えられる。白色系の製品は小型（六センチ以内）の施釉のものが多い。京都市中京区烏丸三条の後藤庄三郎邸（金座の主宰者）や、同志社大学の徳照館地点（公家・藤谷家跡地）など京都では多数出土している。

土人形の型は土型や木型がある。近世初頭輸出向けに肥前で製作された磁器製の色絵人形の型や水滴（人形）の型が、佐賀県の赤絵町遺跡（一六七〇〜一七〇〇年代の遺構）から出土している。

墨田区江東橋二丁目遺跡（旗本夏目家下屋敷・幕末）からは、人形の土型（図3—10）や泥面子の型（土型）が114点出土している。また台東区白鷗遺跡（出羽松山藩上屋敷・十九世紀中葉）からは、土笛（鳩）とミニチュアの箱庭道具が多数出土した。武士の副業と思われる興味深い資料である。

東京大学の十七世紀後半の遺構から、ミニチュアの陶器の擂鉢や瓶子、磁器製碗などが出土しているが、これらは雛道具と思われる。元禄五年（一六九二）正月に刊行された井原西鶴著『世間胸算用』には、「大晦日は一日千金」として当時の大晦日の事件が描かれている。「問屋の寛濶女《かんかつおんな》」の項に、芥溜《ごみため》に壊れた子供の玩具が棄てられており、文中に、毀れた雛祭りの擂鉢と書かれている。出土した土人形も雛節句に飾ったと思われる資料も多い。雛祭りや端午の節句については多くの文献史料がある。元禄年間（一六八八〜一七〇三）の絵画史料に雛節句の様子が描かれている。室町期は幼児のためのものではなく、嫁ぐまえの年頃の娘の雛遊びであったともいわれる。雛節句が民衆の行事となり普及していくのは十八世紀半ば頃からである。江戸初期は武家や公家や裕福な商家などで行なわれていた。

山東京伝『骨董集』（文化十二年、一八一五）に掲げられている「享保の此の土雛図」に「地方では土雛が代用されたとして……すべて土をもてつくり焼きて胡粉、丹、緑、青などにて色どりおのずから古色あり。およそ享保前後の物と見ゆ。深草焼きに手やあらん……」と紹介している。

出土資料では、茨城県の鹿島町内No.67遺跡（神野《かの》遺跡・定額寺跡）の幼児二体の墓（十八世紀前半末）から江戸産（今戸人形）の、裃雛六組・太夫五点等が出土している。また群馬県長野原町の中原遺跡では天明三年（一七八三）浅間山の噴火で埋もれた農家の軒下から、江戸産（今戸人形）と思われる鯛抱き童子・女雛等の人形が出土している。港区済海寺長岡藩主牧野家の墓所・八代藩主忠寛（一七四一〜一七七六）の墓には、女雛四点男雛二点が埋納されていた。このように幼児から成人男性まで裃雛と呼ばれている人形が埋納されているのは興味深い。

発掘された場所は公的機関の場合が多く、確実ではないが人形類が多く出土している遺跡は、大名屋敷をはじめ旗本・商人の屋敷跡である。町屋跡からの出土例は少ない。東京大学工学部14号地点は御先手組屋敷跡からは大量の土人形や飯事道具・箱庭道具などが出土している。飯事道具や箱庭道具の底部には子供の名前と思われる「と茂」や「三五吉」と墨書されたものもある。庶民の物であると認識されていた土人形が諸大名の屋敷から大量に出土していることは、ある程度生活に余裕がある階層に求められていたことが想像される。

以上雑駁にのべてきたが、各地の出土資料をみると、十七世紀代の人形の種類は少なく、十八世紀中葉から増えはじめ十八世紀末〜十九世紀にかけ最も多くなる。人形はどの地域でも在地で製作されたものが大半である。他の生産地のものと思われる一群は、白色の胎土で、成型法やモチーフから京都で製作されたものと考えられる。京都で製作されたものは各地で確認されている。江戸で製作された人形（今戸人形）は現在確認した限りでは、関東近県で見られるのみである。

（注）中野高久　一九九八「刻印・箆書きからみる刻印」『江戸在地系土器の研究III』中で提唱。

〈参考文献〉

堺市教育委員会　一九八四「堺環濠都市遺跡発掘調査報告」『堺市文化財調査報告第二十集』

東京大学埋蔵文化財調査室　一九九〇『東京大学埋蔵文化財調査室発掘調査報告書4東京大学本郷構内の遺跡　山上会館・御殿下記念館地点』

東京大学埋蔵文化財調査室　一九九〇『東京大学埋蔵文化財調査室発掘調査報告書3東京大学本郷構内の遺跡　医学部附属病院地点』

茨城県鹿島町教育委員会　一九九二『鹿島町内遺跡発掘調査報告XII』

同志社大学校地学術調査委員会　一九九〇『徳照館地点・新島会館地点の発掘調査』

(財)愛知県埋蔵文化財センター　一九九二『名古屋城三の丸遺跡(III)』

鎌倉市教育委員会　一九九〇『若宮大路周辺遺跡群』

鎌倉市教育委員会　一九九二『長谷小路南遺跡』

(財)京都市埋蔵文化財研究所　一九九二「平安京三条三坊十三町跡調査概要」

(財)大阪文化財センター　一九九三『大阪城跡の発掘調査3』

愛知県埋蔵文化財センター　一九九五「近世土師質人形の蛍光X線分析」『清洲城下町遺跡V』

金沢市教育委員会　一九九五『本庁一丁目遺跡』

(財)古代學協會　一九九五『土車』第七三号・一九八七『高倉・曇華院跡第4次調査』

都内遺跡調査会　一九九六『溜池遺跡』

町田市立国際版画美術館　一九九七『版と型の日本の美術』

嶋谷和彦　一九九一「織豊期の犬形土製品」『関西近世考古学I』

浦野慶吉　一九九三「郷土人形のルーツを探る」『かたち・あそび　4』日本人形玩具学会

鈴木裕子　一九九六「多宝寺址やぐら群出土の陶器の再検討」『陶説』第五二二号

山村信口　一九九七「中世の素焼き人形」『博多研究会誌』第五号

中野高久　一九九八「刻印・篦書きからみる刻印」『江戸在地系土器の研究III』江戸在地系土器研究会
仲光克顕　一九九八「墨田区江東橋二丁目遺跡にみる江戸の土製品——製作技法の検討を中心に」『東京考古16』

あとがき

江戸遺跡研究会は、近世都市「江戸」の遺跡の発掘調査に携わっている研究者が集まって結成された。そのため、会の構成は考古学研究者が中心となっている。「江戸遺跡」の発掘調査は考古学研究者の仕事である。けれども江戸遺跡の研究を行なうのは考古学だけではなく、むしろ考古学は遅れて参入した一つの学問分野にすぎない。こうした観点から、当会では意図的に、考古学以外の分野の研究者に積極的に働きかけてきた。先行する分野から学ぶことは多いし、この辺が、ほかの研究団体とやや様相を異にしている点かもしれない。毎年行なわれる「大会」でも、テーマに則した他分野の研究者による発表を加えることが定着している。

「考古学と江戸文化」(本書の書名は改題して『江戸文化の考古学』となっている)と題して行なった第五回大会は、こうした点で、当会の方向性を最も鮮明に打ち出した企画の一つといえるかもしれない。私たちは、江戸遺跡から出土するさまざまな遺物が、どのように文化を反映しているのか、また先行する分野ではどのように考えられているのか、それぞれの専門分野の研究者から、概括的かつ専門的なお話を伺うという虫のよい企画を考え出した。これによって、遺物研究に展望を開きたいという意図があったのである。俎上に上った項目は、いずれも江戸時代の遺跡からまとまって出土し、注目されている遺物に関連するものである。

しかし、ただ単にお願いするだけではなく、企画の意図をより具体的に、かつ実りあるものとするために、まず調査研究の最先端にいる若手（当時）の考古学研究者に、一人ずつ専門分野の研究者の担当者となってもらった。そして大会にいたるまで、半年から一年かけて、考古資料の提示や問題の所在など、会の意図を伝えてもらい、発表内容の打ち合わせといった連絡調整に当たってもらった。各担当者は、さらに当日の発表でも、考古学側からの資料提示や問題提起、あるいはコメンテイターという形での発表者ともなった。本書の構成が、原則として同一テーマにつき二つずつの論文の並列という形になっているのはこのためである（諸般の事情から、当日発表のうち一部を割愛せざるをえなかった）。

このように第五回大会は、当会らしからぬ周到な準備をもって臨んだ実験的な試みでもあった。連絡調整の難しさなど諸般の事情もあって、この「担当」システムがどこまで有効に働いたかは、各項目ごとに差があったようだが、おおむね当初の目論見は果たせたのではないかと思う。担当者によっては、個人的にも大いに益するところがあったようだ。当然のことながら、江戸遺跡の研究は江戸文化の研究につながる。そうであるならば、考古学研究者はより胸襟を開いて、それぞれの専門分野の方々と研究内容を共有することに努めるべきであるし、そこから得られるものは、双方ともに大きいことを、この大会は実証したといえるだろう。

用語一つをとっても、考古学では未消化な部分が少なくない。本文中に述べられているように、考古学研究者の間で、従来「鬢盥」と呼ばれていた陶器について、山村博美氏が「鬢水入れ」であることを指摘されたことは、私の印象に残っている。「江戸の考古学」の学史的な浅さに、新資料の急激な増加が相まって、充分な吟味がなされないまま用語が定着してしまった一例だろう。それが分類上の用語ならまだしも、資料の性格にまで及んでしまうと、看過できないことになる。他分野に学ぶことがいかに多いか、自戒させられる一幕でもあった。私たちは今後も、考古資料の情報を発信し、より広い分野の研究者と議論を深めてゆきたい。

末筆になってしまったが、「江戸の酒」をご発表いただいた菅間誠之助先生は、一九九六年六月、本書の上梓を見ることなくお亡くなりになられた。大会の懇親会の折には、参考資料として美味しいお酒を持参していただき、うれしい勉強をさせていただいたことが昨日のことのように思い出される。先生のご冥福をお祈りしたい。

二〇〇〇年五月

江戸遺跡研究会

世話人　古泉　弘

執筆者紹介（生年・現職／論文掲載順）

山村博美（やまむら　ひろみ）　一九六一年生まれ　ポーラ文化研究所プロジェクトリーダー
市田京子（いちだ　きょうこ）　一九四八年生まれ　日本はきもの博物館学芸課長兼主任学芸員
島崎とみ子（しまざき　とみこ）　一九四二年生まれ　女子栄養大学講師
堀内秀樹（ほりうち　ひでき）　一九六一年生まれ　東京大学文学部助手
長佐古真也（ながさこ　しんや）　一九六〇年生まれ　東京都埋蔵文化財センター副主任調査研究員・学習院大学非常勤講師
菅間誠之助（すがま　せいのすけ）　一九二六年生まれ　元東京国税局鑑定官室長　一九九六年没
成瀬晃司（なるせ　こうじ）　一九六〇年生まれ　東京大学埋蔵文化財調査室助手
谷田有史（たにだ　ゆうし）　一九五八年生まれ　たばこと塩の博物館学芸員
小川望（おがわ　のぞむ）　一九五七年生まれ　小平市教育委員会文化財課学芸員
小林克（こばやし　かつ）　一九五九年生まれ　江戸東京博物館学芸員
笹尾局之（ささお　きょくゆき）　一九二三年生まれ　㈱山六会長　日本照明文化研究会監事
小林謙一（こばやし　けんいち）　一九六〇年生まれ　金沢大学埋蔵文化財調査センター
米川幸子（よねかわ　さちこ）　一九三五年生まれ　日本民具学会会員
増尾富房（ますお　とみふさ）　一九二八年生まれ
北原直喜（きたはら　なおのぶ）　一九四八年生まれ　日本郷土人形研究会代表世話人
安芸毬子（あき　まりこ）　一九四七年生まれ　東京大学埋蔵文化財調査室
寺島孝一（てらしま　こういち）　一九四六年生まれ　東京大学埋蔵文化財調査室
古泉弘（こいずみ　ひろし）　一九四七年生まれ　東京都教育委員会学芸員

江戸文化の考古学

二〇〇〇年（平成十二）八月十日　第一刷発行

編　者　江戸遺跡研究会

発行者　林　英男

発行所　株式会社　吉川弘文館
郵便番号一一三―〇〇三三
東京都文京区本郷七丁目二番八号
電話〇三―三八一三―九一五一〈代〉
振替口座〇〇一〇〇―五―二四四

印刷＝東洋印刷・製本＝誠製本

江戸文化の考古学（オンデマンド版）

Digital Publishing

2017年10月1日　発行

編　者　江戸遺跡研究会
発行者　吉川道郎
発行所　株式会社 吉川弘文館
〒113-0033 東京都文京区本郷7丁目2番8号
TEL 03(3813)9151(代表)
URL http://www.yoshikawa-k.co.jp/

印刷・製本　株式会社 デジタルパブリッシングサービス
URL http://www.d-pub.co.jp/

江戸遺跡研究会
ISBN978-4-642-73360-1